国際日本学とは何か？

What is International Japanese studies?

百年後の考察

周恩来たちの日本留学

法政大学教授
王敏 編著

三和書籍

目次

第二部　日本研究の現状と変容

序論

百年後の検証・中国人の日本留学と日本観
――法政大学清国留学生法政速成科などの事例を中心に――

王　敏
（法政大学国際日本学研究所専任所員、教授、中国・東アジアにおける日本研究を担当するアプローチ③リーダー、東アジア文化交渉学会会長）

日中の交流は遣隋・遣唐使以来、留学の歴史ともいえる。いま相互交流のかたちで若い日本人、中国人が学んでいる。中国で学ぶ日本人の留学生は現在（二〇一四年末）一万七〇〇〇人。日本で学ぶ中国人留学生のほうが多くて現在八万人という。中国人の日本留学生が増えた背景として歴史的な事情のあることはいうまでもない。一九世紀末にさかのぼって清国の若者たちが日本への留学のレールを敷いた明治期を見逃せない。当時の資料などを検証するにつれ日本側の懸命の努力が浮かび上がってくる。

法政大学国際日本学研究所の研究活動の一環として、筆者がチームリーダーを務める東アジア、中国研究チームが二〇一〇年度以来の研究活動と成果を受け継ぎ、二〇一四年度では一〇〇年前に形成されつつあった留学文化の輪郭及び経験者の思想遍歴、日本観の生成過程の一端を整理し、記録することにした。その中で、激動の時代に生み出された夥しい事例から、特に法政大学清国留学生速成科の事例を重点に、その一部を「日本意識」という範囲に焦点を当てて考察することにした。そのために展開した二〇一四年度の研究活動を以下に略記しておく。

1　二〇一四年度の研究活動

❖ (1) 従来の研究活動を継続する傍ら、東アジア文化研究会を一〇回、共催による国際研究会議を一回開催した。

❖ (2) 研究成果を反映させる出版物（書籍）の一部

二〇一五年三月現在における二〇一四年度の研究成果（出版物の一部）を以下に記しておく。

・『「日本意識」の根底を探る　日本留学と東アジア的「知」の大循環』（国際日本学研究叢書一九）法政大学国際日本学研究所、二〇一四年三月
・『漢魂与和魂――中日文化比較』中国・世界知識出版社、二〇一四年五月
・『南開日本研究　二〇一四』天津人民出版社、二〇一四年六月
・日本学研究叢書『日本近現代文学研究』中国・教学与研究出版社、二〇一四年八月
・『国際日本学とは何か』叢書　日本留学と東アジア的知の大循環』三和書籍、二〇一四年一一月

表１　法政大学国際日本学研究所　2014年度東アジア文化研究会・シンポジウム一覧

於：法政大学市ヶ谷キャンパス

回数	日時	報告者（敬称略）	肩書	テーマ
第１回	2014.4.23（水）	徐　賢燮	長崎県立大学国際情報学部国際交流学科前特任教授	韓国における日本観の変容
第２回	2014.5.28（水）	筒井　清忠	帝京大学文学部日本文化学科教授	昭和維新運動とアジア主義
第３回	2014.6.25（水）	会田　弘継	一般社団法人 共同通信社特別編集委員	世界の日本観の変遷——米欧アジアの知識人との対話から
第４回	2014.7.28（月）	于　乃明	国立政治大学外国語文学部日本語学科主任教授	台湾における日本研究の変容
第５回	2014.8.6（水）	孫　建軍	北京大学外国語学院日本言語文化学科教授	「中国における日本研究の変容——北京大学を例として」
第６回	2014.10.22（水）	毛　丹青	神戸国際大学経済学部都市環境・観光学科教授	中国若者の日本人観に見る「知の拡散」
第７回	2014.11.5（水）	呉　端	京都フォーラム研究員	日本意識の変容——漫画・アニメの中国受容を通して
第８回	2014.12.17（水）	南塚　信吾	法政大学国際文化学部名誉教授	再考・世界史の中の幕末・維新
第９回	2015.1.28（水）	足立原　貫	特定非営利活動法人 農業開発技術者協会・農道館理事長	“日本現象”を追う一つの視座——人類の行方を見据えて——
第10回	2015.2.18（水）	谷野作太郎	日中友好会館顧問、元駐中国大使	最近の中国・日本関係について思う——日中の相互理解の観点から
●国際研究会議	2015.3.5（木）	小口、小秋元段、王敏ほか日中両国の研究者および院生	法政大学国際日本学研究所と四川外国語大学の共催による国際シンポジウム。中国・四川外国語大学内で開催	文化交渉の視野における日本学

2　チーム研究と法政大学国際日本学研究所の研究課題との関連

法政大学国際日本学研究所は、二〇一〇年度に始めた大型研究プロジェクト「国際日本学の方法に基づく〈日本意識〉の再検討――〈日本意識〉の過去・現在・未来――」（文部科学省私立大学戦略的研究基盤形成支援事業）を二〇一四年度をもって完了とする。中国・東アジアにおける研究チーム「アプローチ③」は本論集に全体研究五年間を締めくくる二〇一四年度の研究成果をまとめることにした。

❖――（1）研究目的

研究対象として日本意識を重点にしているが、異なる文化背景を念頭に東アジア諸国などの日本研究の動向およびその成果の有用性に注目してきた。東アジアには国レベルの、国民レベルで共有する価値基準がそれぞれ独自に存在するだけに、日本研究を深めるためには日本以外の角度による地域研究にもっと留意すべきと気づいたからである。日本意識の見直しと再透析にとって参考となる思考枠の抽出へ、地域性を反映した各国研究の成果に謙虚に触れるように努めた。

もとより、一地域の「日本意識」に偏重を避け、自他の「日本意識」を再検討し、互いに「参照枠」となる啓発型の研究活動を志向していく必要がある。東アジアの「日本意識」の現在に関する研究調査・分析は欠かせない。他方で「日本意識」と表裏一体の関係でもある日本の自己認識との間で、相対的に比較しつつ相互研究するという姿勢での交流活動も併せて進めることが求められている。

日中関係、東アジアへの関係の認識に「日本意識」は欠かせない。ここに「日本意識」それ自体の価値があると思われる。「日本意識」の活用へ「応用」型研究と「交流」型研究とに積極的に取り組んできた。「日本意識」の活用は学術と人文交流を活発化させられる軸である。また、研究成果の発信を通じて、社会や時代に貢献可能な方向が見いだせるのではないか、そのような方向への模索も一つの成果であろう。

本研究の成果は東アジアという地域に限っていたが、近年特に急速に変貌する中国語圏の拡大によって世界に広がる傾向が強まった。日中両国だけでなく、東アジアから、ひいては世界規模の参考指針の発掘も目的の一つに加わった。

❖——（2）本研究に対する基本的認識

東アジアでは共通の文化素養が満ちて普遍的とみられながらもそれぞれの地域で精神遍歴と体験知が異なるため相違がある。普遍と個性の両方を見ていかなければならない、見逃されがちな地域の個性にあらためて留意していかねばならないことを強調したい。地域間の相違は国境を越えた共有の利益に向かう場合でも、しばしば相互認識の弊害と化し、摩擦の要素になりうる。この弊害を乗り越えるため、共通の文化素養と価値基準を再認識させ、意思疎通の土台になる認識が必要である一方、異なる部分の輪郭を明瞭に描くことによって、平行線にある相互の認識をより寄せる努力も重要と思われる。とくに欧米の価値基準の教養体質に染まった戦後日本の「学術風土」にとって、中国と東アジアの日本意識を知る過程は自己認識と改革の良性循環であり、東アジア諸国との相互理解、相互認識、相互学習、相互発展を求められる通路にもなろう。それにつながる研究活動を通して同研究の目的と可能性を検証してきた。そこから東アジア諸国間に、日中間に求められている地域型相互理解の行方が見えてくる実践的研究を重ねていく。

3　研究内容の概略

❖――――（1）二〇一〇年度の主な研究活動

東アジア地域の歴史的・文化的な歩みを考えると、まず文化圏として定義された古典東アジア、続いて西欧植民地圏としての近代東アジア、さらに第二次大戦後の冷戦によって分断された東アジアが研究対象地域である。この地域はいま、グローバル化のもとで平和的・発展的な再構築の段階にある。本研究は、各発展段階の東アジアに重層されてある日本意識の輪郭を、現代を中心に整理することを目的としている。

①「東アジアの変化と日本研究に求められる対応」というテーマ課題のもとに、東アジアにおける日本意識の現在の性格を概略的に把握するための研究会を一〇回、国際シンポジウムを一回開催した。

次頁の表2を参照されたい。

②確認できたこと

・日本と東アジア諸国の間に価値基準の相違が実在している。

・東アジアと西洋的な価値をどう共存させるかが重大な課題である。

③主な研究成果（書籍）

・『異文化としての日本――内外の視点』法政大学国際日本学研究センター、研究所、二〇一〇年四月。

表2　法政大学国際日本学研究所　2010年度東アジア文化研究会・シンポジウム一覧

於：法政大学市ヶ谷キャンパス

回数	日時	報告者（敬称略）	肩書	テーマ
第1回	2010.4.27（火）	菱田 雅晴	法政大学法学部教授	中国：党をアナトミーする
第2回	2010.5.31（火）	羽場 久美子	青山学院大学国際政治経済学部教授	日中和解と東アジア共同体；ヨーロッパ統合に学ぶ
第3回	2010.6.22（火）	金 煥基	法政大学国際文化学部客員研究員、韓国・東国大学文科大日語日文学科副教授	原点としての儒教的家父長制そして狂気と異端――梁石日の『血と骨』を中心に
第4回	2010.7.27（火）	王 秀文ほか8人	大連民族学院と法政大学の研究者による共同発表	国際シンポジウム〈日本研究の最前線――大連における多文化共生・異文化理解の研究と実践〉
第5回	2010.9.21（火）	張 季風	中国社会科学院日本研究所経済研究室長、教授	日中経済協力の過去・現在と将来
第6回	2010.10.5（火）	平川 祐弘	東京大学名誉教授	「自由」はいかにして東アジアへ伝えられたか；洋学に転じた中村正直
第7回	2010.10.26（火）	徐 興慶	台湾大学日本語文学研究所教授兼所長	東アジアから見た朱舜水――文化発展の役割とそのアイデンティティー
国際シンポジウム	2010.11.5−7（金〜日）	中国・四川外国語学院との共催	基調講演・中央大学教授李廷江、日中両国の研究者による報告	日本学研究の方法論とその実践――日本研究の視点と姿勢を中心に
第8回	2010.11.12（金）	朴 裕河	韓国・世宗大学校人文科学大学教授	日韓歴史和解のためのいくつかの課題
第9回	2010.12.8（水）	ブリジ・タンカ	インド・デリー大学教授	忘れられた近代インドと日本の交流
第10回	2011.1.13（木）	王 維坤	西北大学文化遺産学院教授、西北大学日本文化研究センター主任	和同開珎の「同」と「珎」と「冏」の文字から見た中日の文化交流史

注1：第4回は法政大学国際日本学研究センター・国際日本学研究所の主催で国際シンポジウムとして行われた（後援：人民日報海外版・日中新聞社）。

注2：大型国際シンポジウムが国際交流基金の助成を受けて四川外国語学院との共催で中国・重慶にある四川外国語学院で開催された。

・『詩人　黄瀛』中国・重慶出版社、二〇一〇年六月。
・『日本文化研究：歴史足跡与学術現状【日本文学研究会三十周年記念文集】』中国・訳林出版社、二〇一〇年八月。
・『忠北大学校二〇一〇年　第四次韓・中・日国際学術大会　近代化社会とコミュニケーションの技法――グローバル化と漢字文化圏の言語』韓国・忠北大学校、二〇一〇年一〇月。
・『東アジアの日本観――文学・信仰・神話などの文化比較を中心に』三和書籍、二〇一〇年一〇月。
・『転換期における日中研究――相互発展としての日本研究』法政大学国際日本学研究センター・法政大学国際日本研究所、二〇一〇年一〇月。
・『日本研究論壇』台湾大学日本語文学研究所、二〇一〇年一二月。
・『転換期日中関係論の最前線――中国トップリーダーの視点』三和書籍、二〇一一年三月。

❖――――（2）二〇一一年度の主な研究活動

日本と東アジア諸国を互いに「参照枠」としての日本研究および日本意識の現在という課題を中心に活動してきた。

①文献研究

二〇一一年度に継続して開催する東アジア文化研究会とリンクして、中国の代表的日本研究叢書一〇巻の輪読を中心に議論した。文献研究のテキストを二〇一〇年三月から一〇月にかけて中国・世界知識出版社から刊行された『日本現代化歴程研究叢書』（一〇冊）に選定している。

【同研究の成果及び意義】

〈1〉中国における日本認識の定義明確化

中国にとって、日本という隣国の認識は、戦争による「敵対関係」から、国交正常化を経て「日中友好の対象国」へと変遷し、その後は一九八〇年代の改革開放政策の開始とともに、大規模な「経済援助の支援国」としての存在であった。現代中国における日本の位置づけは、このように両国の歴史関係と発展段階の相違によって、学ぶべき「近代化のモデル」として明確に再定義された。それは、換言すれば「研究対象国」として再認識したということである。

〈2〉「日本研究」の進展

地域研究の視角から、対象国としての日本を捉え、さらに日本と中国の近代化の過程を検証するという、世界的な基準を意識して検証しようとする研究姿勢は、中国における日本研究が顕著に発展していることを実証するものである。

〈3〉日本研究を継続させている背景が覗える

以下の事象を明らかに指摘してある

・日本語科学生数の急増に伴う日本を知る参考書需要の拡大

国際交流基金の統計によれば、中国における日本語学習者数は世界最多の八六万人。

・近年の中国における日本翻訳作品の超人気

漫画やアニメなど、若者世代から支持される日本文化を中心に、近年では日本の小説が刊行直後に中国語訳されるなど、文化的なブームとなっている。

・日本学術界との盛んなる交流と日本研究レベルの向上

これまでの学術交流が、分野、規模、人員数など、あらゆる面で充実しつつある。
・中国人の世界に対する関心の高さ
経済発展を背景として、中国人が世界的な視野を広げ、好奇心旺盛に外国文化を受け入れており、もっとも身近な日本文化に強い関心が集まっている。

②研究会の開催

二〇一一年度、法政大学国際日本学研究所が開催する東アジア文化研究会では、①に述べる文献研究の対象である、中国の代表的日本研究叢書一〇巻の輪読を中心に議論し、研究報告会一〇回と国際会議三回を開いた（一四—一五頁の表3参照）。

③二〇一一年度開催した国際会議の意義と成果

二〇一二・三・一五（木）、**北京にある中国人民外交学会・国家行政学院・一般財団法人ニッポンドットコム・法政大学国際日本学研究所共催国際シンポジウム**：「中日公共外交・文化外交の互恵関係深化の総合的討論」。

多くの収穫が得られた中で、とりわけ以下二点を記録しておきたい。
・国家間相互認識の対象が国民多数に設定される場合、基準または認識を共有できる範囲が広いほど望ましい。そのために公共教養、公共意識、公共教育の共有が可能な限り求められている。「共有」を目指して行動する過程において、公共外交の効果がすでに無意識のうちに発揮されていると考えられる。よって、公共外交の意識と役割について今後、公共教養、公共意識、公共教育との共有の過程で、一層の自覚と実践が期待される。

・文化外交はもはやある地域を中心とする文化の発信と交流を交差させる役割を越え、グローバル的な多国間の相互浸透、相互中心、相互互恵を目標とする方向へ転換しつつある。

写真１

二〇一二・三・二〇（火・祝）、法政大学サステイナビリティ研究教育機構・国際日本学研究所共催国際シンポジウム：「震災後のいま問いかける」（なお、同会議は国際交流基金の支援を受けて開催した）

東日本大震災発後、宮沢賢治の「雨ニモマケズ」が再び注目されている理由を世界各国の研究者が報告した。そのエッセンスを拾ってここに記しておく。

・未曾有の災害を経験し人間が力強い「言葉」を求めている。
・人間はどのように自然との関わり方を考えてきたかという精神の遍歴を、体験知として人類共有の智恵へと高めていきたい。
・東日本大震災の体験を賢治が示した原風景への転換としてとらえるならば、人間にとっても生き方の転換が求められ、素朴で原初的価値観の蘇生へと繋がっていくだろう。自然との融合という普遍的な価値の可能性については、日本だけでなくアジアに広く共通する「哲学」や「思想」でもある。

於：法政大学市ヶ谷キャンパス

	テーマ
	中国における日本文学史研究の新展開——王健宜氏『日本近現代文学史』をテキストに——
	中国における思想史研究の方法論に関する思索——『日本近現代思想史』を媒介に——
	中国における近現代日中関係研究の発展と限界——最新日本研究成果『日本近現代対華関係史』を通じて——
	対日警戒論の歴史的脈絡をたどる——米慶余『日本近現代外交史』を読む——
	中国研究者から見た日本経済の歩み——楊棟樑著『日本近現代経済史』の査読を通じて——
	日本政治研究の視座を考察する——王振鎖・徐万勝『日本近現代政治史』を読む——
	地域研究としての日本学——学際的な視点から——
	国家体制を支える制度としての「家」——『日本近現代社会史』を媒介に
	日本近代美術史に関する一考察——彭修銀『日本近現代絵画史』を媒介として
	中国学界における日本文化論
	日本研究の可能性——臧佩紅氏『日本近現代教育史』を媒介に
	中日公共外交・文化外交の互恵関係深化の総合的討論
	震災後のいま問いかける
	変化の中の日本観——東アジア同志の対話

注2：国際シンポジウムが日中国交正常化四〇周年を記念し、中国人民外交学会・一般財団法人ニッポンドットコムと共催で北京の中国人民外交学会にて開催された。

注3：大型国際シンポジウムが国際交流基金の助成を受けて法政大学サステイナビリティ研究教育機構との共催で法政大学市ヶ谷キャンパスにて開催された。

表3　法政大学国際日本学研究所 2011 年度東アジア文化研究会・シンポジウム一覧

日程	報告者（敬称略）／肩書き
第1回 2011.4.27（水）	楊　偉 四川外語学院日本学研究所所長、日本学研究所外国人客員研究員
第2回 2011.5.25（水）	陳　毅立 法政大学国際日本学研究所客員学術研究員
第3回 2011.6.29（水）	王　雪萍 東京大学教養学部講師（専任）、法政大学国際日本学研究所客員学術研究員
第4回 2011.7.27（水）	馬場　公彦 株式会社岩波書店編集局副部長
第5回 2011.8.3（水）	郭　勇 大連民族学院講師、法政大学国際日本学研究所客員学術研究員
第6回 2011.9.28（水）	及川　淳子 法政大学国際日本学研究所客員学術研究員
●国際シンポジウム 2011.10.21 ～ 25（金～火）	中国・四川外国語学院との共催 日中両国の研究者による報告
第7回 2011.10.26（水）	李　潤沢 法政大学国際日本学研究所客員学術研究員
第8回 2011.11.30 (水)	川邉　雄大 二松学舎大学非常勤講師、沖縄文化研究所国内研究員
第9回 2011.12.7（水）	姜　克実 岡山大学大学院社会文化科学研究科教授
第10回 2012.1.11 (水)	劉　迪 杏林大学総合政策学部准教授
●中国人民外交学会・国家行政学院・一般財団法人ニッポンドットコム・法政大学国際日本学研究所共催国際シンポジウム 2012.3.15（木）	小倉和夫 (前国際交流基金理事長) 王敏 (法政大学教授) 宮一穂 (ニッポンドットコム副編集長・京都精華大学教授) 原野城治 (ニッポンドットコム代表理事) 趙啓正 (中国人民政治協商会議外事委員会主任) 黄星原 (中国人民外交学会副会長) 周秉徳 (周恩来総理の姪・前中国人民政治協商会議委員) 汪海波（中国社会科学院教授）
●法政大学サステイナビリティ研究教育機構・国際日本学研究所共催国際シンポジウム 2012.3.20（火・祝）	熊田泰章 (法政大学国際文化学部教授) 大倉季久 (桃山学院大学社会学部講師) 吉野馨子 (法政大学サステイナビリティ研究教育機構准教授) 関いずみ (東海大学海洋学部准教授) 杉井ギサブロー (映像作家) 張怡香 (アメリカ米中連合大学学長、ハワイ大学医学院院長、教授) 雷剛 (重慶出版社編集部) 賈蕙萱 (北京大学元教授) 金容煥 (韓国倫理教育学会会長、忠北大学教授) 岡村民夫 (法政大学国際文化学部教授) 王敏 (法政大学国際日本学研究所教授)
特別研究会 2012.3.21（水）	張怡香 (アメリカ米中連合大学学長、ハワイ大学医学院院長、教授) 雷剛 (重慶出版社編集部) 賈蕙萱 (北京大学元教授) 金容煥 (韓国倫理教育学会会長、忠北大学教授) 王敏 (法政大学国際日本学研究所教授)

注1：大型国際シンポジウムが国際交流基金の助成を受けて四川外国語学院との共催で中国・重慶にある四川外国語学院にて開催された。

④**研究成果（書籍）**

・『地域研究としての日本学――学際的な視点から』中国・四川外国語学院二〇一一年一〇月

・国際日本学研究叢書一五『地域研究のための日本研究　中国、東アジアにおける人文交流を中心に』法政大学国際日本学研究所発行二〇一二年三月

・『西南地域における日本学の構築――日本学研究の方法論と実践を中心に』重慶出版社二〇一一年八月

・「The East Asian Cultural Research Team of the Research Center for International Japanese Studies at Hosei University（法政大学国際日本学研究所東亜文化研究課題組）」英文学会誌『Journal of Cultural Interaction in East Asia, Vol.3』（電子化公開：http://www.sciea.org/japan/publishing03.html）

❖――（3）二〇一二年度の主な研究活動

学術研究における諸外国との相互理解、互恵関係を深化させる方向性を探り、内外に通じる知的ネットワークの構築を深めていく。他方、現在における東アジア文化関係の諸相を整理しつつ共有の接点を確かめ、公共教養への通路の開拓に試みる。

主な具体的活動として三方面が挙げられる。

・積極的に国際会議へ参加、報告をする。

・研究対象国の若手研究者を受け入れる（累計一五名程度）。

・研究会を継続的に開催する。

①**法政大学国際日本学研究所　二〇一二年度　東アジア文化研究会・シンポジウム**

次頁の表4を参照されたい。

②収穫

東アジア、日中韓の真の相互理解への一歩として、古代から現代までの三か国の共通性や日本への視点、接点などを明確化してみた。

「公共」的観点から三か国の共通性を一部見いだしている。韓国は『朝鮮王朝実録』における「公共」を用例にとり、朱子学にまで分析している。中国は儒学の民衆化、士の象徴でもあった儒学が市井に広まったことにより、公共幸福は制度社会と民間社会という複雑な社会構造から形成されてきた。これらを踏まえたうえで今後の日中韓の三か国の共通性、文化や経済など全てを通して、国同士のあり方そして付き合い方を考えていく手掛かりの提示を試みた。

また、宗教・歴史・言語学から見た三か国の文化関係を分析している。三か国の原点を洗い直していく先に、日中韓の間にある独自の地域型文化関係が浮き彫りになっている。古代中国という大国から言語記号を輸入した日韓は単なる模倣ではなく、自国に合うように変化させていき、やがては独自のものとした。しかしながら、形と表現形態が変容されていても互いの影響と浸透が現代でも継続していることは間違いなく、過去と現代をつなげる貴重な接点となっている。これらの歴史的経緯を踏まえた文化関係を再認識することができ、三か国の未来にとって良性循環型の発展のため、頷かれる接点が検証されている。

③研究成果（書籍）

・『地域発展のための日本研究――中国、東アジアにおける人文交流を中心に』（勉誠出版　二〇一二年一〇月）

表4　法政大学国際日本学研究所　2012年度　東アジア文化研究会・シンポジウム一覧

於：法政大学市ヶ谷キャンパス

	日時	報告者（敬称略）	肩書	テーマ
第1回	2012.4.12（水）	オーレリ・ネヴォ	フランス国立科学研究センター 研究員	“新世界の中心”としての上海——上海万博の中国館「東方の冠」を読む
第2回	2012.5.30（水）	陳 東華	長崎中国交流史協会 専務理事	長崎唐通事とその子孫
第3回	2012.6.2（水）	オリヴィエ・バイルブル	北京大学中国語学科 博士研究員	韓国語における中国語からの借用語と日本語の語彙の影響
第4回	2012.7.11（水）	王 暁秋	北京大学歴史学系 教授	19世紀における東アジア諸国の対外意識
第5回	2012.8.1（水）	安井 裕司	法政大学国際日本学研究所 客員学術研究員 早稲田大学エクステンション センター講師	格差社会と「下からのナショナリズム」——ナショナリズム論からの日中欧の比較考察
第6回	2012.9.26（水）	鈴村 裕輔	法政大学国際日本学研究所 客員学術研究員	「日中国交正常化40年」を超えて——石橋湛山の対中国交正常化への取り組み
第7回	2011.10.31（水）	西園寺 一晃	工学院大学孔子学院 院長	日本最大の経済パートナー・中国をどう見る
第8回	2012.11.7（水）	内田 慶市	関西大学外国語学部 教授	言語抵触と文化交渉学——中国言語学および翻訳論の立場から
国際研究会議	2012.12.1～2（土～日）	日中両国の研究者および院生		地域研究としての日本学（2）——事例研究を中心に 四川外国語大学　2013年度国際シンポジウムへの協力として、中国・四川外国語大学内で開催
第9回	2012.12.5（水）	橋爪 大三郎	東京工業大学大学院 社会理工学研究科教授	東アジアの宗教と社会
第10回	2013.1.23（水）	石川 好	作家、新日中21世紀委員会委員	日本対立の心理
特別研究会	2012.12.26（水）	楊 棟梁	南開大学世界史研究院院長、教授	日本研究を目指す若者へ

・【国際日本学研究叢書一八】『相互探求としての日本研究――日中韓文化関係の諸相』（法政大学国際日本学研究センター　二〇一三年三月）

次頁の表5を参照されたい。

❖――――（4）二〇一三年度の研究活動

①従来の研究活動を継続する傍ら、東アジア文化研究会を一〇回、共催による国際研究会議を一回の開催を果たした。

②院生育成に研究成果を活用させる

法政大学清国留学生法政速成科（一九〇三～一九〇八）をめぐる教育、その他の事情調査を行いつつ、国際日本学専攻の院生の論文テーマとなる指導をして、関連する研究成果を社会、教育現場に反映させるよう、国内外に発信する。研究成果を反映させる院生三名の卒論が二〇一三年三月二四日、順調に修士号を取得した。

・蘭一博『漢文月刊雑誌『東洋』に関する一考察』

・蔡希蕙『兆銘の日本留学期間における勉学状況に関する一考察』

・周曙光『日本滞在時期における章士釗――その活動を中心に』、（法政大学大学院博士課程に進学）

③研究成果を意識的に国内外に発信する

二〇一三年一二月現在における二〇一三年度の研究成果（出版物の一部）を以下に記しておく。

・『辛亥革命と世界』（王暁秋編　北京大学出版社　年八月）

表５　法政大学国際日本学研究所　2013 年度東アジア文化研究会・シンポジウム一覧

於：法政大学市ヶ谷キャンパス

回数	日時	報告者（敬称略）	肩書	テーマ
第１回	2013.4.10（水）	大脇 良夫	日本と中国の禹王遺跡行脚研究家	禹王を巡る日中の文化交流
第２回	2013.5.29（水）	上垣外 憲一	大妻女子大学比較文化学部教授	勝海舟の中国観
第３回	2013.6.26（水）	沈 国威	関西大学外国語学部教授	近代東アジアの文脈における日本語：中国人日本語学習史からの視点
第４回	2013.7.9（火）	黄 俊傑	国立台湾大学人文社会高等研究院院長、教育部国家講座教授	「東アジアから考える」はいかにして可能か？――日中思想交流経験を中心として
第５回	2013.9.25（水）	廖 赤陽	武蔵野美術大学造形学部教授	戦前の日本における美術教育と中国留学生――傅抱石書簡を中心として
国際研究会議	2013.10.19～20（土～日）	日中両国の研究者および院生	四川外国語大学 2013 年度国際シンポジウムへの協力として、中国・四川外国語大学内で開催	文化の越境と他者の表像
第６回	2013.10.30（水）	藤田 梨那	国士舘大学文学部教授	孫が語る「郭沫若と日本」――異国体験の意味
第７回	2013.11.22（金）	竹内 理樺	同志社大学グローバル地域文化学部助教	何香凝と日本留学――革命への関わりと美術との出会い
第８回	2013.12.18（水）	曹 応旺	中共中央文献研究室研究員	周恩来の中日関係観
第９回	2014.1.22（水）	古俣 達郎	法政大学史センター専門嘱託	法政速成科のメタヒストリー――梅謙次郎・汪兆銘・周恩来
第 10 回	2014.2.26（水）	大戸 安弘	横浜国立大学教育人間科学部教授	日本古代・中世の教育と仏教

・『東アジアの中の日本文化』（三和書籍　二〇一三年九月）
・『作為区域研究的日本学（地域研究としての日本学）上』（楊偉編　重慶出版社　二〇一三年九月）
・『作為区域研究的日本学（地域研究としての日本学）下』（楊偉編　重慶出版社　二〇一三年九月）
・『日本学研究の基層』（徐興慶、太田登編　台大出版中心　二〇一三年一〇月）
・『中華書局与中国近現代文化（中華書局と中国の近現代文化）』（上海人民出版社　二〇一三年一〇月）

4　本研究の課題

本研究に与えられているテーマは東アジア地域、特に中国の日本意識の現在を映し出すことにある。だが、日本一国を中心に「日本意識」を単独に抽出しても一極的研究となり、結果的に不完全な日本意識となるおそれがあり、客観性に欠けると思われる。即ち、日本意識そのものを相対に位置づけられ、参照枠が前提にされなければ、日本意識を浮きぼりにする土台がなくなり、日本を対象にする課題設定が一方的になりかねない。東アジアとの相互認識を映し出す過程がなければならない。日本意識の共有が可能になるためには、内外にとっても相互の参照枠と位置づけられる日本意識の定義を明確化し、異なる地域間の交流という大前提が不可欠である。

中国人の日本留学と日本観を中心に設定する留学文化の一端の輪郭が以上の思考を踏まえたうえ、定義不明瞭と捉えられる日本意識につながる断片を反映させるように、法政大学清国留学生速成科の事例を検証することにした。こんな試みを通して日本意識の現在および今後を考える参考になるべく、本論集をまとめてみた。

日本意識というのは他者認識と自己認識との相関関係を比較のベースに、思考可能になるかと考える。二〇一四年度のテーマを絡めて次のようにアプローチしていきたい。

①〈岐路に立つ日本と東アジアを結ばれた「知」の横糸〉では、東アジアにおける「知」の土壌は豊穣なだけに、地質の成分も性格も古来共通している部分がある。だが、「古層」のうえに覆い積もった時代の変遷によって固まった地層が除かれなければ、本来の深層即ち素顔の露出がしにくくなる。本研究ではさらにその深層を覗ける通路を探求しようとする。

②〈東アジアにおける「日本意識」の変容〉では①の「古層」に西洋思考の構築が顕著な現在、もう一度「古層」への回帰が求められる希求があるものの、重い西洋思考を背負っている中、時には深層を再認識する作業の展開がジレンマと化し、残された思想課題を超えていくエネルギーが必須となる。ここでは、国内外の視点を導入して、変化の中にある日本意識の諸相を明白に提示させている。

③外国人にとって日本意識とは自己認識と同体であり、日本人の意識深層の探求にたどりつくならば自分探しに帰すことにもなる。日本と東アジア、お互いの参照枠となり、相互学習、相互発展の「古層」からスタートして未来へ翔けていくしかない。本研究に収めた研究はそのような知の循環の参考となればと取り組んできた次第である。

なお、本論集に収録した法政大学清国留学生速成科に関する論考の一部は本研究チームの研究に参加した院生によるものである。未熟なところが多くあるが、すべて筆者の指導不足を原因とし、多方面からのご叱正を覚悟している。

二〇一五年三月　王敏

付録

この論文集が校了する直前の二〇一五年一月一四～一六日、筆者は法蘭西學院で資料調査の機会を得た。その際、当學院漢學研究所副研究員、圖書館漢籍部主任の岑詠芳女史より、該館に法政大学法政速成科で学んだ科挙合格者・「挙人」の称号を授与された証書の一部を収蔵してあることを伺った。また、岑詠芳女史がこれらの資料を含めて、これまでの研究成果を本にまとめられている最中でもあった。とりあえず法政大学法政速成科に関連する科挙合格証書のイメージを本論叢で紹介させていただくことをお願いした。以下に挙げてある人物紹介と授与証書が女史のご厚意に預かるものであり、女史と法蘭西學院漢學研究所圖書館の公益事業と国際的学術発展に対する貢献を明かすものでもあると思える。厚く御礼を申す次第である。

さて、「挙人」二一名の略歴を簡単にまとめて紹介しよう。

❖――――（1）范（範）振緒（一八七二～一九六〇）

甘肅靖遠の商家に生まれた。光緒廿八年（一九〇二）、擧人第四名に合格。翌年、殿試による三甲第一百三十二名に合格して、沈鈞儒と同様に進士を授けられた。卅二（一九〇六）年、法政大學法政速成科の政治部に入り、在学期間に同盟會に入会した。帰国後に法部主事などを歴任したが、中華人民共和國の成立を迎えた時に甘肅省第一と第二回人民代表大會代表、甘肅省第二回政治協商委員会副主席などの要職についた。八九歳の一九六〇年に蘭州で他界。

❖——（2）姚華（一八七六〜一九三〇）

貴州の貴筑に生まれた。光緒卅年（一九〇四）、科挙試験の「會試」で第二百二十八名となり、殿試では三甲第九名、進士に授かった。同じ年に法政大學法政速成科に入った。帰国後に郵政司核科科長、北京女子師範大學校長を歴任したが、軍閥と対立したため、北京にある蓮花寺で隠居を選択せざるを得なかった。五四歳の若さで亡くなった。長男の鋈猷も日本の高等蠶絲學校に留学した。

写真２　范振緒の科挙合格証書

写真３　姚華の科挙合格証書

第一部　法政大学清国留学生法政速成科の事例を中心に

辛亥革命と中国の日本留学
――法政大学清国留学生法政速成科に関する一考察――

王　敏
（法政大学国際日本学研究所専任所員、教授、中国・東アジアにおける日本研究を担当するアプローチ③リーダー、東アジア文化交渉学会会長）

はじめに

本稿は、幸いにも偉大な先人たちが築いた礎の上に記すことがかなった小論である。

その偉大な先人たちとは、筆者が奉職している日本の法政大学でかつて学んだ二〇〇〇名余りの辛亥革命の祖たちである。その代表は、中国人留学生・董必武（中華人民共和国国家副主席）、沈鈞儒（最高人民法院院長）ほか、陳天華、周作人、陳叔通、廖仲愷、章士釗、程樹徳、胡漢民、宋教仁、汪精衛、楊度、湯化龍、丁惟汾など辛亥革命の志士たちである。辛亥革命一〇〇周年記念に際して、筆者は志士たちが活動を展開した日本に関する資料を改めて調査し、辛亥革命の志士たちと法政大学との関係を切り口として、辛亥革命が展開された同時代における日本と中国という異なる地域での展開と両国の人々の参与についての若干の考察を記すものである。

1　法政大学清国留学生法政速成科設立の背景

法政大学は日本で最も初期に設立された私立の法律学校であり、時代の変化とともに校名は以下のように変更した。

・一八八〇年　東京法学社
・一八八一年　東京法学校と改称
・一八八九年　東京仏学校と合併し、和仏法律学校と改称
・一九〇三年　和仏法律学校法政大学と改称
・一九二〇年　法政大学と改称し現在に至る

和仏法律学校の時代、すなわち明治維新後の改革期に重要な役割を果たしたフランス人のボアソナード博士が、同校で長期にわたって教職に就いた。一九〇三年八月、当時の専門学校に関する規定により、法政大学と改称した後は次第に私立の総合大学として発展するとともに、一九〇四年から一九〇八年にかけて清国留学生法政速成科（以下、法政速成科と略記）を設置し、清朝から派遣された留学生を受け入れ、法律、行政、政治分野での人材育成に努めた。当時、留学生は五期に分かれ、合計二一一七名が法政大学速成科に入学し、後に九八六名が卒業した。

五期の学生、入学・卒業人数

第一期	一九〇四年五月	九四名	入学
	一九〇五年六月	六七名	卒業
第二期	一九〇四年一〇月	二七三名	入学
	一九〇六年六月	二三〇名	卒業
第三期	一九〇五年五月	五一八名	入学
	一九〇六年一一月	六六名	卒業
第四期	一九〇五年一一月	三八八名	入学
	一九〇七年五月	二三八名	卒業
第五期	一九〇六年九月	八四四名	入学
	一九〇八年四月	三八五名	卒業

当時、授業科目として設置されていたのは、法律概論、民法、商法、国法学、行政法、刑法、国際公法、国際私法、裁判所構成法、民事・刑訴訟法、経済学、財政学、監獄学であり、授業は中国人による通訳が配置された。

速成法制教育が実施された直接的な要因としては、清朝末期に清朝政府が憲政の実施を宣言し、日本に学ぶ方針を打ち立てたことによるもので、憲政を専門とする多くの人材を必要とした国内外の情勢によるものである。明治三七（一九〇四年）三月、清国留学生代表の范（範）源濂[1]は法政大学総理の梅謙次郎と会談し、法政大学において法律と政治を関連させて学ぶ速成班の開設を要望した。梅総理がこの件について当時外相を務めていた小村寿太郎[2]との間で度重なる協議を行った結果、外相も新たな留学生政策に期待を託したため、梅総理を清国駐日公使の楊樞[3]に引き合わせて双方が検討することとなった。楊公使はその案に大賛成し、中国国内の関連部門と直接連絡を取ったほか、光緒帝に上書し、法政大学が清国留学生のために法律と政治学の速成科を開設し、同年五月七日に始業することとなった。

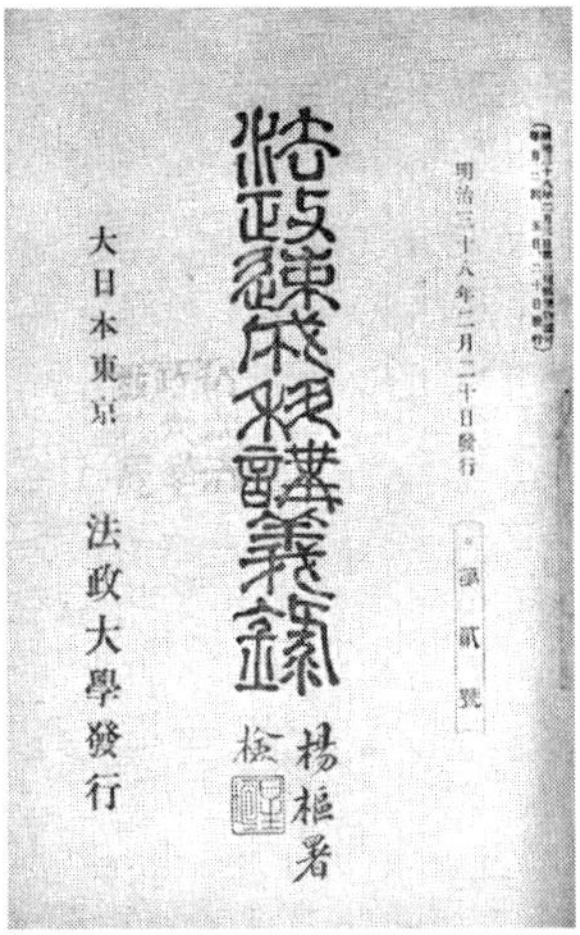

写真１　法政大学清国留学生法政速成科で使用された教材の中国語版

一九〇五年八月七日付『朝日新聞』の報道によると、当時、清国留学生を受け入れていた日本国内の教育機関は合計三五か所あり（小中学校、高校、大学を含む）、法政大学は学生総数が三位で留学生は二九五名であった。また、同年、東京で設立された同盟会会員九六三名のうち、留学生あるいは日本在留中国人は八六〇名を数え、法政大学の在校生はそのほとんどが会員になった。

清国留学生法政速成科を開設した背景は、清朝政府からの要望によるところが大きい。第一に、清朝自らが困難な情勢を脱却すべく、日本が近代化によって強国となった経験に学ぶために、持続可能な発展には立法が不可欠だと考えたのである。そこで、一八九六年からすでに第一期一三名の留学生を派遣していたが、一九〇六年からは立法の準備段階として留学生を増員し、清朝の改革に貢献する人材育成に努めたのである。

それと同時に、清朝はおよそ一三〇〇年の長きにわたって脈々と受け継がれてきたエリート教育の制度であった科挙試験を一九〇五年に廃止し、それに代わる学校をベースにした西洋式の近代教育制度の普及を推進し

写真２　1906 年第四期清国留学生の合同記念写真

た。しかしながら、その初期段階は人材不足が深刻であったため、有識者の発案による進取の策は日本に希望が託されたのである。日本は新たな教育制度の転換期における教育政策の中心となった。そこで、清末には日本留学が当時の中国社会における新たなブームとなり、一九〇五年当時の統計によれば中国人留学生の人数は一万人余りに達するまでにいたった。

確かに、速成法政教育の開始は、その直接的な要因を見れば清末時期において清朝政府が憲政を実施するに至ったことに深く関わるが、そのことが日本の留学生受け入れビジネスにも結びつき、多くの速成科が開設されるようになった。

2　法政速成科の特徴

❖――――（1）主な特徴

第一に、煩雑な試験は採用せず、駐日公使の紹介状があれば入学を許可した点が挙げられる。このように柔軟な選抜方法は当時の状況に照らしてみれば、現実的な施策であった。つまり枠組みにとらわれずに、二国間での取り決めに基づいて実施された留学成果が効果的に実施されたのである。

第二に、学生は語学学習に時間と精神を費やす必要がなかった。日本人教員による専門科目の授業は通訳が配置されており、教材もすべて中国語に翻訳された。このように、学習者の状況や必要にかなった教育方法は非常に歓迎され、当時翻訳された教材の一部は現在でも南京図書館に貴重資料として保管されている。日本側の関係資料に記載されているように、営利目的の速成科が乱立していた当時、教育機関の数は多いながらも実績がともなわず、当時の世論によれば法政大学の教育レベルはかなり高いという。

第三に、中国の教育改革の進展に合致しており、清国の北京進士館から成績優秀な「清国進士」を直接受け入れるなどして、教育と学習の良好な循環を形成したことが指摘できる。一九〇六年一〇月発行の法政大学刊『法政志林』第八巻11号に掲載された「法政速成科と北京進士館」と題した文章によると、法政大学は一九〇六年に九五名の留学生を受け入れた。梅謙次郎総理は清朝直隷省の要請に基づいて、一九〇七年から一九〇八年にかけて、三期の法政速成班を編成したほか、地方自治を専門に学ぶ班（一期二か月）を編成し、清朝直隷省から派遣された二五二名の進士を受け入れた。

周知のように、進士館は一九〇四年五月二六日に設立され、三五歳以下の進士に研修の機会を提供すること

表1　法政速成科清国留学生の主な学生と人数

進士	挙人	貢生	生員	学堂出身	不祥	合計
115	21	9	9	28	28	210

などを主な目的とし、進士館では日本語予備学科が開設され、日本語を使用した政治や法学に関する専門の授業が行われた。その教育宗旨は「法律と政治に精通した」官僚の育成であった。しかし、一九〇五年九月に科挙制度が廃止されると、清朝は一九〇六年八月二六日付で甲辰科進士を含むすべての学徒を東京の法政大学速成科に派遣して研究させたのである。学業を終えて中国に帰国後は一律に試験を実施し、成績に基づく奨励が実施されたため、多くの進士に日本留学の経験が共通しているのである。

賀躍夫が一九九三年に『近代史研究』第一期四五頁に発表した「清末士大夫の日本留学熱を透視する——法政大学中国留学生速成科を論ず」によると、法政速成科に留学した一八五名は、すでに出国以前に清国で高等教育を受けた人材であったという。主な学歴と人数は表1の通り。

そうした学生たちの中には、品格及び学識ともに日本側から高く評価された者がいた。例えば、一九〇四年に入学し状元を獲得した夏同和は、一九〇五年に初の卒業生六九名の一人として学業を終え帰国した。法政大学総理の梅謙次郎は、卒業式での演説において彼の優秀さについて特別に言及したのである。夏同和の試験時の答案は模範解答として「法律新聞」に掲載されて、卒業論文の『清国財政論策』は一九〇五年に「法律新聞」第二九二期で発表された。夏同和は帰国後に広東法政学堂において教頭と政府の官僚を務め、法律と政治の教育における理念の普及を実現し貢献したのである。法政大学が創刊した雑誌『東洋』一九〇七年第二期では、清国留学生の写真を特集して掲載し、清国留学生の優秀な青年と称している。

科挙で榜眼という上位合格だった朱汝珍は帰国後に国士館編集と実録館編集を任じ、民国期

写真３　雑誌『東洋』第２号（1907 年）の掲載写真。左写真は劉蕃、中央写真の左から蹇念益、李穆、范源廉、右写真は熊垓濂

に中央刻経院から『詞林輯略』を編集・発行した。探花で合格した商衍鎏は一九五〇年代に中央文史研究館副館長に就任し、一九五六年には八三歳という高齢ながらも『清代科挙考試述録』を著し、一九五八年に三聯書店から出版された。「榜眼」とは皇帝主宰の科挙試験の科目・殿試に上位合格した二番目の名称。一番目は「状元」。三番目の「探花」とともに、全合格者は「進士」という総称で呼ばれる。なお、商衍鎏は一九六一年に中華書局から『太平天国科挙考試紀略』を出版し、進士の賈景徳が著した『秀才・人・進士』は一九四六年に香港で出版された。

第四に、留学生を支援する各種活動が挙げられる。一九〇九年、法政大学総理の梅謙次郎は留日法政大学学友会を設立し、その活動は現在もなお継続している。一九四一年には汪精衛が会長を務めた。法政校友会の活動は現在に至るもなお継続しているほか、オリンピックの開会式などにも参加している。

二〇一一年八月、筆者は雲南省の档案館に保管されていた法政校友会の名簿を調査することができた。

3　法政速成科の教育内容と辛亥革命の相関関係

法政速成科の教育内容と辛亥革命の相関関係には、以下のような事例を指摘することができる。

1．法政速成科第二班の汪兆銘（汪精衛）、宋教仁、胡漢民は、一九〇五年に同盟会のリーダー孫文の助手として推薦され、汪兆銘と胡漢民は同盟会の刊行物『民報』の編集も担当し、理論面で孫文の革命に対する主張を支えたのである。李暁東が法政大学に提出した博士学位請求論文「近代中国における日本留学と日本の教育者たち――「速成教育」をめぐる論争を中心にして」の分析によれば、汪兆銘と胡漢民の論調には、法政速成科の教官であった美濃部達吉（憲法担当）、小野塚喜平次（政治学担当）、見克彦（憲法担当）の講義内容が反映されており、つまり法政速成科の授業が辛亥革命への歩みに実質的に関わ

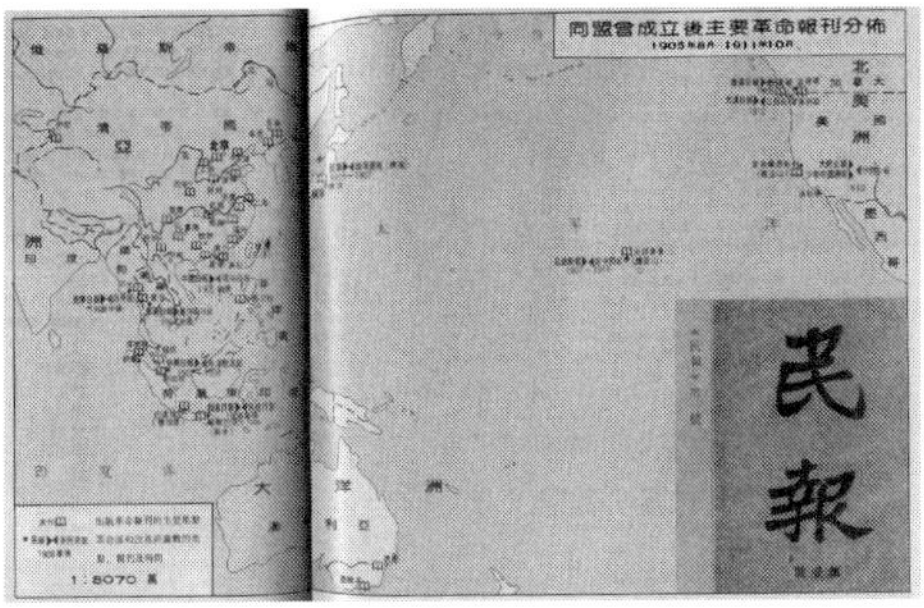

写真４　同盟会の刊行物『民報』

表２　法政大学 OB 参議院議員

	姓名	經歷
1	王立廷	諮議局議員
2	童杭時	共和法政学校校長
3	陳祖烈	福建法政学校校長
4	楊家驤	
5	居正	南京臨時政府內務部次長（同盟會員）
6	李漢丞	湖南法政学校教員（同盟會員）
7	周震鱗	
8	盛時	湖南司法司長
9	丁世嶧	諮議局議員，憲草委員
10	尹宏慶	武定府知府，山東易縣知事
11	徐鏡心	臨時省議會議員（同盟會員）
12	李磐	諮議局議員
13	劉積学	臨時参議員
14	潘江	諮議局議員
15	盧天游	都督府法制局長，憲草委員
16	姚華	郵傳部主事，臨時参議員
合計		16 人
日本留学經驗参議員議員總人數		76 人
比例		21.05%

っていたという。

2. 近代の地方自治に関する教育課程は日本留学の必修科目であり、その内容は清朝が主導した地方自治の政策と整合性があるもので、帰国した留学生は留学の成果を存分に発揮することが可能であった。例えば、卒業生の楊度らは湖南省において地方議会に相当する諮議局を全国に先駆けて設立し、法政の卒業生の中で少なくても五四名がそのメンバーになったのである。詳細は表2・表3を参照されたい。

3. 天津の呉興らは日本の「都道府県制度」を参考にして、中国で最も初期の自治改革草案「天津県試弁地方自治章程」を制定し、一九〇七年二月に実施の批准を得た。その背景には、当時、袁世凱が地方自治を施行していたために、天津が先頭となって地方

表3　法政大学 OB 衆議院議員

	姓名	經歷
1	谷芝瑞	諮議局副局長
2	劉興甲	諮議局議員，臨時省議員
3	王茂材	江北都督府民政司總務科長
4	孟森	諮議局議員，憲草委員
5	茅祖權	
6	孫潤宇	法政学堂教習，律師公會長，憲草委員
7	陶保晉	諮議局議員，金陵法政専門学校校長，律師
8	江謙	南京師範学校校長，江蘇外交司長
9	張塤	
10	汪彭年	上海神州日報主筆，憲草委員
11	何雯	湖南調查局法制科長，神州日報總編輯，憲草委員
12	王烈	參謀部軍事秘書
13	田稔	江西行政公署秘書
14	朱文劭	廣西都康州高等檢察廳檢察長廣西提法使
15	陳叔通	諮議局議員，資政院議員
16	虞廷愷	浙江都督府財政司秘書，總統府政治諮議
17	朱騰芬	福建公立法政学校校長
18	湯化龍	民政部主事，湖北諮議局議長，臨時參議院副議長，衆院議長
19	廖宗北	法政大学専門部法政科
20	禹瀛	湖北總督府秘書
21	陳嘉會	湖南法政学校創設，南京臨時政府陸軍軍法局長，南京留守處秘書長
22	黃贊元	四川憲政籌備處主任，四川湖南各省法政学校教授，憲草委員
23	羅永紹	湖南旅留預備科創立
24	周廷弼	視学員長，臨時省議員
25	周樹標	諮議局議員，綏遠檢察廳長
26	周慶恩	山東法政学堂教習，省議會議長
27	彭占元	諮議局議員，資政院議員，臨時參議員（同盟會員）
28	杜潛	（同盟會員）
29	陳景南	報館主筆，憲草委員
30	彭運斌	法部主事，諮議局議員，資政院議員，臨時省議員，潼濟鐵路協理
31	梁善濟	山西諮議局議長，教育次長
32	劉志詹	自治研究所教務長，憲政研究會教員，諮議局議員，資政院議員
33	白常潔	
34	張樹森	統一共和黨，超然社創設
35	張治祥	四川軍政府外交司長，共和大学長（同盟會員）
36	張知競	四川法政学堂教習，蜀軍政府司法部長
37	黃璋	憲草委員
38	熊兆渭	四川法政学堂教習，自治研究所長（同盟會員）
39	蒲殿俊	諮議局議長
40	蕭湘	諮議局副議長
41	徐傅霖	臨時參議員，廣東省議員
42	葉夏聲	民報撰述，廣東公立法政専門学校校長，廣東都督府司法部長（同盟會員）
43	蒙經	諮議局議員
44	夏同龢	政事堂法制局
45	陳廷策	內閣中書，河南法政学堂教務長，臨時參議員，貴州民政廳長
46	陳國祥	河南法政学堂監督，臨時參議員，衆議院副議長
47	李景龢	內閣中書，憲政編查館，總統府諮議
48	汪榮寶	京師譯学館教習，修訂法律纂修資政院欽選議員，憲草委員
49	方貞	工部主事，禮部主事，諮議局議長，官立法政大学校長
50	恩華	資政院欽選議員，約法會議議員，國務院統計局參事
合計		50 人
日本留学 OB 衆議院議員總人數		194 人
比例		25.78%

自治局と地方自治研究所を設置し、各地における改革の模範としたという事情があった。全国各地に戻った卒業生たちが、それぞれの郷里において法政学堂や自治研究所を設立し、法律と政治分野での専門知識の伝授と人材育成に貢献したのである。

備考
監督–張仲圻、總弁–馮煦・沈曾植・毓秀
總弁–錢宗昌、教習–＊謝介石
總弁–謝希詮
1906 年開設的法政講習所的改稱
監督–＊陳國祥、教習–＊張協陸
屬修訂法律館管轄　1907 年直屬法部、改稱京師法律學堂、培養司法官
進士館的改稱、培養行政官　教習：＊章宗祥、＊曹汝霖、＊林棨、＊范源濂、＊張孝移、＊陸宗輿、＊錢承鋕、＊江庸、＊黃德章、＊夏循愷、孫培、曾儀真、顧德麟、＊李景圻、＊陸世芬、吳鼎昌、＊程樹德
后改稱幕僚學堂
教習–＊籍忠寅・＊劉同彬、畢業生–李大釗、張潤之、王文璞
監督–方燕年
總理–＊劉綿訓、總務長–吳人達、教習–＊郭象升
監督–錢能訓、教習–＊王葆真、＊黃成霖
教習–＊金泯瀾・＊許壬・＊鄭垂
總督–邵章
監督–＊夏同龢・＊朱執信、教習–＊杜貢石・＊金章・＊古應芬・＊李君佩
畢業生–王楨
提調–劉大瓊、堂長–＊歐陽葆真、學監–李培元
監督–周善德・＊張孝移・＊邵崇恩、教習–徐煥・施台愚・＊張知競・＊黃毓蘭・＊覃育賢
監督–于德懋、教習–張康仁

＊日本留学生

表4

名称	年代	教習
安徽法政学堂	1906	
新疆迪化法政學堂	1907	林出賢次郎
兩江法政學堂	1908	
吉林法政學堂	1908	木村就二
熱河速成法政學堂	1908	
廣西法政學堂	1908	
河南法政學堂	1908	
甘肅法政學堂	1909	
貴冑法政學堂	1909	
法政學堂	1905	岡田朝太郎、志田鉀太郎、松岡義正、岩井尊文、小河滋次郎、中村襄
京師法政學堂	1907	嚴谷孫藏、衫榮三郎、矢野仁一、小林吉人、井上翠、松本龜次郎、石橋哲爾、原岡武、高橋健三
直隷法律學堂	1904	甲斐一之
直隷法政學堂	1905	中津三省、矢板寛、太田一平、劍持百喜、中島比多吉
北洋法政學堂	1908	吉野作造、今井嘉幸、小鹿青雲、淺井周治、中村仲、大石定吉、名和剛、石橋哲爾、樋口龍緑
山東法政學堂	1906	松野祐裔、八田光二
山西法政大學	1907	横山治一郎
江蘇法政學堂	1906	土井常太郎
奉天法政學堂	1906	
江西法政學堂	1906	日下清癡
浙江法政學堂	1905	大石定吉
湖北法政學堂	1908	作田正一、篆崎正
廣東法政學堂	1905	松山豐造、藤田積造、大脇菊次郎、關山富
雲南法政學堂	1906	島田俊雄、加古貞太郎
貴州法政學堂	1906	
湖南法政速成學堂	1908	
四川法政學堂	1906	
江寧法政學堂	1906	

4．京都大学の山室信一教授が二〇〇一年に岩波書店から出版した『思想課題としてのアジア』で発表した統計資料によると、一九一三年時点で中国各地の省レベルの地方議会議員について調査したところ。九七名が日本留学経験者であり、さらにそのうち四八名が法政速成科で学んだ人材だという。

表2・表4は、いずれも日本「政府公報」第四五九号（一九一三年八月一五日）に掲載された議員名簿に基づき、張玉法の『民国初年の政党』（中央研究院近代史研究所、一九八五年）、山室信一の『思想課題としてのアジア—基軸、連鎖、投企』（岩波書店，二〇〇一年）を参考に整理したものである。他方、清国法政教育機関が日本人教習を招いて教授してもらった。その一部をご参考までに以下に挙げておく。

なお、当時の中華民国成立後、法政学堂は組織改革を行ったために、以下の変化が生じた。岡田朝太郎は北京政法専門学校教習、吉澤三郎は南京民国法政大学教習、松野祐裔は山東公立法政専門学校教習、松山豐造は広東法政学堂教習に任じたこともあった。

5．一九四九年に新中国が成立すると、沈鈞儒（一八七五—一九六三）は中国人民政治協商委員会の第一期委員と中央人民政府の委員に当選し、最高法院院長（最高裁判所裁判長に相当）に就任し、建国初期の法律制度の設立および人民民主専制の基礎固めにおいて、重要な貢献を果たした。沈鈞儒はその後も中国人民政治協商会議副主席、全国人民代表大会常務委員会委員長を歴任した。主要な著作には、『制憲必携』、『憲法要覧』、『普及政法教育』などがある。汪有齢は後に北京政法学院法学院に合併された、一九一二年に中国で初めて設立された私立の法律大学である朝陽大学の初代学長に就任し、江庸が第二期学長を務め、居正は理事長、張知本と黄群はそれぞれ理事に就任した。同校はその後北京政法学院と合併した。

6．建国後、国民党監察院監察委員、国民党評議員を務め、同盟会に参加し、その会程策定に従事した的居正（一八七六―一九五一）は蜂起の前線に身を置き、一九〇五年に日本に渡って同窓の刀安仁を助けたことは現在でもなお雲南保山、騰冲、瑞麗に広く伝えられている。以下は、二〇一一年八月に雲南で調査した関連資料をもとに再整理したものである。

刀安仁（一八七二―一九一三）、傣族。雲南騰越干崖宣抚使刀盈廷の息子。一八九一年第二四代土司を継承。青年時代は幾度も各民族人民の勇者を率いた。一九〇四年春、刀安仁はミャンマーを経て日本に渡り、一九〇五年春に十数名の傣族青年男女を率いて法政大学に学んだ。出国の途中、彼は傣文を使って叙事長編詩「遊歴記」を詠んだ。一九〇六年五月三一日、刀安仁とその弟刀安文は同盟会に参加し、少数民族のはじめての会員となった。一九〇八年春、刀安仁と日本の東亜公司は干崖の共同開発に調印し、留学生と日本の専門家とともに干崖に戻り実業家として歩んだが、日本と清朝政府の関係が悪化し、その抗議を表明するために東亜公司との契約を破棄した。刀安仁は再び日本に渡って交渉したが、その甲斐なく倒産に追い込まれた。

刀安仁は同盟会に入会した後に家財を売り払って東京に送金し、革命を支持した。孫文は干崖に前線の拠点を置くことを決定し、前後して法政清国速成科の卒業生である居正ら十数名を干崖に派遣し組織設立を指示した。一九一一年九月六日、騰越での蜂起が成功し、刀安仁は雲南省ではじめての傣族都督となったのである。

刀安仁の一生は、土司政治の改革と女性解放に尽くしたものであった。彼は傣劇の改革を行い、専門グ

表5　法政大学清国留学生法政速成科学生名簿（抜粋）

順序	氏名	出身	法政大学卒業時期	最高職務	辛亥革命時の職務
1	陳天華 1875～1905	湖南			
2	邓家彦 1883～1966	広西		国民政府委員	「中国民報」創立者
3	杜之林	広東	1906年第二班		
4	範治焕	湖南	1906年第二班	政聞社書記科員	
5	古應芬 1873～1931	広東	1906年第二班	財政部部長	広東都督府核計院院長
6	何天翰	広東	1906年第三班		
7	胡漢民 1879～1936	広東		南京臨時政府秘書長	広東都督
8	金章	広東	1906年第二班	広東省国民代表	南京参議院議員
9	匡一 1876～1920	湖北	1907年第四班	直隶省検察庁長	直隶省検察庁庁長
10	李国定				
11	骆継漢	湖北	未卒業		
12	蒙経	広西	1907年第四班		
13	饒漢祥 1883～1927	湖北	1907年第四班	総統府秘書長	湖北都督府内務長
14	沈鈞儒 1875～1963	江蘇	1907年第四班	最高人民法院院長	浙江省教育局局長
15	汪兆銘 188～31944	広東	1906年第三班	中華民国国民政府主席	入獄
16	王家驹 1878～1912	江蘇	1905年第一班	北京法政専門学校校長	山東軍総参謀
17	吴琨	雲南	1906年第二班卒業後補習班卒業		
18	姚豊修 ～1937	広東	1905年第二期修業生		
19	張澍棠	広東	1906年第二班優等生		
20	張樹相？	広東	1906年第二班		
21	張知本 1881～1976	湖北	1905年第一班	国民政府行政法院院長	同盟会支部評論長
22	張知競	四川	1907年第四班		
23	張治祥 1883～1919	四川	1907年第四班	衆議院議員	共和大学校長
24	周代本	四川	1907年第四班		
25	朱大符	広東	1906年第二班		
26	顔楷 1877～1927	四川	1908年第五班政治部卒業	憲政北京支部評議員	四川保路同志会幹事長
27	楊度 1874～1931	湖南	1904年第一班	参議院参政	袁世凱内閣学部大臣
28	劉春霖 1872～1942	河北		北洋政府大総統秘書	直隶省諮議局議員
29	廖仲恺 1877～1925	広東		孙文大総統府秘書長	孙文大総統府財政部長
30	董必武 1886～1975	湖北	1913年～1915年在校	中華任民共和国副主席	同盟会加入
31	曹汝霖 1877～1966	上海		交通総長	清国外務部副大臣

ループを組織して『三国演義』、『西遊記』、『水滸伝』、『包公』、『楊門女将』などを傣文に翻訳した。そのほか、マレーシアから八〇〇〇株のゴムの木の苗を干崖鳳凰山に移植し、中国のゴム産業のはじめとなったのである。これは、『大英百科事典』に記載されている「北緯二一度以北ではゴムは栽培できない」という定説を覆したと同時に、中国人研究者が「中国ではゴムの栽培は不可能である」という結論を実際の栽培によって覆したのであった。その後、一九一四年春に北京で病没した。中国を改革し、富強の中国を建国するということが、その時代の人々を結びつけた紐帯であり、彼らにとって核心的な目標と最高の価値であり、また彼らの人生の終着駅でもあったのである。

表5は、法政速成科清国留学生の名簿抜粋である。

注：表5は以下の資料を参考に作成した

1. http://www.baidu.com/
2. http://zh.wikipedia.org/zh-cn/Wikipedia
3. http://ja.wikipedia.org/wiki/
4. 「終身学習和職業設計」『2006年度 法政大学終身学習和職業設計紀要』（法政大学出版　二〇〇六）
5. 『法政大学資料集　第十一集』（法政大学出版　昭和六三年）

4　〝留学生取締規則〟事件と法政速成科の中止

一九〇五年の年末に、日本では文部省が発布した「留学生取締規則（《關於清国人入公私立学校的有關規程》）」に反対する大規模な抗議運動が勃発した。この規定は、日本の文部省当局が清国政府の要請によって、日本国内の中国人留学生の私生活や革命活動に対する干渉を目的とした。そこで、各大学では留学生たちが強い憤りをもって一致して授業ボイコットを実施し、文部省に規定の撤回を要求した。『猛回頭』、『警世鐘』、『獅之吼』などの著作で知られ、同盟会の重要なメンバーでもあった法政大学第二期生（一九〇四年入学）の陳天華（一八七五―一九〇五）は、この規則に反対し、死をもって同胞に「共講愛国」を呼び掛けるために、「絶命書」を執筆した後に東京の大森海岸で入水自殺をした。一九〇五年一二月八日のことである。同盟会秘書として、同盟会会章の起草に関わった陳天華は当時、わずか三〇歳の若さであるが、その遺稿は『陳天華集』として刊行された。

事件発生後、国内外で留学生の速成教育に対する議論は紛糾し、さらには清国政府が留学生の学名運動参加を厳しく取り締まり監視を強めたこともあり、一九〇六年には梅謙次郎が清国政府の要望を受け入れる形で速成科における留学生教育を停止したのであった。その背景として、以下の点を指摘することができる。

1．一九〇三年、張之洞が策定した『奨励遊学卒業生章程』十か条が留学を奨励する重要な根拠とされた。一九〇四年一二月には学務大臣が奏定した『考験出洋卒業生章程』八か条が制定された。この規定に基づいて、清廷学務処は一九〇五年に第一次留学生試験を実施し、同年七月三日に保和殿において宮廷試験が実施された。この試験で合格した者はわずか一四名で、その全員が日本留学に派遣された。試験結果に基づき、金邦平、唐寶鍔、曹汝霖、陸宗輿ら一四名には進士、挙人とそれぞれに官職が授与された。一九〇六年五月一五日には八月に西洋と日本へ派遣される留学生の試験が実施され、同年一〇月一二日には『考遊学卒業生章程』五か条が発表された。一九〇六年一〇年一三日には学部で第二回留学生卒業試験が実施され、合格者三二名のうち、最優秀成績者九名、優等五名、中等一八名に、それぞれ進士、挙人の身分が与えられた。国別に見ると、試験で最も優秀な成績を収めたものは欧米留学に派遣され、優等五名のうちで見ると欧米留学は三名、日本留学は二名、中等者の中で日本留学は一三名という割合であった。つまり、成績優秀者はそのほとんどが欧米に集中していたということができる。清朝政府が実施した留学派遣のための試験は、実際のところ留学先での政治活動を抑止するためのねらいがあり、勉学にのみ集中することを要求したという一面があったが、速成教育がかかえる様々な現実問題も反映されていたといえよう。

2.

清末の政府は日本留学における問題点を認識するに至り、一九〇六年二月一九日に学部が各省に伝達を行った『選送留日学生制限弁法』には、速成科に学ぶ留学生は、科挙試験の合格者であるか、あるいは法律と政治の実務経験者、あるいは師範の条件を満たし、漢学に精通して文語文に秀で、年齢は二五歳以上、学界、政界において十分な経験を有する者が合格とされた（しかし、これは公費の日本留学生に限定した条件である）。一九〇六年六月一八日、学部は各省に対して日本留学の速成学生の派遣停止を伝達したのである。その後、日本留学の速成科の学生は次第に減少し、その学習内容も次第に正規の内容に統合される傾向となった。

3．日本留学と速成教育が一大ブームになる中で、留学生問題は自国内のみならず、清朝政府の為政者たちの注意を惹くこととなった。一九〇六年月一月一〇日、駐日公使楊樞は日本留学生の資質に関する報告の中で、「日本留学中の学生は八〇〇〇人余りを数えるが、功名を優先するがために、その学習成果と実態には数々問題が散見され、学業半ば赴く者も多く、文化水準は保証し難い」と述べている。

留学生第二次試験の成績発表後、日本留学生のレベルは低下し、中国国内で問題視されるだけでなく、日本側でも検討課題となった。日本の月刊誌『太陽』の論説では以下のように厳しい批判が掲載された。「今年の進士試験では、日本留学生の成績が最も悪く、一人も合格者がいない。このことは、日本の留学生教育の体面に関わるのではないか？（その成績不振が理由で留学生が学問に努めないというならば、その素養も問題であり、速成教育の主旨にも関わる重大問題である）日本の教育界にとって清国留学生教育は、さらなる措置を講じるべきではないだろうか。都下（東京）では十数校の留学生対象の教育機関があるが、学生の歓心に迎合するところもあり、学問的な好奇心を満足させられる機関はわずかであり、これらは厳重に取り締まるべきではないか。東洋における先進的な教育者を自任するならば、このような状況に対処しなければ、どうして教育者といえようか？　文部当局者はこのような信用の問題に対して、どう責任をとるというか？」

4．法政速成科にも資金面での問題が存在していたことも事実であった。一九〇六年、法政大学総理の梅謙次郎は自ら清朝政府を訪問した。張之洞、袁世凱をはじめとする政府高官との会談では、それぞれ意見交換した後に、袁世凱の提起に基づいて第五期以降の学生募集を停止すること、並びに法政速成科を解散して三年制の普通学科に改組することが決定された。一九〇七年清朝政府の指示によって留学生は日本人と同

表6　同時代の日本にある清国留学生を中心に受け入れる速成科（一部）

学校名・年代	教科・内容	校長名	主要経歴・紹介	校舎
東京大同学校 1898年～現在 (2年後改為東亜商業学校)	中国留学生的日語教育	柏原文太郎	教育家、社会事業家。千葉県出身。日中問題的権威．東亜同文会 設立、創建目白中学。以衆議院議員（1912年-1920年）的身份為中日関係以及私学教育的改善做出重大贡献。	※東京都中野区上高田五丁目44番3号
日華学堂 1898年～現在	正科（普通予備科・高等予備科）・別科（予備専科・日語専修科）	高楠順次郎（設立者）	仏学家者、印度学家、文学博士、東京帝国大学名誉教授。1944年被授予文化勲章。	※東京本郷
		宝閣善教（校長）	同为西本願寺文学寮毕业。仏学家。	
成城学校（軍事学校） 1898年～1903年	幼年科・青年科（陸軍士官学校的予科教育）	日高藤吉郎	栃木県出身，参加了西南戦争。日本体育会創立者。	※東京都牛込区市ヶ谷河田町
亦楽書院 1899年～1901年	清国派遣的首届13名留学生接受日語教育的場所。 後来改名亦楽書院、弘文学院。	嘉納治五郎	柔道家、教育者。講道館柔道創始人，被誉为「柔道之父」、「日本体育之父」。出任東京高等師範学校長时努力接受留学生，开办弘文学院（校長・松本亀次郎）。	※同弘文学院
東京同文書院 1898年～1918年	为进入専門学校而开设的予科教育	柏原文太郎	该校为東亜同文会設立。柏原文太郎付责。	※東京府北豊島郡長崎村豊多摩郡落合村（現・新宿区下落合）
実践女学校 1899年～現在	速成科(師範科·工芸科)·中等科・師範科・工芸科	下田歌子	教育家・歌人。女子教育开拓者。岐阜県出身。	※東京都日野市大坂上4-1-1
弘文学院（前身亦楽書） 1902年～1909年	速成科(師範科·警務科·理化科・音楽科）・普通科	松本亀次郎	教育家、日語教師、国学家。北京大学教授、東亜高等予備校副校长。 曾经教授鲁迅周恩来日语。	※東京都新宿区西五軒町13番地（現・住友不動産飯田橋ビル3号館）
振武学校（軍事学校） 1903年～1914年	为清国留学生开設的考入軍人養成学校的预备校	福島安正（学監）	陸軍大将。男爵。情報将校。 1907年，蒋介石曾经在该校学习.	※東京都新宿区河田町
経緯学堂 1904年～1910年	速成科(警務科·師範科·商業科）・普通部（普通科・師範科）・専門部（警務科）	岸本辰雄	法学家。明治大学創設人。 晚年任明治大学校長。	※東京都神田錦町（現・博報堂旧本社・第二別館付近）
法政速成科（法政大学付属） 1904年～1908年	法政速成科・普通科	梅謙次郎（総理）	法学家者、教育家。法学博士。帝国大学法科大学（現東京大学法学部）教授、历任東京帝国大学法科大学長、内閣法制局長官、文部省総務長官等。 和仏法律学校（現法政大学）学監·校長、法政大学初代総理。勲一等瑞宝章受勋。	※東京都千代田区富士見2-17-1
東斌学堂（軍事学校） 1905年～1908年	仕官養成学校	寺尾亨	法学家。アジア主義者。 東京帝国大学教授、外務省参事官。法学博士。 孙中山的支持者.	
早稲田大学清国留学生部 1905年～1910年	予科・本科（師範科・政法理財科・商科）・普通科・優級師範科・補習科	高田早苗（学監）	政治家、政治学家、教育家、文芸批評家。衆議院議員、貴族院議員、早稲田大学総長、文部大臣.	※東京都新宿区
		青柳篤恒（教務主任）	中国研究学者。早稲田大学教授。担当过中華民国大統領袁世凱的顧問。	
成女学校 1906年～1907年	師範速成科	山根正次	医師、政治家。警察医長、警視庁検疫委員長，衆議院議員（6期）。	※東京都新宿区富久町

様に専門課程で学ぶことになり、法政大学をはじめとする一九校がその受け入れ機関に指定された。清朝政府の政策転換に見合う形で、一九〇八年には法政速成科は三年制の普通専門課程へと変更したのである。

法政大学の速成教育は健全な発展を遂げたが、しかし一方では速成教育という性質上、普遍的な問題が存在していたこともまた事実である。一九〇六年八月二七日から一〇月二〇日まで、法政大学学長の梅謙次郎は竣工したばかりの京漢鉄道に乗って、長沙、漢口、広州、上海、北京を訪問し、京漢鉄道（一八九八―一九〇六年竣工）総設計者である張之洞を訪ねたのである。

梅謙次郎は、張之洞や袁世凱ら清廷の高官との会談の際に、清朝側の意見に耳を傾け、袁世凱の主張も組み入れて、第五班以降の学生募集は行わずに法政速成科を閉鎖し、三年制の普通学科に改編することを申し合わせた。一九〇七年、清政府の意向によって留学生は日本人と同じ専門学科に学ぶこととなり、法政大学をはじめ一九校が留学生を受け入れることが決定された。清朝政府の方針転換に合わせる形で、一九〇八年に法政速成科は三年制の普通専門科に改編されたのである。

留学生受け入れの一九校は、以下のとおりであった。早稲田大学、明治大学、法政大学、中央大学、東洋大学、宏文学院、経緯学堂、東斌学堂、成城学校、同文書院、東京実科学校、大成学堂、東亜公学、大阪高等預備学校、警監学校、東京警務学堂、東京鉄道学堂、東亜鉄道学堂、実践女学校。

清末という特殊な時代背景によるこのような留学事情は、日本に留学し法律を学ぶ学生たちにも不可避とも言うべき影響をもたらしたのであった。このため、日本で法律を学ぶ学生の構成やその活動内容、さらに帰国後に中国の法制における近代化に果たした役割や影響を考えると、いずれも当時の特殊な時代背景が色濃く反映されていた。疑うべくもないことだが、法政大学に学んだ留学生の中から、傑出した政治家や法律の専門家などの人材が輩出されたことは事実であり、清末の憲政運動と北洋政府、さらにはその後に政治や法律面で活躍したエリートたちを見ると、法政大学の留学生たちが今世紀の中国法制近代化の基礎づくりに貢献したことは、高く評価することができよう。

5 おわりに

法政速成科開設以来の清朝の政治改革の動向について、ここで改めて振り返ってみよう。一九〇六年、清朝政府は長きにわたって準備してきた立憲制の策動をはじめ、同年九月には「倣行憲政」を発表し、一九〇八年には「憲法大綱」を発表した。一九〇九年、一九一〇年には「諮議局」と「資政院」を設置した。しかしながら、清末の立憲改革の歩みは、王朝の終末期を延命することにはつながらず、一九一一年の辛亥革命によって清朝はその歴史的な使命を終えたのである。

時代の流れが私たちに告げているのは、清国留学生は清が王朝の復興を唱える中で人材育成に腐心し、留学を終えて帰国した人材を各方面で重用し、専制から憲政に向けた政治改革に貢献させるべく考えていたということである。しかし、辛亥革命の荒波によって清末の汚泥は洗い流され、最終的には辛亥革命という道のりを歩むこととなった。法政大学は清朝が急務とした立憲分野での人材育成を支援するつもりだったのに、結果的に辛亥革命の志士たちが成長する過程で広く学ぶ空間を提供することになったのである。結果と動機が異なるとはいえ、歴史と時代の制約によって、日中間にはさらなる選択的な相互連動が存在したことは事実であり、有識者の間には深層部分での越境と参与があったのである。先人たちが大きな目標に向かって奮闘したことは、時代を越えて後世に伝える財産であり、そのように国家と国境を越えた実践により社会の発展に順応したものは、時代を越えて人々に必要とされるのである。

この小論[4]は様々な問題や不足もあり、それらを補うには長期の努力が必要であることは否めない。この機会を借りて、筆者が現在まで調査、考察した内容を紹介する次第である。

写真５　2006 年４月 17 日付『人民日報海外版』「中国留学生留日１１０周年記念」関連の写真。同年４月 15 日、北京の全国政協礼堂で開催された様子で、写真左側最前列右は紀念式典に出席した筆者である。

写真６　2011 年８月 27 日、人民大会堂で開催された留学と辛亥革命・第二回中国留学文化国際学術研究会議。左から三人目が筆者。

参考資料

1甲斐道太郎編著『現代中国民法論』法律文化社、一九九一年。

2『中国教育年鑑・1949—1981』(中国)教育出版社
3陳学恂主編『中國近代教育文選』(中国)人民教育出版社、一九八三年。

4白益華『中國基層政權的改革與探索』(中国)中国社会出版社、一九九五年。

5浅井敦「東アジア型社会主義法の特質」『アジアの社会主義法』社会主義法研究年報九号、法律文化社、一九八九年。

6実藤恵秀『中国人日本留学史』くろしお出版、一九七〇年。

7黄福慶「清末留日学生」台湾中央研究院近代史研究所、一九七五年。

8塚本元「法政速成科と中国留学生—湖南省出身者を中心に」、「法政」一九八八年一一月号。

9賀躍夫「清末士大夫留学日本熱透視—論法政大学中国留学生速成科」『近代史研究』、一九九三年第一号。

10李暁東『近代中国の立憲構想』法政大学出版局、二〇〇五年。

注

[1] 范源濂(一八七五—一九二七年)、近代の教育家、政治家。字は静生、湖南省湘郷の出身。幼少時から長沙事務学堂に学び、戊戌変法運動の失敗後は日本に亡命し、東京高等師範学校に学ぶ。清の光緒方三一方(一九〇五年)に帰国し、北京で学部主事を務めると同時に、法律学校と殖辺学堂を設立。辛亥革命後、教育部次長、中華書局総編集部部長、北洋政府教育総長を歴任。

[2] 小村寿太郎(一八五五年—一九一一年)、宮崎県日南市出身、明治時代の外交官、政治家、外務大臣、貴族院議員を務めた。一八七〇年東京大学入学、第一期文部省海外留学生に選抜され、ハーバード大学に留学し法律を学ぶ。帰国後は司法省、外務省に奉職し、外務次官、駐米、駐ロシア公使などを歴任。

[3] 楊枢(一九〇三—一九〇七年)は広州出身の清末の著名な回族の外交官。第一三代駐日公使を務め、もとは広東候補道、賞二品頂戴、候補

四品京堂。光緒二九年五月二〇日、清政府駐日公使に就任し、光緒三三年九月一日に離任。

[4] 小論は二〇一一年八月二八日、欧米留学学会・中国留学人員聯誼会・マカオ基金会の共催による「留学と辛亥革命・第二回留学文化国際学術学会」で発表した拙論「同時代の越境型参与を追記する——法政大学清国留学生法政速成科と辛亥革命の志士に関する考察」(一三五—一四三頁)を加筆したものである。

梅謙次郎と法政大学速成科の創設

陳　健／翻訳：相澤　瑠璃子
（河南大学歴史文化学部講師）

要旨

梅謙次郎は日本の明時代における著名な法学者であり、今の日本の民法起草者の一人である。法政大学の初代総長を務めていた時、中国人留学生のために法政速成科を創設した。優秀な教師を招聘し、自ら授業を行うなど粉骨砕身大学に尽くした。速成科は短期科ではあるが、合理的な時間割や招聘された教員も当時の日本法学界の一流人物ばかりであったため、教育の質はいうまでもなかった。また多くの中国人学生は訪日前に挙人となり、進士の名誉を受けていた秀才であった。速成科設立に対してさまざまな非難の声が挙がったが、歴史的背景から速成科は社会の転換期に日本の国家によって革命に投じる大勢の人材を育成していった。彼らは清末の民国の政治・法律などの舞台で活躍し、その功績は多大なるものであった。

キーワード：梅謙次郎、法政大学、速成科

梅謙次郎は日本の明治時代の法学者であり、現行の民法起草の三人のうちの一人である。法学界においてはまさに「スター」であった。彼が法政大学総長を務めていた時期に、清国末期の政府による立法・行政改革などが早急に推し進められていた。多くの清国の学生は日本留学を希望し、法政大学で改革について学ぼうとした。しかし専門科の学制は、短期で学ぶ留学生にとって不便この上ないことであった。梅謙次郎は法律と政治を学びたい留学生らに感じ入り国家の温情に報いるときとばかりと、駐日公使楊枢に相談し法政大学に中国人留学生のための速成科を開校した。学則制定後は、才能ある教師を招聘し自らも授業を行い、留学生のために粉骨砕身働いた。速成科を設立後、理論と実践を伴う教育を原則とし、日本人教師が授業を行い日本語に精通している留学生が翻訳をするという授業方式を採用した。また授業後に学生を連れて、企業・行政・司法省にて実習をさせることもあった。速成科は合計で五期まで開校し、一八〇〇人余りの学生が入学して一二一五人が卒業していった[1]。学生の多くは卒業後に革命に身を投じたり、あるいは民主政治改革を目指した。さらに大部分の学生は国内の法律政治学校の創立者や教師となった。法政大学の速成科に関する研究は少なくはなかったが[2]、多くは卒業生が帰国後に行ったことや彼らの影響力などに関することが多く、創始者である梅謙次郎に関しては全くといっていいほど研究がされることはなかった。拙稿は日本の史料を基礎として、梅謙次郎法政大学速成科創設の歴史と貢献について一考察を述べていく。

1 留学そして帰国

梅謙次郎[3]、諱は信友、字は子順。号は瑟泉居子、洋洋学人と称した。万延元年（一八六〇年）六月七日に出雲の国穴道湖畔の松江灘町で生まれた。家は代々藩の医者の家系であった。幼少時より儒学を学び、一三歳の時に洋学校に入学し、フランス語と英語の二か国語を学んだ。明治七（一八七四年）二月、梅は東京外国語学校フランス語学科に入学した。明治一三年（一八八〇年）二月に大学を首席卒業し、司法省の法学校へと進んだ[4]。通訳事務に励んでいた。

明治一七年（一八八四年）七月一〇日梅は法学校を卒業し、司法省に勤めながら母校で教鞭を取り、通訳事務に励んでいた。次の年に東京大学法学部の教壇に立ち、同年一二月文部省法理学研究の要請により、フランスのリヨン大学に留学を命じられる。リヨン大学に留学した梅は、通常五年かかるところを三年で卒業し、卒業論文はリヨン政府により出版された。卒業後は次にドイツのベルリン大学に入学して、比較法学研究をし始めたが、留学期限により帰国せざるを得なかった。明治二三年（一八九〇年）、梅が三一歳の年であった。

梅は帰国後、政府に重用され要職を兼ねた。明治二三年の八月、梅は東京大学法科学部の教授に就任し、九月には和仏法律学校の学監を兼任することになった。明治二六年（一八九三）、明治政府は法典起草調査会を設立し、梅は起草委員会の委員に選出された。明治三〇年（一八九九年）、梅は和仏法律学校の校長に就任した。明治三三年（一九〇〇年）、文部省の総務長官に就任した。明治三六年（一九〇三年）、和仏法律学校は法政大学と名を改め、梅は法政大学の総理となった。次の年に清国駐日公使と協議を重ね、法政大学内に中国人留学生専門の速成科を創設し、学生募集をかけはじめた。

2　法政速成科創設

❖――（1）法政大学の総理としての職務

法政大学の前身は和仏法律学校であり、初めは東京法学社と言った。明治一二年（一八七九年）に創立され、日本で最も早い私立の法律学校である。明治二二年（一八八九年）に和仏法律学校と改名した。この学校では日本語とフランス語をもって教授が法律や経済学を教え、またフランス語にて普通科の授業を行っていた[5]。明治二三年（一八九〇年）帰国した年には、梅の恩師とフランス留学をともにしてきた友人本野一郎はすでに和仏法律大学で教鞭をとっていた。梅が帰国した日に、本野一郎と主席教員であった富井政章は横浜港にまで梅を迎えに行ったのは、梅を和仏法律大学の教員に招聘することであった[6]。

当時の『法政大学要覧』にて「(明治) 二三年八月。今まさに注目の人、法学界の要人梅謙次郎博士が欧州より学業を終えて凱旋帰国をした。本校の首席教員である富井正章と本野一郎氏の懇願により、梅博士は本校の教職を承諾された。博士の深い学術知識と情熱を教育に傾けることは全ての法学生にとって切望していたことであろう。博士によって我が校の名声は更に高まっていくことは疑いようもないことである。」[7]

梅はこの招聘を受け、東京帝国大学法科大学教授の第二学期から和仏法律大学の教員と同時に学監を兼務した。明治三二年（一八九九年）、梅は和仏法律大学の校長となった。明治三六年（一九〇三年）、和仏法律大学は法政大学と名を改め、校長も総理という名に変わった。総理となった梅は、今まで以上に教育に情熱を注ぎ、学生たちを教え導いた。特に中国人の留学生のために速成科を設立し、法律や政治にかかわる人材を育てた。梅の教育に対する情熱は衰えず、増していくばかりであった。

❖――――(2) 速成科の設立

法政大学速成科創設歴史について、石原太郎は『法政大学の過去と現在』の中で次のように記している。「明治三六年(一九〇三年)三月、明治政府は新しい専門学校令を発表した。同年八月我が校は令に基づいて改革に取り組み、同年に文部大臣の認可が下りた。これ以後校長の名称は総理に変わり、大学部・大学予科及び専門科(法律科と実業科、実業科は商業科に改名)は全く新しくなり、校舎も増築された。明治三七(一九〇四)年留学生の要望と駐日清国公使の協議によって、速成科の設立に至った。」と記してある[8]。『清国留学生法政短期半設置の趣意書』にて速成科の設立に関する記述がある。「清国が諸外国列強と渡り合うには、今の立法行政では歯が立たない。立法行政の改革に着手し、前進しなければならない。それには人材育成に力を入れ、清国の先駆者となるべきである。これにより本大学では、清国の留学生の有志による計画、清国公使の賛同を得て、特別に法政速成科を設立した」[9]

清国政府が法政に携わる人材を早急に欲しているという背景のほかに、上述した「留学生の要望」と「清国留学生有志の計画」とあるが、どういうことなのか。

一九〇三年、公爵近衛篤麿と東亜同文会の副会長の長岡護美は当時留学生監督者であった汪大燮と協議を重ね、東京に中国遊学官のための法政専門短期学院の設立を考えていた。「然るに汪大燮の職務が変わった上に、近衛篤麿が逝去してしまったので、計画は頓挫した。」[10]一九〇四年三月宏文学院に留学していた範源濂は「有志の留学生全体の代表」として梅に面会を求めた。会談中に「この頃、我が国の軍備や教育方面に関して貴殿の国にて学んだ同胞が帰国した後に、その能力を遺憾なく発揮している事例が少なくない。また招聘した貴国の教員は我が国の教員学生までを指導して下さった。しかし依然として法政の学問を学ぶ学生は多い……我らが頼れるのは梅博士、あなただけだ。どうか我々の為の法政専門学校を創設していただけないだろうか。」[11]と、源濂は梅に法政速成科の創設を願い出た。主な原因としては東京振武学校・弘文学院の両校ではすでに中国のための軍隊や教育方面の学生の指導を行ってはいたが、小規模でしかない。範は、両校の運営方式に添った一年を一学期制にするかあるいは独立した学校、または法政大学内に専門学校を設立してほしいと嘆願した。梅から見ても、中国の目下改革目標にて速成科の創設の必要性は急を要することである。明治維新初期にも法政速成科を同じように創設した。しかし通常は三、四年の学科内容を一年という期間内に教え終えることはほぼ不可能に近い。なおかつ翻訳にかかる時間は半年はかかる。最低でも二年間あれば、教えることは可能である。しかし範は二、三年という時間はあまりにも長いと主張した。中国の改革の必要性はすぐそこにまで迫ってきている。夏休みを無くして時間を節約し、学制も圧縮すればよいといった。梅博士は範の懸命なまた切望する姿に感動し、学校の理事たちとの協議を承諾した。協議の結果、まずは一年の学期を試験的に実施し、途中経過を観察してから学制を延長するかどうかを考慮することとなった[12]。

すぐに梅は学校の協議結果を提出し、外相の小村寿太郎と協議をした。小村もこのことに関しては梅に任せると同意し、清国駐日公使楊枢を紹介した。楊公使は前任の汪大燮がこの計画を練ってはいたが頓挫したので、後任の自分が成し遂げたいと考えていた。楊は一も二もなく賛成であり、各省の大使の分までも即答した。さらには各省にて勉学を望む役人を選び、派遣した[13]。

表１　法政速成科科目表

法政速成科学科課程表					
第一学期		第二学期		第三学期	
教科	週の授業時間	教科	週の授業時間	教科	週の授業時間
法学通論・民法	5	民法	4	民法	5
国法学	5	行政法	6	商法	6
刑法	3	刑法	3	国際私法	3
経済学	4	国際公法	4	民刑訴訟法	4
西洋史	5	裁判所構成法・民刑事訴訟法	3	財政学	4
政治地理	2	政治学	4	警察監獄学	2
計	24		24		24

参考：『法学志林』63号 1904.1.15　『法政大学史資料集第十一集』1988 pp7　法政大学

❖――――（３）学則の制定

　梅は明治三七年（一九〇四年）四月二五日、松本烝治、美濃部達吉、板倉松太郎ら九名の法律学者に書簡を送り、二日後に会談する約束を取り付けた。会談内容としては法政速成科の教員を引き受けてもらえるかどうかであった[14]。この二日後に梅は文部省に清国留学生の法政速成科申請を行い、四月三〇日に文部大臣の久保田譲より認可書を受け取った[15]。その後、専門科の規則集が明治三七年五月一五日に公布され、全部で一〇か条の規則が記されていた。内容としては、教科・修業期間・課程の設置・入学資格・学費・試験などである[16]。

　これらは規則としてはまだ不十分であったが試行段階であり、具体的な課程の設置については記されていなかった。三か月後にまた新たな規則が公布され、それには具体的な課程や時間割表が加えられていた。試験的に速成科の授業を一学期分行い、学校側としては一年という時間の中で、全科目の授業をスムーズに行うことは難しいという結論を出した。また実際の授業の状況を鑑みると、さらに二、三科目を新たに設置する必要がある。そうなると学制を一年から一年半に延長することになり、合計で三学期分の時間は止むを得ない結果になった。教科を設置するにあたり裁判所構成法と民事・刑事訴訟法の合併、監獄学に警察学を加えた。それと同時に政治学・西洋史・政治地理の参加も増設した[17]。調整した教科については表1を参照してほしい。

二年目を迎えるまでに、速成科の規則は二回の改訂を経た。まず、速成科の留学生のために六か月の銀行講習科を設けた。これは理論的内容を先に学んだ後に実務考察に移っていくためである[18]。次に速成科を法律学部と政治学部に分けた。具体的な教科はまた新たに細部にわたり分類することになった[19]。他に速成科の講義時間の短さや内容の浅さを補うこと等が挙げられ、明治三九年（一九〇六年）・四〇年（一九〇七年）に予科と普通科に分けることになった。予科は法政の速成科を卒業した学生専用に設立された。「更に一年、各科目の未修得者或いは既に修得したが、より深く学び知識を補いたい学生に開かれている」[20]。予科は民法・商法・憲法・行政法・刑法・破産法・経済学・財政学・外交史の分野に分かれ、修業期間は一年と限定されている。またその中を二学期制にし、一〇月から三月までを第一学期、四月から九月までを第二学期とした。学費規定は学生が八〇人未満なら全クラスの学生は一か月一人二四〇元。もし実際の人数が八〇人以上であれば、毎月一人三元納めればよいとした。その他に一人毎月通訳代として一元を納めた[21]。明治四〇年（一九〇七年）にまたも普通科が設立した。これによって学生が修身・国語・外国語・歴史・地理・数学などの教科が受けられるようになった。ここに至り、速成科を運営していく規則がやっと全体的に整ったのである[22]。

3 教鞭を執った名教授たち

(1) 招聘した名教授

一つの学校の運営効果が如何ほどであろうか。合理的な課程と良好な勉強環境の他に、さらに重要なのはその学校にどんな教員がいるかということだ。駐日公使楊枢は光緒帝への上奏文の中で次のように速成科の設立を称賛した。「教科の担当教員は皆、日本の第一線で活躍している学士や博士ばかりである。」[23]曹汝霖は回想録の中で速成科についてこう語っている。「教員は皆大学の教員であり、一流の法学家ばかりであった。」[24]速成科にて担当した教科の教員を左の表2にまとめた。

表2　法政速成科教員名簿（一九〇六年）

姓名	担当教科	学歴	前職
梅謙次郎	法学通論・民法	法学博士	東京帝国大学法科大学教授
乾政彦	民法	法学士	東京高等商業学校教授
松波仁一郎	商法	法学博士	东京帝国大学法科大学教授
志田鉀太郎	商法	法学博士	東京高等商業学校教授・東京帝国大学法科大学教授
筧克彦	憲法・国法学	法学博士	東京帝国大学法科大学教授
美濃部達吉	憲法	法学博士	東京帝国大学法科大学教授
清水澄	行政法	法学博士	学習院主事・内務書記官
吉村源太郎	行政法	法学士	法制局参事官
岡田朝太郎	刑法	法学博士	東京帝国大学法科大学教授

中村進午	国際公法	法学博士	東京高等商業学校教授
山田三良	国際私法	法学博士	東京帝国大学法科大学教授
岩田一郎	裁判所構成法	法学士	東京控訴院判事
板倉松太郎	民事訴訟法・刑事訴訟法	法学士	大審院判事
小野塚喜平次	政治学	法学博士	東京帝国大学法科大学教授
金井延	経済学	法学博士	東京帝国大学法科大学教授
河津暹	経済学	法学士	東京帝国大学法科大学教授
山崎覚次郎	経済学	法学博士	東京帝国大学法科大学教授
岡実	財政学	法学士	農商務省参事官
高野岩三郎	財政学	法学博士	東京帝国大学法科大学教授
久保田政周	警察学	法学士	内務書記官
小河滋次郎	監獄学	法学博士	監獄事務官
立作太郎	近世政治史	法学博士	東京帝国大学法科大学教授
野村浩一	近世政治史・政治地理	文学士	
阿部秀助	近世政治史・政治地理	文学士	
山内正瞭	殖民政策（科外）	法学士	東京帝国大学大学院学生
西河龍治	論理学（科外）	文学士	
藤井秀雄	警察事務（科外）		警視庁警部

参考：法政大学史資料委員会編『法政大学史資料集第十一集』一一五―一一五頁（『法政速成科記録』において杉程次郎が未登録ながら名簿の中にあった。記録において杉の担当は「政治学」であった）

表を見るとわかるが、そうそうたる顔ぶれが揃っている。また大多数が西洋に留学経験を持つ法学博士であり、日本の法政界に深い影響を与えている人物ばかりであった。法政大学の総理である梅はいうまでもなく「日本民法典の父」である[25]。政治学の小野塚喜平次は日本初の政治学者の一人であった[26]。美濃部達吉は憲法学と行政法学家であった。明治末期に美濃部は「国家絶対主義」「天皇主権論」に焦点を合わせ、立憲的な「国家法人説」「天皇機関説」を提唱し、日本憲法の新しい時代を切り開いた[27]。中村進午は日本の「国際法学の創設者」と名高い[28]。岡田朝太郎は一八九七—一九〇〇年までドイツやフランスにて法律を四年にわたり学び、刑法の権威である。志田鉀太郎は商法に秀で、一九〇五—一九〇七年の間に三冊もの訳著、『商法』『商法商業編』『商法総則』を出版し、法学界よりその功績を認められた[29]。一九〇六年（明治三九年）岡田朝太郎と志田鉀太郎、そして民法専門家の松岡義正は梅の推薦により清政府の重鎮顧問として招聘され、「刑法・民法・刑民訴訟法に分けて事件を調査し、今後の参考にするように」とした[30]。また京師法律学堂や高等巡警学堂を設立し、三人は教授としてまたも招聘された[31]。彼らが中国近代法律変革に与えた影響は大きい[32]。

❖——(二) 理論と実践を重点においた教育

速成科の教師は二部分から構成されている。一つは法学教授であること。もう一つは司法機関においての専門家であることである。教員の構成は、法学という学問を体現している。法学は実践性の強い学問であり、速成科の教師構成において、学術理論界ではすでに大家となっている法学家や司法領域において実際に仕事に従事している専門家まで配置されている。これは速成科が理論だけではなく、実務面においても重要視している科であることを反映している。また教授の大半は東京帝国大学法科大学に籍を置いたことがある[33]。彼らは梅が帝国大学の教鞭に立った時の同僚であり、梅の中国留学生のための速成科設立の呼び掛けに応じた教授ばかりであった。大学教授・校長の職以外に、梅は法界の行政要職を度々歴任した。司法機関からこれらの実戦経験豊富な専門家を招聘し、速成科の教員として補充したのは梅は速成科に法学の真髄を学ばせようとしたからである[34]。

法政の速成科の理論と実務を重点とした方針は、教員配置の他に授業の中でも垣間見られた。「教室で授業を受ける他にも、実施体験の方法がある。司法行政各役所および官私管理に関する政治学者は、授業中に自由に学生たちを引率して現場を見学させること。」[35]学生に日本企業の規模や組織の実情を理解させるために、明治三七年（一九〇四年）五月三一日、第一期速成科の学生が梅に引率され、あるビール会社の醸造工場や機械場、貯蔵庫を見学した[36]。明くる明治三八年（一九〇五年）に今度は小河滋次郎が第二学期の監獄学を受けている学生を引率して、課外授業を行った。巣鴨監獄・東京監獄・市谷監獄に連れて行き、監房や労役場おいて実際に収監している管理状況を見学した[37]。同年五月に学校が厳選した卒業生六〇名を連れて、東京府および東京市役所・内務省・司法省・裁判所・農商務省・小菅監獄・日本銀行・北豊島郡役所・警視庁を見学し、各庁の長官や職員たちから温かい歓迎を受けた[38]。

以上のような理論と実践の緊密な結び付きの授業方式を以て、速成科の学生たちは最短の学習時間内で濃密な授業を受けることができた。それは梅が頭を悩ませて授業や教員を配置した成果である。

❖――――（三）自ら教鞭を振い、「法学通論」「民法」を教える

速成科の設立の初期に、梅は法政大学の総理にもなった。さらに日夜速成科の計画を練り、著名教授を集め、課程設置を熟考し、さらには他の公務と多忙を極めていた。しかし梅はそのような状況下でも速成科を順調に開校し、自らも教壇に立ち、中国人留学生のために「法学通論」と「民法」を教えた。速成科の規則が規定している講義時間を見ると、「法学通論」と「民法」の時間は明らかに他の教科の時間を超えていた。とりわけ速成科が開校したばかりの第一学期では、週六科目の合計講義時間は二五時間であり、そのうち十時間は梅が担当している教科であった[39]。また梅が教えている法学通論と民法は法学科の最も基礎となる入門学問であり、

法学の入り口としてさらに奥深く学ぶこととなる。当時の講義様式は教師が口述したのを翻訳者が口述翻訳する「通訳」の方法で授業を行っていた[40]。一九〇五年に始まった『法政速成科講義録』の連載発行により中国語に翻訳された講義内容が紙上で見ることができるようになった。毎月二回発行され、学生たちは随時研究することができるようになった[41]。

梅の講義は第一学期より連載が始まり、東京法学院大学に留学している貴州の留学生の黎淵が筆記翻訳をした。「法学通論」の課について筆者自身が該当年度の和仏法律大学の記録と未調査の底本に関して調査を行った結果、推測だが黎淵は中国留学生だけに著述していたようである[42]。以下がその構成体系である。

第一章は法律の定義。第二章は法律と国の関係。第三章は法律と道徳の関係。第四章は法律と政治の関係。第五章は法律と経済の関係。第六章は法律者は理性を学ぶ。第七章は法律一語に多様な意義を論ず。第八章は法律の分類。第九章は権利と義務（法律関係）。第一〇章は法律と慣習の関係。第一一章は法律の解釈。第一二章は鍵となる時期の法律効力。第一三章は土地に関しての法律効力。

「法律通論」は最も基礎的な法律原理の知識の内容であり、また梅の自然法論派の法理観が十分に記されている。今日の法学者から見ると、梅の講義内容はすでに時代遅れである。しかし当時の旧知識形態から脱皮しようとしている八股文に慣れている中国人留学生にとって、国家・自然法・公法・私法・権利・義務などの耳慣れない言葉や人の心に入り込んでいる法律観念が、本国の法律精神とは真逆のものであった。中国の伝統的な法は「権利」と「義務」という法理の一切の制定に基づいておらず、「禁」と「罰」の法律を採用し臣民を縛っていた[43]。速成科の中国人留学生たちは「法学通論」を学び始めてから、「格式から内容まで、専門用語から精神まで」本国の法律では完全に異質であるが、先進国では当たり前の法政知識であることを学んだ[44]。

「民法学」の課も筆者は調査を行い、梅がこれより以前の和仏法律学校で教鞭を執っていた一九〇一年に出版された『民法録』の本が主な調査対象である。法学者の何勤華は『20世紀の日本法学』という本の中で、梅の『民法録』について紹介をしている[45]。何は『民法録』の三つの特色をまとめている。一つ目は、本書は主に当時の日本の最新の民法典の各項規定をめぐり論述を展開しており、梅は一人の民法典制定者と認識されている。二つ目は、梅が一人のフランスの法学家としての特色を示している。三つ目は、本書はすでに深い学理を持ち、民法知識の要点を誰にでもわかりやすくしている特色を持っている[46]。これ以外にも梅の代表作である『民法要義』が清末から民国初期に上下五編に分かれて商務印書館より出版された。清末の政府による法律改訂は、梅の民法学説から多大なる影響を受けている[47]。

余論

法政大学速成科は一九〇四年五月から第一期の学生九四名を受け入れてから、一九〇六年末の第五期の八四九名を最後に、合計で五期の学生の入学を受け入れた、実際に入学した人数は一八〇〇人余りであり、最終卒業人数は一二一五人であった（八〇名の予科生も含む）[48]。彼らは直接的あるいは、間接的に梅の教育影響を受けた。速成科設立当時は、さまざまな非難の嵐にさらされたが、歴史の大きな境目に直面したこともあり、社会の転換期に国家のためにも多くの新しい改革に必要な人材を育てることができた（広い意味で革命もまた一種の改革である）。彼らは清末の民国政治・法律の舞台で活躍を見せ、その影響力は大きかった。卒業生の中から汪精衛、胡漢民、朱執信、宋教仁、居正といった革命家たちが輩出された他、多くの卒業生は帰国後、積極的に清末の立憲および民国初期の憲政創設に向けての準備に関わったり、辛亥革命の推進や民主共和理念の普及のために大きな役割を果たした。また大多数の卒業生が国内の法政学堂の創立や教員となり、中国の近代法律教育に尽力した。

当時、法政大学の速成科を開校した時期に中国国内の日本留学の運動は最高潮まで高まった。多くの学生が日本に押し寄せ、日本国内にある正規の教育機関は留学生の受け入れが難しくなり、営利目的の「学校」が急激に増えた。楊枢は皇帝への上奏文において、このような類の「学校」が当時十か所は下らないと報告をしていた。「三か月または六カ月で卒業など、学科でさえも学生が自由に選択することができる。全てが学生の意のままであり、喜んで入学する同国人は少なくなく、これに入学することを禁ずることもできない」[49]。その同時期に日本の世論や教育界から学校に対する疑問視の声が次々と挙がり、速成教育の不当性や留学生の数の多さが指摘され始めた[50]。これにより日本政府が直接留学生の取り締まりに乗り出すこととなった。一九〇六年に学部（清末期の全国の教育を管理する中央官署）が第二回帰国留学生の登用試験を行った。その受験生百余名のうちの大半は日本へ留学した学生であった[51]。しかし試験の結果、最も優秀な学生はアメリカ留学した八名の学生と一名のイギリス留学者の計九名であった。この結果により社会の世論が日本に留学した学生たちの教育水準に対してそれまで以上に懐疑的となった[52]。同年八月七日に、学部は各省に対して日本に学生を速成留学させない命令を下し、普通科・師範科の修業年数を三年以上に引き伸ばした[53]。一九〇六年九月、梅は中国を訪問し張之洞と袁世凱と会談した際に、清政府の要求を受け入れ法政大学の速成教育の閉校決定を伝えた。この年の十月・十一月に法政大学速成科の法律部と政治部両学部は合わせて八四九名の創設以来最も多い入学生を迎えた[54]。しかしこれ以後、法政大学速成科は学生募集に終止符を打ち、代わって三年制の普通科を設立した。

宣統元年（一九〇九年）三月一八日、法政大学速成科が閉校されて二年が経っていた。当初の発起者であり、当時の学部主事の範源濂は梅に書簡を送った。その内容は速成科発足の力となってくれたことや、中国のために新しい人材を育ててくれたことなど感謝の気持ちが綴られていた。「当時の我々二国間の間に反対を唱えるものもあったが、今現在の我が国を見渡してみると、千人余りの活動が実体を伴って証明できつつある。もう誰も反対をする者はいない。」この時すでに範源濂は要職に就いており、政府の改革に対して切実な思いを抱いていた。というのも目の前に政治改革が直面している最大の鍵は財政問題であることがわかっているからであった。「政治と財政の知識の補充が最重要課題であり、その為には速成科（専修科に改名予定）の再建が必要不可欠である」。範源濂は梅の返事さえもらえれば、学部の職を辞職することを考えていた。「先生に追随し、自分の全てを速成科のために擲つ覚悟であり、完全なる学校創設を望んでいる」[55]。しかし、まもなく梅は病没し、辛亥革命への足音も聞こえてくるようになってきた。範源濂が切望していた梅総理による速成科の再建も途絶えてしまったが、その夢は民国新政府により果されることとなった。

注

[1] 卒業生の数に関する考証は余論を参照。

[2] 法政大学短期半及び卒業生に関しては留学史及び法律教育史に関連する論文の中にある。代表的なのは以下のとおりである。実藤恵秀一九八三『中国人留学日本史』三和書籍、黄福慶一九七五『清末留日学生』中央研究院近代史研究所専門機関誌(34)、葉竜彦一九七四・一〇『清末民初の法政学堂一九〇五—一九一九』台湾私立中国文化学院史学研究所博士論文、王健二〇〇一『中国近代的法律教育』中国政法大学出版社、程燎原二〇〇三『清末法政人的世界』法律出版社。この他に張朋園著『立憲派と辛亥革命』は帰国した法政留学生が立憲運動の中で

の表現を論述し、付録には珍しい統計がある。任達と尚小明の本は法政大学速成科の留学生が清末の新しい政治においての作用について深く考証し論述している。張朋園二〇〇七『立憲派と辛亥革命』吉林出版株式会社、任達二〇〇六『新政革命と日本』江蘇人民出版社、尚小明二〇〇三『留日学生と清末新政』江西教育出版社。以下は代表的な論文である。賀躍夫一九九三「清末士大夫日本留学法政大学中国留学生速成科について」『近代史研究』(1)、郝鉄川一九九七「中国近代法学留学生と法制の近代化」『法学研究』(6)、丁相順二〇〇一春季刊「清末日本留学法と政の留学生と中国法制近代化の再思考」『金陵法律評論』、翟海涛二〇一〇「法政大学速成科と清末の法政教育」『社会科学』(7)、馮天二〇一一・一〇・一〇「立憲政治の起源と日本留学中国学生」『中国教育報』(5)。

[3] 梅謙次郎について関連書籍。東川徳治一九一七『博士梅謙次郎』法政大学、大内兵衛一九五四―五五「梅謙次郎伝」『法政』法政大学、ボアソナード関係資料委員会一九八四「梅博士著書及び論文目録の編集を終える」『法政』法政大学、高久茂一九五八『切手になった日本の文化人』一二三書房、岡孝・江戸恵子一九八五「梅謙次郎著書及び論文目録――その書誌学的研究」『法学志林』八二巻三・四号、有地亨一九七一「明治民法起草の方針などに関する若干の資料とその検討」『法政研究』三七巻一・二号、野島幹郎一九九一「梅謙次郎博士・顕彰の辞」『法律の広場』一月号。

[4]『日本の法学者』では、梅謙次郎の速成科創設は法学学校の運営参考にもなった。潮見俊隆・利谷信義編著一九七四『日本の法学者』八八頁、日本評論社。

[5] 一九〇五「法政大学沿革略」『法政速成科講義録』一号、一一頁、法政大学。

[6] 富井政章と梅謙次郎は明治時代の法律会において巨匠であり、民法起草をしている。梅が帰国した際、富井政章はすでに和仏法律大学の主席教員であった。

[7] 東川徳治一九一七『博士梅健次郎』七〇頁、法政大学。

[8] 石原太郎一九〇八・一一・二〇「法政大学の過去と現在」『法学志林』九巻一一号、法政大学史資料委員会編一九八八『法政大学史資料集第十一集』一四頁、法政大学。

[9] 梅謙次郎一九〇四・五・一五「清国留学生法政速成科設置趣意書」『法学志林』五六号、法政大学史資料委員会編一九八八『法政大学史資料集第十一集』二頁、法政大学。

[10] 陳学恂・田正平編一九九一「出使日本国清大臣楊枢清模倣日本設法政速成科学折」『中国近代教育史資料汇編　留学教育』三六五頁、上海教育出版社。

[11] 梅謙次郎一九〇五・一〇・二〇「法政速成科の冤を雪ぐ」『法学志林』七巻一〇号、『法政大学史資料集第十一集』九九―一〇〇頁。また東川徳治一九一七『博士梅謙次郎』七一頁、法政大学。

[12] 梅謙次郎一九〇五・一〇・二〇「法政速成科の冤を雪ぐ」『法学志林』七巻一〇号、『法政大学史資料集第十一集』一〇〇頁。

[13] 楊枢 陳学恂・田正平編一九九一版「出使日本国清大臣楊枢清模倣日本設法政速成科学折」『中国近代教育史資料汇編　留学教育』三六六頁、上海教育出版社。東川徳治一九一七『博士梅謙次郎』七一頁、法政大学。

[14] 「梅謙次郎の書簡」『法政』四巻二号『法政大学史資料集第十一集』二五四頁。九人とは松本蒸治・美濃部達吉・板倉松太郎・金井延・中村進午・松浦鎮次郎・岩田一郎・小河滋次郎・岡実。この書簡から察するに、松本蒸治と松浦鎮次郎の二名以外の七名は申し出を承諾し、速成科の教員となった。

[15] 東京都公文書館　文書類纂・第一種・学事・私立各種学校・第二　図書番号626/C5/11『法政大学史資料集第十一集』一—二頁。

[16] 「法政速成科規則」一九〇四・五・一五『法学志林』五六号『法政大学史資料集第十一集』三頁。

[17] 「法政速成科規則の改正」一九〇四・一一・一五『法学志林』六三号『法政大学史資料集第十一集』六—七頁。

[18] 「法政大学新設の銀行講習科」一九〇五・八・三〇『法律新聞』三〇〇号年『法政大学史資料集第十一集』六—七頁。

[19] 法学通論・民法・憲法汎論・刑法・国際公法・経済学原論・行政法は両学部共同科目である。法律学部はその他に、商法・国際私法・裁判所構成法・民事訴訟法・破産法・刑事訴訟法と監獄学を学ぶ。政治学部もまた比較憲法・地方制度・政治学・応用経済学・財政学と警察学を学ぶ。両学部は毎学期の総授業数は変わらず、24時限である。「法政速成科規則中改正」一九〇五・一二・二〇『法学志林』七巻一二号『法政大学史資料集第十一集』八—九頁を参照。

[20] 「法政速成科予備科趣意書」一九〇六『大日本法政大学紀要』『法政大学史資料集第十一集』一三頁。

[21] 「法政速成科予備科規定」一九〇六『大日本法政大学紀要』『法政大学史資料集第十一集』一三頁。

[22] 「清国留学生普通科」一九〇七・一・二〇『法学志林』九巻一号『法政大学史資料集第十一集』一四頁。

[23] 陳学恂・田正平編一九九一版「出使日本国清大臣楊枢请模倣日本設法政速成科折」『中国近代教育史資料汇編・留学教育』三六六頁、上海教育出版社。

[24] 曹汝霖一九六六『一生の回想』二六頁、春秋雑誌社。

[25] 岡孝・江戸恵子「梅健次郎著書及び論文目録——その書誌学的研究」一九八五『法学志林』八二巻三・四号。七戸克彦「現行民法典を創った人々」二〇〇九『邦楽セミナー』(7)六五五頁。

[26] 小野塚喜平次の出生に関しては南原繁らを挙げる。『小野塚喜平次、人と業績』一九六三岩波書店。

[27] 潮見俊隆・利谷信義編著一九七四『日本の法学者』一五〇頁、日本評論社。

[28] 大平善梧「名誉教授中村進午博士逝く」『一橋論叢』四巻四号。

[29] 一九九〇『日本人名大辞典』六三〇頁、平凡社。

[30] 任達二〇〇六『新政革命と日本』一八三頁、江蘇人民出版社。

[31] 「修訂法律大臣瀋家本等奏議覆朱福洗奏慎重私法編別選聘起草客員折」光緒三四年一〇月一五日（一九〇八・一一・八）『政治官報』第三七三号。梅の推薦により三人は清政府の法律改訂に尽力した。だが、三人のこれ以前の動向に関して詳細は不明である。董康は、修訂法律館から日本に派遣され日本の法学専門家を訪ねた。清政府は実際のところ梅を招聘し法律改訂を行いたかったが、梅は多忙により日本を離れることは不可能であった。そこで梅は岡田朝太郎らを推薦し中国に向かわせた。東川徳治一九一七『博士梅健次郎』一八五頁、法政大学を参照。

[32] 汪向栄一九八八『日本教師』六九―七〇頁、三联書店。

[33] 当時日本には二校しか大学がなかった。官立大学としては東京帝国大学と京都帝国大学の二校、中国語通訳講義授業は法政大学一校のみであった。『法政速成科講義録』第一号一一―一二頁。

[34] 曹汝霖の回想記録では、当初日本人の学者の多くは「自身で勉学に励む者多し、論文を執筆し、勉学に以外には関わらない」。範源濂と相談し、「速成法政班」を創る。「法律の大家が必要であり、教育に熱心で、リーダーシップを持ち合わせ、成功を収められる人間である」。曹汝霖が熟考を重ね、適任者に相応しいのが梅謙次郎であった。彼らは梅を訪ね、この考えを話した。当時の教授の多くは学問に専念し、他のことには興味がなかった。小野塚喜平治はこの最たる典型といえる。東京帝国大学総長であり、一貫して帝大教授は本職以外の職務を許さなかった。しかし梅の懸命な頼みにより、ついに中国人留学生に政治学の教育を施すことを応じる。安岡照男「法政速成科と梅総理」『法政大学史資料集第十一集』二五八頁、を参照。

[35] 楊枢一九〇五「奏為特設法政速成科学教授遊学官紳以急先務而求実效折」『法政大学速成科講義録』第一号五頁、法政大学発行。

[36] 「法政速成科生徒の企業視察」一九〇四・六・一五『法学志林』五七号『法政大学史資料集第十一集』一二九頁。

[37] 「清国留学生の監獄参観」一九〇四・六・一五『法学志林』五七号『法政大学史資料集第十一集』一三一頁。

[38] 「法政速成科の官公署参観」一九〇四・六・二〇『法学志林』七巻六号『法政大学史資料集第十一集』一三二頁。

[39] 「法政速成科規則及び改正」『法政大学史資料集第十一集』五・七・九頁。

[40] 通訳者は当時日本の有名大学に留学していた。日本語に堪能であり、法政知識学の基礎も学んでいた。東京法学院大学に留学していた貴州の黎渊のようなタイプは法学通論と民法の翻訳を担当していた。早稲田大学に留学していた周宏業・江庸・稽鏡らは分担して国法学・刑法学・国際公法の通訳をしていた。『法政速成科講義録』第一号参照。

[41] この記録は日本では公に発行された以外に上海広智書局の直営店でのみ発行された。筆者は法政大学に保存されていた記録を閲読した。現在では一―五二号までが保存されている（第三〇号のみ欠落している）。

[42] 法学通論は第一・三・六・二七・二八・四六・四七・四八号に連載されており、内容も完全な状態である。民法は第五〇号より連載が開始され、五〇―五二までの三期分が現存している。「法学通論」は『法政速成科講義録』に収録されている以外に中国国内では、一九〇八年に

出版された鉛印本。印刷地は長沙、翻訳者は王燾。実藤恵秀監修・譚汝謙主編一九八〇『中国語翻訳日本書総合目録』四一二頁、中文大学出版社。

[43] 黄宗智二〇〇三『法典・慣習と司法実践、清代と民国の比較』上海書店出版社　五〇頁。

[44] 李貴連一九九四「近代中国法律変革と日本の影響」『比較法研究』(1)。

[45] 何勤華は梅の代表作の中国語訳はないと思い違いをしていた。『法政速成科講義録』は中国語訳をされて、法政大学が発行した当日に、指定店である上海広智書局が法的に販売を許可されていた。『法政速成科講義録』の毎期号の裏を記載。

[46] ここでいう本の内容とは梅がフランス派の民法理論を以てドイツ様式を採用した日本民法法典を解釈したことである。日本旧民法典では人事・財産・財産取得・債権担保・証拠五編により構成された。新しい民法典はドイツの民法典を模倣し、総則・物権・債権・親族・相続の五部分より構成された。梅は理論か実質かを問わず、四編に分けた。即ち総則・親族・財産（物権及び債権）・相続に分け、より日本に適した形にした。これはフランスの民法典の構造と同じであった。『法政速成科講義録』第五〇号一二一―一二二頁。

[47] 何勤華二〇〇三『20世紀日本法学』四一六―四一九頁、商務印書館。

[48] 法政速成科の卒業生の総数は実藤恵秀『中国人留学日本史』に一〇七〇人余りというのが信憑性に足る。台湾の学者の葉竜彦は台湾教育部の保存書類室蔵の『日本法政大学速成科卒業生リスト』では一一四五余人と記されている。任達の『新政革命と日本』の統計数字もまた一一四五人である。実際、卒業生の明確な人数は法政大学編集の史料にも統一化されていない。まず卒業式中に挙げられる人数を数えてみると、一〇五三人（第一班六七人・第二班二三〇人・第三班六六人・第四班二三八人・第五班三八五人・予科六七人）である。しかしここで問題が一つ生じる。この数はすべての卒業生の数ではない。これにさらに追試合格および追認されて卒業した学生も存在するからだ。もし第一班に追試合格二人、第二班に追試合格一二人、第四班に追試合格一九人・追認卒業六人、第五班に追試合格四七人、予科にも追認合格一名がいるのなら、資料に記載のある卒業生をすべて合計すると、一一一三人となる。その内第一班六九人・第二班二四二人・第三班六六人・第四班二六三人・第五班四三二人・予科七一人（その内三〇人は前回の四班卒業生であるため、統計時にその分を引くと、実際の人数は四一人である）。その他に梅が第五班の卒業式において、今までの卒業生の人数は全員で一二一五人と発表した。実藤恵秀一九八三『中国人留学日本史』五〇頁、三联書店、葉竜彦一九七四・一〇「清末民所の法政学堂一九〇五―一九一九」九五頁、台湾私立中国文化学院史学研究所博士論文、任達二〇〇六『新政革命と日本』五七頁、江蘇人民出版社、一九八八「法政速成科入学・卒業者数」法政大学史資料委員会編『法政大学史資料集第十一集』二六三頁を参照。

[49] 一九〇五年末の人数は八〇〇〇人を突破した。楊枢 光緒三一年一二月二三日「出使日本国大臣楊枢密陳学生在東情形折」『清光緒朝中日交渉史料』二三頁、巻六九第。

[50] 楊枢 光緒三一年一二月二三日「出使日本国大臣楊枢密陳学生在東情形折」『清光緒朝中日交渉史料』二三頁、巻六九第。

[51]『中央公論』第二〇年第一号『法政大学史資料集第十一集』一九一―一九五頁、実藤恵秀一九八三『中国人留学日本史』三联書店三八―三九頁。

[52] 光緒三二年「学部考取遊学生名単」『学部官報』第四期 光緒三二年九月一一日。

[53]「通行各省限制遊学併推広各項学堂電」『学部奏咨編集要』巻二。陳学恂・田正平編一九九一版『中国近代教育史資料編・留学教育』七三頁、上海教育出版社。

[54] 東川徳治一九一七『博士梅謙次郎』七三頁、法政大学。

[55] 範源濂から梅への書簡の引用は東川徳治一九一七『博士梅謙次郎』七四―七五頁、法政大学からである。

范源廉と「清国留学生法政速成科」

臧佩紅
（南開大学日本研究院准教授、法政大学国際日本学研究所客員所員）

はじめに

范（範）源廉（一八七六年八月二九日―一九二七年一二月二三日）は、字は静生、湖南省の湘陰に生まれ、中国近代の著名な教育家である。范源廉は一八九九年に初めて日本に留学して、一九〇四年に法政大学清国留学生速成科の創設を提言した。一九〇六年に帰国した後、清国の学部（日本の文部科学省相当、以下同じ）に勤め、一九一二年中華民国設立後、三度に渡って教育総長に就任したことがある。

近年来、中日学界においては范源廉に関する研究が始まったが、まだ成果は少なく、かつ主に以下二つの欠点が存在している。第一、范源廉の個別の教育思想や教育活動については考察したが、范源廉の中国近代教育史上における位置づけと役割については論じられていない[1]。第二、范源廉が法政清国留学生速成科を建言したことは触れたが、その建言の背景、范氏の速成科での活動、帰国後の法政教育に対する普及活動などに関しては、まだ十分に論述されていないといえよう[2]。

上記の先行研究に鑑み、本文は范源廉の中国近代教育史上における位置づけと役割を論述するうえで、主に范源廉と法政大学速成科との関係やその前後の活動を考察することによって、近代中日両国の留学生の教育交流における経験を見出だし、目下の両国関係の発展に有益な参考を提供したいと考えている。

1　范源廉の中国近代教育史における役割

范源廉は中国近代の最も著名な教育家として、その中国近代教育に対する貢献は主に以下の四点にまとめられる。

❖——（1）中国近代教育政策の責任者

范源廉は一九〇六年に日本留学を終えて帰国した後、清朝学部の主事、員外、員外郎、参事などを歴任して、清末の中国中央政府の教育事務に従事した。さらに、一九一二年中華民国設立後、范氏は三度に渡って教育総長に就任した（一九一二年七月二六日—一九一三年一月八日、一九一六年七月一二日—一九一七年一一月三〇日、一九二〇年八月一一日—一九二一年一二月二五日）。

范源廉は一九一二年七月に始めて中華民国教育総長に就任した直後、直ちに同年の九月三日に『学校系統令』を制定、頒布して、その後、当該学校系統のサブ法令として、相次いで『小学校令』（一九一二年九月八日）、『中学校令』（一九一二年九月二八日）、『師範教育令』（一九一二年九月二八日）、『専門学校令』（一九一二年一〇月二二日）、『大学令』（一九一二年一〇月二四日）、『実業学校令』（一九一三年八月四日）を発布した。

写真１　1904 年、法政大学清国留学生法政速成科設立（1906 年第四班留学生集合写真）

この学制は「壬子葵丑学制」と称されて、中国近代初めての完成された学制システムとして、一九二二年まで実施された。さらに、范源廉が一九二一年の年末に教育総長を辞任する前に策定した「壬戌学制」は、一九二二年から一九四九年まで実施されていた。そのため、范源廉は中国近代教育体制の構築における主な立案者、責任者であるといえよう。

❖――（２）中国近代大学の主な創立者

范源廉は主に清華大学、南開大学、北京師範大学という三つの中国近代大学の創立に参画した。

清華大学の前身は「遊米学務処」に附属していた「肄業館」であり、一九〇九年にアメリカから返還された「庚子賠償金」によって設立された。「肄業館」が設立された際、三人の正副監督（正副校長に相当）が任命され、当時学部員外郎に在任中の范源廉は副監督として、実際に実務を担当した。さらに、「肄業館」が一九一一年に「清華学堂」に改名した後、范源廉はいく度か学堂のアメリカ留学生選考の責任者になり、『清華学堂章程』の制定によって学堂の宗旨や教育方針を決め、数度にわたり清華学堂の新学期前後の校務や教務を司った。その後、一九二五年五月に清華大学部が正式に発足した時、范源廉は胡適、張伯苓等と共に「清華大学準備委員会」の委員に薦められた。そのほか、范源廉は中米双方のアメリカ留学「庚子賠償金」の管理機構であった「中華文化教育基金理事会」(一九二四年八月に設立され)の初代幹事長(一九二五年六月)に任命され、翌年九月に理事長に就任した。

范源廉は南開の「校父」(創立者)であった厳修に賞賛され、一九一八年四月から一二月にかけて厳修、張伯苓等と一緒に、大学新設のために渡米して欧米諸国の高等教育機関を視察した。帰国後、范源廉は「南開大学準備委員会」委員に当選し、自ら数万元を寄贈した一方、張伯苓氏とあらゆる手を尽くして設立資金を募集し、南開大学を首尾よく創立した。范源廉はかつて南開大学の開校式(一九一九年九月二五日)で優れた演説を行い、学校理事会の理事に選出され、一九二一年には理事長に就任した。そのほかに、范源廉は南開大学創立初期の教育事務にも参画した。例えば、厳修は「(一九一九年)一〇月一四日に、青年会に行って、静生、伯苓、……と、学生の復学や不買運動への対策について相談した。」[3]

国立北京師範大学は一九二三年七月に北京高等師範学校より昇格したもので、中国教育史上初の師範大学である。一九二四年一月、当大学の理事会が設立され、范源廉は梁起超、張伯苓等の九人と理事に選出されると同時に、初代校長に任命された。その任期内には、当時では全国初の理事会制度を実現し、学部長が順番に校長に就任する制度などを実施し、大学の教学と事務などに関する厳しい管理制度を制定した。范源廉は北京師範大学の校長に就任していたのは一年未満(一九二四年九月に経費、政治などの原因で辞職)にもかかわらず、「北京師範大学の初期発展に重要な貢献を果した」[4]といえよう。

❖――（3）中国近代学校の設立者

范源廉は中国近代の大学創立に参画しただけではなく、自らも近代学校を設立した。例えば、一九一〇年に北京で「殖辺学堂」（民国後モンゴル・チベット学院とモンゴル・チベット法商学院に改称）を設立した。同校は主に、モンゴルとチベットの言語文学、地理、英語、ロシア語、法政、商業、外交及び歴史などの科目を履修し、修学期間は三年間で、当時中国全国唯一の辺境開拓の人材を育成する学校であった。そのほかに、范源廉は北京で「尚志政法講習所」（一九〇九年）、「尚志法政専門学校」（一九一〇年）を開校して、北京における私立法律学校の先駆けとなった。

❖――（4）教育文化活動での役割

范源廉はさらに広い分野で中国近代教育の発展に尽くした。一九一七年五月に、蔡元培と共に「中華職業教育社」を設立し、一九一九年三月には新たに設立された「教育調査会」の会長に就任した（蔡元培は副会長）。尚、一九一九年に「尚志学社」を設立してデューイなど欧米の著名な教育家の中国訪問を要請した。さらに、一九二二年二月に「中華教育改進社」の理事長、一九二七年七月に北京図書館の館長にも就任した。

総じていえば、范源廉は実に「北洋政府の教育分野における裏表舞台での主要な指導者」[5]として、中国近代教育制度の確立、中国近代高等教育機構の創立、中国近代教育実践の普及などにおいては、いずれも極めて重要な役割を果したと評価できるであろう。

2　范源廉の「清国留学生法政速成科」建言の背景

范源廉と法政大学との淵源は「清国留学生法政速成科」にある[6]。

法政速成科の創立者で当時の法政大学総理梅謙次郎の回顧（一九〇五年）によると、「昨年三月法政大学学生清国人范源廉氏ガ予ニ面会ヲ求メテ……此際法政速成学校ヲ設クル必要ガアルコトヲ……感ジタノデアル、……特ニ先生に倚頼シテ此学校ノ設立ヲ冀フノデアル」と建言した後、梅総理は「是ニ於テ小村外務大臣ノ賛成ヲ得、其紹介ヲ以テ楊清国公使ニ面会シ、……同公使ハ非常ニ此挙ヲ賛成セラレ、直チニ清国各省ノ総督、巡撫ヲ勧誘シ尚ホ進ンデ清国皇帝陛下ニ上奏シテ続続留学生ヲ派遣セラルルヤウ執計フベシトノ事デアッタカラ、爰ニ文部省ノ認可ヲ経テ此法政速成科ヲ設置スルコトトシタノデアル」[7]。

法政速成科は一九〇四年三月に范源廉により建言され、四月二六日に法政大学により文部省に設置認可を提出して、同月三〇日に許可され、そして五月七日に開講式が行われ、提唱からわずか二か月間を経て開講に至った。このような短期間で行政審査、講師の配置、学生募集等の手続きが終えられたのは、中国側の皇帝から各省の地方官、駐日大使、日本側の外務大臣、文部大臣、司法大臣（司法大臣が開講式に親臨）などの強力な支持を得たからである。その意味で、法政速成科の成立には、深い政治的かつ外交的な要因が必然的に潜んでいたと思われる。それは、主に以下のような四つの方面からうかがえる。

第一、中国が亡国の危機に直面しており、緊急に速成可能な方法で人材を育成しなければならなったこと。中国は一八四〇年のアヘン戦争後、強制的に開国させられ、一九〇〇年の北清事変後、益々「半植民地」ともいうべき状態に陥った。その窮境は、中日両国の政府要人に明確に認識されていた。例えば、一九〇二年一〇月、京師大学堂総教頭の呉汝綸は日本の教育を視察した際、「伊藤（博文）元首相は中国の非常な危機に鑑み、人材の育成は急を要するといった。……菊池（大麓）文相は、諸省の学堂は専門教育を営み、（卒業生に）修業後すぐに実務を担当させ……できるだけ速成の方法をとったほうが宜しいと助言してくれた」と、当時の清朝政府管学大臣張百熙に報告し、「その助言の多くは採用すべきものである」と陳述した[8]。一九〇四年一月に、当時の湖広総督張之洞も張百熙に、「現在国勢が危機を迎え、燃えさかる火はすぐにけさなければならないし、又溺れそうな人は直ちに救出しなければならないように、昼夜をおかず尽力しても尚間に合わない虞がある」ので、「専ら差し迫って必要な人材を育成して急場しのぎにするために」、速成科を設置する必要があると建言した[9]。

第二、中国には近代的な法政専門の人材が至急必要であること。

当時、列強の進出に対応するために、中国の国中には欧米の政治・法律の知識が至急必要なのであった。それは、駐日清国公使の法政速成科に関する上奏文に書かれていたように、主に以下の三つの方面で法政に関する人材が必要であった。まずは、資本主義経済が発展するに従って必要である。すなわち「鉄道、鉱山、商標、銀行等の興業には、いずれも外国の法律を参照してから初めて利益を収められる」。次に、治外法権の撤廃に必要である。すなわち「以前の法律は、……欧米とは異なっていた。故に通商各国は……（我国に）治外法権を求めてきた。……中国は法律を改正して、各国と交渉して治外法権を全て撤廃することにより、外人に頭を押さえつけられなくなる」。更に、新しい地方自治の展開に必要である。すなわち、「各省の教会に関する懸案の多くは当該地の官吏が外国の法律に通じていないため、不適切な対策を取ることにより（外国との）交渉事件を招いたのである」[10]。

上記の法政の人材不足を解決するために、清朝政府は一九〇二年八月に発布された『欽定京師大学堂』の中に、「政治科」を分科大学の首位に位置づけ、更にその下には「政治学」と「法律学」という専門を設置した。同年一〇月に、前述の呉汝綸から張百煕宛ての報告親書にも、菊池大麓文相が「(教育)其第一に重要なのは事務を担当する人材を育成することであり、法政は第一、実業は第二である」と述べ、呉氏は「其言葉に深く感服した」と書かれている[11]。然るに、中国国内では、新設の京師大学堂政治分科大学は予科からの卒業生を待たなければ開講できない状態であった。また、日本への留学生から見れば、一九〇四年までに中国より「日本に派遣した留学生が延べ三千人を超えたが、普通科で修業する者が多く占め、法政を専攻する者が稀である」という現状であった[12]。

以上の状況を鑑み、范源廉は、「私は教育学を学んで、帰国後教育の分野で尽くすつもりですが、君は法律政治を専攻しているので、帰国後当然その分野で貢献すべきであろう。ただ、もし政治が悪ければ、教育どころではなく、両者は相互に補完するものであるが、むしろ政治は教育より緊急であろうと思っています。而して、人材が欠乏しているので、直ちに養成することができない。そのため、君と相談して、日本で速成法政科を設立しようと考えています。それは完全とまではいわないが、全く学ばないよりましだと思います」と曹汝霖と相談した[13]。それで、曹汝霖の紹介で梅総理に法政速成科を建議したのである。以上范源廉の初志から見れば、彼は正に中国における法政の人材が非常に欠乏しているという焦眉の急を解決するために、法政速成科を提唱したのであろう。

第三、中日両国のいずれも関係する事項を事前に準備していたこと。

中国側では、一九〇二年八月に設立された「京師大学堂」には「仕学館」が付設され、中には速成科が設けられ、「既に官職に就く者を募集して修業させ、……政法を重ずる」と規定され、当大学堂に付設された「師範館」と合わせて三〇〇人の定員であると定められている[14]。更に同年一二月、光緒帝が、翌年から新しく進士に合格した者は「全て京師大学堂に入学させ、専攻ごとに修業させる」と諭し、その結果、「癸卯、甲辰の進士は全て（仕学館に）入館した。丙午年までその多数は日本東京の法政大学に派遣され修業した。残った者が半分で、赴いた者が半分であった[15]。」楊枢公使の上奏文にも、特に「専ら中国の遊学官吏を教育するために」と、強調されていた。范源廉は一九〇二年一〇月から一九〇四年一月に再び渡日する前まで、ずっと京師大学堂の日本人教習の通訳、助手を勤めており、「仕学館」の状況を熟知していたので、応募学生の確保には自信を持っていたはずであろう。

日本側では、楊枢公使の上奏文に、「昨年日本の近衛篤麿公爵、長岡護美子爵が……嘗て前（留学生）監督汪大燮と、日本の東京で中国遊歴官のために法政学院を設立しようと協議して、既に規定を起草した。而して汪大燮が任期満了になって、近衛篤麿公も間もなく逝去したので、この事業が遂に中止された。臣下は着任した後、その事業を継続させようと考えているうちに、亦東京法政大学総理梅謙次郎からもその建議を受けた。臣下は長岡護美子爵から取得した前に起草された規定を基にして、梅謙次郎と斟酌して改定した後、遂に当大学に法政速成科を特別に設置したのである」と紹介されている[16]。即ち、日本側でも早めに関係する事項を準備し、中日双方の間にも既に関係する協議が行われていた。

第四、中日両国が連携してロシアを抑制するための国際関係の必要性があること。

一九〇三年四月、ロシアが清朝政府と中国東北三省を割譲しようと密約した。これは、中国の領土主権を侵犯したと共に、日本の中国東北における利益にも損害を与えた。日本は「即時に二七隻の軍艦を高麗及び我国（中国）へ派遣して、機会に乗じて占領しよう」と中国で報道されていた[17]。范源廉などはその真相を知った後、四月三〇日に京師大学堂の学生を集めて対策を協議した[18]。「其の日、仕、師両館の学生二〇〇人余が鐘をついて一堂に集まった。まずは范静生助手よりその利害関係を演説し、我輩が此の挙を阻止すべきと提唱し、岩《ママ》谷先生が学生を皮肉っていた言葉も述べた。この人は平素に不屈の気性を持っていたので、激しく泣きじゃくった[19]。」集会後、京師大学堂の学生一同より管学大臣に「即日我が皇帝に迅速な判断で英日と連携してロシアを拒否すると上奏していただきたい」と上申した[20]。日本との連携策は色々あったが、日本より中国に法政の人材を急いで育成するのは、即ち平和かつ有効な方策だろう。范源廉から建言を受けた梅総理がまず「小村外務大臣ノ賛成ヲ得テ、其紹介ヲ以テ楊清国公使ニ面会シ」たという経緯からも、法政速成科の設立は中日連携してロシアを制す国際関係との深い関連性がうかがえる。

上記の背景から、范源廉の提言を契機にして設立された法政速成科は、中国の亡国危機を救うためであり、また日本の中国での利益を維持・拡大するためであって、中日両国のそれぞれの国益に資する「ウインウイン」(両方とも益あり)の挙であるといえよう。

3 范源廉の法政大学における主な活動

范源廉は法政速成科の設立を建言しただけではなく、初期の速成科における教学、管理などについても、重要な役割を果した。

第一、自ら授業の通訳に従事したこと。

速成科の授業が全て日本人の講師により担当され、在日の中国人留学生により現場で通訳されたのであった。速成科が開講した後、「静生は憲法と行政法という二科目の授業の通訳を担当した[21]。」其の他に、范源廉は速成科留学生の日常活動の通訳をも担当した。例えば、一九〇四年一〇月一日に開かれた「法政速成科懇親会」

では、通訳者の氏名として第一位に挙げられたのは范源廉であった。さらに、同年一二月に開催された懇親会では「清国留学生総代」として日本語で演説した[22]。

第二、通訳者との連絡・斡旋を担当したこと。

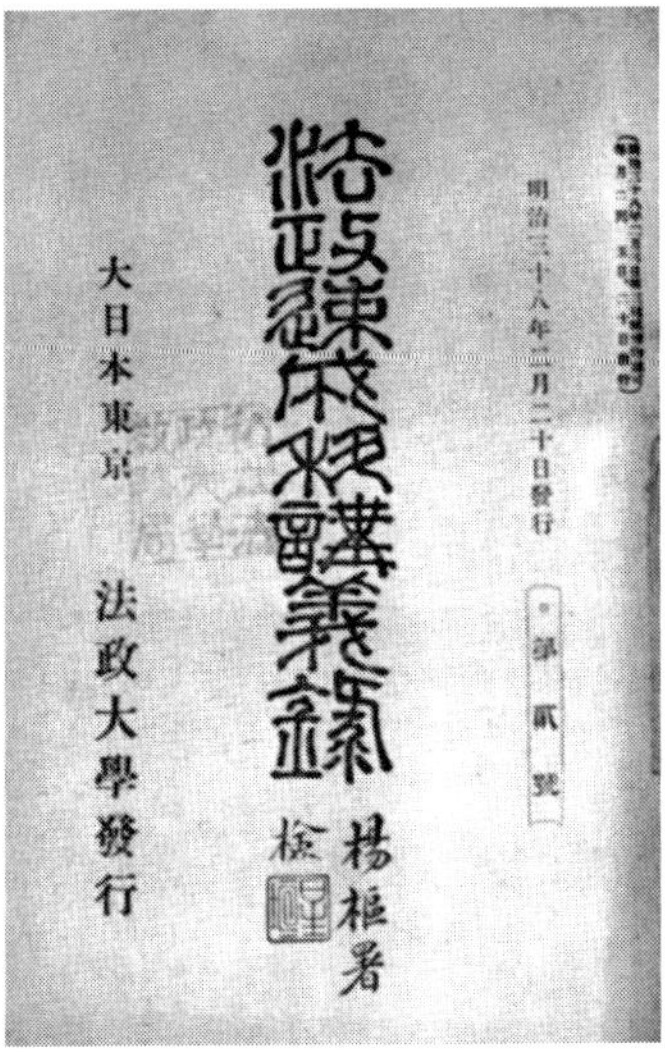

写真２　教材：法政速成科講義録（法學通論、民法、商法、国法學、行政法、刑法、国際公法、国際私法、裁判所構成法、民刑訴訟法、經濟學、財政學、監獄學）

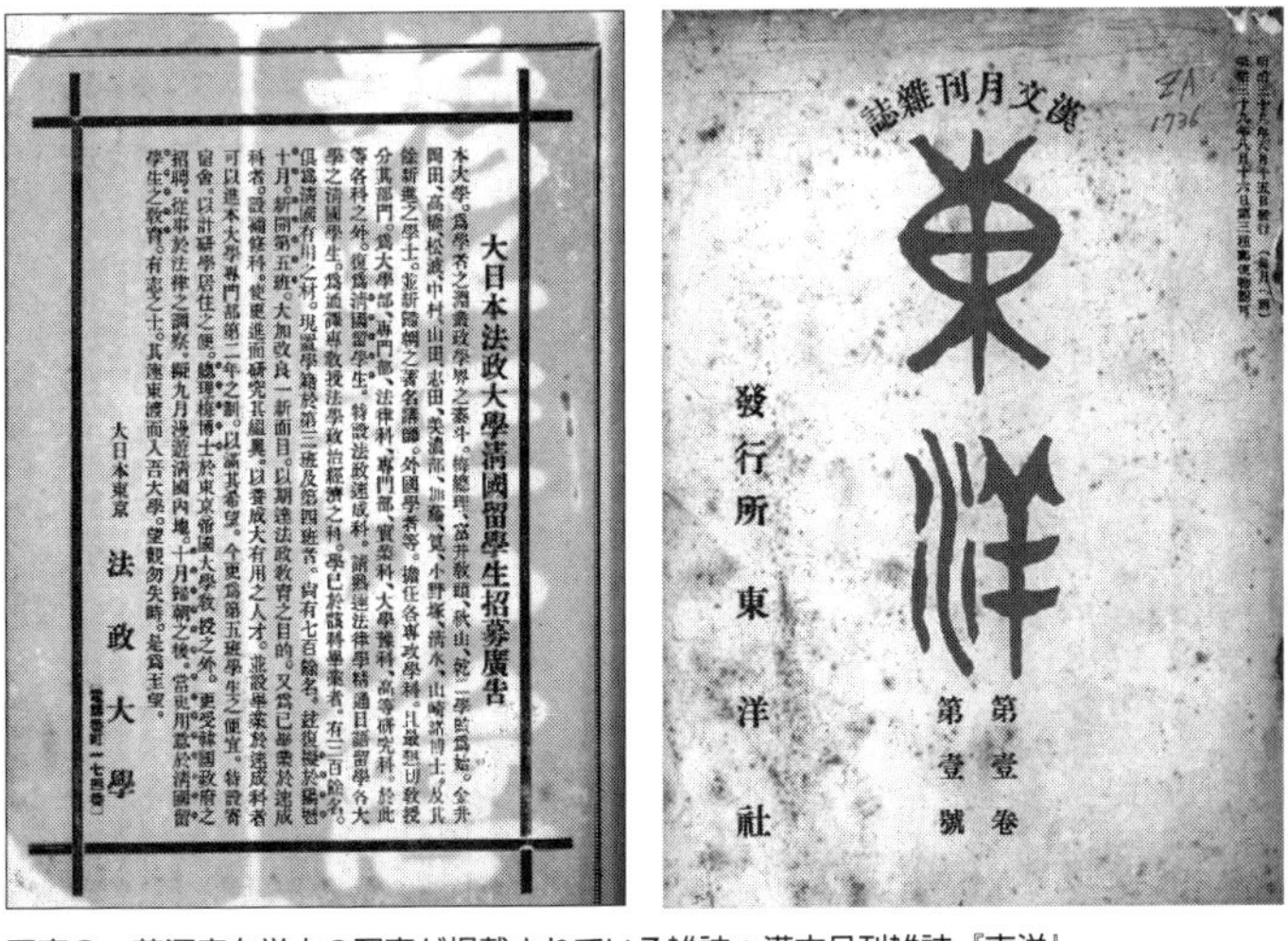

写真３　范源廉在学中の写真が掲載されている雑誌：漢文月刊雑誌『東洋』

写真４　右側：范源廉

范源廉の建言を初めて受けた際、梅総理は、「講師は私より要請して、……通訳は君たちより要請する」と范源廉と約束した[23]。即ち、范源廉は速成科の通訳者を募る役割を果した。また、筆者の調べによると、范源廉は「法政速成科講義録」（速成科の教科書、一九〇五年二月五日に第一号が発行され）の翻訳者ではなかったにもかかわらず、当時在日清国留学生総会の副幹事長として「最も声望が高く」、一九〇四年八月四日に「法政速成科講義録」の主要翻訳者であった楊度、曹汝霖、黎淵、蹇念益等と集会して「如何に国の法政を改良すべきか」[24]と協議したことがあったので、速成科講義録の翻訳者と連絡する役割をも果したと推測できる。

第三、速成科の修業年限の設定、留学生の日常管理などにも参画したこと。

最初には、范源廉から「修業一年」の提言を受けた時、梅総理が無理だと思ったが、范源廉の説得でようやく賛成して、『法政速成科規則』には「法政速成科修業年限ハ一カ年」と規定した。ただ、文部大臣に提出した願書の中には一定の余地を設けて、「外国人ノタメニ法政速成科ヲ置キ其修業年限ヲ一カ年以上二カ年以下トス」と上申した[25]。一九〇四年九月に、范源廉は半年の実験を鑑み、一年間ではどうしても短すぎると判断して、梅総理に「一年半ニ延長」させるよう上申した。そして、法政大学は同年一一月に「法政速成科規則」を修正して、速成科の修業年限を一年から一年半に延長したのであった。また、范源廉は速成科の具体的な教

表1　法政大学の所蔵資料における范源廉に関する記載[26]

時間	題名	内容	出典
明治37年4月	「清国留学生法政速成科設置趣意書」	……爰奥清國留學生之有志者謀。又得清國公使之賛成。特設法政速成科。	『法学志林』56号、第105-106頁、『法学志林』No.51-60、明治37年。(特集P2)
明治37年10月	「法政速成科懇親会」	清國留学生法政速成科は第一学期を終り第二学期を開始すべきに付十月一日第二学期授業開始の協議を兼ね職員、講師、清國公使館員、通訳者の懇親会を芝山内紅葉館に開きたり当日来会者は総理梅謙次郎……通訳者范源廉、曹汝霖、李盛衔、梁志宸……。"	『法学志林』62号、第119-120頁、『法学志林』No.61-64、明治37年。(特集P92)
明治37年10月	「法政速成科新学期開始」	清国留学生法政速成科新入学生に対する新学期の授業は十月十八日より開始し当日は総理梅博士、清国公使楊枢氏及公使館員諸氏にも出席梅総理、楊公使及范原《ママ》廉氏には各場一の訓示演説ありたり	『法学志林』63号、第95頁、『法学志林』No.61-64、明治37年。(特集P26)
明治37年12月	「各種試験及び及第者祝宴会兼校友学生清国留学生懇親会」	本月十一日午後四時より上野公園精養軒に於て本大学校友……及清国留学生諸氏との懇親会を兼ね本大学校友、学生等有志の懇親会を開きしに来会者は萩原敬之……の諸氏及清国留学生……范源廉……(出席順)の諸氏にして……清国留学生総代范源廉氏の演説(日本語)等ありて後、八時頃散会したり。	『法学志林』64号、第113-114頁、『法学志林』No.61-64、明治37年。(特集P129-130)
明治38年10月	「法政速成科ノ冤ヲ雪グ」	昨年三月法政大学学生清国人范源廉氏ガ予ニ面会ヲ求メテ曰ハルルニハ「……此際法政速成学校ヲ設クル必要ガあるコトヲ我我留学生ノ有志者ハ感ジタノデアル、因ッテ予ハ有志者全体ヲ代表シテ特ニ先生ニ倚頼シテ此学校ノ設立ヲ冀フノデアル、……法政速成学校モ亦一年以内ニ於テ卒業スルコトニ願ヒタイ、……」予ハ「……迫メテ二年位ナラバ一応考ヘテ見ヤウ」ト、范氏ハ尚ホ二年、三年ト申シテハ到底成立ノ見込ガナイカラ、夏休暇ヲ廃シテ枉ゲテ一年以内ニ於テ課程ヲ定メテ呉レトノ事デアッタカラ、予ハ更ニ一年半ナレバ兎ニ角考ヘテ見ヤウト曰ッタケレドモ、范氏ノ熱心ナル希望ニ対シテ先ヅ考ヘテ見ルコトニシタノデアル、……其後昨年九月ト覚エルガ、范氏ヨリ半年ノ実験上如何ニモ一年ハ短キニ失スルヤウデアルカラ、一年半ニ延長シテ呉レトノ申出ガアッタカラ、……遂ニ課程ヲ一年半ニ延バシタノデアル。	『法学志林』7巻10号、第40-42頁、『法学志林』VOL.7No.1-6、明治38年。(特集P99-101)
明治39年8月	「発刊辞」	祝東洋発刊　清国北京学部参議官 范源濂《ママ》	『東洋』第1号(明治39年8月15日発行)、第5頁。
明治39年8月	「清国留学生之卒業」	昨年七月、清国の湖南湖北地方の女学生二十人が実践女学校に入学した。……更に学生監督(范源濂《ママ》)を招聘し……	『東洋』第1号(明治39年8月15日発行)、第61頁。
明治40年1月	掲載写真	清国青年俊秀　范源濂《ママ》　李穆　蹇念益	『東洋』第2号(明治40年1月28日発行)、封面照片三。
昭和16年1月	「南京に於ける法政大學同學會」	我ガ輩ノ母校法政大學ハ、……中国ノ、政治法律ヲ改革スルノ人才《ママ》ヲ造就スルガ為メニ、至ッテ善キヲ意フ也。……凡ソ国内ノ政界法界ヨリ、以テ学界ニ及ビ、母校出身ノ學生其ノ要津ニ居ルニ有ラザル莫シ。之ヲ遠クシテハ范源濂《ママ》・湯化龍諸先輩ノ如キ、……其ノ祖国ニ貢献スル者其ノ成績斐然トシテ観ル可シ。	『法政大學報』19巻第1号、1941年1月15日、43頁。(特集P164-165)

(上表の「范源廉」の下線は筆者が付けたものである。)

学管理にも参画した。例えば、一九〇四年一月一八日に新学期が始まった日には、范源廉は梅総理、楊枢公使についで「各場一の訓示演説」を行った。

要するに、范源廉は法政清国留学生速成科の創立初期には、その修業年限計画、日常管理、通訳と翻訳等においては、いずれも極めて重要な役割を果し、速成科の基礎を築いたといえよう。

4 范源廉帰国後の中国法政教育の普及

清朝政府が一九〇五年一二月末に新たに学部を設置した後、日本から帰国した范源廉は学部右侍郎厳修の推薦で学部に勤め始めた（一九〇九年三月末には「員外郎」に任じた[27]）。また、清朝政府が一九〇七年八月に予備立憲のために「憲政編査館」を設置した際、范源廉は当編査館の「二等咨議官」に任命された[28]。范源廉が勤務していた上記の二つの官署の働きがあったことにより、近代法政教育が中国で大いに普及していた。

第一、引き続き予備官吏を法政速成科に留学させること。

清朝政府は一九〇五年四月に新に「進士館」（元「仕学館」が編入され）を設置して、三五歳以下の科挙で選出された新人進士を全て入館させ修業させると定めた[29]。ところが、その生徒の半数が日本留学に派遣され、また一九〇六年から科挙制度が中止されて、「進士館」の募集生徒が急に少なくなるため、「進士館」は維持できなくなるのである。そこで、学部は一九〇六年八月二六日に「進士館の学生を海外留学に派遣すること」（原文は「進士館変通弁法派遣学員出洋遊学」）を上奏して、新人進士を全て法政大学速成科に、一九〇四年に入館した進士の内班生（全寮生）を法政大学補修科に、その外班生（外宿生）の選抜を経て法政大学速成科に入学させ、その経費は学部より進士館の経常経費から交付すると建言した[30]。『法学志林』の中にも、「清国北京進士館は這制度を更革したる結果其学生（進士）を挙けて我法政大学に託し法政の教育を施すことと為り曩に進士館教頭嚴谷博士より法政大学に交渉し更に清国学部より滞清中の梅総理に熟議を遂げ今回愈々清国公使館より正式に入学の紹介書を発せらるるに至りたる由にて補修科へ三十七人別項記載の第五班へ五十八人合せて九十五人にして何れも学識あり地位ある清国紳士なりといふ[31]。」

上記「曩に進士館教頭嚴谷博士より法政大学に交渉し」の中の嚴谷博士は前述のようにかつて京師大学堂で日本人教師として教鞭を取ったことがあり、当時の范源廉は彼の通訳・助手であった。しかも一九〇三年四月の「日本と連携してロシアを抑制しよう」とした集会では、范源廉は嚴谷先生が学生を皮肉っていた言葉を述べていたこともある。また、「清国学部より滞清中の梅総理に熟議を遂げ」たという頃においては、法政速成科の提言者、参画者としての范源廉はちょうどその時、学部に奉職していた。以上の人脈からみれば、范源廉は進士館の学生が全員法政大学に編入される交渉の中でも、重要な役割を果たしていたと推測できる[32]。

第二、中国で「法政速成科」モデルを普及すること。

まずは、中央で「京師法政学堂」を設置すること。進士館の全員を法政大学に派遣した後、学部は一九〇七年二月に、その建物を利用して「京師法政学堂」を設立し、予科、正科に分けて、定員が二百人で、法律と政治を学習させること、または三五歳以下の京師官吏約百人を選抜して別科（速成科）に入学させることを、上奏した[33]。一九一〇年一二月に、学部は更に京師法政学堂の中に正科として「経済科を設置」して、専ら「財政、経済等の学科を修業」させると命じた[34]。

次は、各省ごとに官立法政学堂を設立すること。一九〇五年三月，法律改正大臣呉廷芳が各省の「課吏館」

（官吏を再教育する機関）に「仕学速成科」を設置し、「科目は全て大学堂章程に規定されている法律の科目、及び日本の法政速成科を参照する」と、建言した[35]。

そのうえで、学部は一九〇六年七月に更に各省に「例外なく法政学堂を増設して、前項の貢生員に夫々裁判や財政等の学科を修業させる」と促した[36]。そこで、各地方政府内に現存していた「課吏館」が相次いで法政学堂に改組された。その設置状況は范源廉が咨議官として勤めている憲政編査館に監督・審査されている。一九〇九年に、憲政編査館が各省政府に通達した「各省が報告した法政学堂の設置状況に関する審査文」には、「凡そ寄付や推薦で選出された道府と通州県の官吏及び補佐の各人員が、……例外なく法政学堂に入学している」[37]と書かれている。一九一〇年五月、学部は「中央以外に現在設立している、及び将来継続的に設立する各法政・法律学堂を次第に拡充するように」と各省政府に要求した[38]。

更に、各地で私立法政学堂の設置を許可すること。清朝政府が一九〇四年一月に頒布した『奏定学堂章程・学務綱要』には、「私学堂が専ら政治法律を修業させることを禁ずる」と規定されている[39]。これによって、中国では、私立の法政学堂は法律上で禁止されていた。然るに、清朝政府が一九〇六年に予備立憲を宣言し、一九〇八年に『欽定憲法大綱』を発布し、一九〇九年に地方及び中央で選挙を行って、司法人材の需要が急増したので、有数の官立法政学堂だけでは、明らかに不足であった。そこで、学部が一九一〇年六月に「各省で私立学堂が専ら法政を修業させることを許可し」、「日本では法政を教授する私立大学は皆東京と京都に集中している」という経験から、「各省のあらゆる私立法政専門学堂は省政府の所在地に設置すべき」と上奏した[40]。さらに、同年一一月に、学部が「凡そ繁栄している貿易都市及び交通便利な地で、経費が十分余裕があり科目が完備すれば、例外なく法政学堂設立の申請を許可する」と再び各省に通達したことによって、私立法政学堂が更に省政府所在地以外の地方に拡大されていた[41]。

上記の事実から見れば、范源廉は日本から帰国後も、その奉職している学部と憲政編査館を通して、まず引き続き法政大学を利用して中国の近代的な新型法政官吏の育成に努力した。その後には中国国内で中央から地方まで、官立から私立まで、様々な法政学堂を重点的に設立することによって、急を要する立憲政体の法政の人材養成に尽力した。その意味では、中国近代の法政教育の普及において、范源廉は大いに貢献していたといえよう。

総じていえば、范源廉は中国近代史上の傑出した教育家であった。即ち若い頃日本に留学していた時、または清朝の学部に奉職していた時に、「法政速成科」の創立及びそのモデルの中国国内での普及に尽力したことによって、中国の近代的な政治エリートを育成し、中国の近代化を促進させたといえよう。そのため、范源廉と法政大学との関係を考察することは、范源廉の中国近代教育の発展に果した役割を究明できるだけでなく、ひいては近代日中両国における教育交流の業績も見出だすことができ、結果として現在の中日関係の発展にも有益な経験を提供できるであろう。

注

[1] 主な資料集及び研究成果は、范源廉『范源廉集』（湖南教育出版社二〇一〇年）、姜文『范源廉と北京師範大学』（『教育学報』二〇一二年第三期）、劉佳『范源廉の教育思想研究』（修士学位論文、河北大学二〇一一年）、楊暁鎮・孟召光『范源濂の義務教育思想を論じる』（『文史博覧（理論）』二〇〇九年第一〇期）、張書豊『范源廉の教育活動及び教育主張に関する考察』（『山東師範大学学報』一九八九年第三期）等がある。

[2] 主な研究成果は、賀躍夫『清末士大夫の日本留学熱——法政大学中国留学生速成科について》（『近代史研究』一九九三年第一期）、翟海涛

『日本法政大学速成科と清末の法政教育』（『社会科学』二〇一〇年第七期）、朱騰『清末の日本法政大学法政速成科研究』（『華東政法大学学報』二〇一二年第六期）、王敏『清朝時代の日本留学生と法政大学』（『季刊 日本主义』二〇一一年第一六号）等がある。
[3] 厳修『厳修年譜』、斉魯書社一九九〇年一月、四二二頁。
[4] 姜文『范源廉と北京師範大学』、『教育学報』二〇一一年第三期、一二六頁。
[5] 欧陽哲生『「范源廉集」前言』。
[6] 当時の法政大学総理梅謙次郎が『法政速成科ノ寃ヲ雪グ』という文章の中には、「法政大学学生范源廉」と書いているが、筆者の調査によると、一九〇三年から一九〇六年までの『法学志林』各号に載せられた卒業生、在校生の名簿には、「范源廉」が見当たらなかった。また、范源廉が一九〇七年に「憲政編査館」の諮議官に起用された時に登録した「留学関係」は「日本弘文学院留学」であった（熊達雲著『近代中国官民の日本視察』、成文堂一九九八年、三三七頁）。故に、「法政大学学生范源廉」という結論は尚考証する余地があると思われる。
[7] 法政大学『法学志林』七巻一〇号、四〇—四二頁、『法学志林』VOL．七No．一—六、明治三八年。
[8]『桐城呉先生（汝綸）尺牘』（第四）、五五—五八頁。朱有瓛主編『中国近代学制史料』（第二輯、上冊）、華東師範大学出版社一九八七年、四四—四五頁。
[9]『張文襄公全集』（巻二二〇、書札七）、三六頁。朱有瓛主編『中国近代学制史料』（第二輯、上冊）、七七頁。
[10] 楊枢『出使日本国大臣兼管遊学生総監督楊奏稿』（一九〇五年一月九日）、法政大学『法政速成科講義録』第一号、有斐閣一九〇五年二月五日、五—六頁。
[11]『桐城呉先生（汝綸）尺牘』（第四）、五五—五八頁。朱有瓛主編『中国近代学制史料』（第二輯、上冊）、四四頁。
[12] 楊枢『出使日本国大臣兼管遊学生総監督楊奏稿』、法政大学『法政速成科講義録』第一号、二—三頁。
[13]（香港）曹汝霖『一生之回憶』、春秋雑誌社一九六六年、二五頁。
[14]『欽定学堂章程・欽定大学堂章程』、一—二九頁。朱有瓛主編『中国近代学制史料』（第二輯、上冊）、七五九、七六四頁。
[15]『清朝続文献通考』（二、巻一〇七、学校十四）、八六六六頁。朱有瓛主編『中国近代学制史料』（第二輯、上冊）、八六四頁。癸卯は一九〇三年、甲辰は一九〇四年、丙午は一九〇七年である。
[16] 楊枢『出使日本国大臣兼管遊学生総監督楊奏稿』、法政大学『法政速成科講義録』第一号、三—四頁。
[17]『大公報』、一九〇三年五月七日。朱有瓛主編『中国近代学制史料』（第二輯、上冊）、九四八頁。
[18] 当時の京師大学堂日本人教師が相次いで帰国した。法律教師厳谷孫藏は帰国する前に、「日本人の学生はこのような場合には、激しく泣き出し、強く団結し、決意を持って、決して政府に此の地をロシアに割譲させないはずである。中国人の学生は全て亡国の性質に属されているので、教えるに値しない」と、学生たちを皮肉った。『蘇報』（一九〇三年五月二〇日）。朱有瓛主編『中国近代学制史料』（第二輯、上冊）、

九五〇頁。

[19]『蘇報』、一九〇三年五月二〇日。朱有瓛主編『中国近代学制史料』（第二輯、上冊）、九五〇頁。

[20]『大公報』、一九〇三年五月七日。朱有瓛主編『中国近代学制史料』（第二輯、上冊）、九四九頁。

[21]〔香港〕曹汝霖『一生之回憶』、二六頁。

[22]法政大学『法学志林』六四号、一一三―一一四頁、『法学志林』No.六一―六四、明治三七年。

[23]〔香港〕曹汝霖『一生之回憶』、二六頁。

[24]厳修撰、武安隆・劉玉敏点注『厳修東游日記』、天津人民出版社一九九五年、二三四頁。

[25]法政大学大学史資料委員会編『法政大学史資料　第一一集（法政大学清国留学生法政速成科特集）』、法政大学一九八八年、三頁。

[26]この表に載せられている『法学志林』の内容は『法政大学大学史資料　第一一集（法政大学清国留学生法政速成科特集）』（法政大学大学史資料委員会編、法政大学一九八八年三月）にも収録されている。

[27]厳修『厳修年譜』、二二七頁。

[28]熊達雲著『近代中国官民の日本視察』、成文堂一九九八年、三四三頁。

[29]『奏定学堂章程・進士館章程』、一―一一頁。朱有瓛主編『中国近代学制史料』（第二輯、上冊）、八六八頁。

[30]『学部奏咨輯要』（一編）。朱有瓛主編『中国近代学制史料』（第二輯、上冊）、八七三―八七四頁。

[31]法政大学『法学志林』八巻一一号、一〇二頁、『法学志林』VOL.八 No.七―一三、明治三九年。

[32]梅謙次郎総理は一九〇六年八月二〇日から一〇月一七日にかけて清国漫遊している間、八月三一日から九月一〇日にかけて北京に滞在していた。だが、『法学志林』各号に掲載されている関連報道や記事の中には、范源廉には触れていない。そのため、范源廉の具体的な役割を中国側の関係資料から考察する必要があると思われる。

[33]『東方雑誌』（一九〇七年第一一期、教育）、二四一―二五六頁。朱有瓛主編『中国近代学制史料』（第二輯、下冊）、四七九―四八一頁。

[34]『学部咨奏輯要』（三編）。朱有瓛主編『中国近代学制史料』（第二輯、下冊）、四九二頁。

[35]『大清教育新法令』（第六編）、八七頁。朱有瓛主編『中国近代学制史料』（第二輯、下冊）、四七四―四七五頁。

[36]『学部咨奏輯要』。朱有瓛主編『中国近代学制史料』（第二輯、下冊）、四七六頁。

[37]『四川教育官報』（第十二期、公牘）、一―二頁。朱有瓛主編『中国近代学制史料』（第二輯、下冊）、四八七頁。

[38]『学部奏輯要』（巻二、続編）。朱有瓛主編『中国近代学制史料』（第二輯、下冊）、四八九頁。

[39]『奏定学堂章程・学務綱要』、一―三五頁。朱有瓛主編『中国近代学制史料』（第二輯、上冊）、八八頁。

[40]『大清教育新法令』（続編、第六編）、一一―一二頁。朱有瓛主編『中国近代学制史料』（第二輯、下冊）、四九〇頁。

[41]『学部咨奏輯要』（三編）。朱有瓛主編『中国近代学制史料』（第二輯、下冊）、四九一―四九二頁。

日本滞在時期における章士釗
――その活動を中心に――

周　曙光
（法政大学国際日本学インスティテュート博士課程）

はじめに

本稿では、一九〇五年一月から一九〇七年六月までの日本滞在中における章士釗（しょう　ししょう、Zhang Shizhao、一八八一～一九七三）の活動を対象にしている。章士釗の生涯は政治家、革命家、教育家、ジャーナリストとして様々な舞台で活躍し、清朝と中華民国と中華人民共和国の三つの時代に大きな影響を与えた歴史人物である。章の日本滞在中における日中双方の研究記述に関する問題点を調べ、事実関係を明確にした上で、彼の思想の変化を分析することを目的とする。

これらの分野に関しては、日中両国において章士釗に関する研究は少なからず存在し、いずれも章を切り口として、中国の重大な歴史事件の解明に大きく貢献した研究だと思われる。しかしながら、章の日本留学という時期に関しては、内容が少ない、または各研究でお互いに相違があり、来日時間など基本的なことが不明確という幾つかの問題点がある。これについては本論の中に詳しく検討する。

1　章士釗の来日時間と住所

❖——（1）来日時間

①来日時間に関する先行研究の諸説

章士釗が日本に滞在した時期は従来の研究においてはあまり重視されていないことは事実であるが、来日時間という基本的なことはそれらの研究においても言及されている。しかしながら、各研究の意見は分かれているので、再検討する必要があると考えられる。

まず、学習院大学の教授である高田淳の意見を検討してみよう。『章炳麟・章士釗・魯迅—辛亥の死と生と』の中に、彼の来日時間についてこのように述べている[1]。

一九〇四年一〇月の万福華の王之春暗殺事件に連坐して、章士釗は十余名とともに捕まえられる。しかし直接の関係はないとして、四〇日の拘留のあと釈放され、直ちに日本に亡命する。一九〇四年秋のことである。

ここに書かれている「万福華の王之春暗殺事件」は章士釗が日本に来る直接な理由と見られているが、事件の経緯及び章との関わりは後で詳しく紹介する。章の来日時間について、高田は「一九〇四年秋のこと」だと結論を出している。

これに関して、目白大学教授の鐙屋一の研究では「章士釗は事件（万福華の王之春暗殺事件）の四〇日後に、証拠不充分で釈放されたが、もはや上海に居ることはできず、前後して日本に亡命した。」と指摘している。さらに、暗殺事件の時期は「(一九〇四年)一一月一九日」と主張している[2]ので、章の来日時間が一九〇五年一月の頭と簡単に推測できる、しかし、鐙屋の意見は明確に書かれていない。

それに、中国の研究者を代表する李日の『大時代の傍観者』によると、「一九〇五年、章士釗は日本に到着し、イギリスへ留学のために東京の正則学校に入り、英文を学び始めた」という[3]。一九〇五年という年代ははっきり書いているが、具体的な来日時間には触れていない。

②万福華の王之春暗殺事件

章の来日時間を明らかにするために、まずは章が日本に来るきっかけとなった事件を検討する必要があると思われる。

一九〇四年一一月一九日、上海新民学堂の万福華[4]が四馬路の料亭で、前広西巡撫の王之春(仏軍の広西進駐を要請した責任者)を銃撃する事件が起こった。史上では、「万福華の王之春暗殺事件」と呼ばれている。この事件に関して、馮自由はこのように回想している[5]。

> 前広西巡撫の王之春が親露政策を主張したのに憤激した安徽省合肥出身の革命党員万福華がこの年の十月十三日(西暦一九〇四年一一月一九日)、劉師培からピストルを手に入れて四馬路の金谷香洋菜館(西洋料理店)で王之春を狙撃したが失敗した。

暗殺に失敗した万福華は当然捕えられたが、問題はこの後の章の行動であった。彼はこの事件が全体的な革命活動に悪影響を及ぼすと心配し、一番緊張が高まっていた事件発生の直後に「こっそり巡捕房[6]に入って万福華と会い、審問を受けるならどう答えるかを相談した」[7]。結局、帰り道に当局に尾行され、章士釗、黄興をはじめ、十数人の革命活動家が逮捕された。

章はこの暗殺事件の主役ではなかったが、彼の判断の失敗で、自分自身をはじめ数多くの革命活動家が逮捕されたのは事実である。さらに、ここから判明することは章が日本に来るきっかけとなった事件が発生した時期が旧暦の十月十三日、すなわち西暦の一一月一九日だということである。

③来日時間

続いて、一一月一九日事件の後の章の行動に関しては、まず章が自ら書いた回想文[8]を見てみよう。

> 事件（万福華の王之春暗殺事件）の次の日、私が油断したため、仲間十数人が巻き込まれて入獄し、克強と道員の郭人漳も含まれていた。郭人漳は江西巡撫の要請で釈放されることになり、黄興はその随員だということで釈放となって、東京へ急ぎ赴いた。四十日後、私も釈放され、出獄して東京に向かった。上海のことはとりあえず終わりにした。時は一九〇四年、すなわち光緒三十年の初冬であった。
>
> （筆者訳）

ここから見れば、章自身が日本に行く時間を明確に記述しているので、彼の来日時間が「一九〇四年」だと容易に判断できるが、忘れてはいけないのは当時の中国人の殆どが旧暦で日付を表記していたことである。高田の研究では、「万福華の王之春暗殺事件」が一九〇四年一〇月で、章が日本に亡命するのは四〇日後の「一九〇四年秋である」と主張するのは西暦と旧暦とを混同しているものと考えられる。

また、上海から東京までかかる時間について、筆者は当時上海から横浜までの海運を経営する日本郵船[9]という会社のことを調査したが、同社の社内資料「我社航路の沿革」によると、一九〇五年まで上海への航路は「神戸丸」、「西京丸」、「博愛丸」を中心に三隻体制で毎週一回横浜出港の定期航路を運営していたという。そして、新人物往来社が発行した「復刻版明治大正時刻表」の一九〇三年版によると、「神戸丸」「西京丸」「博愛丸」は横浜、神戸、門司、長崎、上海を六日間で航海していたとわかる表記がある。さらに、上海から東京までの所要時間について、ほぼ同じ時期に日本に渡った宋教仁と黄尊三の日記[10]を参考にすれば分かりやすいと思われる。宋は一九〇四年一二月五日に上海から出航し、長崎、神戸、横浜を経て、一二月の一三日に東京に到着したという[11]。黄は一九〇五年六月一八日に上海から出航し、宋と同じ路線で東京に到着したのは六月二六日だったという。以上の情報を分析すると、当時の留学生が船で上海から横浜まで来るのは六日間かかり、宋と黄のように横浜で一日泊まってからバスで東京に行くとすれば、当時上海から東京到着までにかかる時間は約八日間と考えるのが妥当だろう。

改めて事件の流れを見ると、一九〇四年一一月一九日に暗殺事件が起こり、翌日の一一月二〇日に章は逮捕され、それに、四〇日後の一二月三一日に釈放されて東京に向かった。宋教仁と黄尊三がかかった八日間を参考にし、一二月三一日を出航日にすると、章士釗の来日時間は西暦の一九〇五年一月八日前後という結論を出しても良いであろう。

❖———(2) 住所

東京に到着した章士釗の住所について、彼自らの回想によると、「牛込区若宮町二十七番地に住んでいた」[12]という。牛込区はかつてあった東京一五区時代から三五区時代までの区の一つであり、地理的には現在

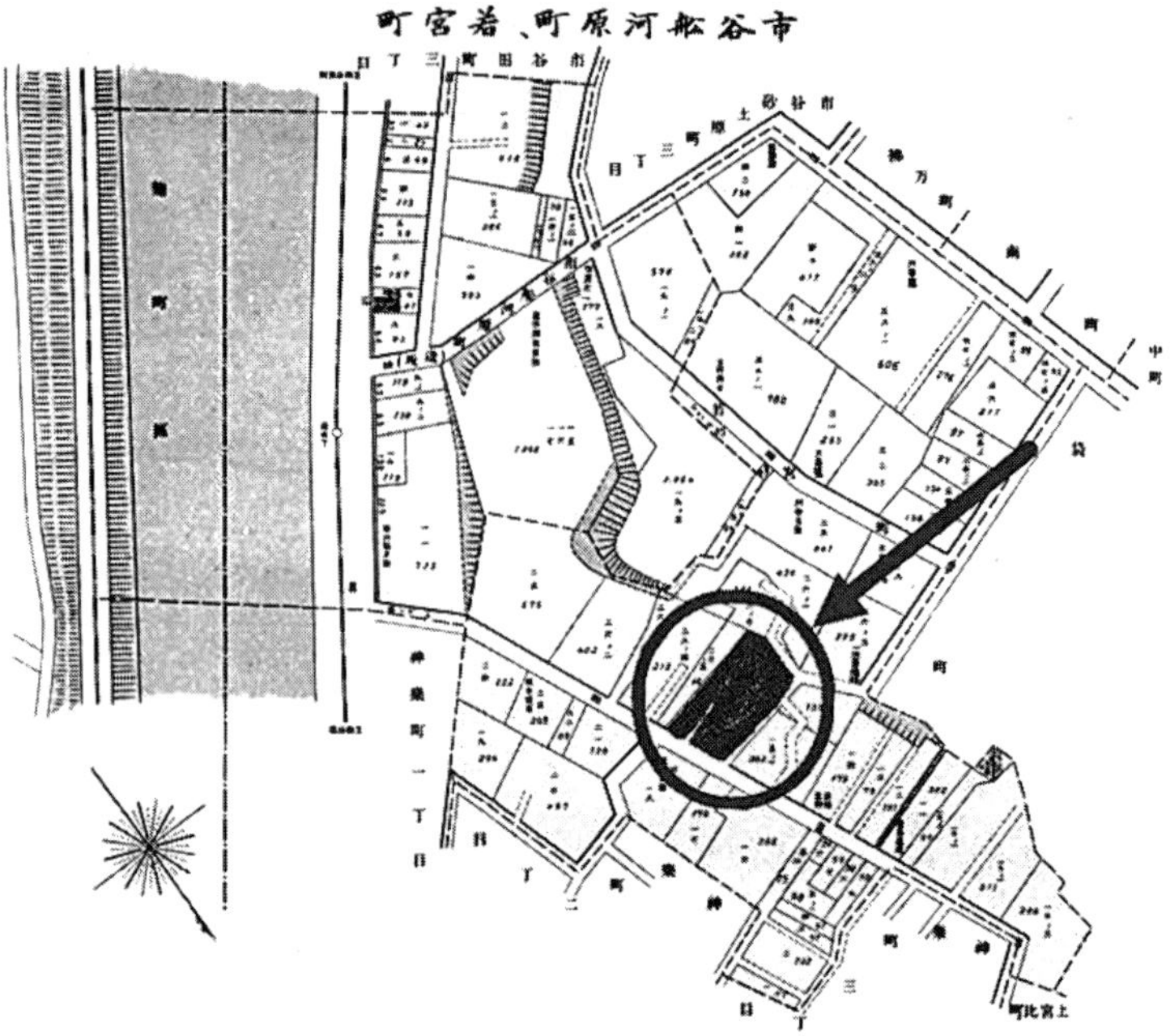

図1 『東京市及接続郡部地籍地図』 東京市区調査会 1912年

の新宿区北東部にあたる。筆者はここで、一九一二年東京市区調査会による出版した『東京市及接続郡部地籍地図』を用い、章が当時住んでいた場所を見つけた。

当時の牛込区の若宮町は今日新宿区若宮町と呼ばれ、北部は神楽坂と接して南東部付近は東京理科大学の施設が見られる。そして、マークに当たる所は当時章が住んでいた若宮町二七番地であり、正面にある若宮八幡神社は現在でも同じところに存在している。章が住んでいた建物は勿論時代の変更と共に消失したが、今は同じところの新宿区若宮町二丁目一八番地に「クレセント若宮」という住宅マンションが建てられている。

2　正則英語学校

日本に来る前の章士釗は華興会の一員として数多くの革命運動に積極的に参加したことにもかかわらず、日本での主な活動はほぼ革命とは関係がなく、学問に専念した。彼の思想はまさに廃学救国から学問救国に一変した。その理由として、革命失敗の挫折を受けてであることは容易に考えられるが、当時の日本が数多くの清国人向けの教育機関を設立した点も忘れてはいけない。それでは、日本滞在中の章士釗の一つ重要な活動拠点である正則英語学校を検討する。

❖――（1）正則英語学校を選択した理由

当時の東京には清国留学生を受け入れる教育機関が数多く存在したが、中に法政速成科のような清国留学生のために単独に設立された教育機関もあった。教育の内容も政治、医学、鉄道、物理、体育、外国語、音楽などさまざまな面を含めている[13]。これに対し、章士釗は最終的に「正則英語学校」という英語教育を専門にした教育機関を選択した。その理由は以下の点と考えられる。

まず、彼の留学の理由を分析すると、日本への留学ブームという時代背景があったが、直接的な原因は万福華の王之春暗殺事件という革命活動の失敗であった。自分の判断のミスで自らの入獄はともかくとして、革命同志を連座させたことは彼に大変な打撃を与えたのだろう。事件の後、章は「杭州の西湖で店を営む、または漢の時代の司馬相如のように晴耕雨読の生活で一生を終わらせよう」[14]という消極的な考えを持っていた。加えて、この事件の失敗は自分の才能と力が足りなく、考え方と行動が軽率であったことを悔やみ、「目の前の過失はもう仕方がないが、将来の誤りがあったらもっと大変な結果になるだろう」と当時の章の落胆ぶりが窺える[15]。従って、革命活動失敗直後から日本留学を決定するに至るまでの間の章士釗の思想面は「廃学救国」から「学問救国」[16]へと変化した。これは、政治や法律などを学んでから祖国を改革させるより、まずは自分の知識と能力を伸ばさないといけないという、当時における彼自身の反省に立脚していた。

それでは、学問への追求の決意は分かったが、問題になるのはなぜ他の学科ではなく英語を選択したかということである。日本に来る前の章士釗はまだ若かったといえる。しかし、『蘇報』の編集長への就任、そして『孫逸仙』の執筆などから見ると、旧式な教育を受けた章は既に高い水準の漢文能力を身につけている。従来の中国においてその程度の知識があれば、立派な知識人と十分いえるが、近代文明の時代に照らし合わせれば、漢文の教養だけでは国の改革を目指す知識人の水準には達し得てはいないのであろう。これについて、章は「英文がABCDさえ分からない、算数は四則計算さえできない」と述べ[17]、自分の知識面の欠点を認識した上で、西洋の学問の追求を切望していた。

❖──────（2）二つの「正則学校」

正則英語学校での勉強の経歴はのちに『中等国文典』（商務印書館　一九〇七年）の執筆、それに一九一七年のイギリスへの留学と深く関わっているにもかかわらず、殆どの先行研究ではこのことについて一言の記述だけで済ませている。日本の研究者の鐙屋一と高田淳は二人とも「正則英語学校に入学」と表記し、李日を代表とする中国の研究者はほぼ「正則学校」と表しているのみである。

実は当時も今も「正則」という名前をつけた学校は二つ存在する。一つは現在「正則学園高校」と呼ばれている「正則英語学校」であり、もう一つは現在「正則高等高校」と呼ばれている「正則中学校」である。この二つの学校はよく混同され、さらに章士釗が実際に勉強していた学校として間違った記述も見受けられる。例えば、ウィキペディアの百科事典によると、「正則高等高校」、すなわち当時の「正則中学校」の著名な出身者の一人は「章士ショウ」と書かれている。しかし、筆者はその高校を訪ねたが、章士釗の在学記録は勿論なく、清国留学生を受け入れた記録もないという。さらに外務省の清国留学生を受け入れる教育機関に関する資料を探しても、「正則英語学校」の名しか記録されていない。従って、章士釗が当時通っていた教育機関は「正則中学校」ではなく、「正則英語学校」である。中国での「正則学校」という表現は厳密なものとは言えないのであろう。

筆者はその「正則英語学校」、つまり現在の「正則学園高校」を訪ね、今日では昔ほどではないが、同学校は明治大正時代において大変有名な英語の教育機関として存在した。そこで、章は「ABCDさえ分からなかった」状態から始め、イギリスへ留学できるまでの英語の実力を身につけた。さらに、彼はそこで学んだ英語の知識を活かし、英語の文法で漢文を解釈するという方法を発明した上で、中国言語学に大きく貢献した『中等国文典』を完成させた。

当時の正則学校はどのような学校であったのかというと、一九〇九年三月博文館により出版された今井翠厳の『最近調査男子東京遊学案内』という本の中に、四〇四頁から四〇七頁まで、正則英語学校のことを非常に詳しく紹介している。

位　置　本校神田区錦町三丁目二番地[18]、分校芝区三田四国町にあり。

目　的　本校は明治三十五年十月の創立にして、正則に英語を教授し完全に英語を活用する士を養成する所とす。

（中略）

学年学期　学年は九月一日に始まり翌年六月三十日に終わる、之を左の三学期に分つ。
第一学期　自九月一日至十二月三十一日
第二学期　自一月八日至三月十一日
第三学期　自四月一日至六月三十日
入　学　期　各級毎学期の初めとす、但欠員ある時は臨時入学を許す。
修業年限　予科二学期　普通科一箇年　普通受験科一箇年　高等受験科一箇年　文学科三箇年　高等科三箇年
学　　費　午前部及午后部　金一圓
夜学部　金五十銭
夜学部より午前又は午后部へ転科　金五十銭

上述したこの学校自体に関する情報から幾つかの点が推測できる。一つ目は章の住所（現在の新宿区若宮町二丁目一八番地）から学校（現在の千代田区神田錦町三丁目一番地）までの距離とそれにかかる時間である。筆者は実際にその最短路線に沿って歩いたが、結果は二・五㎞前後の距離で約三〇分かかって歩き終わった。交通手段がまだ今のように発達していない時代において、この程度の距離はとても近くて便利だと言えるだろう。

二つ目は章士釗が最初に入った学科のことである。この学校では、それぞれ違う目的と学力を持っている学生が在籍していたため、各種の学科が設置され、英語の初心者を対象に予科も設けられていた。当時全く英語が分からなかった章にとっては、予科に入るしか考えられないだろう。

　三つ目は章の入学時期のことである。本章第二節では章の来日時間が一九〇五年一月八日前後と判断したが、このことを踏まえたうえで、この学校の資料と照らし合わせると、第二学期の期間はちょうど一月八日から三月三一日の間である。章が来日した時点では既に新学期が始まっており、次の学期の四月一日に入学とすれば、三か月も待たなければならないので、とても考えにくい。それに、「缺員ある時は臨時入学を許す」という条例がある点を考慮すると、章は一九〇五年一月に編入生として正則英語学校へ予科入学した可能性が高いと思われる。

3　章士釗と実践女子学校

　章士釗は正則英語学校で英語を学ぶと同時に、もう一つ自分の知識を生かして有意義なことも進行している。それは実践女子大学で同じく湖南省出身の女子学生に漢文を教えることである。この経歴について、章は「我が郷から十数人の女性が日本に渡り、下田氏[19]が設置した実践女子大学に入学した。昨年（一九〇六年）国文の一科目は私に任した」と述べている[20]。章の漢文教員としての経歴を考察するために、まずは実践女子大学の清国留学生の教育状況を検討してみよう。

❖――（1）清国女子速成科の設置

　当時日本への留学ブームを背景として、大勢の清国人が日本に到来したが、男子が来ると、女子も子供も家庭も付随して日本に来た。一九〇一年に一人の清国女学生が、下田歌子が創設した実践女子大学に入学を希望したが、既に親と日本に来て久しく、日本での生活に慣れたうえで日本語も十分話せるので、授業上の障害はなかったという。しかし、翌年に入学を希望した四名の留学生は日本に来たばかりで、日本語は十分には通じないため、通常の学級とは違う特別な課程を設置することが必要となっていた。従って、一九〇二年に校長の下田歌子により、留学生部である清国女子速成科が設置されるようになった。

一九〇二年に入学した四人のうち二人が発足二年後の一九〇四年七月一六日に卒業し、盛大な式典が挙行された。当時の清国公使、清国の留学生監督、韓国公使、など重要な人物がこの卒業式に臨んでいた[21]。まだ封建社会の清国にとって、このような女子教育は大変意味がある進歩だと思われる。二人の卒業生が帰国して間もなく、一九〇四年一一月、湖南省から二〇名の女子留学生の入学希望がもたらされた。この二〇人の女子留学生はのちに章士釗の教え子になったと考えられる。

今回実践女子大学に入った二〇名の女子留学生は前回の四名と比べると、人数が遥かに増えているので、彼女たちの生活と学業を保障するために新しい校舎を作らなければならないと校長の下田は考えていた。従って、一九〇五年七月、赤坂区桧町一〇番地（今の港区赤坂九町目）に新たに留学生部の分教場を開設することになった。

この分教場は二階建で、二階全部を寄宿舎に当て、階下の部屋は教室、食堂、応接室、舎監室、トイレとなっている。

❖――――（2）漢文教員としての章士釗

章士釗が実践女子大で漢文を教えたことは彼自らの回想から分かったが、ここで容易に考えられる問題は湖南省の女子留学生たちはせっかく日本に来て留学するのに、なぜ自国の言語である漢文を学ばなければならないのかということである。これに答えるために、まずは当時の彼女たちの課程表[22]を検討する。

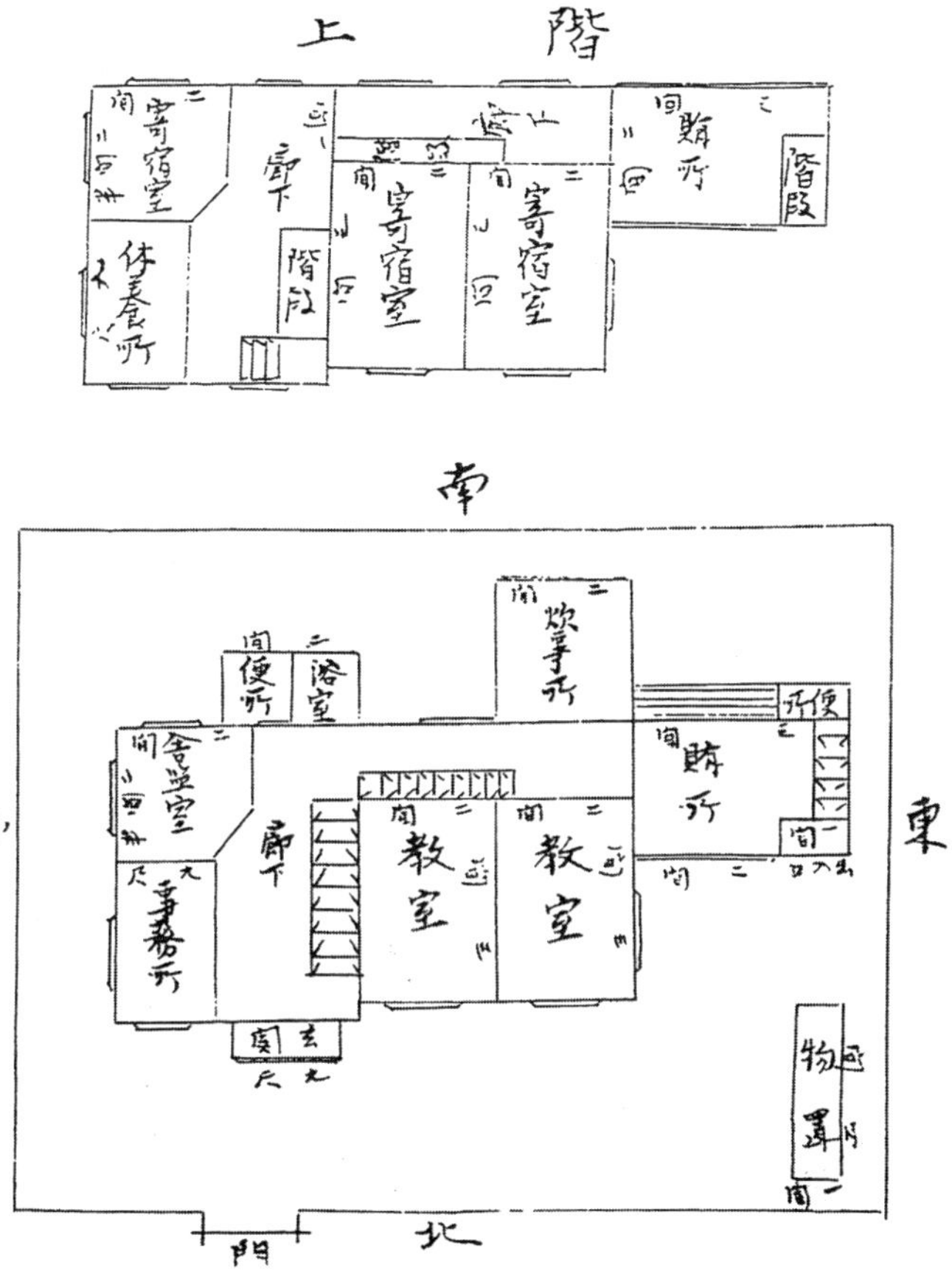

図2　分教場の図面　『下田歌子関係資料総目録・清国留学生部』下田文庫・特殊コレクション　1999年

表1　実践女子大学清国女子速成科の課程表

学科	授業内容
中等科	修身　日語　算術　幾何　地理　歴史　理科　図画　唱歌　体操　手芸　英語　家政
師範科	修身　英語　教育　心理　理科　地理　歴史　算術　幾何　図画　体操　唱歌　手芸　英語　家政
工芸師範科	修身　日語　教育　理科　算術　術科　体操　唱歌　家政
工芸科学科	修身　日語　算術　家政　図画　体操　唱歌
術科	造花　編物　機械裁縫　押絵　刺繍

この課程表は学生の能力と目的に合わせ、全面的に豊富な授業内容となっており、現代教育と比べても見劣りがしないと思われる。しかし、問題になるのはいずれの学科にも漢文という授業科目が見つけられないということである。漢文の科目がなければ、当然漢文を教えるのも不可能であったが、章士釗はどういうふうに漢文を教えたのであろうか。

ここでは、東京大学に保存されている漢文雑誌『東洋』に収められている記事を参考にすればわかりやすいと思われる。『東洋』とは当時法政大学によって発行され、清国留学生を対象に留学生の動向や国際事情を紹介する雑誌であり、一九〇六年八月一五日に創刊され、一九〇七年九月の第一〇号をもって廃刊となった。第二号（一九〇七年一月二八日発刊）の六一頁では、「清国女留学生之卒業」を題とした実践女子大の留学生と教育方法を紹介する記事が書かれている。

　昨年（一九〇五年）七月、清国湖南省から二〇名の女子留学生が実践女子大に入学し、用事がありまたは病気で途中に帰国した者は八人いたが、残りの一二人は皆卒業することが出来た。その名前は次のように書かれている。速成師範科：黄憲佑（四五歳）、王勤（四五歳）、李樵松（二四歳）、黄国厚（二三歳）、許馥（二二歳）、陳光璇（一八歳）。速成工芸師範科：平昌国（二九歳）、許黴（二四

歳）、呉準（一八歳）、黄国巽（一八歳）胡懿瓊（一五歳）許璧（一九歳）。

校長の下田女史と副校長の青木氏等の話によると、授業開始の初めの所、各学生の年齢と学力の差が激しかった。例えば、学生の黄憲佑は四書五経を暗誦でき、詩と文章もすぐ書ける。そのような学力の差があり、教えるのはとても困難であるため、師範と工芸二つの課程に分けた。さらに、学生監督范（範）源濂、経理人劉善浤、学務協商呉家駒、経費協商劉頌虞、漢文教習章行厳（章士釗）、教育心理漢訳楊昌済、理科漢訳及び日本語文法教授陳介、心理通訳熊崇煦の八人を雇いて、正式な授業の前に、講義を先に漢訳して、学生たちに配るという。

（筆者訳）

この記事を見ると、「漢文教習章行厳」がきちんと書かれているため、章士釗が実践女子大で漢文を教えたことを改めて証明することができる。この記事によると、最年長者の四五歳と最年少者の一五歳にある三〇歳の年齢差及びその学力の差があったため、課程を分けて、さらに正式な授業の前に講義を先に漢訳して学生に配布することが必要であった。従って、彼女たちは日本で勉強するが、年齢と漢文能力を含めた学力の違いがあったわけで、講義を十分に理解させるために、漢文の教育は必修となっていた。正式の課程表には漢文という科目はなかったが、章士釗は実践女子大学に雇われ、授業の補充の一つの手段として非正式に彼女たちに漢文を教えていたことがわかる。

章士釗は実践女子大で漢文を教えると同時に英語の勉強も続けているので、「英文の規律で漢文を解釈する」[23]という斬新な方法を思いついた。このような発想と漢文教員としての経験があったからこそ、のちに言語学の大作である『中等国文典』の執筆を可能にしたと思われる。

4 『中等国文典』の執筆

❖ (1) 章士釗と長与病院

英文の勉強と漢文の教習の経験が『中等国文典』の創作に対して欠かせない条件であったことは先に説明したが、もう一つ、見落としてはならない重要な点が挙げられる。それは、執筆に没頭できる程の長い余暇である。多忙な留学生活を送っていた章がこの大事業を成し得た理由は、彼が胃腸病になってからの長い入院期間を有効に活用したからに他ならない。これに関して、章は『中等国文典』の序章にこのように記述している[24]。

余は急に胃病になり、病院で三ヶ月治療を受けた。医者に静かに養生するようにと繰り返し言い聞かせられたので、学業をおろそかにしてしまった。しかし、余はせっかくの暇を利用し、今までの原稿を整理した。時間がたつと、この本はやっとできた。（中略）丁未二月編者は日本東京長与胃腸病院で書いた。（筆者訳）

文章からみると、章士釗が入ったのは東京長与胃腸病院とされており、病院名が判明しているが、一体どのような病院だったのか。調査したところ、この病院が当時非常に有名なところとして知られていたことが判明した。『日本之名勝』という当時日本各地の名所を紹介する本の中に、このように記されている[25]。

東京麹町区内幸町一町目に在り（現在の千代田区内幸町）、宏大なる日本造二階建にして、院長は

（東京）胃腸病院治療室

Consulting Room of I-chō-Hospital, Tōkyō.

（東京）患者遊戯室

Patients' Assembly Room, I-chō-Hospital, Tōkyō.

写真１　東京長与胃腸病院の治療室（左写真）と患者遊戯室（右写真）（『日本之名勝』より）

長与専斎の息称吉なり、氏は永く独逸に留学して、ドクトルの称号を得、帰朝の後本院を開設せり、建築は明治二十九年にして、落成開業をなしたるは同年十月十五日なりと云うへり、院内総坪数は八百二十七坪にして、付属建物百十八坪、院長室、診察室、治療室、水浴室、試験室、消毒室、薬局、会計室、事務室、患者控所、看護婦詰所等あり、伝染病患者病室は別に一棟として、普通患者と隔離し、更に院内に倶楽部を設けて入院患者の娯楽場に充つるなど。

この説明文と写真から見れば、この病院は当時の建築技術と照らし合わせても十分に立派な建物であり、患者の遊戯室まで設けている。章にとって、まさに作品創作の絶好の場所であったと言えるだろう。実は、章以外に、一九一〇年、前期三部作の三作目にあたる『門』を執筆途中の夏目漱石も胃潰瘍でこの長与胃腸病院に入院したという[26]。

写真２　現在の胃腸病院にある創立者長与称吉[27]の像（筆者撮影）

しかし、残念ながら、一九二三年の関東大震災の折、この建物は火事に遭って焼失した。その後、同所に鉄筋コンクリート三階建ての病院が再建され、さらに昭和四三年に、現在の四谷に移転した。筆者は二〇一二年六月一二日に移転され、現在新宿区本塩町四町目にある胃腸病院を訪ねた。院長の平山洋二[28]と話したところ、彼の祖父が創立者の長与称吉に続き、二代目の院長だったということが明らかになった。さらに、章士釗と関連がある資料を求めると、やはり関東大地震の折病院が焼失したため、何一つ残っていないという。

❖（2）入院期間及び『中等国文典』の創作過程

この静かで高級感があり、漱石まで入ったことがある病院で、学問に専念する章は、入院中の時間を無駄にせず、きちんと活用し、今まで培った実践女子大での漢文教育経験と原稿を整理した上で、章の唯一の言語学作品『中等国文典』を完成させたのである。ここでは、章の入院期間及びこの『中等国文典』の創作過程について紹介する。

まずは先行研究の検討を行う。日本側の高田と鐙屋は、章の『中等国文典』が一九〇七年に商務印書館から出版されたというような説明があり、創作の時間と過程及び長与病院に入院したという事実はあまり詳しく論じていない。中国側の李日は「一九〇五年に章が胃腸病で三ヶ月入院し、この時間を利用した上で『中等国文典』を日本で書き終わった、（中略）さらに、一九〇七年に商務印書館により出版された」と指摘している[29]。

この問題を解明するために、前述した章自ら書いた『中等国文典』の序章以外の資料として、彼の友人として知られている宋教仁の日記[30]を検討する必要があると思われる。

①一九〇六年一二月一五日（三一九頁）

「十時、彭希明の下宿にいって昼食をとり、午後一時、章行厳の下宿にいった。行厳は『漢文典』という本をかいており、余はこれを見せて欲しいとたのんだ。その原稿をみると、まだ完成していなかったので概略を尋ねると、一名詞・二代名詞・三動詞・四形容詞・五接続詞・六副詞・七介詞、〈介詞は〉さらに（一）前置詞・（二）後置詞の二つに分ける、八助詞・九感嘆詞に分類しており、主として英文法を手本としている、云云ということであった。……」

②一九〇七年一月九日（三二八頁）

「……午後三時、また二人で、病気になって胃腸病院に入院している章行厳を見舞いに行った。……」

③一九〇七年一月二六日（三三四頁）

「……午後の、劉林生がきて、弟の秉生のために伝記をかきたいから、余と章行年（章行厳？）[31]にその執筆を引き受けて欲しいといい、また行年のところにいってこのことを話してくれるようたのんだ。余はかれの気持に逆らうに忍びず、しばし考えて承知した。」

④一九〇七年一月二七日（三三四頁）

「……四時、章行年のところにいって、劉林生が劉秉生（劉林生の弟）の伝記をかいて欲しいとたのんでいると話すと、行年は承諾しなかった。六時に帰った。」

⑤一九〇七年一月二八日（三三四頁）

「劉林生がきたので、章行年は伝記の執筆を承諾しなかった、と告げた。林生と余はふたたび行年のところにたのみにいったが、行年はやはり引き受けてくれなかった。……」

宋の日記の②に注目すると、病気になって入院した章を見舞いに行く日時は一九〇七年一月九日と分かった。さらに、宋とまだ健康な状態の章がこの前、最後に出会った日が一九〇六年一二月一五日であることが判明している。すなわち、章の入院時間は一九〇六年一二月一五日から一九〇七年一月九日の間と考えるのが適切であろう。さらに、三か月の治療を受けたと章が自ら述べているので、先の入院期間の分析に基づいて退院時間は一九〇七年の三月の中旬から四月頭までの間と考えられる。この退院時間は『中等国文典』の序章の日付の丁未二月（西暦一九〇七年三月～四月）とも一致している。

また、『中等国文典』の創作過程について、章の話によると最後のまとめは確かに入院中の三か月を利用し完成したが、決して突然の発想で一気に書いたわけではないと思われる。宋の日記の①に注目すると、そこで記述された『漢文典』及びその概略の殆どはのちに出版された『中等国文典』と同じであるため、章が入院する前に既に基本的な構成と内容は出来上がっていたのであろう。英文の勉強及び漢文の教習を進行すると同時に、入院前から文典の創作にも少しずつ着手していたのではないかと思われる。

さらに、宋の日記の③、④、⑤を読むと、友人が章士釗に弟の伝記を執筆してほしいという話があり、何回も頼まれたが、いずれも章に断られたと紹介している。そのことの時期を見れば、ちょうど一月の終わりで章が入院中の間である。友人からの要望を再三にわたり断っている理由は、文典の執筆に専念したかったためではないだろうか。

終わりに

一九〇七年六月に、章士釗が著した『中等国文典』は上海の商務印書店により出版され、そしてその稿料を用い、「東京から出発し、上海を経て、英国に向かった」という[32]。新たな学問の追求への一歩を踏み出して、一九一一年一〇月の辛亥革命の直後に帰国するまで、英国で四年半の勉強を続けた。

一九〇五年一月から一九〇七年六月まで、わずか二年五か月の日本留学はとても短かったが、彼の一生に与えた影響は計り知れないものがあると言えよう。正則英語学校での英語の勉強、『中等国文典』の出版から得た経費など、日本でのさまざまな経歴があったからこそ、英国への留学、そして後の政治家、ジャーナリストとしての輝かしい人生を歩むことができたと思われる。章の生涯においては、歴史的な事件に多く関わったために、青年時代における章の日本留学の経歴はほとんど注目されなかった。しかし、この時期を詳細に分析し、そして日本留学前後の章士釗の違いを比較すると、数多くの疑問の答えはここで見いだすことができるのではないだろうか。学問で国を救うという考えは生涯、彼の思想として残り、どのような政党にも最後まで参加しようとはしなかった。彼のこの信念の源は日本留学時期にあると言っても過言ではないだろう。

当時の日本への留学ブームにおいて、章はあくまでも大勢の留学生の中の一人であった。しかし、そのただの一人を切り口として開いていくと、当時の日中関係、中国人の日本観、日中両国の国民感情など大きな面も窺えるのである。一九二三年九月七日、関東大震災（九月一日）の直後、震災の発生が分かった章士釗は『論日本の震災事』[33]という文章を書き、かつて自分が留学したところが震災に遭ったことに悲痛な思いを表した。さらに、同書で被災地への支援の呼びかけ及び亡くなった日本人への哀悼も書かれている。すなわち、日本留学経験を持つ章は当時の日中関係に対して、プラス面の役割を果たした。

本稿は筆者の修士論文から抜粋したものであり、詳細な内容は修論の原稿を参考にされたい。修論の作成においては筆者の指導教官である王敏教授から丁寧な指導をいただき、そして法政大学国際日本学インスティテュート、国際日本学研究所、大学図書館、大学史資料室、実践女子大学図書館から貴重な資料と温かいご支援をいただいた。心から感謝を申し上げたいと思う。

注

[1] 高田淳『章炳麟・章士釗・魯迅——辛亥の死と生と』龍溪書舎　一九七四年九月　三〇五頁

[2] 鐙屋一『章士釗と近代中国政治史研究』芙蓉書房　二〇〇二年二月　四二頁

[3] 李日『大時代の傍観者：章士釗新聞理論与実践研究』国防科技大学出版社　二〇〇九年四月　三九頁

[4] 万福華（まん ふくか、一八六三年～一九一九年）は中国安徽省出身の革命家であり、王之春の刺殺事件の前に、一九〇四年の夏でも南京で暗殺団に参加した上で清朝の官吏を刺殺したことがある。この事件で入獄したが、辛亥革命の後に釈放され、袁世凱の反対運動にも参加した。

[5]『中華民国開国前革命史』革命史編輯社　一九二八年一一月一五日初版　第一冊　一六八～一七〇頁　馮自由（ひょう じゆう、一八八二～一九五八）は日本生まれの中国民主革命家である。

[6] 当時中国の租界にあった警察署のこと。

[7] 章士釗著　章含之編『章士釗全集』第八巻「書甲辰三暗殺案」文滙出版社　二〇〇〇年一月　一七一頁
[8] 前掲書「与黄克強相交始末」第八巻　三一〇〜三一一頁
[9] 日本郵船株式会社は、日本を代表する大手三大海運会社の一つで、三菱商事と共に三菱財閥（現在の三菱グループ）の源流企業である。国際的には「NYK」として知られている。本稿で述べている内容は二〇一二年一二月二一日に日本郵船歴史博物館、館長代理の脇屋伯英から得た情報である。
[10] 黄尊三（こうそんさん、一八八三〜？）一九〇五年湖南省派遣公費留学生として留日、『三十年日記』全四冊（『留学日記』、『観奕日記』、『修養日記』、『辦学日記』）を著した。ここで参考した内容は『三十年日記』第一冊の『留学日記』の全訳である。『清国人日本留学日記』さねとうけいしゅう・佐藤三郎共訳　東方書店　一九八六年　二六〜二九頁
[11] 宋教仁著　松本英紀訳『宋教仁の日記』同朋舎　一九八九年一一月　三〇〜三一頁
[12] 前掲書「与黄克強相交始末」第八巻　三一一頁
[13] 日本外務省『在本邦支那留学生関係雑纂』日本外交史料館　請求記号 B-3-10-5-3　レファレンスコード　B1208161600
[14] 呉相湘『民国百人伝』伝記文学出版社　一九七一年　二七五頁
[15] 前掲「与黄克強相交始末」第八巻　三一一頁
[16] 前掲書『章炳麟・章士釗・魯迅――辛亥の死と生と――』三〇三頁
[17] 前掲書「与黄克強相交始末」第八巻　三一二頁
[18] 現在の東京都千代田区神田錦町三丁目一番地である。
[19] 下田歌子（しもだ うたこ、一八五四〜一九三六）は、明治から大正にかけて活躍した教育家、歌人であり、女子教育の先覚者と言われている。帝国婦人協会を設立し会長となり、実践女学校・女子工芸学校を創立し、実践学園の校長を務めた。
[20] 前掲書『章士釗全集』第一巻　一八〇頁
[21] 実践女子大学ではこの卒業式の写真が保存されている。時は一九〇四年七月一六日であり、参加した重要な人物もその写真から見つけられる。
[22] 筆者が実践女子大学で保存された清国留学生部の資料に基づいて作成したものである。
[23] 前掲書『章士釗全集』（第一巻）一八〇頁
[24] 章士釗『中等国文典』商務印書館　一九三五年
[25] 瀬川光行『日本の名勝』史伝編纂所　一九〇〇年一二月　五五頁
[26] 漱石の年譜では、一九一〇年のことに関して、次のように記述している。「一九一〇年六月、胃潰瘍のため一九一〇年六月、胃潰瘍のた

め長与胃腸病院に入院。八月、転地療養に修善寺温泉菊屋旅館に滞在する。二四日大量吐血し危篤状態に陥るが、次第に回復する。一〇月、帰京し、長与胃腸病院に入院する」 小宮豊隆 『夏目漱石』 岩波文庫 一九九三年一一月。

[27] 長与称吉（ながよ しょうきち、一八六六～一九一〇） 明治時代の内科医。慶応二年一月七日生まれ。明治一七年ドイツに留学し胃腸科を専攻。二六年帰国、二九年東京内幸町に日本初の胃腸病専門病院を設立した。三一年胃腸病研究会（のちの日本消化器病学会）を創立し、会長。日本癌研究会理事長も務めた。明治四三年九月五日死去。四五歳。長崎県出身。東京大学予備門卒。（デジタル版 日本人名大辞典 +Plus の解説）

[28] 院長の平山洋二は一九七〇年東京大学医学部卒業。日本消化器病学会専門医、指導医日本消化器内視鏡学会専門医、日本内科学会認定医、日本医師会認定産業医、医学博士の資格を持っている。

[29] 前掲書 『大時代の傍観者：章士釗新聞理論与実践研究』 二〇八～二〇九頁

[30] 宋教仁著 松本英紀訳 『宋教仁の日記』 同朋舎 一九八九年一一月

[31] 宋教仁の日記の文脈を読むと、ここは誤字の可能性が高く、章士釗のことを指していると思われる。

[32] 前掲書 「与黄克強相交始末」 第八巻 三一五頁 『中等国文典』の初版の時間は『章士釗全集』の編集者の分析より、一九〇七年六月という結論が出されている。

[33] 前掲書 『章士釗全集』 第二巻 二二七頁

周恩来と法政大学

王　敏
（法政大学国際日本学研究所専任所員、教授、中国・東アジアにおける日本研究を担当するアプローチ③リーダー、東アジア文化交渉学会会長）

論文概要

周恩来は南開中学を卒業後、一九一七年九月中旬日本に留学、日本語の障碍のため志望していた第一高等学校および東京高等師範学校に合格せず、留日期間中に東亜高等予備校（日華同人共立東亜高等予備校）、東京神田区高等予備校、明治大学政治経済科（旧政学部、現政治経済学部）に通学経歴を有し、一九一九年四月帰国後に南開大学文学部に入学するとともに五四運動に参加した、とされている。

しかしながら、周恩来が日本においていったいどの大学で勉強し、何という先生に学んだかについては正確な調査報告に基づく研究成果は今なお無い。言い換えれば、周恩来の日本留学の足跡は更なる考証を待たなければならない。目下の各種関係資料によれば、戦火と震災の影響により、周恩来が留日期間に在籍した学校についての確実な記録は現在まで発見されていない。

かかる現状に鑑み、周恩来研究を更に科学化、標準化するために、筆者と留学生は、日本でＷＥＢサイトが公表されている何校かを対象とし初歩的考察と分析を行い、その一つである法政大学附属高等予備校を選び重点的調査を進めるとともに、周恩来が同校に就学したか否かにつき多方面からの考証を行うこととした。本拙文は現段階における部分的考察結果および関係資料をまとめた浅薄な報告である。

キーワード：周恩来、范（範）源廉、日本留学、日本法政大学

1 中村哲総長の見解

第一に、法政大学自身のこの時期の歴史認識状況に対する概括的説明である。

中村哲（一九一二〜二〇〇三）は東京府出身。府立三中および旧制成城高等学校（現成城大学）卒業後東京帝国大学法学部入学、一九三四年卒業。戦前台北帝国大学助教授、教授、戦後法政大学法学部教授に任じられ、法学部長、常務理事を歴任、一九六八年法政大学総長に任じられる。一九八三年社会党の要請で参議院議員選挙に出て比例代表区一位で当選、任期は六年。

中村総長と中国との友誼は深く、在任期間中（一九六八〜一九八三）数次にわたり訪中。一九五五年一一月一〇日、彼は人民大会堂において周総理の接見に与る。帰国後彼は、周総理が法政大学附属高等予備校に在籍した事実を前後何回も文章で言及した。一九五五年一一月一〇日、彼は日本護憲連合訪中団員として毛主席、周総理の接見と記念撮影に与る（写真1）。この写真は現在、法政大学大学史資料研究センターに保存されている。

写真１　日本護憲連合訪中団が毛主席、周総理との接見に与る。中段右から３番目が中村哲総長。

表１　日本護憲連合訪中団の訪中

日時	背景	主要人物
1955 年夏	1．中国代表団が「核兵器禁止世界大会」参加のため東京訪問 2．期間中、中国側は護憲連合に対し訪中招請を行った	日本側：片山哲（元日本総理） 中国側：劉寧一（中華全国総工会副主席）
1955 年 11 月	1．護憲連合北京到着 2．毛沢東主席の接見に与る 3．周恩来総理と二回会談 4．文化・芸術・体育・労働等の部門と会談（中国側対外友好協会と「文化体育交流覚書」を締結） 5．撫順収容所に拘束中の日本人戦犯 1000 余人と会見（３年以内にもしかしたら釈放されるとの情報を伝達）	日本側：団長片山哲・副団長藤田藤太郎（総評議長兼私鉄総連議長）、社会党国会議員猪俣浩三、中崎敏。更に法政大学総長中村哲、俳優千田是也、元陸軍中将遠藤三郎氏等 中国側：毛沢東、周恩来等

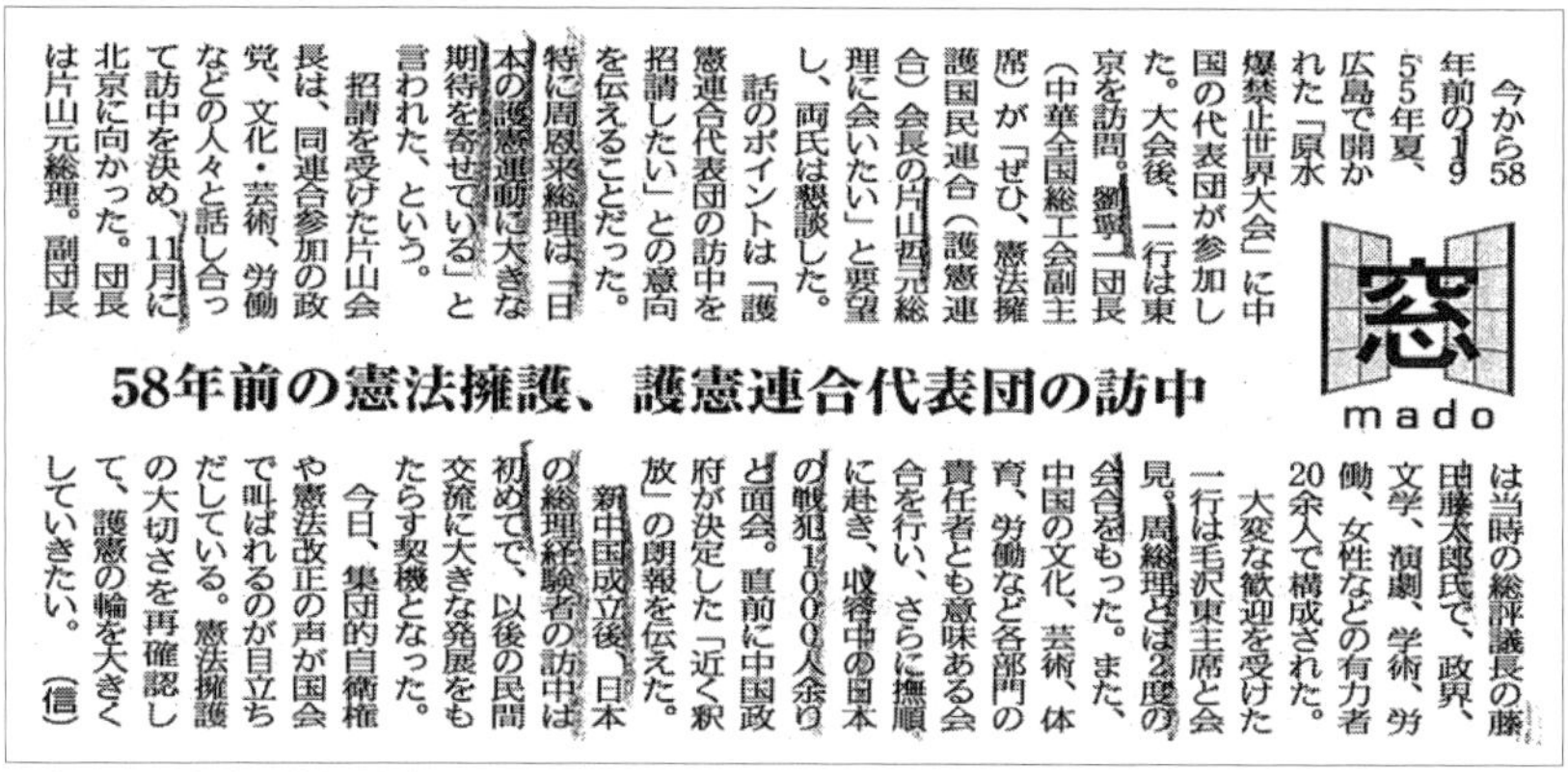
窓 mado

58年前の憲法擁護、護憲連合代表団の訪中

今から58年前の1955年夏、広島で開かれた「原水爆禁止世界大会」に中国の代表団が参加した。大会後、一行は東京を訪問。劉寧一団長（中華全国総工会副主席）が「ぜひ、憲法擁護国民連合（護憲連合）会長の片山哲元総理に会いたい」と要望し、両氏は懇談した。

話のポイントは「護憲連合代表団の訪中を招請したい」との意向を伝えることだった。特に周恩来総理は「日本の護憲運動に大きな期待を寄せている」と言われた、という。

招請を受けた片山会長は、同連合参加の政党、文化・芸術、労働などの人々と話し合って訪中を決め、11月に北京に向かった。団長は片山元総理。副団長は当時の総評議長の藤田藤太郎氏で、政界、文学、演劇、学術、労働、女性などの有力者20余人で構成された。

大変な歓迎を受けた一行は毛沢東主席と会見。周総理とは2度の会合をもった。また、中国の文化、芸術、体育、労働など各部門の責任者とも意味ある会合を行い、さらに撫順に赴き、収容中の日本の戦犯1000人余りと面会。直前に中国政府が決定した「近く釈放」の朗報を伝えた。

新中国成立後、日本の総理経験者の訪中は初めてで、以後の民間交流に大きな発展をもたらす契機となった。

今日、集団的自衛権や憲法改正の声が国会で叫ばれるのが目立ちだしている。憲法擁護の大切さを再確認して、護憲の輪を大きくしていきたい。（信）

写真２　日本中国友好協会発行の新聞《日本と中国》2013年９月１日版より

この事実を重視し、筆者はこの写真の背景につき概略調査してその結果を表1の通りまとめた。

参考資料は主として以下の三つの関係文章であり、いずれも護憲連合訪中の過程と意義を記載している。

1. 中村哲〈感動を与える中国要人の態度〉《法政大学新聞》（一九五五年十二月五日月曜日　第三〇四号）

2. 日中友好協会理事長村岡久平訪問談話〈日中友好運動の新段階〉（記録　加藤宜幸）

3. 日本中国友好協会発行新聞《日本と中国》二〇一三年九月一日版登載の文章。内容は写真2の通り。

周恩来と法政大学の関係につき、中村総長はいろいろな所で口頭で講演したほか、更に文字による記載も残した。その中でも重要な二篇を紹介し考証に供したい。

1.《法政大学新聞》一九五八年一〇月二五日　第三七九号

最近風見章と会い、周恩来総理が曾て法政大学で勉強したことがあると告げられた。私が周総理と会談した時にはこの関係についての言及はなかったが、風見章の述べるところによれば、周総理は早稲田大学に通ったと世間では誤って伝えられているが、実のところはそうではなく早稲田界隈に居住し学校は法政大学である。これは周総理自ら風見章に語ったものであり、絶対に間違いない。

2.《日中文化交流》一九七六年一月三〇日　第二二六号

護憲運動の巨頭の一人である風見章は日中国交正常化のため中国を訪問、帰国後私に伝えたいことがあり私を九段の議員宿舎に呼んだ。会うと彼は、周総理が曾て法政大学に通学したことがあると述べた。世間では、早稲田大学に通ったとされているが、その実、宿舎がそこにあったのであり、学校は神田にあった法政大学の高等予備校である。（中略）法政大学は和仏（即ち日法）法律学校の後身で、フランス自由主義法学を主旨としており、私はこのことが後日の周総理のフランス留学と、もしかすると大きな関係を有するのではと推測している。

風見章（一八八六～一九六一）は立憲民政党、国民同盟、日本社会党所属の衆議院議員で、九回当選した。彼は更に第一次近衛内閣の書記官長、第二次近衛内閣の司法大臣を歴任、時間的に判断するに、周恩来の法政大学在籍の話題は、一九五八年九月、「日中国交回復国民会議訪中代表団」団員として訪中した時である。彼の当時の職務は、日本社会党顧問、衆議院議員である。上述の二つの記録には、風見章という重要人物が言及されている。調査に資するため、風見章の訪中経歴を表2にまとめ、参考に供したい[1]。

表2　風見章の訪中経歴

日時	身分	同行団員	在中国主要活動	備考
1953年9月28日（羽田出発、香港経由中国入国） ～11月3日（帰国）	第一期訪中国会議員団	①田正之輔(団長、自由党) ②各党派推薦により参加の議員13名 ③風見章（衆議院議員、無党派）	①廖承志等要人訪問 ②国慶節式典参列	
1957年7月30日 （羽田出発） ～8月1日（モスクワ） ～8月27日（モンゴル共和国） ～8月31日（北京） ～9月10日（平壌） （中略） ～10月1日以後（帰国）	国際青年平和友好記念 （モスクワからの招待状、法政大学大学史研究センターに現存）	①風見章（日中国交回復国民会議理事長、社会党所属） ②田寿（秘書・慶応大学教授）	①廖承志等空港出迎え ②9月3日、周恩来主催宴会出席、談話時間予定より2時間超過 ③明の13陵参観 ④国慶節式典参列	
1958年9月24日（羽田出発） ～ 帰国日時不詳	日中国交回復国民会議訪中代表団	①風見章（団長） ②竹内実（通訳）	①国慶節式典参列 ②周恩来の接見に与る[2] ③10月11日人民外交学会と共同声明発表 ④廖承志等要人訪問	《法政大学新聞》第379号上で発表の文章と符号

表の記載から、以下の二つの問題は更なる事実確認を待たなければならないことがはっきりしている。

1. 先述の中村哲元法政大学総長が《法政大学新聞》第三七九号で発表した文章は一九五八年一〇月二五日である。この文章の中で彼は、周恩来総理の直接発言、「曾て法政大学で勉強し早稲田界隈に居住した」ということを、風見章の伝言を通して実証した。この文章が発表している内容と日時は、風見章の訪中経歴の最後の一回、即ち一九五八年九月二四日出発の訪中と符号するが、その時の風見章と周恩来の談話内容記録は更なる考証を待たなければならない。

2. 目下の考証結果によれば、その会見

の談話内容は、森下修一編纂、中国経済新聞社発行の日本語版《周恩来選集 上》中の〈日本六団体との談話〉第七二一頁に収録されているが、その中には風見章と周恩来の個人的会話は含まれておらず、この一部分の内容は調べる術が無い。その間の詳細を明らかにするために以下のいくつかのルートを通して調査を行った。①日本外交資料館、②旧社会党と深い淵源関係を有する社民党の関係組織、③通訳を担当した竹内実元京都大学教授、④中国が収蔵管理する外交資料。

しかしながら、目下のところ各チャンネルを通じても更なる手がかりは発見されていない。しかも、竹内実先生は二〇一三年七月に逝去された。つまり、この史実については、継続的調査研究を待たなければならない。

2 柘植秀臣元法政大学社会学部教授の観点

柘植秀臣（一九〇五～一九八三）は日本の大脳生理学者である。戦後、民主主義科学者協会理事を務める。中央労働学園大学教授、法政大学社会学部教授、七四年日本精神医療センター脳研究所長を務める。

彼は一九七六年二月一五日朝日新聞紙上に、〈故周恩来氏の「神田学校」〉と題する一文を発表した。「筆者はしばしば中国を訪問し、周総理の慈悲深く優しいお姿を見ることができた。最後の一回は一九七二年の中日国交正常化の後で、正常化を慶祝するため催された人民大会堂における宴会席上である。私は長年にわたり法政大学で教鞭をとったが、総理が法政大学で勉強したとの見解を聞いたことがあり、事の真相をずっと探し求めていた。その様な経緯があり、総理が「法政ではなく、名称は忘れたが間違いなく神田にあった某語言学校です。日本語はそれほど上達しなかったけど」と答えた。このこと以外にも多くの話題につき雑談した。この話は七三年一月五日の『週刊朝日』に掲載されたが、『週刊読売』は相変わらず、総理は法政大学に通ったと報じた。」

周総理の留日期間中、法政の『法学志林』（一一巻二号）には、「麹町区富士見町靖国神社、法政大学内、〝東京高等予備校〟」の学生募集広告が掲載されているが、これは法政の予科とは別の学校である。周総理が語った「神田にある語言学校」は、この「高等予備校」である可能性がある。

3　元法政大学校長大内兵衛教授が誇りに思う経歴

一九五〇年、大内兵衛（一八八八〜一九八〇）は法政大学総長（ちなみに当時は「総理」と表記されていた。小文では、現代人にわかりやすいよう、「総長」に統一して使用した）に就任した。彼の専門はマルクス経済学、財政学である。日本学士院会員。大蔵省書記官を経た後、一九一九年東京大学財政担当教官になり、任期中労農派論客として活躍した。一九二〇年、森戸事件に連座し失業、数年後復職した。一九四九年東大を退官後、一九五〇年〜一九五九年の間、法政大学総長の職にあった。向坂逸郎と共に社会主義協会、社会党左派の指導者として様々な舞台で活躍した。

一九五五年、大内兵衛は日本学術会議訪ソ学術機構団代表としてソ連および中国を訪問、周総理と会談を行った。彼は周総理との会談の状況を同僚に幾度となく語り、周総理が法政大学附属高等予備校で勉強したことを誇りとした。

大内総長の同僚である現島根県立大学大学院東北研究科飯田泰三教授と法政大学法学部教授、法政大学沖縄文化研究所元所長の安江孝司は、大内総長が常に語った周総理との会見の故事の熱心な聴衆であった。彼等は二〇一三年四月一七日午後三時、筆者の訪問を受け、上述の事実を何度も実証した。

写真３　大内兵衛（1955 年、中国にて）

写真４　左から周恩来、南原繁、大内兵衛

写真５　筆者は大内総長と周総理との会見について、飯田教授、安江教授からの証言を得た

4 周総理の附属高等予備校留学を記念した法政大学教職員の文章総括

1. 元法政大学総長谷川徹三[3]（一八九五～一九八九）は、一九五五年一月、岩波書店出版の雑誌《世界》（第一〇九号）に《対話の余地》と題する文章を書いた。文章には彼が、周恩来総理と日本議員団および学術文化視察団との記者会見記録を読んだ感想が含まれている。彼は、「私は大変気分よくこの記録を読むことができた。」と書いている。

2. 元法政大学総長大内兵衛は、日本学術会議の訪ソ学術機構団代表としてソ連および中国を訪問した。中国訪問時、彼は周総理の接見に与り、周総理と面談を行った。この時の面談に関して、彼は《如何に社会主義を実現するか》という書の中で詳細に説明している。

「周先生は背がとても高く、格子の服を着、皮膚は大変白く、眉毛はとても太く、唇をきつく閉じている。手の掌は大きく、指は細長い。この人が俳優になれば、きっと大変受けがいいと思う。面談時、私と南原繁[4]（一八八九～一九七四）が両国の政治経済についての見解を表明した。その後、周総理が総括を行った。言葉の使い方を通じて、私は彼の真心を感じることができた。その後我々は、日本と中国の教育制度と言語改良について詳細な討議を行った。我々がホテルに帰ったのは一時過ぎであった。」

3. 中村哲は法政大学法学院の院長の任にあったが、憲法擁護国民連合代表団の議員として、一九五五年中国を訪問し周総理等中国の指導者多数と会談を行った。一九七六年、彼は周恩来追悼のため、《中日文化交流》二二六号の中で、「一九五五年、私は護憲連合の一員として周総理と個人的談話を行った……彼に対しその時の活動の意義を説明した。周総理はずっと話し手の目を注視し、話し手の意図を推測していたが、彼の様な政治家は空前絶後と言ってよい。」と書いている。

4. 一九五六年六月二九日、谷川徹三文学院院長は団長としてアジア連帯文化使節団を率い中国を訪問、周総理に会う。

5. 一九五八年、《法政大学新聞》は中村哲が書いた〈法政時期の周恩来〉という文章を登載している。この文章は、その一昨年（一九五六年）、中村哲が中国で周恩来と会った時、周総理が曾て法政大学で勉強したことに言及したことを記載している。

6. 一九六四年、社会学部教授栢植秀臣は北京科学研究討論会に参加し、周総理に会った。（詳細は本稿2の内容参照）

7. 一九六九年六月一〇日、日本《朝日新聞》は、〈周恩来の名刺、在籍した学校は法政である〉という岡本隆三[5]（一九一六〜一九九四）の文章を登載し、その中で中村哲元法政大学総長が風見章から聞いた周総理の法政での勉強状況を紹介している。更に文章は、周恩来が日本で勉強した東京神田区高等予備校即ち東京高等予備校は法政大学附属予備校であり、したがって周恩来は曾て法政大学で勉強したと確定できる、と指摘している。

8. 一九七六年一月、雑誌《法政》（一九七六年一月号）には、〈周恩来と法政大学〉という文章が登載されている。文章は、前文で言及した中村哲元総長が周恩来は法政大学で勉強したとの風見章から聞いた証言を記載している。その後法大教授の柘植秀臣が訪中、彼は「法政大学には学籍はないが、神田の語言学校には学籍がある。」との周総理の確実な回答を得ている。その語言学校こそ法政大学の予備校——東京高等予備校である。

9. 一九七六年一月三〇日、《日中文化交流》（日本中国文化交流協会）二二六号の〈周総理追悼号〉に、〈法政大学との淵源〉という一文が登載されている。当時の法政大学総長中村哲は、周総理の法政における勉強状況および周総理との対面状況について書き、また、周総理が法政大学で勉強したことこそが、フランスに行ってからフランス法学に関心を持つことになる理由であると推測している。

以上の重点的紹介以外に、各種資料を次の表にまとめ、参考に供したい。

表3　各種参考資料

	作者	表題と出版社	発行日時	内容	備考
1	谷川徹三（文学部部長、後に総長）	〈対話の余地〉《世界》（岩波書店第一〇九号）	一九五五年一月	周恩来総理と日本議員団および学術文化視察団の記者会見記録の感想	
2	大内兵衛	〈如何に社会主義を実現するか〉岩波書店七五―七六頁	一九五五年六月一二日	大内兵衛は日本学術会議訪ソ学術機構団代表としてソ連と中国を訪問。中国訪問時、周恩来総理の接見に与り、周総理と面談する	
3	新聞報道	〈周恩来総理と総長の会談―各地で盛大な歓迎〉《法政大学新聞》第二九一号	一九五五年六月一五日	大内兵衛訪中に関する報道	
4	中村哲	〈敬服すべき中国要人の態度〉《法政大学新聞》第三〇四号	一九五五年六月一五日	訪中の見聞と感想、法政卒業の中国要人紹介	
5	菅原（編集部）	〈交流の萌芽―中国にいる大勢の卒業生〉《法政大学新聞》第三〇五号	一九五六年一月二五日	法政と中国の関係、法政速成科と卒業生紹介	
6	会談記録	〈法政大学と中国留学生〉《法政大学新聞》第三〇九号	一九五六年二月一五日	1 本校に多数の中国留学生 2 梅謙次郎 3 中国は日本の留学生の到来を期待 4 更に中国を理解する必要	
7	新聞報道	〈文化交流を希望する―中華全学連の手紙〉《法政大学新聞》第三一四号	一九五六年五月五日	日中両国留学生の交流状況	
8	香川正雄	香川君の中国便り〈きれいに一掃された植民地の残渣〉《法政大学新聞》第三二一号	一九五六年八月一五日	日本学生の中国見聞録	

9	海老原光義	〈戦前には見られなかった熱情―新中国の青年〉《法政大学新聞》第三二二号	一九五六年九月一五日	中国視察後の印象	
10	平野義太郎	〈再度ＡＡ組合に――日中国交の立脚点〉《法政大学新聞》第三二八号	一九五六年一一月一五日	日中国交正常化についての論述	作者は日中友好協会理事長
11	会談記録	〈日中国交と文化交流〉《法政大学新聞》第三三二号	一九五七年一月一〇日	新段階の日中国交の樹立	
12	岩村三千夫	〈日本と中国の対立―根底に流れるもの〉《法政大学新聞》第三七〇号	一九五八年六月五日	長崎国旗侮辱事件をめぐり論じる日中関係	作者は中国研究所常務理事
13	中村哲	〈法政に留学した周恩来、深い意味を有する中国との関係〉《法政大学新聞》第三七九号	一九五八年一〇月二五日	風見章は、周恩来本人が法政在籍の事実に自ら言及したと中村哲に伝達した	
14	平野克明（法学部４年）	〈法政大学と中国〉《草原》（第四号）	一九五九年一月一三日	資料13の内容を紹介	
15	安井郁	〈日進月歩の中国―毛主席と「矛盾論」を論ず〉《法政大学新聞》第四七〇号	一九六二年二月五日	毛沢東との談話内容の紹介	
16	岡本隆三	〈周恩来の名刺　在籍学校は法政である〉《朝日新聞》（夕刊）	一九六九年六月一〇日	資料13と同じ内容を紹介、周恩来は曾て法政に留学したと判断し、したがって周恩来の在日時の名刺に書かれた「東京神田区高等予備校」は「法政大学附属東京高等予備校」と同一の学校であると認めた	

17	岡本隆三	〈アジアの人物像　周恩来総理〉《朝日アジア評論》（朝日新聞社）	一九七〇年九月	周恩来は「曾て神田にあった高等予備校に在籍、予備校の正確な校名と入学時期は不明、大正七年（一九一八年）九月以降と推測される。」	
18	立馬祥介・守屋洋	《周恩来の謎》（主婦と生活社）	一九七二年六月二五日	周恩来の法政在籍に懐疑的態度を持つ	
19	柘植秀臣	〈周恩来と法政大学〉《法政》	一九七六年一月二〇日	資料13を紹介した後、周恩来に、法政に留学したか否かという問題を自ら確認、得た回答は「神田某語言学校」だったので、この学校は法政大学附属の予備校であると推測したことを陳述	
20	中村哲	〈法政大学との関係〉《日中文化交流》（周総理追悼号）	一九七六年一月三〇日	資料13を紹介した後、当時在籍したのは法政大学の高等予備校と認め、周恩来のその後のフランス留学経歴と法政大学の法学の淵源は関係があると推測した	
21	柘植秀臣	〈故周恩来氏の「神田学校」〉《朝日新聞》	一九七六年二月一五日	柘植が最後に周総理に会ったのは確かに一九七二年国交正常化後である。法政在籍の内容と資料は資料20と同じ	
22	渡辺三男	〈故周氏の学校は「東亜共立」〉《朝日新聞》	一九七六年二月二四日	当時周恩来がいた学校は東亜高等予備校で、法政大学ではない	
23	中村哲	〈中村哲名誉教授公聴会〉《法政大学と戦後50年》	一九九六年七月二八日	周恩来が当時在籍したのは法政大学ではなく、法政大学の中の語言学校である。この事は風見章が訪中前に私に語った	
24	的場伸一（茨城県立水海道第一高等学校校長）	〈本校第一回卒業生風見章と中国〉《KAIKOU TIMES》第一一号	二〇一二年四月二〇日	風見の事跡を紹介	茨城県立水海道第一高等学校学校新聞

5　法政大学現存資料中の附属東京高等予備校（一九一〇〜一九二四年）についての記載

小文は二つの資料だけを紹介する。

1．法政大学編纂論文集《法学志林》の広告

《法学志林》は一八九九年一一月創刊号が発行され今日に至る。周恩来が留日した大正七年（一九一八年）と大正八年（一九一九）年の間に発行された《法学志林》には、ほとんど毎号に東京高等予備校の学生募集広告が登載されていた（写真6）。同校には「随時入学」と「奨学金制度」があり、その主要目的は試験準備である。周恩来が出願した東京第一高等学校と東京高等師範学校はその試験準備の目標学校であった。

2．法政大学歴史年代表の記載

筆者は法政大学の歴史叢書を追跡調査する中で、法政大学の歴史変遷を図解した《法政大学百年史》（法政大学出版　一九八〇年）を発見したが、年代表を標した中に法政大学附属東京高等予備校の位置が明確に記載されている（写真7）。

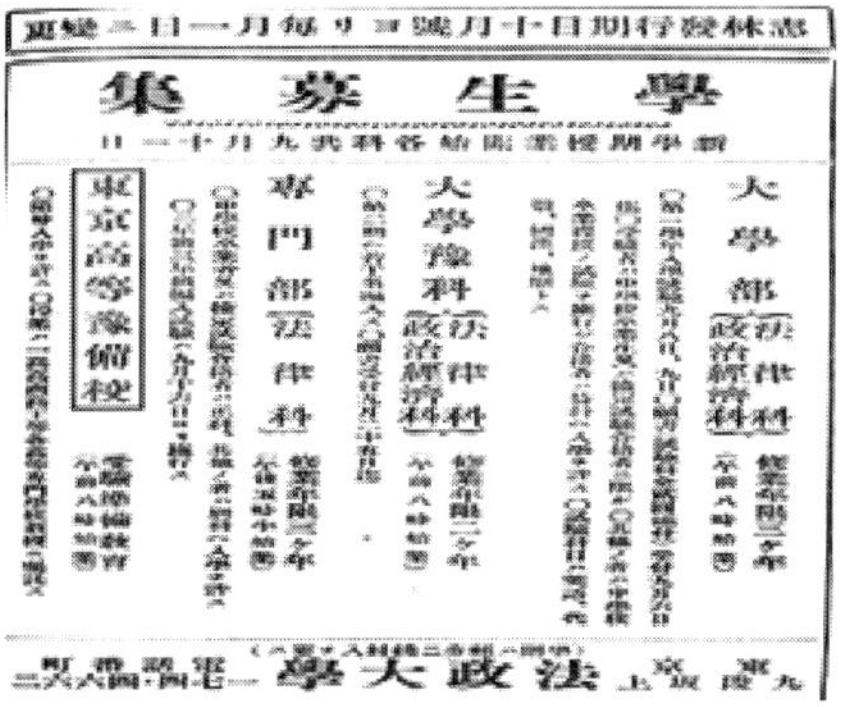

写真６　《法学志林》にほとんど毎号掲載された東京高等予備校の学生募集広告

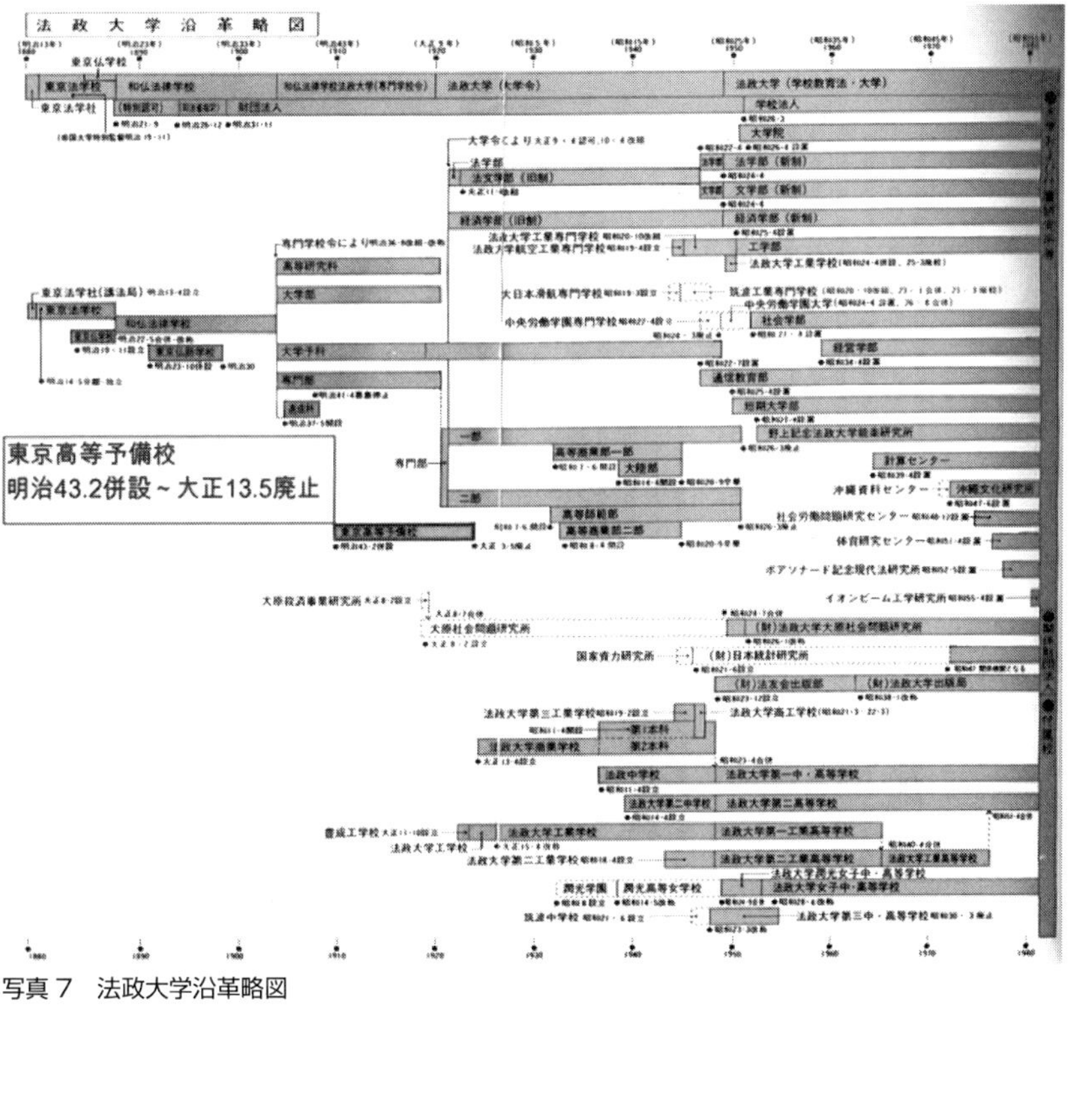

写真７　法政大学沿革略図

6 周恩来の留日日記についての考察

一九九八年二月、周恩来の日本留学時代の日記を収録した《周恩来初期文集》[6]が出版され、翌一九九九年一〇月、《一九歳の東京日記》[7]と題した日本語版が日本で発行された。現在までのところ、周恩来の留日時代の生活を全面的に反映した生資料は多分この日記だけである。この両作品を反復比較し大ざっぱに整理すると、周恩来の日本における主要活動地点は下記の通りである。

青年会、東亜高等予備校、高等師範学校、第一高等学校、神田神保町、早稲田、三越呉服店、日暮里、上野、浅草、田端、荒川、九段、本郷、牛込、横浜、東京堂、丸善、日比谷公園、神田の書店、菊富士酒店、公使館、監督処、服装店、中華楼、漢陽楼、源順号、北京飯店、第一楼、正金銀行、郵便局、朝鮮銀行等。

右記記述の中には、法政大学附属高等予備校に直接触れた記録はない。しかし、角度を変えて更に詳しく見ると、今日まで指摘されていない間接的手がかりが見つかる。

❖ ——— （1）周恩来留日日記は不完全

周恩来の日本留学期間は次の通り：

①一九一七年九月中旬～一九一九年四月：日本留学。

②一九一八年一月一日〜一九一八年一二月二三日：日記がある。
③一九一八年一月一日〜一九一八年八月二八日：詳細な内容がある。

日記に述べられている日時によれば、当時周恩来は東亜高等予備校で勉強したことが見てとれる。しかしながら、この日記の詳細な記載は、一九一八年一月一日から八月二八日までであり、日本に来た最初の三か月と帰国前の約半年間については記載がない。これは周恩来日記が不完全であり、この期間の活動については更なる調査と事実確認を待たなければならないということを意味し、その間法政大学附属高等予備校あるいはその他の学校における聴講若しくは臨時入学での学習の可能性が存在する。

❖――（2）日記中、南開大学創始者の一人である范源濂との接触を記載

明確な記載は三か所。

四月一二日（《周恩来初期文集》三五二頁）、「早朝季沖宅に行き范翁と信天夫婦に会う。」
四月一五日（三五三頁）「再び季沖訪問、未だ帰らず、范老と深夜まで談、季沖が来て泊まる。」
四月二〇日（三五四頁）、「早朝范老、季沖、信天夫婦を送る。八時帰って来る。」

《范源廉集》[8]の内容によれば、一九一八年四月、南開大学創立者の一人である范源廉は米国に教育視察に赴く途中、行きに東京に行き東京の南開の学生を訪問した。日記中の「范翁」、「范老」は范源廉を指す。范源廉は、法政速成科の創設と発展に極めて深い淵源を有する。詳細は次章。

関心を持つに値するのは、周恩来と「范老」が夜を徹して話し合い、得がたい出会いをしたことを日記が記載していることである。しかし、その詳細内容は言及されていない。周恩来はこのことについて日記の中で緻密な描写はしていないが、范源廉は当然ながら会話の中で、清国法政速成科の開設顛末と法政大学キャンパス

内の高等予備校の状況に言及したと推察される。根拠は四つある。

①范源廉は教育を学習し実践した専門家である。周恩来と面談した時は、正に南開大学創設準備という使命を履行するため、訪米訪日したのである。彼の活動は当然訪日目的と連動している。しかも周恩来は南開中学の卒業生である。彼らが会うのは必然的なことである。

②范源廉は教育による救国という理想実現のため、日本留学期間中、学校経営の実践に参加した。次章の如く、法政大学清国留学生速成科と実践女子学校の創建等々についての記載は皆、彼の創造的参加と実践に言及している。言うまでもなく、これらの貴重な経験は、彼の人生という大河に融けこんでいるのみならず、その幾つかの大壮挙の一つである南開の創設軌道に通じている。時代の変遷に伴い、日本での教育経験の実効性を考証するため、彼の再訪日は多角的視察を必然的に必要とし、自分と異なる時代に日本に留学している志のある後輩のアドバイスを必要とした。したがって、彼と周恩来が膝を交えてじっくり話し合ったことは、一種の必然である。

③范源廉の個人及び公的事業は、法政大学とすべて関連しており、同時に南開大学とも関連を有しているので、この縁を彼は自然に言葉にし、若き南開の学生周恩来に伝達した。かくして、風采文才今盛りの周恩来は、目に見えないながらも彼の影響を受け、法政大学に好奇心を抱いたのも理の当然である。そこで周恩来は、范源廉と長く談じた一〇日後、法政大学近隣の靖国神社を訪問した。

④范源廉は一八九九年九月梁啓超との約束のもと日本に赴き、彼が開設した大同学校で勉強し、一九二七年に逝去する一年前の一九二六年まで依然として梁啓超に追随し、京師図書館館長の後任となった。教師と学生の間の生死を共にした関係は、梁啓超の年譜を通して証明できる。即ち、梁啓超の一九二九年一月一九日の病気による逝去は、范源廉の早死を大いに悲しんだことと関係がある。

一九一七年二月二八日、少年周恩来は南開中学に来て講演した梁啓超のために自発的に《梁任公先生演説記》と題する記録を作成した。記録は文章のスタイルが優美で、条理が整然としており、二〇一三年の新刊《周恩来南開中学作文集》[9]に収録されている。梁啓超、范源廉、周恩来三人の間の因縁がすこぶる深いのは明らかである。したがって、異なる時代の三人の真ん中の范源廉は上から下へ結ぶ絆というべきであり、周恩来はそれに対し幾倍もの尊敬を払った。

写真８　周恩来南開中学作文集

周知の通り、周恩来が帰国し勉強したのは南開大学が開校されるためであり、しかも范源廉は創始者兼第一期理事である。両名の訪日期間の深い談話は、間もなく成立しようとしている南開大学の新入生募集と関連していることは明らかである。当時梁啓超が范源廉を選んだように、范源廉も自然と南開出身の才人を放って置くことはできなかった。周恩来と范源廉との関係の背景中、最大の共通点は梁啓超との関連であり、留日経歴で

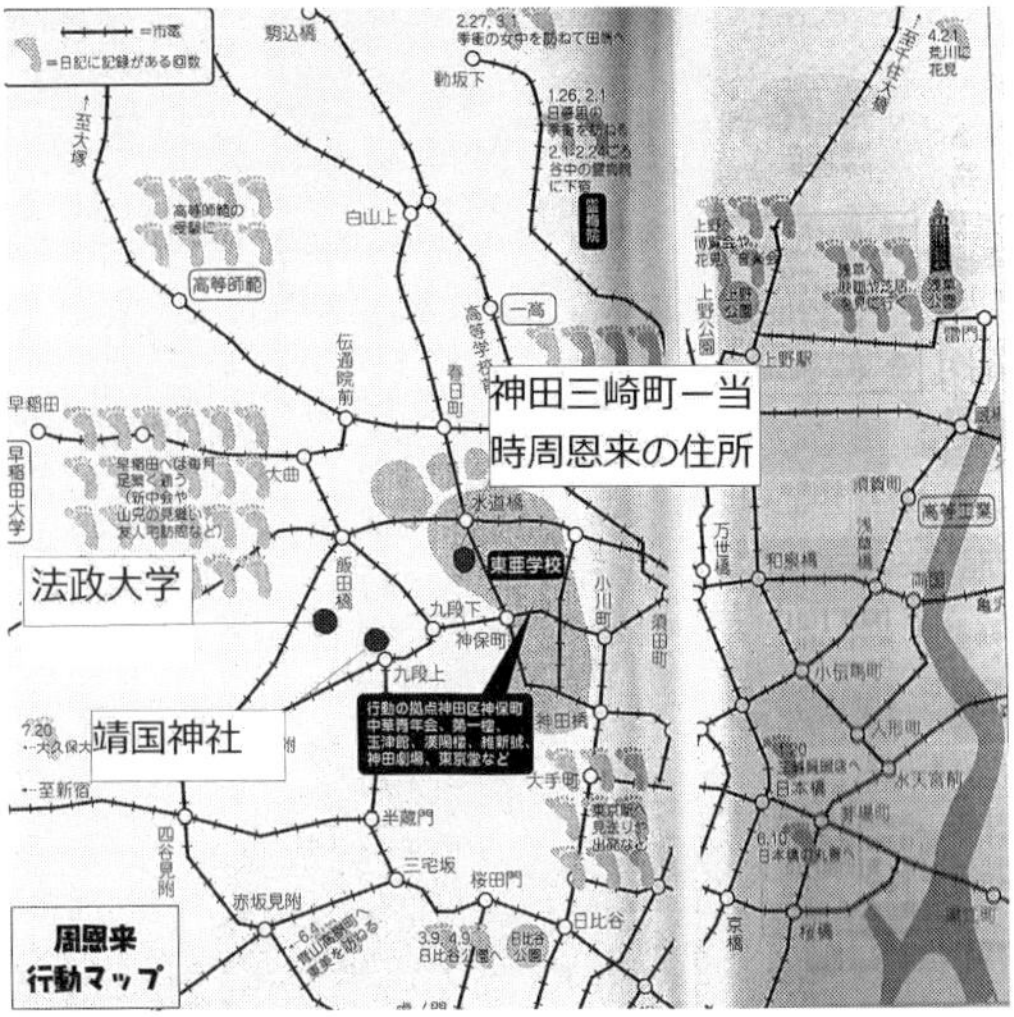

写真９　周恩来　行動マップ
出典：『十九歳の東京日記』（矢吹晋編・鈴木博訳　小学館　1999年）を微調整

ある。法政大学界隈は、彼らを時代を跨いでつなぎ合わせ、共に探求し、手を携えて共に前進する重要な地域である。

❖——（3）法政大学附属予備校近くの靖国神社を参観

范源廉と深く談じた一〇日後、日記の中に周恩来が靖国神社を参観した記録がある。《法政志林》（一九一八年、一一巻、二号）の記載によれば、当時の東京高等予備校の住所表示は、「麹町区富士見町靖国神社側、法政大学内、東京高等予備校」である。両地は極めて近い距離にある。

日記中の関連する記載は下記の通り：四月三〇日（《周恩来初期文集》三五七頁）、「夜九段に行き靖国神社大祭を見る、雨に遇い止め、青年会に行き新聞を見る。」五月一日（三五八頁）、「夜九段を散歩、ちょうど靖国神社日本大祭、見て感慨深し。」六月二日（三七四ページ）、「早朝〝新中〟に行き集会参加、すぐ解散、夢九訪問、昼まで話し、いっしょに出て会元楼で食事。食後〝游就館〟に遊ぶ。」

日記記録から、周恩来は靖国神社を全部で三回参観している。もちろん、その時代は日本の中国侵略戦争はまだ実施されておらず、靖国神社には戦犯の位牌は祀られていない。南開大学創始者の范源廉に対する尊敬から、またその学校経営精神に対する探求心から、更に自身が今後どうするのかにつき考慮するため、周恩来は法政大学界隈を徘徊し、思索したり散歩をしたりしたことが想像できる。この界隈は、延々と堀が廻らされ、辛亥革命人士の足跡があり、景色は人を惹きつけ、風情に満ち満ちている。

ただし、日記中には法政大学が明確には言及されていないが、もしかしたら彼は法政大学高等予備校に在籍していたものの登校し勉強したのはごく僅かで、言うに値しなかったのかもしれない。日常は緊張し過ぎており、靖国神社を参観する時間がなかったのかもしれない。ここに来て遊んだ記録があるので、日記に記念するため書いた。結論的には、たとえこの前に法政大学に行かなかったとしても、靖国神社参観の機会が数回あった以上、強い好奇心からすぐ近くにある法政大学を見逃さなかったと思われる。

7 范源廉と法政大学

范源廉（一八七六〜一九二七）、字は静生、湖南湘陰出身。一八九九年〜一九〇五年日本留学、最初は梁啓超が創立した東京大同学校で学び、後に東京高等師範学校に入る。一九〇四年法政大学清国留学生速成科の特設を提案：一九〇六年学業を成し遂げ帰国後清朝「学部」（注　清朝末期の教育管轄中央機関）に奉職、中華民国建国後三度教育総長に就任：一九一三年から一九一六年の間中華書局編集長。

范源廉が創設に参画した中国の近代の大学で主要なものは、南開大学、清華大学、北京師範大学の三校である。一九一八年春、范源廉は厳修、張伯苓等と米国に考察に赴き、翌年帰国後、「南開大学設立準備委員会」委員に選ばれた。そのため、彼は張伯苓と力を合わせ規約を共同収集したほか、数万余元を寄付した。一九一九年九月二五日の南開大学開学式典における范源廉の素晴らしい演説は人々にとり忘れ難いものとなった。一九二一年、范源廉は董事長に選ばれた[10]。

范源廉と法政大学の淵源は「清国留学生速成科[11]」（以下「法政速成科」という）に始まる。速成科の設立者で当時法政大学総長の梅謙次郎は、一九〇五年に書いた文章で次の通り回想している。

「去年三月、法政大学学生で清国人の范源廉氏は余との面会を要求した。……法政速成学校の設立が必要と思った。」

この提案により、梅謙次郎は「小村寿太郎外相の賛成を得るとともに、その紹介により清国駐日公使楊枢と会見した。……公使はこの企画に非常に賛成し、清国各省総督、長官を勧誘し、更に清国皇帝陛下に上奏し留学生を継続的に派遣する計画を制定した。そこで、文部省の批准を経てこの法政速成科を設立した。[12]」

一九〇四年三月の范源廉の提案に始まり、四月二六日法政大学は文部省に申請を提出、四月三〇日批准を獲得、五月七日に至り開学したが、このように短期間で行政の審査、教師の手配、学生の確保等必要な仕事をなし終えることができたのは、中国の、上は皇帝から下は各省地方行政官、駐日公使、日本の外務大臣、文部大臣、司法大臣等中日双方の大きなる支持を得たからである。

当時、中国は近代西洋の政治法律知識に精通した専門人材を急ぎ必要としていた。しかしながら、近代法政人材を専門的に教育する機構はいまだ無かった。范源廉は曹汝霖と相談した。

「私は師範を学び、帰国後教育分野で力を尽くすつもりである、君は法律政治を学び、帰国後当然ながらその分野で貢献して欲しい。しかし、政治は良くなく、教育もまた着手する方法がない、両者相まってこそだが、政治は教育よりも重要である。しかし、人材が欠乏しており、また急には育成できない、私は君と相談して日本に法政速成班を創設しようと思う。不完全ではあるが、勉強しないよりはいいだろう。[13]」

以上から分かる通り、范源廉が法政速成科を設立し始めたのは、まさに中国法政人材が極めて不足しているという焦眉の急を解決するためである。

法政速成科が設立された後、課程は全部日本の教師により講義され、中国留学生が現場で通訳した。范源廉は、通訳の仕事を担当したほか、更に留学生活動の日常会話の通訳も担当した。すなわち、一九〇四年一〇月一日の「法政速成科懇親会」で首席通訳を務め、同年一二月挙行された懇親会では清国留学生を代表して日本語で挨拶を行った。そのほか、彼は通訳人員組織の連絡業務も担当した。

范源廉は速成科の学制設計に参与し、最初は法政大学総長梅謙次郎に速成科の「学制一年」を提案した。一九〇四年九月、短期間の授業実践を経て、范源廉は一年という期間は短過ぎると考え、学制を一年半に変えたいと希望し、再度梅謙次郎総長に相談した。法政大学はその提案により、同年一一月《法政速成科規則》を改正し学制を一年半に延長した。

范源廉は速成科授業教材《法政速成科講義録》（一九〇五年二月五日発行開始）の翻訳者ではないが、当時留学生総会副幹事長の任にあり、「最も信望があった」。また、一九〇四年八月四日、楊度、曹汝霖、黎淵等の留学生と集まり、「中国の法政を如何に改良するか協議した[14]」。この四人は全て《法政速成科講義録》の翻訳者であり、翻訳組織の連絡業務は必ず范源廉により完成した。

指摘すべきは、范源廉は更に法政大学発行の中国語雑誌《東洋》の編集活動にも参画したことである。范源廉は《東洋》第一号に《清国女子留学生の卒業》という文章を書き、清国女子留学生の優秀さを列挙し、女子の留学を唱道した。

「女性の身で。勇気を持つ。決意を抱く。海を越え本箱を背負い万里の外国に留学。蛍灯雪案（注苦労して勉学に励む）。今ここに卒業。立派なり。我々はこの度下田女史が主宰する実践女学校清国女子留学生の卒業を聞いた。喜んでばかりはいられない。ここにその事のあらましを書く。

昨年七月、清国の湖南湖北地方の女子学生二〇人が実践女学校に入った。その中で家庭の事情や病気で八人が中途帰国。残り一二人。本年七月皆卒業。次に列挙。

……

更に同校の授業法について。留学生の一生と卒業後の方向。校長の下田女史に聞いたところ。副校長青木氏等の説明。同校は今まさに授業開始早々。学生の年令はまちまち。学力もまた同じからず。黄憲佑の如きは四書五経を暗記できる。長文多種多様な詩。筆をとればすぐに完成。その学力は抜きん出ている。……教授は困難を感ず。そこで師範、工芸の二科に分ける。更に、学生監督（范源廉）管理者（劉善宏）学務相談（呉家駒）経費相談（劉頌虞）漢文教員（章行厳）教育心理漢訳（楊昌済）理科漢訳日本語文法（陳介）心理通訳（熊崇煦）八氏に委託。……清国夫人の欠点を抑える。多くはプライドが高過ぎることにある。しかし、今日の卒業者は日本淑女と比べても遜色が無い。女学生の模範足り得る。寄宿舎においては、舎監は雑巾塵取りを手に持つ。自分で掃除する。学生等の前で舎監の手から雑巾塵取りを取り、喜び勇んで掃除する。あるいは、女中が病気になると台所に自発的に入り、調理する。宿舎生活は正しく一家親族である。昔の威圧的態度にはきっと戻らない。勉強に専心できる。進歩が驚くほど早い。修業は僅か一年。成績は三年以上。他の就業者もほとんど同じ。おおかた皆聡明で一を聞いて十を知る。優秀な学生黄国厚の如きは、各科とも大体満点。あるいは九

○点以上で工芸科の留学生。刺?造花図書のほか。更に博物、生理、数学等を教え、いずれも進歩を遂げる。その手作りの折紙は教師等皆驚かせる。たった一年の修業で。しかも技芸は精妙でないものはない。手工の練習をしてからである。理解は機敏。どんなものでも精緻な仕事。ひとたび教えればすぐ理解する。これはほとんど先天的素質。日本婦人も及ばない。またその一挙手一投足。すべて日本に対し感化。克己の力がはなはだ強い。学習は一部屋に閉じこもる。見慣れた一般の清国婦人には見えない。見識は全然違う。他日帰国後。学習見聞したことは必ず使う。そこで清国女子教育の開発は、我々が切望した卒業諸氏を待たなければならない。……ああ！　これらの卒業生。帰国の後。自国の女子教育に大きく貢献する決心を抱く。黄氏一族の如く。日本留学前既に男女学校を設立。また専ら貧民学校の教育に尽力し長年になる。更なる発展を策す。そこで黄憲佑王勤等。夫と別れ愛する子供と離れ、異国に留学。年少者を監督。黄王両女史。年は既に初老を過ぎる。二人は最新の学科を修める。実に感動。黄憲佑は許壁の母。その他は皆姉妹姻戚。黄氏一族の日本留学者。実に二五、六人の多きを数える。また王勤の一族も。また商船学校に在籍。」

法政大学により編集、創刊の雑誌《東洋》の発行状況は表4の通り[15]。

また、法政大学の現存資料を通して知ることができる范源廉の在日期間中の主要活動は表5の通り[16]。

表４　雑誌《東洋》の発行状況

号数	発刊時期	発行所	発行者
第１号	明治 39 年８月 15 日	東洋社	関安之助
第２号	明治 40 年１月 28 日	法政大学	萩原敬之
第３号	明治 40 年２月 28 日	法政大学	萩原敬之
第５号	明治 40 年５月４日	法政大学	萩原敬之
第６号	明治 40 年５月 29 日	法政大学	萩原敬之
第７号	明治 40 年６月 30 日	法政大学	萩原敬之
第８号	明治 40 年８月２日	法政大学	萩原敬之
第９号	明治 40 年９月６日	法政大学	萩原敬之
第 10 号	明治 40 年 10 月５日	法政大学	萩原敬之

写真 10　『東洋』における范源廉の写真
（右が范源廉。『東洋』２号 18 頁より）

表5　法政大学現存資料に見られる范源廉の在日期間中の主要活動

日時	標題	内容	出所
1904年4月	《清国留学生法政速成科設立趣意書》	……そこで清国留学生有志と相談。また清国公使の賛成が必要。法政速成科特設。	《法学志林》第56号、第105～106頁、《法学志林》第51～60号、1904年。
1904年10月1日	「法政速成科懇親会」	清国留学生法政科第1学期終了、……開設……懇親会。当日……通訳范源廉、曹汝霖、李盛衙、梁志宸	《法学志林》第62号、第119～120頁、《法学志林》第61～64号、1904年。
1904年10月18日	「法政速成科新学期開始」	清国留学生法政速成科の新学期課程は10月18日より始まる。当日、総理 梅博士、清国公使楊枢および公使館諸氏出席。梅総理、楊公使、范源廉氏が訓示演説。	《法学志林》第63号、第95頁、《法学志林》第61～64号、1904年。
1904年12月11日	「各種試験合格者祝宴会兼校友学生、清国 留学生懇親会」	本月11日……挙行……清国留学生諸氏との懇親会、……出席者……および清国留学生、……范源廉……(出席順)諸氏。……清国留学生代表范源廉挨拶 (日本語)等、……	《法学志林》第64号、第113～114頁、《法学志林》第61～64号、1904年。
1905年10月	《法政速成科の冤罪を晴らすために》	去年3月、法政大学学生清国人范源廉氏が余との面会を要求……法政速成学校設立の必要を感ず……去年9月范氏が提出……1年半に延長を希望。……そこで課程を1年半に延長。	《法学志林》7巻10号、第40～42頁、《法学志林》7巻1～6号、1905年
1906年8月	「発刊の辞」	《東洋》創刊への祝辞 東洋創刊を祝う　清国北京学部 参議官　范源廉	《東洋》第1号(1906年8月15日創刊)、第5頁
1906年8月	「清国女子留学生の卒業」	「昨年7月、清国湖南湖北地方の留学生20人が実践女学校に入学。 ……更に学生監督(范源廉)を招聘……」	同上、第61頁。
1907年1月	写真「清国優秀青年」	清国優秀青年 范源廉　李穆　蹇念益	《東洋》第2号(1907年1月28日発行)、挿絵、第4頁。
1941年1月	「法政大学同窓会」	我輩の母校法政大学、……およそ政界、法律分野、学界で、母校出身の学生は枢要な地位にある。昔の范源濂の如く、……祖国貢献者は成績が客観的に優れている。	《法政大学報》19巻第1号、1941年1月15日、第43頁。

范源廉は一九〇六年初めに帰国後、「学部」「右侍郎」厳修の推薦で一九〇五年一二月末に設立された「学部」に奉職した（一九〇九年三月末「員外郎」に任ず[17]）。范源廉は、「学部」からの「進士館[18]は方法を講じて学生を海外留学に派遣する」との招聘により、新進士を一律に日本東京法政大学速成科に送り、一九〇四年に入館した内班生（学内居住生）を法政大学補修科に、外班生（通学生）を法政大学速成科に選抜推薦し、また、その経費は「学部」が「進士館」の経費から支払った[19]。《法学志林》は次の通り記載：「清国北京進士館はこのたび制度を改革し、その結果学生（進士）を我が法政大学に託し、法政教育を施すこととした。まず進士館教頭厳谷博士が法政大学と交渉、その上で清国「学部」が北京滞在の梅総理と熟議、このたび清国公使館が正式に発行した入学紹介書を得て、補修科に三七人、別行記載の第五班五八人が速成科に、合計九五人が入学した。[20]」

進士館全員が法政大学に「転進」した過程では、法政速成科の発起人、参画者の范源廉は、ちょうど「学部」に奉職していたのであり、重要な連絡機能を発揮したことは間違いない[21]。范源廉は、法政速成科という拠点の創建と有効利用を通して、中国近代国家体制の建設と発展のために大勢の法政人材を育成した。

法政大学は范源廉逝去の際、責任者を派遣し葬儀に参加させた。松本亀次郎の《中華五〇日旅行記：附中華留学生教育小史、中華教育視察紀要[22]》は、この忘れ難い歴史的時刻につき記載している。

「昭和五年（一九三〇年）三月一四日、東亜同文会楼上において、清国〝学部〟前〝右侍郎〟厳修、長男厳智崇および教育総長范源廉のための追悼会が挙行された。厳修は、〝学部〟〝待郎〟の任にあった期間、学生の日本留学と本邦教員の招聘のために全力を尽くした。范源廉は曾て本国宏文学院に留学するとともに法政大学で通訳と斡旋業務を担当し、帰国後は以前の清時代の〝学部〟に奉職、民国時代には更に教育総長の要職の任にあり、我が国人士との交流が最も広く、衆望があった人物である。厳智崇は、我が国東京高等師範学校で学び、帰国後天津にそれぞれ師範学校、高等女学校、中学校等を設立、最後は駐日公使館に奉職、在任期間中に東京で客死し、我が国国民の深い同情を誘った。司会者：丸山伝太郎、親族：厳智開、文化事業部長：坪上貞二、中華民国駐日公使：汪栄宝。」

同文の記載によれば、葬儀の発起人、参加者は次の通り：嘉納治五郎、服部宇之吉、杉栄三郎、坂西利八郎、柏原文太郎、山井格太郎、牧田武、小野得一郎、三輪田輪三、玉木直彦、秋山雅之介（一九三一〜一九三四法政大学校長）、竹内義一郎、清藤秋等。

范源廉は、中国教育史上に一ページを開き、また日本教育史上に残る一筆を揮毫した。彼は、両国の同時代の幕を開き、異なる地域に跨る時代のエリートを育成した。あの特殊な時代が彼を育成したのであり、彼は「上を受けて下を起こし」、時代の教育の空白を大までで乗り越えるために道を切り開き基礎を定め、周恩来等の当時の偉人を後継者として引き上げた。彼は、意図的に周恩来を帰国させ更に上の学校に入らせ、また、周恩来に留日の限られた時間と場所を利用して幾つかの大学と教育機構に対する考察を行わせた、と筆者は考える。当然ながら、この推測は科学的証拠を必要とする。

8　周恩来留日の特色

二〇一三年、周恩来の生誕一一五周年を迎えるに際し、周恩来の日本留学期間の活動に対し現場調査と時代考証を行うことは、単に異国の知見を求めた探求者の先行モデルを科学的に展示できるだけではなく、留学文化と中国革命の相関関係を解析するとともに、更に中国と世界が融けあい調和するため周恩来が発揮した、とって代わることとの出来ない作用を論証するのに有益である。海外の周恩来研究専門書の内容を総合的に比較すると、周恩来の留日生活はただその革命生涯初期の探求段階の一過程であることに帰納できる。どの学校で学習したかにかかわらず、すべては彼が意識的に選択した結果であり、すべての収穫は彼の留学目的と一致する。

1．時代に合う個人選択

日本留学ブームの裏には、日本と中国を貫く大きな時代背景があった。中国においては、人々は青年の目覚めを渇望しており、新式教育と西洋思想の導入が焦眉の急となっていた。そして最も迅速な方法は中国青年を海外留学させることであり、最短距離にあり西洋の経験を吸収した日本に行かせることであった。他の志有る青年と同様に、周恩来は自己の留学志向と社会改革の決心を一つに合わせ、東洋探求の方法として日本留学(「大江歌罷掉頭東」)を選択した。

2．実際に役立つ専門を学ぶ傾向

当時の中国社会の要請と結びつけ、周恩来は留学期間、理論、思想方面の吸収を選択することに比べ、社会活動に関心を持つことに傾注した。彼は曾て次の通り多くの組織、団体の職務を兼任した。学生新聞《校風》総経理、演説会副会長、国文学会幹事、江浙同窓会会長、新劇団大道具部長、夏休み奉仕会幹事長等。このことからも、卓越政治家としての周恩来の組織能力の脈絡をうかがい知ることができる。

3．日本を媒介とする留学観

周恩来は日本留学期間中終始、日本の社会と民情を理解しようと積極的に努めた。それは、日本こそ彼が世界を詳しく見ることができる唯一の入口だったからである。彼は同時に、日本の生活と社会的気風を注意深く監察し、また、留日中国学生の嵐のような反日運動を体験したが、動乱と混乱の中で終始学生の本分を見失わず、学習を基本とした。当時中日間で発生した社会変革と歴史潮流をよく見聞し、自ら経験したからこそ、周恩来はその後の複雑で変化の多い中日関係の中で根本を把握し、人民外交思想と中日国交正常化の方策を提起したのである。周恩来について言えば、日本は一方では学校であり、他方では歴史を検証推進する実験基地であった。同時に、世界的な時代潮流の変幻を把握する媒介であり、また、中国改革に必要な知識を学習する拠点でもあった。

4. 共産主義思想は留日および留仏の時空と繋がる

周恩来が本当の意味で社会革命思想、特にマルクス主義に直接触れたのは、一九一七年から約一年半にわたる日本滞在期間においてである。ただし、周恩来が日本で習得したものは、理論と思想というよりも政治感覚というべきものである。周恩来は日本から帰国後、「覚悟社」における学習と実践を通して、中国革命に対する理論と思想を次第に形成し強化することができた。厳密にいえば、周恩来の思想と理論方面における成熟と昇華は、フランス留学期間である。

5. 良き国際関係戦略を構築する体験と知恵の蓄積

周恩来留日期間の日本は、西洋民主主義の先進思想を社会全体で咀嚼し、また、社会生産力も大規模発展を得たが、伝統的貴族社会が崩壊し、更に成金趣味が横行するという背景の下、奇妙な日本が現れていた。別の方面では、当時の日本の中国に対する印象は、元々の悠久の歴史、燦爛たる文化から、政治が混乱し、経済が貧困で、文明が停滞しているとの認識程度に落ち込んでいた。この中国の混乱、動揺、劣った状況は、外国人の角度から自国の政治、軍事政策の誤謬を冷静に観察する機会を彼に与えた。また、彼が自己認識および対外認識について健全なる視点を打ち立てるのに、生き生きとした材料を提供した。日本での体験を基礎とし、周恩来はフランス留学後、ヨーロッパに対する観察を通して、「全世界のプロレタリアートは新社会を創造するため艱難を共同して引き受けなければならず、我々〝中国人〟も適切に分担しなければならない」と指摘した。この考え方は今日見れば理の当然ではあるが、中国共産党が成立する前、しかもロシア革命の進む方向がなおはっきりしない時代に、二〇歳を出たばかりの留学生周恩来がこのように凛然と明言できる、その意義は看過できない。留日期間に育まれたこれらの認識は、時代の変遷を経験しフランス留学期間に大きく成長発展し、建国後国家指導者として中心となり主宰した一連の外交戦略の中に少しずつ反映体現された。

6. 周恩来の包容力ある人民外交思想の根源は留学経験にある

「大学」は、様々な政治的意図と各種各様の利害関係が相互に対立する所である。そして、各種学生事件はすべて、当時の政局の混乱状況と各勢力の争いの複雑な局面を反映している。革命家の思想は闘争目的から遥か遠いものになってしまいがちであるが、同時に闘争手段を選択し評価する上で、考慮を非常に深くさせる。留学現場は、彼に意思疎通と交渉を十分重視させ、また、統一戦線構築の信念を固めさせた。彼は更に、日本およびヨーロッパの歴史と現実の中から、「政治理論と思想は、宗教信条と同様に、それ自身の絶対的価値と比較すれば、戦略が多数を占める」等々の策略を身につけた。これらすべては、その後の国際戦略と外交思想の展開に受け継がれている。

9　周恩来留日研究と関連する課題

❖——（1）周恩来ご親族の法政大学訪問

二〇一二年四月二〇日、周恩来総理の甥姪の周秉徳女士（元全国政治協商会委員、元中国新聞社副社長）、周秉宜女士、周秉華先生、周秉和先生一行が法政大学を訪問した。午後一時頃、一行は法政大学外堀公園の桜

写真 11　周恩来のご親族と留学生、2012 年 4 月 20 日 法政大学にて

写真 12　2012 年 4 月 20 日　周恩来のご親族と法政大学の図書館にて

写真 13　2012 年 4 月 21 日　国際交流基金前理事長・小倉和夫氏の主催にて周恩来のご親族の歓迎晩餐会が催される（於国際文化会館）

写真 14　沈均儒の法政大学卒業写真

写真 15　2013 年 3 月 5 日　王敏研究室で研修中の『人民中国』記者と、国際交流基金の職員と。周恩来ゆかりの「漢陽楼」の前で撮影

の木の下に到着、法政大学王敏研究室の留学生といっしょに「桜花詩会」に参加した。

その中の周秉徳女士の夫君の祖父である沈鈞儒（一八七五〜一九六三）先生も法政大学卒業生である。一九〇五年秋季、沈鈞儒は「新科進士」の身分で法政大学速成科に入学して学習、一九〇八年卒業。一九四九年以降、相次いで中国人民政治協商会議委員会委員、中央人民政府委員、中央人民政府最高法院院長を歴任。著書には、《制憲必携》、《憲法要覧》、《政法教育の普及》等々がある。

「詩会」は、若き周恩来が東の日本に渡り学習探求するとともに中日友好の種を蒔いた歴史を回顧し、また、当時の法政大学が大勢の優秀な中国留学生を受け入れ、育成した事実を復習した。

最後に全員で、一九一七年九月に周恩来が船で日本留学の出発間際に書いた救国の抱負を述べた著名な詩を朗読した。

「大江歌罷掉頭東、邃密群科済世窮。面壁十年図破壁、難酬蹈海亦英雄。」

サイト『碇豊長の詩詞』による注解：「大江」の歌が吟じ終わって、（頭を）振り向けて東の方の日本へ向かう。深くて詳しい諸科学で世の行き詰まりや貧窮を救おう。一〇年間、壁に向かって学問をして、壁を打破しようとした。（項羽の行為も英雄であったが）危険を冒して海を渡るのもまた英雄である。

❖——（2）留日前の周恩来の作文

二〇一三年、周恩来総理の南開中学入学学習一〇〇周年に当たり、天津南開中学、中央文献研究室第二編集部編著、人民出版社出版により、《周恩来南開中学作文評論》が出版された。題を見れば分かる通り、本書は周恩来が南開で勉強した時に書いた作文を集め、整理し、評論したものである。

一九一三年から一九一七年の間、南開中学で学んだ周恩来は、論、記、伝、啓、書、序、感言等の多様な文体により全部で五二篇の作文を完成した。欧州へ旅する前、これらの手稿は周恩来自らにより装丁製本されるとともに友達に渡し保管され、戦乱と時間の洗礼を経た後、周恩来学習と研究の重要資料となった。本書は五二篇の文章を時間の順序により編集整理し、また、文章の多くが文語文で書かれているので、青少年読者が読みやすいように各篇の文章には詳細な注釈を加え、更に現代文を用いて作文の時代背景、創作動機を紹介し、文章の思想性と文学性を評論している。周到緻密にして、並々ならぬ配慮がなされているといえる。

南開中学入学の時、周恩来はまだ一五歳に過ぎず、この時彼は、自分が将来中国の歴史過程を変える偉人になるとは意識していなかったと考えられる。しかしながら、この期間に周恩来は、普通の人の思想の高さと知識の広さよりも優れていることをすでに現していたし、至る所で偉人の気質を煌かしていた。歴史上の各分野の巨人を見渡せば、やすやすと成功した人は一人もいないと言える。各時代の背景は異なれども、個人としてその成長と昇華の過程には共通しているところがある。共和国の創始者でもあり建設者でもある周恩来の成長と昇華の過程は、この五二篇の文章を通してはっきりと見ることができる。

総じていえば、周恩来の南開時代の作文の最大の特徴は、心に天下を抱き、国と民を憂いていたことである。民国初年、中国は辛亥革命により千年の帝政を覆したものの、外からの侵略と国内の動乱があった。周恩来は作文の中でこの情勢について次のように描写している。「広大な神国、茫々たる大陸、風雨で靄り、煙雨は沈沈。ロシアは北を咬み、イギリスは西を窺い、フランスは南を食い、日本は東を占拠する。この瓢揺震蕩の時、今日は危機一髪の中国ではなかろうか?」。一人の中学生についていえば、常に心に天下を憂い、このような簡潔な言葉で国の情勢を述べることができるとは、眞に人を驚かして已まない。言葉の上だけではなく、行動においても同様である。一九一五年春、春の旅行の行先を選ぶ問題で、周恩来は、「旅行の行先については、私は済南がいいと思う。この旅行を利用して、日本人の進軍行為と我が国官史の対応方法を観よう。」と述べている。すなわち、楽しい旅行でさえ国家の大事と如何に結び付けるかをも考えている。

思想性の高さをいわなくても、周恩来の南開時代の作文は極めて高い文学性を有しており、古典を広く引用している。《詩経》、《論語》、《史記》、《資治通鑑》等の古典を、或いは引用、或いは転用しているが、その大多数は程よく、分かり易く、彼の古典に関する造詣の深さがうかがえる。中国古典に限らず、一八、一九世紀の西洋ブルジョアジーの啓蒙思想についても周恩来は十分精通しており、文中でルソー、モンテスキュー、アダムスミス等の観点を引用するとともに中国の伝統的思想と比較し、中国国情と結合させ、その適用性につき評価を行っている。

現代中国の国情は、当時と比べていえば根本的な変化が発生している。国は強くなり民は豊かになった中国は、既に大国としての姿で世界に立っている。しかしながらこのことと比較すると、現代中国の青年は当時と比べどうであろうか？　周恩来のように学問知識があり、また、心に天下を抱く青年は何人いるだろうか？

非常に多くの人が、物質的享楽、金銭至上、自己中心という泥沼から自力で抜け出すことができない。青年がこの書を読めば、人生志向の確立、価値観の創出に大いに役立つとはいえ、模範を打ち立ててこそ初めて前進の方向が見つかるのである。更に、文学素養を高め歴史知識を増大することはいうまでもない。このほか、青年周恩来の思想を研究する学者にとっても、本書は貴重な資料である。

❖――――（3）バンドン精神の透き通った路線

二〇一三年八月の烈日を受け、筆者は久しく待ち望んでいたバンドンに到着した。というのは、子供の記憶に深く刻み込まれていた幾つかの大事件の中にバンドン会議があったからである。それは、一九五五年四月インドネシアのバンドンで開催された植民地主義反対、アジアアフリカ各国の民族独立自主推進の会議である。中国総理周恩来は代表団を率いて参加した。会議は、国際関係一〇原則の構築を全会一致で採択するとともに、アジアアフリカ各国が同地区および世界平和のために友好的に協力することを提唱した。筆者の心の中では、バンドン精神といわれた「国格」と両親が私に教授した自己向上を怠らない「人格」が互いに融けあい、忘れ難いものとなっている。

二二日、筆者は一人でジャカルタを出発、列車に二時間乗り、市中心のアジアアフリカ通りにあるバンドンアジアアフリカ会議記念博物館に急ぎ駆けつけた。一九八〇年、アジアアフリカ会議開催二五周年を記念し建てられた同館は、当時の会場を主体とし、バンドン会議に関する各種写真、文字資料、事物を陳列保存している。最も精彩を放っているのは当時出席した各国代表団団長の実況録音であり、周恩来総理の「アジアアフリカ国家には異なる思想意識と社会制度が存在するが、我々が共通点を見つけ出し団結するのを妨げてはならない、ということを承認すべきである。」とのはっきりした発言を聞くことができる。

もしかしたらこの声が時空の繋がりを越えたのか、二三日、ジャカルタでインドネシアイスラム教理事会（ＭＵＩ）とインドネシア儒教協会（ＭＡＴＡＫＩＮ）が共同主催した二〇一三年イスラム教と儒教のサミット会議の歓迎宴に、インドネシア宗教大臣代表、インドネシア外務省新聞局長ＡＭ Ｆａｃｈｉｒ，インドネシアイスラム教法理事会（ＭＵＩ）代表、モスレム連合総会主席、インドネシア儒教（ＭＡＴＡＫＩＮ）総主席、インドネシア宗教文化交流協会主席、更にはマレーシア、シンガポール、台湾、中国大陸、日本、ペルー等の国の代表が熱烈参加し、バンドン精神は今なお煌いていると思わずにはいられなかった。

本大会は、「平和新文明を構築することへのイスラム教と儒教の貢献」をテーマとし、以下の四大議題について討論を展開した：シルクロードと関連手がかりに沿って、儒家文化とイスラム文化の関連の跡をたどる：インドネシアの宗教信徒間の調和のとれた発展をめぐる両宗教の交差点：イスラムおよび儒家文明のアジアアフリカ、世界平和と調和に対する貢献：《世界平和に献上するジャカルタ宣言》を制定し、信仰、宗教間の安定的関係を促進するため新思考を提供する。

二四日午前の開幕式におけるインドネシア副大統領ブディヨノの演説は忘れ難いものがある。彼は、「社会安全を破壊する衝突事件はすべて政治的および経済的利益のためであり、また、宗教的利益を守るとのスローガンを掲げている。暴力行為を許可する宗教は一つとしてない。」と指摘し、更に、「信徒人口の割合から見れば、イスラム教徒と儒教信徒が手を携え協力する意義は重大であり、人類文明、社会の調和、世界平和に新たな色彩をもたらすことができる。」と強調した。

会議は二四日夜、世界平和を目的とするジャカルタ宣言を制定宣布、インドネシア宗教問題の責任者ナサルディン・ウマー副大臣が大会の成功を宣布し閉幕した。この平和宣言の内容は、会議に参加した香港儒教学院院長湯恩佳博士、マレーシアラーマン大学中華研究院鄭文泉博士、世界儒学研究協会主席タンスリー李金友、その他世界各地からの二〇〇余名の研究者、教育者、宗教家の一致推戴を獲得した。

会議後、筆者は小学校と現地華人の歴史と生活を反映した文化館を参観したが、いかなる人種の各年齢の普通住民も皆周恩来の名前を知っており、また皆中国日本と手を携えアジアと世界の平和を共同して守るとの希望を表明した。

実のところ、我々はバンドン精神の透き通った路線を無意識に進んでいるのである。

以上については、本稿の「付録３」も参照されたい。

❖――（４）未完成の課題――周恩来と孫中山、廖仲愷、沈鈞儒

この三名は皆、筆者が奉職する法政大学と関係がある。紙数の制約からここでは周恩来と廖仲愷一家の友誼につき簡単に述べる。

一九二三年秋、孫中山と国民党本部は周恩来を国民党パリ通信部設立準備員に任命した。一九二四年一月一七日通信部が成立して間もなく、孫中山はコミンテルン代表の提案を受け入れ、一九二四年五月黄埔軍官学校を創設した。同校は、国共両党が協力して創設、革命軍隊の中堅養成を目的とする軍事政治学校であった。同年一一月、周恩来は校長孫中山、同校国民党代表廖仲愷の招聘により政治部主任に就任した。

一九二四年五月、廖仲愷は孫中山により黄埔軍官学校中国国民党代表として特派され、設立準備業務を展開した。一九二四年五月六日、黄埔軍官学校設立準備委員会成立会において、廖仲愷は孫中山に正式に報告、周

恩来を「極めて有能で、経験豊富な若き共産党員である」として推薦した。孫中山はこれを聞いた後直ちに同意した。そこで廖仲愷は、広東の中共責任者を通じて周恩来に連絡するとともに、旅費を送り帰国の手配をした。一一月一一日、周恩来は正式に黄埔軍官学校政治部主任に任じられた。これ以来、周恩来と廖仲愷の両偉人は、一九二五年八月廖仲愷が国民党右派に刺殺され壮絶な犠牲となるまで、常に集まり、いつも活動と戦闘を共にした。二人は一緒に軍官学校の政治工作を創り、同校の教官生徒から廖仲愷は「軍官学校の慈母」（母のようにその学校を優しく育てたという意味である）とほめたたえられ、周恩来は政治部の「火炎」と称賛された。

正にこの歴史の淵源があったので、周恩来は建国後対日工作方面で廖仲愷の子である廖承志と協力することが多かったのである。

一九四九年六月一五日から一九日、新政治協商会議設立準備会は北京で第一回会議を開催した。周恩来は臨時主席となり、開幕の辞を述べた。同夜、設立準備会常務委員会第一回会議の開催を主宰し、毛沢東を常務委員会主任に、周恩来を副主任に推挙した。当時廖承志の職務は、中国新民主主義青年団中央副書記、中華全国青年連合総会主席、中央放送事業管理処処長であった。

一九四九年九月二一日午前七時、中国人民政治協商会議第一期全体会議は、中南海懐仁堂において盛大に挙行された。二二日、周恩来は、《中国人民政治協商会議共同綱領草案の起草経過および特徴点について》という報告を行った。そして廖承志は、青年連合総会推薦の委員としてこの政治協商会議に出席した。

一九六九年冬、周恩来は北京医院を訪れ廖仲愷夫人である何香凝老を何回も見舞った。また、廖承志を任命派遣して、台湾人民「二二八武装蜂起」を記念して開催する記念会の具体的業務の責任者とした。更に、台湾をどう扱うかが中日国交樹立交渉の重大な交戦点となったが、田中首相と交渉し満足な結果を達成、一九七二年四月から九月の間、周総理は一連の事前橋渡し、各レベルの交渉、準備活動を手配した。一九七二年四月一三日、日本民社党委員長春日一幸は代表団を率いて訪中、中日友好協会と共同声明を発表し、中日国交回復三原則を再確認した。日本外相大平正芳は、《中日共同声明》調印式後の記者会見で、日本は台湾と外交関係を断絶するとの声明を宣布した[23]。

❖――（5）法政大学についての簡単な紹介

一八八〇年創設の法政大学は、政法の専門幹部を育成するため作られた最も早い総合大学である。一九〇四年から一九〇八年まで清国留学生法政速成科を開設し、清朝政府が派遣した法律、行政、政治分野の優秀な人材約二一一七名を専門的に受け入れた。一九〇五年東京で成立した中国同盟会会員九〇三名中、約八六〇人が留学生か当時日本在留の華人であり、法政大学の在校生はほとんど皆参加した。

法政速成科の特徴は、複雑な入学試験手続きを設けなかったことである。駐日公使の紹介状さえあれば入学できた。次には、清国の北京進士館から直接学業、品行ともに優秀な「清国紳士」の入学を受け入れ、中国人が授業の通訳を担当、「教」と「学」の良好なる循環を形成していたことである。そのことと中国近代史および辛亥革命の相関関係は、下記の代表的人物を通してうかがい知ることができる。それは、董必武、沈鈞儒、陳叔通、廖仲愷、章士釗、程樹徳、胡漢民、宋教仁、汪精衛、楊度、湯化龍、丁惟汾、刀安仁等である。

中国が発展に向い歩む道程で、海外学生特に留日学生は、時空を越えた精神体験や歴史上前例の無い実践をしばしば経験し、後世に貴重な多元的課題を残した。

中国指導者の留学期間における直接的原始資料を深く掘り下げると、以下の五つの方面から整理できる。①

日本で学んだ学校の考証。②日本の友人との系譜。③日本での学業の実際状況。④日本での革命思想と活動の開始。⑤帰国後の日本との関係。上述の考証を通して、以下の三つの方面の目的を達成したい。①指導者の留日期間の主要な思想活動を分析し、その革命行動の源を指摘する。②中日近代文化教育交流の実際状況と意義を解析する。③中国現代化と日本の内在関係、中日現代化の違いを指摘する。

結語

今日の法政大学は既に総合的私立大学に発展し、東京六大学の一つに名を連ねている。大学には、教授、准教授が五〇九人おり、本科在校人数は二万九〇〇〇人を越え、大学院生は一六〇〇人近い。大学は、一五の学部、一四の大学院研究科、二〇の研究所・センターを開設している。二〇一〇年の学校創立一三〇年時の統計では、卒業生は既に四二万余人に達している。

「清国留学生法政速成科」は一九〇四年から一九〇八年まで開設され、法律部と政治部を設け、清朝が差し迫り必要とした法律、行政、政治分野の留学生を専門的に受け入れ、その数二三五五人。一九〇五年八月七日の朝日新聞報道によれば、当時清朝留学生を受け入れていた日本の学校は全部で三五校（小、中、大）、その中で法政大学は第三位で、在校留学生は二九五人である。清国留学生法政速成科は、中国近代化を担った若干の傑出した人材を育成したが、その代表者には、一九四九年建国初期の中国国家主席董必武、最高人民法院院長沈鈞儒、《猛回頭》《警世鐘》の作者陳天華等がいる。彼等は東アジアの新時代を創った歴史創造者であり、また、留学文化の実践者、中日人文交流の参与者でもある。我々は彼等を模範とし、「上下求索、自習自強」

を求めなければならない。

参考文献

[1]〔日〕須田禎一：《風見章とその時代》、みすず書房、一九六五年一〇月。
[2]この会見の談話内容は一九七八年中国経済新聞社発行の日本語版《周恩来選集　上》中の〈日本6団体との談話〉内、第七二一頁に収録されている。
[3]谷川徹三は日本の哲学者、宮沢賢治研究者、文学博士。一九二八年法政大学哲学科教授になり、その後文学部長、能楽研究所長、一九六三年から一九六五年まで法政大学総長。
[4]南原繁は日本の政治学者、一九二一年東京帝国大学に入り助教授、一九二五年教授。主に政治学史を教え、丸山真男は彼の学生。
[5]岡本隆三は作家、中国文学者。中国に関する書籍を数多く著し、老舎、沈従文、丁玲等多くの人の作品を翻訳。
[6]周恩来：《周恩来早期文集》、中央文献出版社、南開大学出版社、一九九八年二月。
[7]〔日〕矢吹晋、鈴木博：《十九歳の東京日記》、小学館文庫、一九九九年一〇月。
[8]范源廉：《范源廉集》、湖南教育出版社、二〇一〇年一月。
[9]天津南開中学、中央文献研究室第二編集部編著：《周恩来南开中学习作释评》、人民出版社出版、第三四二～三四九頁。
[10]欧陽哲生：《〈范源廉集〉前言》、《范源廉集》、湖南教育出版社、二〇一〇年一月版。
[11]一九〇四年三月、清国留学生范源廉は法政大学総長梅謙次郎と会談、清国学生のために速成科の設立を懇請。梅総長は外相小村寿太郎の同意を得るとともに、清国駐日公使楊枢と会見し支持を得た。同年四月二六日文部省に申請を提出、四月三〇日批准を得て、五月七日開校。
[12]〔日〕法政大学：《法学志林》七巻一〇号、第四〇～四二頁、一九〇五年。
[13]曹汝霖：《一生之回憶》、春秋雑誌社、一九六六年、第二五頁、第二六頁。
[14]厳修撰、武安隆、劉玉敏共注：《厳修東游日記》、天津人民出版社、一九九五年、第二三四頁。
[15]第四号欠刊、原因は未だ明らかではない。
[16]法政大学史資料委員会編：《法政大学史資料　第一一集》（法政大学清国留学生法政速成科特集）、法政大学、一九八八年三月。本表「范源

廉」という名前に出現する「原」或いは「濂」の字は、原文のままである。
[17] 厳修自己校訂：《厳修年譜》、第二二七頁。
[18] 「進士館」は一九〇五年四月設立、三五歳以下の新進士はすべて同館に入り修業しなければならなかった。清政府が一九〇六年から科挙試験を停止する命令を下したことは、「進士館」の学生の不足と継承の困難を招いた。
[19] 《学部奏諮輯要》一編。朱有瓛責任編集：《中国近代学制資料》（第二輯、上冊）、第八七三～八七四頁。
[20] 〔日〕法政大学：《法学志林》八巻一一号、第一〇一頁、一九〇六年。
[21] 梅謙次郎校長は一九〇六年八月二〇日から一〇月一七日まで訪中、八月三一日から九月一〇日の間北京に滞留、ただし、《法学志林》各号の関連報道には范源廉は言及されていない。范源廉のその間の役割については、中国側の資料の調査究明を待たなければならない。
[22] 〔日〕松本亀次郎：《中華五十日游記：附・中華留学生教育小史・中華教育視察紀要》、東西書房、一九三一年、第八七～八八頁。
[23] 上述の文章中の事実は、《会刊——建党九十周年専輯——周恩来与中国共産党的建設和発展》第四期二〇一一年七月、国際周恩来研究会創刊号を参照した。

付録1　国民交流の原点回帰を今こそ——周恩来の哲学に学ぼう

「両国民の間では信頼のすそ野は広がっている」

猛暑の今夏（二〇一三年）日中、日韓それぞれの間で八・一五をめぐって歴史認識の相互認識がマスコミの話題になったが、韓国の八・一五「光復節」を迎えた朴槿恵《パククネ》大統領の言葉の一部に私は注目した。

朴大統領は「激しい非難の言葉は控え、独島や慰安婦といった言葉も避け」て、「日本の国民と政治家との間に一線も画した」（「朝日新聞」八月一六日付）。

この大統領の言葉を読みながら、私は周恩来（一八九八～一九七六）滞日経験に基づく友好外交を思い出していた――。

周恩来が一九歳の時、一九一七年からわずか約一年半にすぎないが、日本に留学したことは中国でも知られている。日本語を習得しながら東京高等師範学校、第一高等学校を目指したという。その後、天津の母校に大学部が創設されるというので帰国した。神田周辺を勉学と生活の拠点にしていたので浅草に六回行ったほか、日比谷公園や三越に行き、靖国神社で行われた祭りを見物しており、志を立てる青年期に日本社会の風習・習慣につぶさに触れたことは日本観形成に大きな意味を持っている（『周恩来「十九歳の東京日記」』小学館文庫）。日本で一年ほど過ぎた夏、東海道線で日本人の青年と名刺を交換した縁で親交が生まれるなど、日本の風土と文化や一般人を知るという強みから、周恩来が一連の対日関係の処理に臨んだと思われる。

一九四九年一〇月、中華人民共和国の誕生とともに周恩来が総理になり、一九七六年一月死去まで二七年間そのポストにいた。世界最大の人口を抱え、複雑な国内外の諸課題について意思決定し行動した。建国当初の一九五〇年から一九七五年まで周恩来が会見した訪中の日本の政治要員・政党代表・団体責任者・民間人などは三〇〇余団体、延べ数千人に上った。二十数年間を通して、各国の代表との会見では、回数も人数も最多の国が日本だった。

他方、日本の戦犯に対しては、周恩来は戦犯の思想改造に重点を置いた。「彼らを生まれた故郷に帰し、われわれの友にしよう」「復讐《ふくしゅう》や制裁では憎しみの連鎖は断ち切れない」という考えであったと言われる。日中戦争で計り知れない犠牲を被った大方の中国人の心情があったにもかかわらず、周恩来は「二〇年、三〇年たてば分かる」と引き下がることはなかった。元戦犯たちの感謝の再訪を、周恩来は温かく迎えている。「子々孫々替わることのない友好が深まっていってほしい」と、これからの努力を期待したという。

一九七二年九月、田中角栄首相が訪中して周恩来首相と日中共同声明に調印して国交正常化が実現した。懸案だった賠償については声明で中国が放棄したが、周恩来は、「日本の人民もわが国の人民と同じく、日本の軍国主義者の犠牲者である」と、政府と国民を仕分けする考え方で、中国国民に向かって説明した。

外交は国家と国家との関係と言えよう。国を前面に立てれば領土や資源など国益を優先した利害の対立が起こりがちである。このような利害対立が生じざるを得ない外交の重要性を知り尽くして、国民を国家から切り離して国民と国民の直接の交流を目指したに違いない。そのために、国民同士の双方向の理解と信頼を醸成しようと努めたように思う。国交回復前の一九六二年調印の「日中総合貿易に関する覚書」（ＬＴ貿易）もそうであり、一九七一年四月のピンポン外交（世界選手権のため日本訪問中の米国チームを中国へ招待し、米中関係改善のメッセージを伝えた）もそうである。考えてみればスポーツや文化、生活の交流が利害や国益を超えられる性格を持っているからだ。

国民交流の原点がどこにあるか、これらの事柄から見えてくるだろう。利害や対立を見つけだすことに躍起となればなるほど国と国の関係は険悪になるだけである。周恩来が息長く取り組んで日中の良好な関係が構築できた史実を、今一度思い出して頂きたい。文化・生活レベルでの国民を信頼した交流の積み重ねをもう一度再開するしかない。対立や軋あつれき轢は政治・外交の専門家に任せることにして。

もし周恩来が今の状況を目にしたならば、現在の日中関係を嘆いていることだろう。日中関係について国民意識のレベルにまで相手国を嫌う「空気」が蔓延《まんえん》してしまった中で、最善の答えではないかもしれないが、私は国民の直接の触れ合いを大切にした周恩来の姿勢に今こそ立ち返るべきではないか、と胸に手を当てる。

初出：時事通信社『外交 Vol.21』

付録2　周恩来とフランス

一九一七年九月～一九一九年四月、周恩来は日本留学から帰国後に、天津で開学した南開大学に入学したが、一九二〇年一一月七日に華仏教育会の主宰による第一五回「勤工倹学」留学生として、上海から船でフランスに赴いた。以後、フランスを中心にヨーロッパを遊学し、一九二四年七月に帰国した。フランスでは、周恩来はパリのほか、リヨンにおよそ四回滞在した。

最初の二回については、周恩来について書かれた記事から垣間見ることができる。

一九二一年から一九二二年にかける長編連載記事がいずれも『天津益世報』に掲載されているもので、リヨン市立図書館の所蔵資料「周恩来　旅欧通信、人民日报出版社、一九七九年 CH 9834」となる。

三回目のリヨン行きが一九二三年六月二三日であり、国民党と協力関係に関する会議への参加のためであった。さらに四回目は同じ年の一一月二五日で、国民党欧州支部大会に出席するためであった。これについてはリヨン市立図書館にある以下の所蔵資料から詳細がわかる。「Nora Wang, Émigration et Politique : les étudiants-ouvriers chinois en France, 1919-1925, Paris, Les Indessavantes, 2002. CH 20399」。

二〇一五年一月一三日、筆者はフランスのリヨン市にあった中法大学（中国語表記では「中法学院」）を訪問した。リヨンに滞在した周恩来は同大学の宿舎に泊まり、前述の一九二一年から一九二二年五月一日に発表された新聞記事に、リヨン中法大学を紹介したこともあったからである。

同学院の林建生秘書官によれば、二〇一四年三月二六日午前、中国国家主席習近平氏がリヨン訪問された際、中仏大学を訪れたという。約一〇〇年前、フランス留学した有志の中からは、周恩来、鄧小平、陳毅らの革命家、徐悲鴻、巴金、蔡元培らの大文化人が多数輩出された。新中国の基礎を築いた諸先輩への敬意、また今後の中仏交流につながるよう、習氏の願いが込められていると受け止められる。

リヨン市立図書館の所蔵になる雑誌『赤光』。恩来が創刊に参加したという。

1924年に発行された中法大学『半月刊』（法蘭西學院漢學研究所圖書館所蔵）

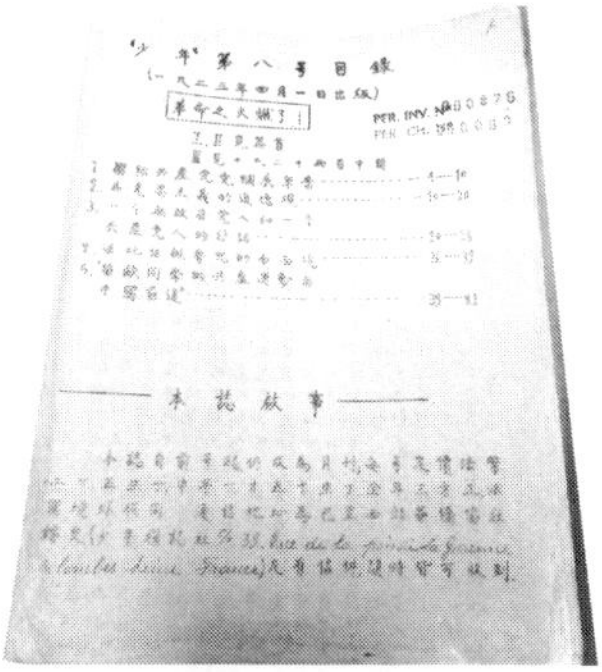
リヨン市立図書館の所蔵になる雑誌『少年』。周恩来が創刊に参加したという。

2015年1月13日　中法大学の玄関にて同校の林建生秘書官と筆者

付録3　バンドン精神――先人たちが敷いた平和を願うレール――

真夏の二〇一三年八月、私はインドネシア・ジャワ島西部の町、バンドンを訪れることができた。この町は一九五五年四月、反植民地主義、アジア・アフリカ諸国の民族自決などを掲げた「バンドン会議」（アジア・アフリカ会議）の開催地として知られている場所だ。

中国からは周恩来首相率いる代表団が参加していたこの会議では、全会一致で『世界平和と協力の推進に関する宣言』（※1）、いわゆる『バンドン十原則』が採択された。アジア・アフリカ諸国は自国と世界の平和と友好に寄与することを宣言したのだ。バンドン精神と呼ばれる崇高な精神は、幼い頃に父母が私に説いた自《じ》彊不息《きょうふそく》（※2）の精神に相通じるものがあり、私の子供の頃の記憶に深く刻み込まれた。以来、いつか行ってみたいとずっと思い続けてきた。

（※1）『バンドン十原則（ダサ・シラ・バントン）』とも呼ばれ以下の通り：(1)基本的人権と国連憲章の趣旨と原則を尊重、(2)全ての国の主権と領土保全を尊重、(3)全ての人類の平等と大小全ての国の平等を承認する、(4)他国の内政に干渉しない、(5)国連憲章による単独または集団的な自国防衛権を尊重、(6)集団的防衛を大国の特定の利益のために利用しない。また他国に圧力を加えない、(7)侵略または侵略の脅威・武力行使によって、他国の領土保全や政治的独立をおかさない、(8)国際紛争は平和的手段によって解決、(9)相互の利益と協力を促進する、(10)正義と国際義務を尊重。

（※2）『易経』乾卦からの引用で、自分からすすんでつとめ励んで怠らないという意。

二〇一三年八月二二日、イスラム学者評議会（ＭＵＩ）とインドネシア儒教最高会議（ＭＡＴＡＫＩＮ）の共催による「イスラム教と儒教サミット」に出席するためにインドネシアに出張していた私は、首都のジャ

カルタから二時間列車に揺られてバンドン市に向かった。目的地のアジア・アフリカ会議博物館は、一九八〇年に会議開催二五周年を記念して建てられたもので、当時の会場を利用して会議に関する各種写真や資料が展示されている。最も貴重なのは、当時の参加各国代表団団長等の発言を録音したものだ。「我々は、アジア・アフリカ諸国間には様々なイデオロギーや社会制度が存在することを認めつつも、我々が共に求める共通性と団結を妨げるものでは無い」と発言した周恩来首相の肉声も聞くことができる。

翌二三日に、ジャカルタに戻った私は、周恩来首相の言葉が時空を超えた瞬間に立ち会うことができた。「イスラム教と儒教サミット」の歓迎レセプションにおいて、インドネシア宗教相代理、インドネシア外務省報道部ファチル部長、イスラム学者評議会（ＭＵＩ）代表、ムハマディヤ（Muhammadiyah）議長、インドネシア儒教最高会議（ＭＡＴＡＫＩＮ）議長、インドネシア宗教及び文化交流協会会長、マレーシア、シンガポール、中国、台湾、日本、ペルー等、各国地域代表ら出席者たちの発言から、往時のバンドン会議やその精神を確かに感じることができたからだ。

会議のテーマは「イスラム教と儒教の平和新文明への貢献」で、四つの議題に即して討論が行われた。その四つとは、

⑴シルクロードと関連する場所から儒教文化とイスラム文化の関連性を探る

(2)両宗教が全インドネシアの宗教信者と協調発展するには
(3)イスラムと儒教文明がアジアと世界の平和協調への貢献について
(4)『世界平和のためのジャカルタ宣言』を制定し、信仰の促進と宗教間の安定的関係へ新しい方法を世界に届ける　である。

二四日午前の開幕式での、インドネシアのブディオノ副大統領の発言もまた、私にとって忘れ難いものとなった。

「社会を不安定化に陥れる衝突事件というのは、往々にして政治や経済的利益によるところが大きく、宗教保護のスローガンを掲げることもしばしばである。どんな宗教でも暴力的行為を容認することはない。信者の人口比率から見れば、ムスリムと儒教信者が協調しあえば、人類の文明、社会の平和と安定に寄与できる」と発言されたのだ。

同日夜には、世界平和を謳った『ジャカルタ宣言』が発表され、ナスルディン・ウマル宗教副大臣が閉会宣言を行った。この平和宣言は、香港孔教学院院長・湯恩佳博士、世界孔学研究協会のタンスリ李金友会長を始め、世界各地より参加した二〇〇名以上の研究者、教育関係者、宗教家が見守る中で読み上げられた。

閉会後、私はジャカルタの華人学校と幼稚園、さらに当地の華人等の歴史や生活を展示する文化館を訪問した。そこで、私は初めて、どんな年齢層でも、どんな民族でも、周恩来首相の名前を知らない者はいないことに気付いた。皆中国や日本と手を携え、アジアや世界の平和を願っている。

私たちは皆、先人たちがバンドンに敷いた平和を願うレールに沿って生きているのだろう。

出典：ウェブサイト「nippon.com　知られざる日本の姿を世界へ」（二〇一三年一〇月四日付。原文は中国語）

付録4　「国民総教養」外交——パブリック・ディプロマシー——

外交の専門家より一般の市民が優れた外交実績をあげることがよくある。市民レベルだと純粋な友情だけをベースにした交流が可能だからであろう。職業的な政治家同士だと国益第一の言動をとりがちである。

四川大地震で世界の反響を呼んだ小さな命

無垢な幼児が大いに中国のイメージアップを果たしたことが忘れられない。幼児の行動ほど素直に受けとめられるものはない。
二〇〇八年五月一二日午後、四川省北部を震源地にした大地震が起きた。死者、行方不明者約九万人を出す災害になったが、夜が明けた早朝、震源地の真上近くで倒壊した幼稚園舎のがれきの下から三歳の朗錚《ろうそう》君が見つかった。腕などの骨が折れて体の節々は猛烈に痛いはずなのに、救出隊員たちに最初に口にした言葉は精いっぱいの声で「ありがとう」。散乱した板材で間に合わせた担架で運ばれていたときも幾度も「ありがとう」、さらに右腕を頭にあててしっかりと敬礼した。その敬礼する朗錚君の写真が海外にも発信され、反響を呼んだのである。三歳児による敬礼が凛々しく映り、世界中の多くの人々の胸を打った。
米中外交関係の修復に卓球チームが果たした役割が評価されてピンポン外交と称されたりしたが、中国には外交という表面に輝きをもたらすスポーツや文化などの交流を重視してきた歴史がある。英語でいう「パブリック・ディプロマシー（Public Diplomacy）」の走りだったかもしれない。中国語で「人民外交」「民間外交」または「公共外交」と読ませる。民間の役割を重視した外交理念である。

中国が日本から学ぶ「パブリック・ディプロマシー」

この点は日本から学ぶべきものがたくさんあると、中国人は思っている。三・一一の未曾有の東日本大震災以来、日本人の秩序だって助け合う姿が世界に配信され続けている。災難中の略奪多発を経験する国々が多い中で日本人の「絆《きずな》文化」（「助け合い精神」）の成熟は驚きに値する。途上国を含め各国から復興への支援の手が差し伸べられて、きっちりお礼し続けているのもそうであろう。米ハリウッド映画にも主演して国際的に知られた俳優・渡辺謙さんは今年一月、世界の政治・経済のリーダーが集まる「ダボス会議」に多忙な身にもかかわらず出席し、英語で大震災への支援感謝を表明した。立派な公共外交の一端だったと思う。

中国は経済力（ＧＤＰ総額）で二〇一〇年、日本を上回って世界第二位になったことを誇らしく思っている人々も多いが、果たして公共外交の成熟を伴っているだろうか。国民一人ひとりが豊かになって初めてゆとりある生活が生まれ、社会への思いやり、気遣い精神が潤う。日中は古来、「衣食足りて礼節を知る」ということわざを共有してきたことをかみしめたい。

初出：ウェブサイト「nippon.com　知られざる日本の姿を世界へ」（二〇一二年六月一〇日付）

『速成科講義録』から鍔州約法への影響

馮　天瑜
（武漢大学中国伝統文化研究センター）

1　辛亥革命の画期的な役割

辛亥革命百周年にあたり、この革命のルーツについて、ここ法政大学で語り合えることには特別な意味合いがある。

古代中国語において「革命」という言葉は、「天命を失った王朝の交代」を意味していた。近代以降は意味を広げて使われるようになったが、私たちが今日、辛亥革命の価値と歴史的位置づけを定めるにあたり、この「革命」という言葉が持つ本来の意味から離れることはできない。

暴力によって政権を交代させる、というような革命は、あらゆる国の文化で肯定されるとは限らない。例えば日本は、中国の文化的理念を少なからず取り入れてきたが、革命については受け入れなかった。日本の天皇制は「万世一系」とされ、王朝の交代を許さないためである。明治維新は天皇制の枠組みの中で実現された近代への変革であった。また、中世の西欧諸国においては、「革命（revolution）」とは武装反乱を意味しており、長い間マイナスの意味を持つ言葉として使われてきた。それが、一六世紀以降になると中立的な意味を持つようになり、啓蒙思想の広がりやフランス革命を経て、ようやくプラスの意味を持つようになったのです。一方、中国文化においては「革命」という語は古くから肯定的な意味を与えられていた。『易経』に「湯武命を革（あらた）め、天に順（したが）いて人に応ず」とあるように、王朝の交代によって前王朝の悪政を改めることの合理性・合法性が認められてきた。しかし、一つの王朝が安定した後は、革命という言葉が避けられるようにもなった。例えば、漢の景帝は宮廷で儒教と道教による「革命」についての議論を制止した、と伝えられている。

二〇世紀前半は中国にとって革命の時代であった、ということができる。至るところで革命家が革命について語っていた。当初は革命を批判していた梁啓超さえも、辛亥革命以降は革命を肯定するようになり、一九二一年の著書『辛亥革命の意義と双十節（革命記念日）一〇周年の楽観』において、過去の革命について歴史主義的な視点から評価を行い、次のように述べている。

　中国の歴史において、意義のある革命は三つのみ。一つ目は、黄帝、尭、舜以来の部落政治を倒した周朝による革命。二つ目は、三代続いた貴族政治を倒した漢朝による革命。三つ目は私たちが今日記念する辛亥革命である。

少々付け加えるなら、「周朝による革命」は氏族制度すなわち部落政治を終結させ、宗族（父系親族集団）封建制度を始めた革命であると言える。一方、「漢朝による革命」は秦朝と漢朝が宗族封建的な貴族政治を終結させ、宗族専制君主制下での官僚政治を確立した革命であるということができるだろう。しかし、秦以降二〇〇〇年もの間に繰り返し起きた「革命」（陳勝、項羽、劉邦から朱元璋、李自成に至るまで）では、王朝の交代や政策の変更はあったものの、宗族支配や専制君主制という社会の根幹の変革を行うことはなかった。こうした「革命」と比べて、辛亥革命には明確な目標があった。専制君主制を終結させ、民主共和制を築き、それによって国体・政体を変更し、社会そのものの形を変えようとしたのである。もちろん、辛亥革命には不完全な点もあったが、古いものを改め、新しいものを作る、という両面において画期的といえる貢献があり、中国の国民は現在もその恩恵を受けているのである。

辛亥革命は歴史に名を残す革命である。破壊という面からいえば、二〇〇〇年余り続き、近代になって社会発展の障害となっていた専制君主制を覆し、中国の社会・人民を解放した。また、創造という面からいえば、立憲共和制を樹立した。辛亥革命の最初の蜂起後に設立された湖北軍政府は『鄂州約法（正式名称：中華民国鄂州臨時約法草案』を立案したが、これが中国ないしアジアで初めて公布施行された共和立憲体制における文書であり、中華民国約法の原案となったものである。非常に興味深い現象としては、『鄂州約法』の起草者である宋教仁と湯化龍、そして、検討に参加した張知本、居正、張国溶、黄中愷らは、いずれも法政大学で学んだ経歴があるということだ。この深い文化的意義を持つ歴史的接点については、これからも継続して研究されるべきだろう。

2　清朝末期の日本留学ブームと法政大学清国法政速成科

かつて古代日本に「唐留学ブーム」といえる時代があった。これは漢字文化が日本に浸透し、日本が中国の学術文化を学んだ重要な時期となった。千年余り後、明治維新によって、日本は「天かける龍に姿を変え、覇権主義国家へと変貌」[1]した。中国は政府・民間を問わず、日本にならおうとの決意を固め、大勢の留学生を送り込んだため、空前の「日本留学ブーム」が起きた。一九世紀から二〇世紀への変わり目に、大量の留学生が中国から日本へと送り出されたのである。これは、中日関係の歴史上前例のないことであると同時に、世界の文化史上においても、国から国へ派遣された留学生数としては記録的なものであった。日本で留学生たちが著した『革命軍』、『猛省』、『警世の鐘』、『湖北学生世界』、『洞庭の波』、『浙江の潮流』等は、清代末期の革命思想に大きな影響を与えた。

清朝政府は「漢学を基盤とし、洋学を用いる」という思想に基づいて留学生を派遣した。そのため、主に実用的な分野を学ばせようとし、軍事・法律・政治については厳しく規制していたが、実際にはこれら規制された分野の留学生が非常に多かったのである。その理由としては、まず、私費留学生がたちまち増加し、彼らが何を学ぶのかについて政府がコントロールすることができなくなってきたためである。次に、中国の知識人は社会・人文科目に精通しており、留学が比較的容易だったためだ。

清朝末期には、日本に留学して法律・政治を学ぶ者が特に多かったといえる。国内の需要という点からいえば、その原因は二つあった。一つは、日本が明治維新に成功し、西洋の立憲政治をどのように取り入れるのかという模範例となっていたため、中国政府関係者とインテリ層が殺到した。二つ目に、清朝末期に立憲政治を求める声が高まり、立憲派が徐々に勢いをつけ、「外国に学ぼう」という風潮が起こった。

また、革命派も立憲政治の確立に大きな関心を寄せていた。こうした内外両面における要因から、清朝末期に日本へ赴いて法律・政治を勉強しようという者が多く現れ、東京に設立された法政大学に最も集中したのだ。陳天華、宋教仁、胡漢民、汪兆銘、湯化龍、張知本、居正、沈均儒らはその代表格である。彼らが法政大学で得た西洋の法律・政治に関する知識は、清朝末期、民国初期の立憲政治の樹立に際し、大いに役立った。

日本の明治時代に学ばれていた西洋法学には、大きく分けて三つの系統があった。

(1)一八七二年司法省の下に設立された「明法寮」では、主にフランスの法律を教えていた。

(2)一八七四年に開成学校が設立した法律課程では、主にイギリスの法律を教えていた。

(3)一八九三年に帝国大学が管轄する法科大学にドイツ法学科が増設された。

法政大学の前身は一八八〇年(明治一三年)に創立された東京法学社である。一八八一年に東京法学校、一八八六年には東京仏学校が設立され、一八八九年には両校が合併して和仏法律学校となった。そして一九〇三年に和仏法律学校が改名され、法政大学となったのである。東京法学校と東京仏学校の時期に、すでにフランスの高名な法律学者・ボアソナード(Gustave Emile Boissonade de Fontarabie, 一八二五―一九一〇)が招かれ、民法(契約編)の講義を行っていた。ボアソナードは東京法学校(法政大学の前身)で教鞭をとったが、彼の法学体系には二つの大きな特色があった。一つは自然法の原則で、公民の政治的権利を保障する、というものである。二つ目は人道主義で、公民の人権の尊重である。こうした自然法は、民主的原則の下での国民主権と権力の分離(三権分立)を強調し、鮮明な自由主義の色彩を帯びていた。日本の国情に合わせて一八八〇年代に制定された明治憲法は、主にドイツの立憲君主制を採用しており、権威主義的な天皇主権をとっていたため、ボアソナードの自由主義法学は日本政治におけるメインストリームとなることはかなわなかった。脇へと追いやられたボアソナードは一八九〇年代に失意のまま日本を離れ、フランスへ帰国した。しかし、ボアソナードが伝えたフランス法学は法政大学の法学の基礎を作り、日本法学の重要な一つの流れとなった。

一九〇四年、中国人留学生・範源廉の提案により、日本の法政大学学長(校長)梅謙次郎(一八六〇―一九一〇)と清朝の駐日大使が話し合い、法政大学に「清国留学生法政速成科」の開設が決定された。これにより近代法律・政治分野の人材を渇望する中国の「焦眉の急」に応えたのである。学制は一年または一年半、前期・後期合わせて全部で五期（班）あった。このような短期教育ではもちろん法学に精通した専門家を養成することはできなかったが、大まかな法学の知識を身につけた実用的人材を比較的早く育成することができた。法政速成科に入学した中国人留学生の中には基礎的な学問をすでに修得していた者もおり、この短期の近代法学訓練により、数多くの優秀な人材が輩出された。

「清国留学生法政速成科」の教材は、梅謙次郎ら一流の日本の法学者が執筆し、中国人留学生が中国語に翻訳して印刷、出版したので、日本語のわからない中国人学生も皆読むことができた。法政速成科は、他にも東京帝国大学法科の著名な教授（美濃部達吉、小野塚喜平次など）を招いて授業を行い、授業中は日本人教授が日本語で講義をし、曹汝霖、範源廉らが通訳していた。

「清国留学生法政速成科」で学んだ学生は約二〇〇〇人で、一二〇〇人が課程を修了した。その後有名になった者としては、第一班では陳天華、陳叔通、羅傑、雷光宇、余紹宋等、第二班では汪兆銘、胡漢民、朱執信、宋教仁、張知本等、第三班では阮性存等、第四班では沈鈞儒、居正等がいた。

「速成科」はもちろん法律・政治分野の人材をスピーディーに養成することができたが、学習期間が短く、深く学ぶことは困難であった。一九〇六年、法政大学学長・梅謙次郎は中国を訪問し、湖広総督・張之洞、直隷総督・袁世凱と対面し、留学生を法政大学に派遣して法律・政治を学ばせていることについて話し合った。袁世凱は「清国留学生法政速成科」は第五期以降募集を中止し、それ以降は法政大学の三年制の普通学科に入ることを提案した。例えば、光緒帝時代の科挙合格者で、かつて法学教務部の主事をしていた湯化龍は、一九〇六年に自ら日本への派遣を願い出ると、「速成科」ではなく法政大学の専門部に入って法律を学んだ。湯は後に同窓生と日本留学教育学会をつくり、『教育雑誌』を出版した。一九〇八年秋に卒業した後は帰国し、立憲政治運動に身を投じた。

清朝末期には立憲に備えて、各省で法政学堂が創設されたが、そこでの主宰者・教師の多くはかつての法政大学留学生だった。例えば、湖北法政学堂の統括者は張知本、浙江法政学堂の統括者は陳叔通だが、どちらも「清国留学生法政速成科」出身である。彼らは湖北、浙江等で法政学堂を創設し、「法政速成科」のカリキュラムに倣い、教材も同じものを使用した。

一九一三年に中国で出版された雑誌『党報』には、法政大学からのメッセージ『中華民国の留学生諸君に告ぐ』が掲載され、清朝末期から法政大学に留学していた、左記のような民国高官、著名学者たちが名を連ねた。

范（範）源濂、汪兆銘、胡漢民、方潜、鄭言、楊轡龍、甘鵬雲、周貞吉、王運嘉、夏同龢、劉春霖、駱成驤、林鵾翔、楊彦杰、劉鶴年、劉蕃、居正、江庸、楊度、彭守正、張知本、谷鐘秀、秦瑞玠

清朝末期の留学生が法政大学で受けた初めての法学教育は、民主共和の精神を備えたボアソナード法学を骨格としていた。憲法の授業を担当した美濃部達吉（一八七三―一九四八）は明治の傑出した民本思想家で、立憲主義、自由主義を貫いた。美濃部達吉は後に「天皇は国家の最高機関として統治権を行使するのみで、主権は国民全体に属する」とする「天皇機関説」を唱え、当時主導的地位を占めていた「天皇主権説」と対立した。「天皇機関説」が正式に打ち出されたのは、清朝末期の留学生に講義をしていた時期より後であるが、早くから内面的には形成されており、法政速成科での授業でも留学生たちに影響を与えていたのである。

3　辛亥革命蜂起後、宋教仁が武漢へ赴き鄂州約法を制定

辛亥革命の最初の蜂起に大きな衝撃を受けた宋教仁は、黄興と共に上海から武漢へ駆けつけた。黄が陽夏の防衛戦を指揮し、宋は立憲政治の建設に着手したのである。

宋は長年にわたり立憲政治に関心を持っていた。欧米や日本の政治・法律の制度についての研究を経て、東京同盟会の時期には憲法草案の試案も作成していた。宋の日記によると、一九〇六―一九〇七年の法政大学、早稲田大学留学期間中に、さまざまな法学・政治関連の書籍を購入し、熟読したとある。同じ時期に『日本憲法』、『英国制度要覧』、『各国警察制度』、『国際私法講義』、『ロシア制度要覧』、『オーストリア・ハンガリー制度要覧』、『アメリカ制度概要』、『オーストリア・ハンガリー財政制度』、『ドイツ官職制度』、『プロイセン王国官職制度』、『日本地方漁業行政法規要覧』等の翻訳も行った。彼はさらに清朝末期に行われた立憲政治の準備措置について系統的な論評を行い、立憲派の活動に注目し、これを称賛すると同時に批判も加えた。宋教仁は革命派の中において、法律・政治に関する知識が豊富で、かつ、その確立を重視した人物だったといえるだろう。

武昌での武装蜂起の後、大多数の革命家達は軍政に忙しく、民主政治の建設に関わる暇がなかったのに対し、宋教仁は『鄂州約法』執筆の大任を背負い、もともと立憲派であった湯化龍らがこれに協力した。

『鄂州約法』の「鄂州」は、現在の鄂州市のことではなく、「鄂」は湖北省の略称で、「鄂州」は湖北省を指している。「約法」は中国古典の中に見られる言葉で、秦漢の頃の劉邦の「約法三章」が古くから伝わっている。孫文が一九〇六年に起草した『軍政府宣言』では、実際の国民革命に論及しており、「段階を三期に分ける」、「第一期を軍法の政治とする」、「第二期を約法の治とする」、「第三期を憲法の治とする」と述べている

（孫文が説いた「軍政―訓政―憲政」の三段階にほぼ対応している）。いわゆる「約法の治」（ほぼ「訓政」の段階にあたる）は、「およそ軍政府の人民に対する権利義務、及び人民の軍政府に対する権利義務は、すべて約法に規定されている」と述べられており、六年後、約法がようやく受け入れられ、憲法が公布された。ただし、「約法」はまだ完全な民主的プロセスを経て制定された政治的法制度ではなく、憲法へと向かう過渡的立法であった。『鄂州約法』の「約法」という語は、おそらくこうした意味から使用されていたのであろう[2]。

民国が正式に建国される前、湖北軍政府は一時革命のための中央政府機能を持ち、『鄂州約法』も国家暫定憲法としての意義を備えていた。これは中国、ひいてはアジアにおいて初めて正式に発布され、実施された民主共和国暫定憲法で、その後に清から独立した省もそれぞれ約法（『江西臨時約法』など）を発布したが、みな『鄂州約法』に倣ったものであった。一九一二年一月、民国臨時政府が成立し、宋教仁は法制院総裁となり、憲法草案を起草して『中華民国臨時組織法草案』の名で公布したが、その内容と文字は完全に『鄂州約法』から離れたものであった。このことから、宋教仁が主筆した『鄂州約法』は中国民主憲政発展史上における一里塚だったといえよう。

宋教仁が武漢に滞在していた半月の間（一〇月二八日―一一月一三日）に行った主な仕事は約法の起草だったが、共に検討を繰り返した相手は、前湖北諮議局議長で、当時湖北軍政府の民政長だった湯化龍であった。

宋教仁と湯化龍はいずれも日本への留学経験があり、法政大学で法律を学んだ。宋教仁は一九〇五年に法政大学、翌年には早稲田大学に入った。湯化龍は一九〇六年から一九〇八年まで法政大学の専門部で法律を学んだ。どちらも東洋と西洋の各国の憲法・政治制度を研究した経験があり、二人の交流は清朝末期の立憲準備期にすでに始まっていた。宋氏が武漢へ行った際には湯化龍の武昌の家に滞在し、二人は憲政をテーマに徹夜で語り合った。湯化龍は約法の起草に対し、以下のような重要な意見を出している。

(1)共和国体制
(2)民主的政治体制
(3)立憲政治
(4)責任内閣
(5)政党議員
(6)人民の権利と義務[3]

同じく法政大学に留学して帰国した張国溶、居正、張知本も『鄂州約法』に関する議論に参加した。これらの人々が法政大学で得た西洋の法律知識、特に民主憲政思想が、辛亥革命で力を発揮したのである。

さらに広く見れば、清朝末期の立憲の準備及び民国初期の立憲政治を築いたメンバーの中にも、法政大学留学生（沈鈞儒等）がいる。統計によると、清朝末期に各省で作られた諮議局の正副議長及び常任議員のうち、日本留学あるいは日本視察の経験者が九七人おり、そのうち法政大学留学生は四八人であった[4]。つまり、清朝末期、民国初期の立憲政治の樹立には、清朝末期の法政大学留学生が大きく関わっていたのである。

四　結び

法政大学の学問の流れ、及び清国の留学生がここで受けた授業の状況とその後の立憲政治の実践について考察することは、以下の重要な根本的問題に答えを出すための一助となる。

まず、辛亥革命が選択した民主共和制のモデルはどこから来たものなのか？　という問題である。これまでの研究では、孫文ら革命のリーダーが欧米からその示唆を得たと結論づけられていた。この説はもちろん間違いではないが、単純過ぎて、日本が果たした役割を見落としている。事実、宋教仁ら辛亥革命の志士は、日本を介してフランスの流れを組む民主共和制のエッセンスを吸収しており、これは辛亥革命が民主共和モデルを選択した大きな要因である。清朝末期に法政大学に留学した人々が民主共和思想を学んだ経緯を研究することが、この重要なテーマの探究につながるであろう。

それから、人々が往々にして理解に苦しむのが、日本の明治維新が立憲君主制をとり、天皇主権を堅持するという道を選んだにもかかわらず、日本に留学した中国人青年たちが立憲君主制を捨て、民主共和制に固執した理由は何なのか？　という問題である。法政大学の学問の流れを分析し、明治時代の日本近代法政思想の多元性（フランス法学系統、イギリス法学系統、ドイツ法学系統が共存していたこと）を理解し、「清国留学生法政速成科」の授業内容及び教師と学生による研究内容を考察し、さらに清朝末期の国情という要素（立憲君主制は受け入れられない）を結合すれば、辛亥革命における方向性の選択について歴史的に解釈するための一助となり、近代中国憲政思想及びその実践に対する認識を深めることができるであろう。

注

[1] 康有為『献呈日本明治の政治改革に関する考察』、『康有為政論集』上巻、中華書局、一九八一年、二二三頁。
[2]『軍政府宣言』、『孫中山全集』第一巻、中華書局、一九八一年、二九七—二九八頁。
[3] 王保民『湯化龍先生の断片的見聞録』、『黄石師院学報』、一九八一年、第四期。
[4]（日）神谷昌史『中国人留学生と中国の近代化』、『法政』五四二号。

法政大学（日本）蔵『速成科講義録』の学術的価値について

陳　健／翻訳：相澤　瑠璃子
（河南大学歴史文化学部講師）

摘要

二〇世紀初期、中国人の日本留学の目的は法律と政治分野であった。特に法政大学が創設した速成科は、当時の法政大学の総理であった梅謙次郎が中国の国情と留学生の実情に合わせた科であり、留学生にとってこれ以上ない学び舎と評判であった。そのため教授法も特殊であり、東京帝国大学や司法・行政分野から多くの著名人を招聘していた。彼らの講義録は、当時の留学生によって翻訳され、『法政大學速成科講義録』という本として出版された。長きにわたり、これらの貴重な記録は書庫の奥底に眠っていた。もし今後それらの記録を利用するなら、近代における法学・政治教育や翻訳技術の普及及び社会の探求や、文化変化等の研究に一石を投じられるほど、重要な学術的利用価値を持つであろうと考えられる。

キーワード：法政大学　速成科講義録　学術価値

二〇世紀初期、法政学を学ぶ中国人留学生の中で、法政大学の速成科の設立は注目の的であった。この学科に関する研究は学界ではすでに大きな成果が出ており、特に速成科の創設・卒業生の帰国後の進路や中国国内に与えた影響について発表されている[1]。しかし史料を探し出すことだけにとらわれ、留学生が国外で受けた具体的な教育内容については明らかにされてこなかった。法政大学公文書館に保存されている『法政大學速成科講義録』は疑いようもなく、現在のそれらの研究の行き詰まりを解消する一手となる。本論は講義録の内容と学術的価値を一考し、今後の研究課題とする所存である。

1　法政大学速成科の略歴

法政大学の前身は和仏法律大学であり、当初は東京法学社といった。明治一二年（一八七九年）に設立され、日本で最初の私立の法律学校であった。明治二二年に名を和仏法律学校と改め、日本語とフランス語にて法律や経済学等を教え、フランス語による普通学科も設けた[2]。明治三六年（一九〇三年）に、法政大学に名を改め、梅謙次郎を初代総理として迎えた。この時期の清末政府は立法・行政改革などを推進し、早急に事を整える必要があり、留学生の多くは自分たちの知識を母国に役立てたいと必死であった。

しかし普通に入学して学ぶには、あまりにも時間が長すぎた。梅は教え子たちが母国の改革を急ぐ姿に感化され、駐日大使であった楊枢と相談した結果、法政大学内に中国人留学生のための速成科を設立した。法政大学速成科創設に関する歴史は石原三郎の『法政大学の過去および現在』に記されている。

明治三六年（一九〇三年）三月、政府が新しい専門学校の令を発布した後、同年八月に我が校はその令に従い学校改革を進め、同年には文部大臣の認可を得た。この後、校長名を総理、大学部と大学予科および専門学部（法律と実業科、実業科は後に商学科と改名）を基に一新し、校舎も増築した。明治三七年には、清国駐日大使と我が国との協議の結果、留学生の念願であった速成科を設立した[3]。

また『清国留学生法政速成科設置趣意書』に、速成科の設立に関して次のように記述されている。

現在清国は、各国との抗衡を欲している。しかし基礎となる立法行政を改革しなければ、功を成さない。また立法行政を改めるのならば、まずは人材がなければやはり功をなさない。したがってまずは人材を育てなければ、清国の今日の改革を成せる者がいない。本大学はこの状況を鑑みて、清国留学生たちの有志者たちの要望に加え、清国公使の賛成を得ることができたので、ここに法政速成科を設立する[4]。

速成科は一年半という時間を三学期に分け、留学生に民法・刑法の各論・商法・国際法・経済学・政治学等の課程を教授した。具体的な課程及び授業数は次の表1を参照してほしい[5]。

この後速成科は法律学部と政治学部に分かれ、科目も新たに調整されることとなった[6]。また速成科の修了までの一年半という時間の短さと学習内容を補うために明治三九年、四〇年に補講科と普通科が設立された。

表1　法政速成科学科課程表

法政速成科学科課程表					
第一学期		第二学期		第三学期	
教科	各週の授業数	教科	各週の授業数	教科	各週の授業数
法学通论、民法	5	民法	4	民法	5
国法学	5	行政法	6	商法	6
刑法	3	刑法	3	国際私法	3
経済学	4	国際公法	4	民刑訴訟法	4
西洋史	5	裁判所構成法及び民刑訴訟法	3	財政学	4
政治地理	2	政治学	4	監獄学	2
計	24		24		24

特に補講科はすでに速成科を卒業した学生のための学科であった。「卒業後のもう一年という時間の中で、未修科目がある学生やすでに修了をしているが学習内容に不安がある学生が学ぶ科である。」[7]としている。補講科では民法・憲法・行政法・刑法・破産法・経済学・財政学・外交史などを教え、修業期間は二学期制の一年のみとした[8]。明治四十年（一九〇七年）には普通科が創設され、そこでは修身・国語・外国語・歴史・地理・数学などを学ぶことができた[9]。

速成科が設立以降、梅は自ら法学通論および民法の授業の教壇に立った。またその他の各学科の教師陣も、日本の法学界における重鎮、著名な教授や司法局から招聘された専任講師などで占められていた。例えば憲法学は美濃部達吉、国法学は筧克彦、行政学は清水澄、刑法学は岡田朝太郎、国際法は中村進午、政治学は小野塚喜平次とまさに当世一流の教授陣ばかりであった。速成科の授業は、日本人の教師による授業方法を採用し、基礎学力が高い留学生が通訳する方式をとった。各科目の翻訳は、一九〇五年から始まった『法政速成科講義録』の形式で発行されるようになった。これは毎月二号ずつ出版され、学生の勉学の手助けとなった[10]。

2 『法政大學速成科講義録』の概論

当時の中国人留学生が授業中に用いた講義録は、今日に至るまで法政大学の公文書館に保存されている。枚数は相当数あるが、無くなってしまったものも少なくない。筆者が見たところ、この講義録は五二号（連番であったが、第三〇号が欠落している）まで保存されている。以下はこの講義録に対する簡単な紹介である。

❖――（1）編集淵源

『法政大學速成科講義録』の編集や発行は速成科とともに始まったわけではない。早くは和仏法律学校であった時期から始められ、授業内容を講義録の形式で出版し、学生の参考書としての役割を果たした。法政大学は一八九九年から一九一四年までの教師側の講義録を保存している。その時期はちょうど和仏法律学校であった時期と法政大学となった時期と重なっている。速成科の講義録は、一九〇五年（明治三八年）に法政大学出版より第一号が発行され、それ以降毎月二号分ずつ発行された。講義内容は学力が高く、日本語が堪能な学生により、中国語翻訳を為されて出版された。

❖――（2）構成

『法政大學速成科講義録』はA5サイズの小さいものであったが、中身は四、五科目の講義内容が入った非常に濃い内容の本であった。毎号一〇〇頁前後あったこの『講義録』の価格は三〇銭。講義が載った本体とは別に「雑記」があり、主に速成科の教学状況や世界の重大ニュース及び留学生たちの法政問題に対する評論討論が掲載されている。年間二四冊出版された『講義録』の購読料は七元二角。中国国内への郵送費は四等に分かれており、日本から上海は二角四分、汽車が通っている地域は四角八分、内地は一元四角四分、四川・雲南・山西・陝西・貴州・甘粛などへは二元八角八分であった。また、毎号ともにバラ売りで取り寄せることができ、指定書店は日本の有斐閣と上海の広智書局であった。

❖——（3）各科目教授と通訳[11]

現存する講義録の統計から、主要教科及び翻訳者の状況は以下の表2にまとめる[12]。

表2　速成科主要科目教授及び翻訳者

科目	担当教授	通訳人員（留学先、本籍）
法学通論及び民法	梅謙次郎	東京法学院大学留学、貴州、黎淵（翻訳）
国法学	筧克彦	早稲田大学卒業、湖南、周宏業・桐城、方時翮（翻訳）
刑法総論	岡田朝太郎	早稲田大学留学、福建、江庸（翻訳）
国際公法	中村進午	早稲田大学留学、江蘇、稽鏡（翻訳）
経済学	山崎覚次郎	高等商業学校留学、湖北、王璟芳・江蘇、陳福頤（翻訳）
政治地理	野村浩一	早稲田大学留学、江蘇、陸梦熊（翻訳）
裁判所構成法	岩田一郎	早稲田大学留学、江蘇、陸梦熊（翻訳）
刑事訴訟法	板倉松太郎	東京法学院大学留学、福建、高種（翻訳）
西洋史	野村浩一	早稲田大学留学、貴州、蹇念益（翻訳）
民事訴訟法	板倉松太郎	東京法学院大学留学、福建、高種（翻訳）
殖民政策	山内正瞭	早稲田大学留学、桐城、方時翮（翻訳）
行政法汎論	清水澄	中央大学卒業、貴州、黎淵（翻訳）

日本明治小史	野村浩一	早稲田大学留学、直轄地、李士偉（翻訳）
財政学	岡実	早稲田大学留学、湖南、李穆・法政大学留学、湖北、刘蕃（翻訳）
国際私法	山田三良	早稲田大学留学、福建、鄭炳（翻訳）
刑法各論	岡田朝太郎	法政大学留学、福建、陳与年（翻訳）
監獄学	小河滋次郎	法政大学留学、福建、鄭箎（翻訳）
商法総則	志田鉀太郎	早稲田大学留学、江蘇、陸梦熊（翻訳）
行政法各論	清水澄	法政大学速成科卒業、汪兆銘（翻訳）
局外中立	中村進午	法政大学留学、孫潤家（翻訳）
警察学	小原新三	該当者なし
憲法	清水澄	法政大学留学、福建、俞亮公（翻訳）
政治学	杉程次郎	該当者なし

残存している講義録は完全ではないため、通訳人員の全貌をうかがうことはできない。また表2以外に、乾政彦の民放、金井延・河津暹の経済学、高野岩三郎の財政学、久保田政周の警察学、立作太郎の近世政治史、西河龍治の論理学、藤井秀雄の警察事務などの教授陣と科目も存在していた。一部の科目では教員補佐として司法や行政部門の専任官がついていた[13]。

3 『法政大學速成科講義録』の学術的価値の評価分析

『法政大學速成科講義録』の保存状態はほぼ完璧に近く、貴重な第一史料となっている。特に近代法政教育・翻訳知識の普及並びに社会や文化転換などを研究する際には、重要な学術的利用価値がある。以下がその四つの方面における価値である。

❖――(1) 法政大学の正規課程との比較では同等の知識量

速成科はいわゆる「速成」であり、学生たちは有限の時間内で学ばなければならない。そのためこの短期間では学んだとは言い難く、正規の教育と比べてみると大きな差がある。速成科の設立当初は、学問の系統や授業時間や学生の授業レベルなどを総合的にバランスを取ることが先決であり、学則章程といったものは後に制定された。この方法の有効性は言うまでもないだろう[14]。

まず科目設置のところでは、速成科の学ぶ範囲と一般的な政治法律科では大差はない。二〇世紀初期の法政大学三年制の法律科における課程と授業数を、速成科（表1参照）と比べてみることにしよう。以下の表3を参照してほしい[15]。

この二つの表を比較してみると、速成科の教科と授業数は正規の法律科と比べてみても何ら遜色がない。

次に実際の授業内容を見てみよう。速成科が使用している教材は、正規の政治法律過程が使っている講義を取り入れている。さらに箇所によっては、中国が実践で必要としている部分を増訂したり改定までも行っている。例えば梅の民法・中村進午と山田三良の国際公法と国際私法・金井延の経済学・岡田朝太郎の刑法学などは、和仏法律大学から法政大学に至る期間の講義録から選定されている。

❖――(2) 学制規定は中国国内の法制学堂の見本となり、講義録も多くの教材に採用された

一九〇五年一一月、清朝中央政府は各省に法政学堂を設立するように通達し、中央から地方に至るまで法政

表３　法政大学法律科過程表

法政大学法律科課程表					
第１学年		第２学年		第３学年	
教科	各週の授業数	教科	各週の授業数	教科	各週の授業数
憲法	2	民法（第二編第七章以降、第三編第二章以降）	6	民法（第四、五編）	4
民法（第一編、第二編、第一から六章、第三編第一章）	8	刑法各論	2	商法（第四、五編）	4
刑法総論	2	商法（第一、二、三編）	6	行政法	4
国際公法	4	民事訴訟法（第一、二編）	3	国際私法	3
経済学	3	刑事訴訟法	2	民事訴訟法（第三編以下）	4
選択科目：					
ローマ史					
法制史					
	2	財政学	2	選択科目：外国法（英国法、フランス法、ドイツ法のどれかを選ぶ）	4
選択科目：外国法（英国法、フランス法、ドイツ法のどれかを選ぶ）	4	選択科目：外国法（英国法、フランス法、ドイツ法のどれかを選ぶ）	4	選択科目：	
法理学					
破産法	2				
合計	25	合計	25	合計	25

学堂が次々と創設された。一九〇六年に袁世凱が北洋法政学堂を創設しようとした際に、法政大学速成科第二班の卒業生である閻凤閣の学んだ経験が生かされた。一九〇六年に正式に公布された『京師法政学堂章程』は各省の法政学堂の共通規範となった。このようなところから、今日の我々は当時の法政学堂の過程設置状況をのぞき見ることができる。また先ほどの章程の規定では、学制五年、予科二年、本科三年としている。本科においても政治と法律の両部門に分けており、この他にも速成科の設置など政治に携わる人材の育成を急務としている。

本科の開講授業は次のようになっている。大清律例及び唐明律、現行法制及び歴代法制沿革、法学通論、経済通論、国法学、ローマ法、刑法、民法、憲法、商法、民事訴訟法、刑事訴訟法、裁判所編制法、国際公法、訴訟実習、行政法、監獄法、大清公司律、国際私法、財経通論、大清破産律、外国文、体操、卒業論文の以上である。速成科の開講授業は本科に比べると多少縮小されている。大清律例及び唐明律、現行法制及び歴代法制沿革、法学通論、憲法大意、刑法、民法要論、商法要論、民刑訴訟法、大清公司律、大清破産律、裁判所編制法、監獄法、国際法要論、訴訟実習の以上である[16]。これらを見るかぎり、京師法陳学堂課程と日本の法政大学の速成科を比べてみても、大差が全くみられない。

教材の採択では、その多くは法政大学速成科の講義録から採用されている。実藤恵秀は中国国内で新しい学堂が次々と設立されていった時のことを次のように述べている。「清末民初における新式の学堂の教科書の大部分は、日本に留学していた学生の訳著であった。」[17] 法政大学速成科の留学生たちは在日期間中に、大規模な翻訳活動をしていた。それは日本の法政書籍を中国語に翻訳するというものであった。そのため相次いで四セットの法政叢書が出版された。その中には『法政叢編』（一九冊）、『法政粋編』（一八冊）、『法政講義』（三〇冊）と『法政述義』（二八冊）が含まれている。これらの書籍の大部分は法政大学速成科の教授たちの授業内容を基礎とし、その他の日本の著名な教授たちの著作までも参考にして執筆された。この四セットの法政教材の内容は総合的に見て完璧であり、当時の中国国内の法政学堂が設置したすべての科目の内容が含まれている[18]。特筆すべき点は、これらの書籍の多くは留学生が東京にて編集や翻訳を完成させたことである。そして当時の清国留学生会館内に留学生による翻訳編集社や教科書翻訳社の購買部を設置し、館外ではあるが湖南編訳社や閩学会などの発行所も設立した[19]。知識は、東京からまずは上海へと伝わり、それから中国全土へと広まっていった。それはまるで一本の線のように、東京―上海―長江流域を中心とした南北地域へ引かれていったのである[20]。

ある地方の法政学堂の公文書から、当時の中国国内の法政学堂の教材採択の状況が手に取るようにわかる。

表４　宣統二年四川法政学堂部分課程及び選択教材

課程	教材	課程	教材
法学通論	日本梅謙次郎講義	行政法	日本美濃部達吉講義
大清律例	国朝定本	民事訴訟法	日本板倉松太郎講義
大清会典	湖北局本	法院編制法	国朝定本参考日本裁判所構成法
憲法汎論	日本筧克彦、清水澄らの各講義	国際公法	日本中村進午講義及び日本各法学家著作並びに参考本国国際各条約
刑法総論	日本岡田朝太郎講義	国際私法	日本山田三良講義
民法総則	日本梅謙次郎講義	城鎮郷地方自治章程	教員編集
民法物権	日本梅謙次郎講義	世界史	教員編集
民法債権	日本乾政彦講義		
日本梅謙次郎講義	政治学	小野塚喜平次郎講義	
商法総則	日本志田鉀太郎講義	経済学	日本山田覚次郎講義
商法商行為	日本志田鉀太郎講義	財政学	日本高野岩三郎講義

上の表4を参照してほしい[21]。

表4からわかるように、学堂の教材は中国の法政部分以外はほとんどは日本の法政大学速成科講義録より選出されている。

❖———（3）講義録のすべてを翻訳出版した結果、それは清末の法律や政治翻訳書籍の主体となった

「二〇世紀の最初の一〇年は現在に至るまで、中国人学生の日本留学への洋行運動が史上最大規模であった。」[22]とある。これに伴うように日本に留学した学生が主体となり、勉強した新しい知識を翻訳し、国内で紹介するような活動が最高潮に高まった。譚汝謙の統計によると、一八九六年から一九一一年までの一五年間の間に「日本語から中国語翻訳になった書籍は九五八冊、最も多かった分野は社会科学であり、三六六冊を占めている。これは全体の三八パーセントにのぼる。」[23]となっている。実際にこれら社会科学の書目においては、相当数が法政大学速成科講義録からきている。特に一見の価値があるのは、当時東京にあ

った湖北法政編集社と天津にあった丙午社が編集出版した速成科講義録である。これは『法政叢編』と『法政講義』の形式を用い、系統がしっかりとした今までにない翻訳本であった。これにより、中国国内の法政学界において飛躍的に応用が利くようになった。これ以外にも商務印書館の機関などから出版されている単行本も少なくない。速成科講義録の訳本の状況は以下の表5を参考にしてほしい[24]。

表5　速成科講義録及び主要訳本

原作者及び講義原稿	訳本	作者及び講義原稿	役本
梅謙次郎『法学通論』	王烝訳、長沙、出版社不明、一九〇八年。	板倉松太郎『刑事訴訟法』	鄒麟書等編訳、東京、湖北法政編集社、一九〇五年。
梅謙次郎『民法総則』	1、厳献章・匡一編訳、東京、湖北法政編集社、一九〇五。 2、周大烈・陳国祥編集、天津、丙午社、一九〇七年。	板倉松太郎『民事訴訟法』	欧陽葆真・朱泉璧編集、東京、湖北法政編集社、一九〇五。
中村進午『平時国際公法』	1、叶開琼編集、東京、湖北法政編集社、一九〇五。 2、陳時夏（訳）、上海、商務印書館、一九一一年。	岡田朝太郎『刑法各論』	李碧編訳、天津、丙午社、一九〇五年。 2、李碧編訳、東京、湖北法政編集社、一九一六。
中村進午『戦時国際公法』	張福先（訳）、東京、湖北法政編集社、一九〇五。	岡田朝太郎『刑法総論』	李維鈺編訳、天津、丙午社、一九〇五年。 瞿宗鐸編訳、東京、湖北法政編集社、一九〇六。
中村進午『新訳国国私法』	袁希濂（訳）、上海、商務印書館。一九一一年前版。	清水澄『行政法』	黄履真編訳、東京、湖北法政編集社、一九〇五。 商務印書館編訳所訳、上海、商務印書館、一九一一年前版。
小野塚喜平次『政治学』	杜光佑編集、東京、湖北法政編集社、一九〇五年。 鄭篪訳、上海、商務印書館、一九〇六年。 陳敬第編訳、天津、　丙午社、一九〇六年。	金井延『社会経済学』	陳家瓚訳、上海、群益書局、一九〇五年。

山田三良『国際私法』	郭文武（編訳）、東京、湖北法政編集社、一九〇五年。傳疆編訳、天津、丙午社、一九〇七年。李倬（訳）、上海、商務印書館、一九一一年。	岡実『財政学』	叶开琼・何福編集、東京、湖北法政編集社、一九〇五年。
小河滋次郎『監獄学』	劉銘編訳、東京、湖北法政編集社、一九〇五年。明志学社訳、一九〇六年。	志田鉀太郎『商法総則』	胡志繹編訳、東京、湖北法政編集社、一九〇五。陳漢第編訳、天津、丙午社、一九〇七年。
岩田一郎『裁判所構成法』	呉柏年訳、東京、湖北法政編集社、一九〇五。	筧克彦『国法学』	陳武編訳、東京、湖北法政編集社、一九〇五。陳時夏訳、上海、商務印書館、一九〇七。熊範輿訳、天津、丙午社、一九〇七年。
松波仁一郎『商法論』各篇	陳時夏訳、天津、丙午社、一九〇七年。鄭釗訳、上海、商務印書館、一九一一年。秦瑞玠訳、上海、商務印書館、一九一一年。		

この表は譚汝謙の『中国訳日本書総合目録』の経済・財政・法律・政治類の書目の中から統計を取ったものである。ただしこの本が収録している書籍が、当時の速成科講義録の訳本のすべてというわけではない。筆者は国内の主要図書館で、収録されている以外の訳本を調べてみた。例えば筧克彦の『国法学』は表5で挙げられた三冊の訳本以外に、呉兴譲の訳本・戴季陶の訳本がある。しかも表中の訳本の多数は当時の速成科の学生が後に編訳したものである。当時教学研究所が用いた法政大学発行の最初の版本は、『中国訳日本書総合目録』におけるごく少数の訳本のみが収録されている。そのため この少数の訳本の史料的価値はさらに高まっている。

❖——(4) 速成科講義録は近代社会文化変化に新しい「思想資源」と「概念工具」を提供した

日清戦争から戊戌の変法、そして二〇世紀初頭に至るまで、明治維新後の日本は中国にとって常に注目の的であり、革新の手本であった。清末に推行された「新政」内閣の重臣たちはもちろんのこと、戊戌の変法の失敗した後に発起した保皇派や、様々な理由により日本に留学し、革命思想に染まった革命党など多くの中国人が日本を新しい文化の中心地として見做していた。彼らは日本で学んだすべてを翻訳し、雑誌という形で中国国内に次々と紹介していった。なだれ込んできたそれらの新しい知識は、中国に古くより存在する「思想資源」と「概念工具」と相俟って、前代未聞の巨大な変化を生みだした[25]。その渦中において、法政速成科は重要な役割を果たしていった。

「思想資源」のある一面を見てみることにする。立憲派のリーダーであった梁啓超が来日した際に、新しい知識を受けて衝撃を受けた時のことを例に挙げる。一九〇三年の後半に、梁啓超は国家の構想に関して当時では考えられなかった構想を生み出す。それは一九〇五年に書かれた『開明専制論』にて突出して反映されている。この文章が書かれたきっかけを梁啓超はこう述べている。「筧克彦氏の説を祖述したものであり、立憲の過度期、民選議院未成立の時代を言ったに過ぎない。」またある学者は、梁啓超の文章は筧克彦の説をとっていると指摘し、さらにその出典は筧が法政大学速成科の留学生に教えていた『国法学』であるとしている[26]。梁は革命派知識分子の陣営とも論争を展開していき、その革命理論の出典はさらに多くなっていった。そのため梁は法政大学速成科が教えた知識の影響を直接的に受けていたと考えられる。また汪精衛・陳天華・胡漢民・宋教仁・朱執信などの速成科出身者が多数所属しており、彼らは速成科で学んだ法政の知識を活かして、中国が直面している国際・国内情勢を解決する糸口を模索していた。彼らは民族の主義主張や政治・社会革命に関して大々的に人々に問いかけていた。汪精衛が『民報』にて発表したシリーズの政治論文からもわかるように、その理論の元をたどると、法政大学速成科で受けた教育内容と同じ系統である。孫宏雲は汪精衛や梁啓超が書いた「革命」論争の政治学的文章の背景には、筧克彦や小野塚喜平次などの思想学説がこの二人の理論の中心を担っていることを指摘している。これはまさしく彼らが速成科の知識を学んだことを示している。孫はまた現代学科の建立面からも指摘している。小野塚喜平次の政治学は清末の「政治学」の模範となっており、中国現代政治学の形成に段階性を持つ理論体系と概念工具を付与している[27]。これ以外にも胡漢民は国際法領域、宋教仁は立憲政治領域、朱執信は経済学領域の「専攻」にて、速成科の教育内容の影響を受けており、今後の研究の課題とされる。

「概念工具」という方面から、法政速成科の翻訳された講義録は、今日我々が研究している近代語学の変化・翻訳新語の普及や吸収に関する最上の資料である。「新しい語彙・新しい概念工具は人々に彼らがいる世界を、理解させ、解釈させる時に、大きな変化を生みだした。」[28]速成科の講義録を通して、多くの現代語彙はある分野の学術用語が基になって生み出されたことがわかる。今日の「国際法」（公法と私法に分ける）の語彙は、二〇世紀以前は一貫して「万国公法」と呼ばれていた。しかし日本で留学生が「国際法」という名称を学んだため、その後「万国公法」は「国際法」と名称を変えた。二〇世紀初頭「日本における国際法界の創設者」[29]と呼ばれた中村進午は、法政大学速成科の国際法課程の開講の際に、その講義録の序論にて国際法の由来について述べている。

国際とは、国と国の交際である。公とは公務の交際であり、故にその法は公法という。日本・中国は、初め皆之を名付けて万国公法と為す。然らば万国は各国をいうことであり、国と国の交際の意味を有する言葉ではない。日本は名実一致のためにここに国際公法と改名する[30]。

「経済学」という語彙も幾度の改名がなされてきた。最終的に梁啓超が資生学や生計学から、今日の経済学という名を命名した[31]。近年も日本語の翻訳から「漢字新語」が生まれ、今日では学術対象として多くの学者が研究している。本論は広範囲にわたり速成科について述べてきたが、今後の課題としては速成科の講義録を中心として近代法政語彙の変革について研究していきたいと考えている。そしてその結果によっては、学界に新たな問題提起を起こすと思われる[32]。

結論

日清戦争の後、深刻な民族危機に迫られ、清朝政府は「新政」を推進し、科挙制度も廃止となった。その廃止に伴い、法政留学のブームが巻き起こった。法政大学速成科の創設当時は人々の注目を引き、清末民初の中国における多くの改革人材を育成した。卒業生の中には汪精衛・陳天華・胡漢民・朱執信・宋教仁・居正などの職業革命家以外にも、帰国後に清末予備立憲及び民初立憲政治の建立に積極的に参加した大勢の学生がいた。また辛亥革命の推進や民主共和理念が中国国内で広く伝えられたのには理由があった。それは留学生の大多数が、中国国内における法政学堂の創設者或いは教育者となり、中国近代法律教育のために貢献したからである。近代留学教育史においては、法政大学のように講義内容を出版発行にして学生に供した例は多く見られない。さらに驚くべきことは、百年以上経った今日でも、我々が講義録の大部分を知ることができることである。ただし長期にわたり、『法政大学速成科講義録』は学界の注意を引いてこなかった。また中国国内で目にする版本の多くは当時の速成科学生が使った本ではなく、留学生が講義録を基礎としながらも、諸家学説も引いてきた後に編訳された法政叢書であり、原本といえる『法政大学速成科講義録』は逆に人目につかない奥深くにしまわれてしまった。今後はこの貴重な史料を用いて、法政速成科の教育内容と留学生への貢献や影響の関係などを探っていくことができる。さらには近代の留学教育・近代法制変革及び知識文化の変化の模索に対して、この貴重書は重大な歴史的意義を持っているに違いないと考えている。

注

[1] 代表的論文は以下のようである。賀躍夫「清末士大夫留学日本熱――法政大学中国留学生速成科」(『近代史研究』一九九三年第一期)、跃鉄川「中国近代法学留学生与法制近代化」(『法学研究』一九九七年第六期)、丁相順「晩清赴日法政留学生与中国法制近代化的再思考」(『金陵法律評論』二〇〇一年春季巻)、翟海涛「日本法政大学速成科与清末的法政教育」(『社会科学』二〇一〇年第七期)、冯天瑜「憲政起源与留日中国学生」(『中国教育報』二〇一一年一〇月一〇日第五版)。

[2] 「法政大学沿革略」『法政大学速成科講義録』第一号、雑纂、法政大学発行、明治三八年版、一一頁。

[3] 石原三郎「法政大学の過去及現在」『法学志林』九巻一一号、明治四一年一一月二〇日、法政大学史資料委員会編『法政大学史資料集第一一集』法政大学、昭和六三年版、一四頁。

[4] 梅謙次郎「清国留学生法政速成科設置趣意書」『法学志林』五六号、明治三七年五月一五日、『法政大学史资料集第十一集』二頁。

[5] 『法学志林』六三号、明治三七年一一月一五日、『法政大学史資料集第一一集』七頁。

[6] 法学通論・民法・憲法汎論・刑法・国際公法・経済学原論・行政法は両学部の共通必修科目であった。法律学部の学生は商法・国際私法・裁判所構成法・民事訴訟法・破産法・刑事訴訟法と監獄学が開講されていた。政治学部の学生は比較憲法・地方制度・政治学・応用経済学・財政学と警察学が開講されていた。両学部の毎学期の授業数は変わらず、共に二四コマであった。参照は「法政速成科規則中改正」『法学志林』七巻一二号、明治三八年一二月二〇日、『法政大学史資料集第一一集』八―九頁。

[7] 「法政速成科補修科趣意書」『大日本法政大学紀要』、明治三九年、『法政大学史資料集第一一集』一三頁。

[8] 「法政速成科補修科規定」『大日本法政大学紀要』、明治三九年、『法政大学史資料集第一一集』一三頁。

[9] 「清国留学生普通科」『法学志林』九巻一号、明治四〇年一月二〇日、『法政大学史資料集第一一集』一四頁。

[10] この講義録は日本で一般に発行されていた以外、中国の上海広智書局が直営店であった。筆者が法政大学にて保存されている講義録を調べた結果、現在では一―五二号(第三〇号欠落)が現存している。

[11] 当時法政大学速成科は日本人の教授を採用した。日本語に堪能で学力が高い留学生による通訳形式で授業が行われた。授業後に通訳の学生

は職員室にて授業内容を翻訳した。その内容が『法政大學速成科講義録』として出版された。

[12] 法政大学藏『法政大學速成科講義録』一—五二号。

[13] 法政大学史資料委員会『法政大学史資料集第十一集』、法政大学、昭和六三年、一一五—一一六頁。阿部洋『中国の近代教育と明治日本』福村出版株式会社、一九九〇年版、八三頁。

[14] 当初、範源濂は法政大学総理であった梅謙次郎に速成科設立を要請した。通常学制で三—四年かかる学習内容を一年という短すぎる時間で修了することは不可能と考えられていた。加えて言語の問題もあることから、翻訳だけでも半年の時間が必要とされていた。そのため最低でも二年はかかるということであった。しかし範源濂は二三年は長すぎる。それでは中国の改革に到底間に合わないと反論した。その結果夏休みを削り、学制を圧縮した。速成科の初めは一年を期間としたが、一学期を終えてみてから、半年延長することにした。それに伴い、必修科目も増やすことができた。参照は梅謙次郎「法政速成科の冤を雪ぐ」『法学志林』七巻一〇号、明治三八年一〇月二〇日、『法政大学史資料集第一一集』一〇〇頁。

[15] 丁相順「晩清赴日法政留学生与中国早期法制近代化」『中外法学』、二〇〇一年、第五期から孫引き。

[16] 「京師法律学堂章程」『東方雑誌』一九〇六年、第一〇期。

[17] 実藤恵秀著、譚汝謙・林啓彦訳『中国人留学日本史』北京三聯書店、一九八三年版、一二三三頁。

[18] 翟海涛「日本法政大学速成科与清末的法政教育」『社会科学』二〇一〇年第七期。

[19] 蔡慧珍「清末之日本中国留学生会館」『日本研究』、一九九九年六月号、五〇頁。

[20] 許小青「一九〇三年留日学生刊物的伝播網絡」『中州学刊』、二〇〇一年第六期。

[21] 省官立紳班法政学堂『四川省官立紳班法政学堂一覧表』一九一〇年、四川法政学校公文書、四川大学公文書館所蔵。里贊・劉昕傑「四川法政学校——中国近代法学専門教育的地方実践（一九〇六—一九二六）」『華東政法大学学報』、二〇〇九年第一期。

[22] 費正清・劉広京編『ケンブリッジ晩清史』（下）中国社会科学出版社、二〇〇七年版、三四一頁。

[23] 譚汝謙「中日之間訳書事業的過去、現在与未来」、実藤恵秀監修、譚汝謙主編、小川博編集『中国訳日本書総合目録』（序に代わって）、香港中文大学出版社、一九八〇年版、六一頁。

[24] 実藤恵秀監修、譚汝謙主編、小川博編集『中国訳日本書総合目録』、香港中文大学出版社、一九八〇年版、三二六—四一八頁。

[25] 王汎森『中国近代思想与学術的系譜』、河北教育出版社、二〇〇一年版、一五〇頁。

[26] 川尻文彦「梁啓的政治学——以明治日本的国家学和伯倫知理的受容為中心」『洛陽師範学院学報』、二〇一一年、第一期。

[27] 孫宏雲「汪精衛・梁啓超「革命」論戦的政治学背景」『歴史研究』、二〇〇四年、第五期・「小野塚喜平次与中国現代政治学的形成」『歴史研究』、二〇〇九年、第四期。

[28] 王汎森『中国近代思想与学術的系譜』河北教育出版社、二〇〇一年版、一五八頁。
[29] 大平善梧「名誉教授中村進午博士逝く」『一橋論叢』第四巻、第四号。
[30] 法政大学『法政大學速成科講義録』第一号、一九〇五年版。
[31] 実藤恵秀著、譚汝謙・林啓彦訳『中国人留学日本史』北京三聯書店、一九八三年版、二九四頁。
[32] この方面における最新論文は次に挙げておく。冯天瑜『新語探源——中西日文化互動与近代漢字述語生成』中華書局、二〇〇四年版・沈国威『近代中日詞汇交流研究——漢字新詞的創制・容受与共享』中華書局、二〇一〇年版。

漢文月刊雑誌『東洋』に関する一考察

蘭　一博
（法政大学大学院人文科学研究科日本文学専攻
国際日本インスティテュート修士課程卒業）

辛亥革命一〇〇年記念と中日両国の国交回復四〇周年を契機として、中日両国において、清国末期に日本に留学した中国人に関する研究が進み、数多くの成果が発表されている。これらの研究のなかで、中国人の日本留学史に関する研究の第一人者と呼ばれているのが実藤恵秀である。

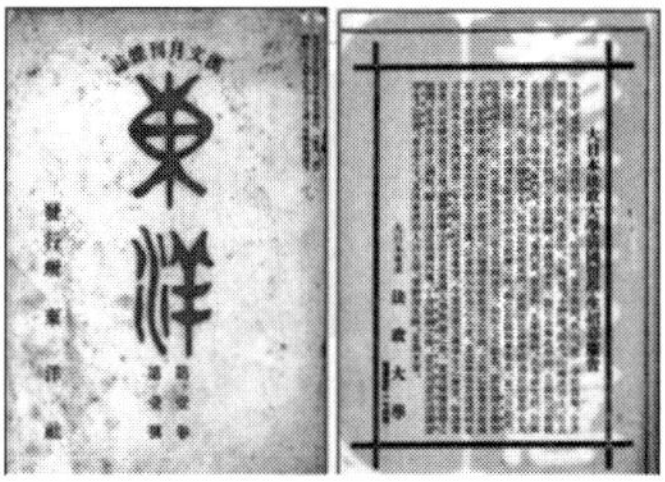

図１　『東洋』の表紙（左）と本文（右）

実藤は、『中国人日本留学史』のなかで、留日学生の諸雑誌創刊活動を通して、中国の変革を促したことが諸雑誌の最も重要な役割であったと指摘した。

しかし、当時、清国留学生を対象とする雑誌が、すべて留学生たち自身によって発刊されたものであったわけではない。日本側も留学生たちのために雑誌を創刊したのである。そのような、日本人によって創刊された漢文月刊雑誌『東洋』は、法政大学が出版した唯一の清国留学生向けの雑誌である。

『東洋』は、一九〇六（明治三九）年八月一五日に創刊され、一九〇七（明治四〇）年九月の第一〇号をもって廃刊となった。

内容として、『東洋』には、絵書、社説、史伝、時事、教育、家庭、読者からの寄稿、雑報などが含まれていた。誌面の多くは政治、法律、経済などに割かれていたが、留学生の状況についても詳しく言及しており、当時の留学生の生活の一端を知ることができる。

本研究では、法政大学が清国からの留学生向けに出版した漢文月刊雑誌『東洋』に基づいて、従来あまり知られていない清国留学生の置かれた状況を分析するとともに、『東洋』における記事を考察する。その際、『東洋』の創刊から廃刊までの経緯、『東洋』の発行に携わった人物などの分析を通して、従来の清国日本留学史で触れられることの少なかった『東洋』という雑誌の意義と役割も検討したい。

1 『東洋』の発刊と廃刊

❖———（1）雑誌の創刊

『東洋』がどのような背景の下で生まれたかについて、まず、一九〇六年における清国留学生と法政大学法政速成科が置かれた状況を見てみよう。

一九〇六年に法政速成科第二班と第三班の在籍者が卒業し、第五班が開講した。

第二回の卒業式に参加した人物は、法政大学の総理だけではなく、清国公使や日本の司法大臣といった要人もおり、法政速成科に対する法政大学、清国政府、日本政府の関心の高さが示唆されているといえる。

このような状況から、清国からの留学生の数が過去最多となった一九〇六年に、読者の獲得が見込まれるとともに、清国留学生に日本人の論説を紹介することと、法政大学法政速成科を宣伝するために、留学生達が理

表1　明治40年上半期における『東洋』の収支

分野	金額
収入	
『東洋』売却代	95円96銭
収入合計	95円96銭
支出	
『東洋』漢訳料	102円75銭
『東洋』印刷料	322円5銭
『東洋』用紙代	116円54銭
支出合計	541円34銭
差引損失	445円38銭
1か月平均損	74円23銭

表2　明治40年1月から8月までの『東洋』の収支

分野	金額
収入	
『東洋』広告料	23円
『東洋』収入	88円70銭
収入合計　121円70銭	
支出	
『東洋』漢訳料	123円50銭
『東洋』印刷料	415円76銭
『東洋』用紙代	186円　9銭6厘
『東洋』口絵印刷費	128円73銭
『東洋』編集主任手当（1月から8月まで）	160円
支出合計	1014円　8銭6厘
差引損失	902円38銭6厘
1か月平均損	112円80銭余

解できる言葉を使用し、漢文月刊雑誌『東洋』が発刊されたことがわかる。

❖――――（2）雑誌の廃刊

明治三九年に創刊された『東洋』は、明治四〇年九月の第一〇号をもって廃刊となった。

廃刊の理由となった『東洋』の収支について検討してみよう。

明治四〇年上半期に『東洋』の収入は九五円九六銭、支出は五四一円三四銭、一か月の平均損額は七四円二三銭であった。そして、明治四〇年一月から八月までの収入は一二一円七〇銭、支出は一〇一四円八銭六厘、平均損額は一一二円八〇銭であった。月額にして約一一二円の損失は、法政大学全体の収入からすれば、決して大きな金額ではなかった。しかし、一年間発行したものの収入の改善が見られない雑誌を今後も発行し続けることは、長期的に見れば大学の財政に悪影響を与えかねないものであった。

❖――――（3）漢文月刊雑誌『東洋』の位置づけ

『東洋』は当時の法政大学が出版した唯一の留学生向けの雑誌となったが、留学生にとって、あるいは日本社会のなかで、『東洋』はどのように位置づけられていたのだろうか。

日本留学の最初期に、日本において法律や政治を学べる官私立学校の大部分は修業年間が三年ないし四年であり、授業は日本語で行われた。これは、可能な限り短期間で日本から多くのことを学ぶことが課せられた留学生にとって、好ましくないことであった。そのため、清国からの留学生のうち、法律学や政治学などを修業した者は少なかった。日本の教育の体系や方法は清国政府の差し迫った状況に対応できないという清国の留学生范（範）源廉の求めに応じ、法政大学は一九〇四（明治三七）年に麹町区富士見町六丁目一六番地に清国留学生法政速成科を開設した。

法政速成科に在籍し、後に清国ないし中国で要職を占めた人物は、表3の通りである。

表3　法政速成科を卒業した著名人

姓名	本籍	卒業年	帰国後の主な職務
王家駒（1878-1912）	江蘇	1905年第一班	北京法政専門学校校長
張知本（1881-1976）	湖北	1905年第一班	国民政府行政法院院長
夏同龢（1868-1925）	貴州	1905年第一班	国務院法制局参事
古應芬（1873-1931）	広東	1906年第二班	財政部部長
汪兆銘（1888-1944）	広東	1906年第二班	中華民国国民政府主席
匡一（1876-1920）	湖北	1907年第四班	直隷省検察庁庁長
饒漢祥（1883-1927）	湖北	1907年第四班	総統府秘書長
沈鈞儒（1875-1963）	江蘇	1907年第四班	最高人民法院院長
湯化龍（1874-1918）	湖北	1907年第四班	全国人民代表大会常務委員会副会長
居正（1876-1951）	湖北	1907年第四班	国民党非常委員会委員
張治祥（1883-1919）	四川	1907年第四班	衆議院議員
顔楷（1877-1927）	四川	1908年第五班政治部卒業	憲政北京支部評議員

法政速成科の教育は中国の近代化に少なからぬ影響を与えた。そして、後に中国の近代化を進めることになる人々を主たる読者として発行された『東洋』にも、何らかの意義が存在したと推察することができるのである。

『東洋』が果たすべき役割は、発刊号に掲載された祝辞から明らかである。すなわち、元首相の伊藤博文による一文には、「注意政治文学而国際外交之否泰貿易通商之盛衰工芸進歩風俗改善（政治、文学、国際外交の安定及び貿易通商の盛衰、工芸と風俗の改善に注意する）」と書かれており、『東洋』にはこれらの分野に関する情報を掲載し、留学生に提供する、ということが期待されていたのである。

また、大隈重信も、『東洋』第一号の第三頁に祝辞を書いた。祝辞によって大隈が『東洋』に大きな期待をしていたということはできない。それでも、『東洋』という雑誌に、伊藤博文や大隈重信といった、当時の日本を代表する有力な政治家の祝辞が掲載されたということ自体、『東洋』が法政大

表4 『東洋』に掲載された清国の著名人

人物	名前	掲載号	ページ数	生没年	備考
楊公使	楊樞	第1号	4	1844-1917	清国第三代駐日公使
王参官	王克敏	第1号	5	1876-1945	清国公使館参賛官
范源廉	范源廉	第1号	5	1875-1927	教育総長、北京師範大学校長などを歴任
張総督	張之洞	第1号	68	1837-1909	清末の政治家、日本留学を推進
厳氏	厳修（厳範孫）	第1号	69	1860-1929	清末民初の教育者、南開大学を創立
楊度	楊度	第1、3号	41、42	1874-1931	法政大学法政速成科第二班学生
夏状元	夏同龢	第1号	6	1868-1925	法政大学法政速成科第一班学生、国務院法制局参事などを歴任

学による単なる留学生向けの機関誌などではなく、一定の社会的な役割を担わされた雑誌であったことを示唆している。

また、当時、清国北京学部参議官であった范源濂（一八七五～一九二七）、清国公使館参賛官（参議官）の王克敏（一八七六～一九四五）と清国公使楊樞（一八四四～一九一七）も、『東洋』の創刊に対して祝辞を述べた。さらに、楊は祝辞だけではなく、『東洋』第三号で、本誌を「仁言利溥」と高く評価しており、清国側の期待の高さを示した。

『東洋』には、官僚、政治家、教育家など、清国の要人や有力者が取り上げられている（表4）。

『東洋』に掲載された文章の一部には、最後に執筆者の名前も書かれている。

執筆者の大部分は、政治、経済、法律などの分野の専門家であるだけでなく、それぞれの分野で一家をなした人物であった。ここからも、『東洋』に掲載された記事が単なる時事的な話題ではなく、各分野の専門家によるものであり、清国留学生たちに対して、良質な内容の記事が提供されたことが推察されるのである。

2 『東洋』の内容に関する定量的検討

雑誌『東洋』の目次は、「絵書」（第八、九号は掲載せず）、「主張」、「説林」、「雑俎」、「寄書」、「時論」、「雑報」、「付録」（第五号は刑法、第六号は漢訳改正　刑法、第七号は朝鮮現代史）、「広告」などに分かれていた。そして、各項目の内容は、政治、教育、経済、法律、写真、絵、文芸、文化、スポーツ、生活、広告とその他という分類であった。本節は、『東洋』の記事を内容に従って分類し、検討する。

表５　『東洋』の記事の内容

項目＼号数	1	2	3	5	6	7	8	9	10	合計（件）
歴史	1	0	0	0	0	1	1	0	0	3
政治	6	7	16	15	15	19	18	11	8	115
経済	2	1	4	2	1	1	1	2	1	15
人物	5	2	1	1	3	1	0	1	0	14
教育	12	11	8	5	4	2	1	0	0	43
法律	2	3	1	5	2	5	2	2	3	25
漢詩	0	0	1	2	1	1	4	2	2	13
軍事	0	0	1	3	1	1	0	1	1	8
他	5	5	6	4	6	1	6	6	2	41
合計（件）	33	29	38	37	33	32	33	25	17	277

各号の記事は、第一号から第八号までは三〇件前後で推移しており、第九号で二五件、第一〇号では一七件と、件数が減少した。

表6　『東洋』における掲載記事の項目別件数

項目	政治	教育	法律[1]	経済	人物	漢詩	軍事	歴史	他
記事数（件）	115	43	25	15	14	13	8	3	41
比率（%）	41.5	15.5	9	5.4	5.1	4.7	2.9	1.1	14.8

表7　『東洋』における政治及び教育に関する記事の掲載件数

項目＼号数	1	2	3	5	6	7	8	9	10
政治（件） 比率%	6 18.2	7 24.1	16 42.1	15 40.5	15 45.5	19 59.4	18 54.5	11 44	8 47.1
教育（件） 比率%	12 36.4	11 37.9	8 21.1	5 13.5	4 12.1	2 6.3	1 3	0 0	0 0
掲載記事の合計（件）	33	29	38	37	33	32	33	25	17

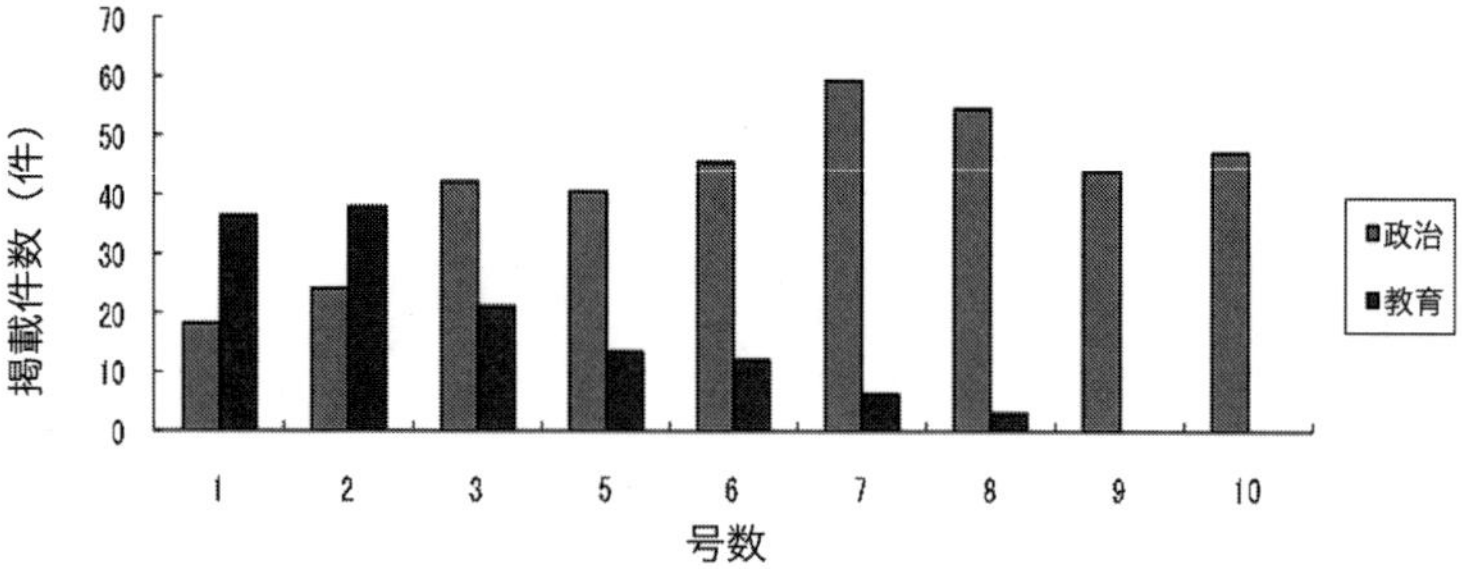

図2　『東洋』における政治関連記事の内訳

表8　東洋』における政治関連記事の内訳

項目＼号数	1	2	3	5	6	7	8	9	10	合計（件）
日本	2	3		3	3	6	7	3		27
清国	4	4	7	1	5	5	4	2	3	35
波斯		1			1	1		1		4
阿富汗		1								1
英国		1	1	3	1			1		7
美国		1		1		1				3
俄国			3	3		6	2	4		18
徳国			3	1	3	1				8
印度			1		1					2
法国			1			3	2			6
埃及				1						1
韓国				1	1	1	9	4	3	19
墺国					1					1
蒙古						1	1			2

すべての記事の中で一〇％以上を占めている項目は、政治と教育である。政治に関する文章が最も多く一一五編であり、全体の四一・五％を占めている。教育の項目は四三編で割合は一五・五％である。一方、歴史に関する内容が最も少なく、掲載件数は三件、割合は一・一％であった。

『東洋』における政治及び教育に関する記事の掲載件数の推移について、第三号以降、政治に関する記事が件数の上で誌面の大半を占め、第七号、第八号では過半数を占めていたことがわかる。一方、教育に関する記事は第三号から徐々に件数を減らしていることが明らかとなった。

『東洋』の政治関連の記事のなかで取り上げられた国は一四か国であり、五回以上取り上げられたのは七か国であった。このうち、上位七か国の内訳は表9の通りである。

『東洋』の政治関連の記事のなかで最も多く取り上げられたのは留学生の祖国でもある清国であり、記事の件数は三五件、上位七か国の記事に占める

表9　『東洋』における政治関連記事で取り上げられた上位7か国の内訳

順位	1	2	3	4	5	6	7
国名	清国	日本	韓国	俄国	徳国	英国	法国
記事数（件）	35	27	19	18	8	7	6
比率（%）	30.4	23.5	16.5	15.7	7	6	5

割合は三〇・四%であった。これに続くのが、日本（二七編）、韓国（一九編）、俄国（ロシア、一八編）、徳国（ドイツ、八編）、英国（七編）と法国（フランス、六編）であった。

以上より、『東洋』の記事の中心は政治、教育、法律などであり、話題の対象となったのは、清国、日本、韓国、ロシア、すなわち今日でいう東アジアないし極東地域であることがわかる。

また、合計の数から見れば、清国に関する記事は七四件、日本に関する記事は三三件、韓国に関する記事は二七件、インドが五件であるのに対し、「東洋」以外の国に関する記事の数は合計六三件である。以上のデータから見れば、雑誌『東洋』は「東洋」、とりわけ清国の事情を中心として取り上げたということが明らかである。

また、『東洋』では、第一号に伊藤博文、大隈重信、梅謙次郎の写真を掲載している。すでに述べた通り、伊藤と大隈は当時、日本を代表する政治家として名声が高く、梅も法政大学総理であるだけでなく、日本の法学界を代表する人物でもあった。一方、清国側の人物も、張之洞と夏同龢という、当時を代表する政治家、官僚を取り上げていた。

夏同龢（一八六八〜一九二五）は、字は季平、号は用清、獅山山人である。一八六八年に貴州麻哈州（現在の麻江県）で生まれ、一八九八年に科挙に第一位で合格した。夏同龢は一九〇四年に公費で日本に留学し、法政大学の清国留学生法政速成科に第一期生として入学した。法政速成科第一班の卒業式において法政大学総理梅謙次郎は祝辞のなかで夏の卒業論文「清国財政論策」が、法律家の高木益太郎が主催する新聞「法律新聞」二九二号に掲載されたことに言及し、その成績の優秀さを称賛した。夏が特に注目されたのは、彼が科挙の最終試験殿試を第一位で合格した、状元だったからである。

優等生として一年間の学業を終えた彼は、日本の知人に対して、帰国後、法律と政治を専門とする大学を広く興し、国民全員に法律知識を持たせるという抱負を語った。帰国後、夏は広東法政学堂教頭となり、自らの考えを実践した。当時、夏のように状元の立場にある者が日本で「再教育」を受けるということはきわめて異例なことであった。それだけ、日本の先進的な文物に学ぶという清末の知識人のあり方を示す象徴的な出来事であり、この時期における中国人の自己認識と対外意識の急激な変化を物語っている。

夏にゆかりの場所としては、貴陽夏状元街と故郷の「状元第」などがあり、遺墨として潮州丘逢甲故居のための対聯「馬来西極、竜臥南洋」（馬は西極より来たりて、竜は南洋に臥す）などが残されている。このほか、『答巻』や『四足歌』などの著作も、夏の才能を示すものとして高く評価されている。彼は当時日本に留学した清国学生の内で唯一の状元として評価された。『東洋』の発刊に際しても、下記のような讃詩を書いた。

春風不解分疆界
航海梯山共一家
圓山高方壷聞笑語
座中無処不煙霞
新論應能擬華桓
日長惟憶異書看
編成早乞雙魚賜
客向東風正倚欄

人物の選定において、日清ともに当時の人々に広く知られた人物を取り上げたことは、『東洋』が読者の関心を引くことを目指すとともに、そのような人物の肖像を掲載することで、雑誌の権威化を図ったことが推測される。

また、景色については、富士山、天橋立、厳島など、古来日本を代表する場所が選ばれた。これは、ある意味で、日清戦争と日露戦争を経て近代国家の仲間入りを果たしたと自任する日本が、自国の優越性や優秀性を清国の留学生に示すことを企図したのではないかと推察される。

『東洋』は法政大学が清国の留学生のために創刊したものであるため、留学生に関する記事も重要な話題として掲載された。

『東洋』に掲載された留学生に関する記事は合計で二四件あり、第二号には一一件が掲載された。しかし、第三号を境として留学生に関する記事の掲載は断続的になり、件数そのものも減少した。これは、留学生の多様な興味関心にこたえるため、より幅広い話題を掲載しようとしたことの表れと考えることができるとともに、留学生自身にとっては、留学生に関する話題よりも、日本の政治や法律に関する記事の方がより高い需要を持っていたことを示唆するものであるといえるだろう。

3 『東洋』から見た清末留学生に対する評価

清末の留学生達は救国の夢を抱いて海を渡り、さまざまな困難を乗り越え、隣国日本に留学した。この卒業生のなかから、中国の近代化、新中国の建設に重要な位置を占めた者が多数輩出された。そこで、第二章では、後の中国で重要な役割を担った日本留学経験者が、留学した際に清国と日本の関係者からどのような評価を受けたのかという点について、雑誌『東洋』における清国留学生に関する記事に限定して、考察する。

本論文の第一章で紹介した通り、雑誌『東洋』が発刊された当時は、清国から日本に留学する者の数が最も多い時期であった。いわば、日本への留学が最盛期を迎えた時期であり、留日学生は日本で知識を学ぶとともに、数多くの留学生が革命運動に熱心に取り組んだ。

清国政府は国を救うために留学生を日本に派遣する政策を推進したが、留学生は日本で清国を救うための方法ではなく、「危険な」革命思想を身に着けたのである。男性の留学が始まるのとほぼ同じ時期から、清国の女性による日本への留学も始まった。しかし、留学生の数の点では、女子留学生は男子留学生の約一％しかなかったという。

女子留学生を受け入れた代表的な教育機関として挙げられるのは、日本の女子教育界の有力者であった下田歌子（一八五四～一九三六）が創設した実践女学校である。実践女学校は、一八九九年五月七日に東京市麹町区元園町二丁目四番地に開校した。

『東洋』には、清国女子留学生に関連する記事が二つある。まず、第一号の記事を見よう。

……婦人の身で、勇気を持ち、決心を抱き、海を渡り、はるかかなたの外国に遊学した。……本校は授業を開始した際、学生の年齢と学力が異なり……教授は困難である。……しかし、今、会話をすると、障碍はない。学業も進歩あり。数学、心理学などを質問すると、全員流暢に回答できる。……学生の中で、最も年長の者は黄憲祐である。……黄は熱心に取り組み、良好な成績を収めた。清国の婦人の欠点は自尊心が高すぎということである。しかし、今の卒業者は日本人の女性と比べても、遜色はない。女子学生の模範にも成れる。……一年間だけ修業したが、成績は三年間の修業者と同じである。……優等生である黄国厚は、各学科の成績は満点或いは九十点以上である。……黄が日本語で回答する時、在席者は全員驚嘆するという……

記事で言及されている一二名の卒業生は、すでに紹介した通りである。彼女たちが日本へ留学した際、その能力は日本語もわからないほどであった。しかし、卒業した際「然至今日則朝夕会話。試以種種之質問。学生皆応答如流」（今日に至り、朝夕会話し、種々の質問を行い、学生は、皆流暢に答えた）というように、上達した。また、黄国厚と黄国巽は黄憲祐の妹であり、許璧は黄憲祐の娘というように、家族が揃って同時に日本に留学した事例もある。

大部分の女子学生は清国にいた時は名門の出身であったが、日本に来る場合には女中や奴婢をつれて行ってはいけないため、宿舎の掃除などは、「当其在寄宿舎時。舎監手執巾箕。躬親洒掃。学生等前請而自舎監手取巾箕。欣然為之洒掃」（寄宿舎にいるとき、舎監は雑巾を手にし、自ら掃除をした。学生らは舎監に雑巾を渡すように要請し、自ら喜んで掃除を行った）というように、すべて自分で行わなければならなかった。

また、『東洋』は、実践女学校での清国女子留学生の品行、成績、欠点、人数などを、次のように説明している。

……実践女学校が清国女子留学生を受け入れて以来、一年半になった。品行不良者はいないという。学績は優良である。本来、清国の教育は厳粛であるが、実際には活発に富む。一般の想像とは違う。彼女たちは文学の才能に秀で、交際術も巧みだという。

以上は『東洋』の第五号に掲載された「支那女子留学生」という記事の内容であり、下田歌子以下の実践女学校の教育は、女子留学生が「学績亦佳」、「頗富活気」、「於其文学的知能。殆先天的優秀。而亦頗巧交際之術」、すなわち学業成績が優秀ですこぶる活気に富み、文学の才能にほとんど先天的に秀で、交際術にも優れている、という評価を得ることを可能にしたのであった。

以上の検討から、『東洋』が当時の清国からの留学生に対して果たした役割が明らかにされるとともに、日本側、とりわけ発刊者である法政大学が『東洋』を通して留学生に対してどのような期待を抱いたかが確認された。

これにより、従来の清末日本留学史で詳細に検討されてこなかった雑誌『東洋』の持つ意義と役割が明らかとなった。

注

[1] 規則と条約も含まれている。

第二部　日本研究の現状と変容

昭和維新運動とアジア主義

筒井　清忠
（帝京大学文学部日本文化学科教授・学科長
東京財団上席研究員）

1　昭和維新運動の源流――老荘会と猶存社

❖――（1）老壮会

設立一九一八（大正七）年。

文字通り老人から壮年までの多くの人達が集って政治や社会について議論をしようという趣旨の団体。

背景としての米騒動があった。この騒動での、示威運動発生地点は三六八か所で、軍隊約一〇万人が出動、逮捕者は数万人、起訴者約八〇〇〇人であり、それは近代日本史上最大の民衆騒擾事件であった。この事件に触発され、強い危機意識を抱いた人々が集まることにしたのが老壮会なのである。

中心人物の満川亀太郎は次のように回顧している。

「米騒動によって爆発したる社会不安と、講和外交の機に乗じたるデモクラシー思想の横溢とは、大正七年秋期より冬期にかけて、日本将来の運命を決定すべき一個の契機とさえ見られた。一つ誤てば国家を台無しにしてしまうかも知れないが、またこれを巧みに応用して行けば、国家改造の基調となり得るかも測り難い。そこで私共は三年前から清風亭に集って、時々研究に従事しつつあった三五会を拡大強化し、一個の有力なる思想交換機関を作ろうと考えた。かくして老壮会が出来上がった。」（満川亀太郎『三国干渉以後』論創社、二〇〇四、一六八頁）

また、満川が第一回の会合で述べた「挨拶」は次のようなものであった。

「今や我国は内外全く行詰り、一歩を転ずれば国を滅ぼすに至るの非常重大事」となっている。「英米の勢力益々東洋に増大」し「民主的傾向世界に急潮を成して我国に衝突」しつつある。また「貧富の懸隔益々甚しく、階級闘争の大波打ち寄せつつある」が、これらは「三千年来始めての大経験」である。こうした中「要は如何にして此の国の立つべき所を定むるか」であり、「五十年前土間の上に蓆を布き、アグラをかきて国事を議したる維新志士の精神に立ち返りて此の会を進めて行きたきものなり」（同上書、一六九～一七〇頁）。

明治維新が一八六八年であるから、まだ五〇年ほどしか経っておらず、幕末維新を実体験した人々が多く生き残っており「維新志士の精神」がパーソナルに伝わりうるような環境の中にそれを受け継ぐものとして設立されたというわけである。最後の将軍徳川慶喜が亡くなったのがこの六年前、土佐陸援隊の田中光顕が亡くなるのはこの二〇年後である。「昭和維新」というものもそうした時間感覚の中で捉えられるべきであろう。

第一回参加者は、満川亀太郎、大川周明、佐藤鋼次郎（陸軍中将）、大井憲太郎（自由民権運動家で大阪事件の首謀者）、嶋中雄三（中央公論社長）らであったが、後に、高畠素之（マルクスの『資本論』の最初の翻訳者で国家社会主義者）、堺利彦（幸徳秋水とともに日本の社会主義の草分け的存在）、高尾平兵衛（アナキスト）、権藤成卿（農本主義者）、渥美勝（桃太郎主義を唱えた宗教者）、伊達順之助（大陸浪人）、鹿子木員信（日本人初のヒマラヤ登山家で国家主義哲学者）、中野正剛（東方時論社社長で後衆議院議員）、平貞蔵（吉野作造門下生で東大新人会創立メンバー）、大類伸（西洋中世文化史学者）、草間八十雄（都市下層社会研究者）らが参加している。多様な顔ぶれであった。

中心的メンバーは満川亀太郎と大川周明であった。この二人が中心になってインドの独立運動家ラス・リハビー・ボースらも加わり一九一五年頃に満川の回想に出てきた「三五会」というアジア問題についての時局研究会を始めており、それが老壮会につながっているのである。

そこで次にこの二人の主要人物についてやや詳しく紹介しておこう。

満川亀太郎（一八八八—一九三六）は一八八八（明治二一）年、大阪で生まれ、京都で育った。一八九五年、三国干渉に対し遼東還付の大詔が渙発されたが、満川によるとこれが京都で渙発されたという意識が京都人には強かったというが、その中で育った。しばらくして雑誌『少年世界』に載った、遼東還付の大詔の掛け軸を掲げ日清戦争で死んだ父の霊前で復仇を誓っている少年の物語を読み、これを我こととして復仇を誓ったという（『三国干渉以後』一二一～一二三頁）。

三国干渉が徳富蘇峰をしてナショナリストに転換させた話は著名だが、それは幼い京都の小学生にまでナショナリズムの火を燃え立たせていたのである。ナショナリズムの核となるものは少年期に形成されるのだとも言えるかもしれない。

京都市立第四高等小学校を卒業、日銀京都出張所見習等を経て清和中学に入り、幸徳秋水の『帝国主義』を読むなど社会主義文献に接し始める。

一九〇七年、清和中学を卒業、早稲田大学第一高等予科に入学した。この頃、幸徳秋水らの『平民新聞』、宮崎滔天の『革命評論』を愛読したが、「日本の革命はどうしても錦旗を中心としたものでなければならぬ」と考えた。大学図書館で発禁本『国体論及び純正社会主義』（北一輝）を熟読、後に深い関係を持つ北の名はこの時に印象付けられた。

一九〇九年、早稲田大学を中退。頭山満・犬養毅らを顧問とする亜細亜義会を設立。日大法科に入退学後、新聞・雑誌の記者・編集者を務めた。

一九一六年、雑誌『大日本』の編集者をしていてインド人独立運動家ラス・ビハリー・ボースと知り合い、さらにボースを介して大川周明を知ることとなった。こうして、アジア解放・人種差別撤廃の運動を生成していくことになる。

一方、大正中期頃には、貧民生活研究者草間八十雄や水上生活研究者山崎亮太郎らに接し、そうした困窮生活者の調査研究・待遇改善活動に連携していった。ナショナリズムとアジア主義と社会主義が渾然一体となってその思想的核は形成されたのである。

満川は人柄の良さで知られており、彼らの運動が発展するにあたっては、その温厚な性格が大きく寄与していたと見られている。特に、独断専行をしがちな強い性格を持った大川と北がとにもかくにも一定の期間協働し、それによって彼らの運動が大きく伸張したのは満川の円満な人柄に拠る面が大きいと見られる。

一方、大川周明（一八八六―一九五七）は、一八八六（明治一九）年、山形県飽海（あくみ）郡（現酒田市）に生まれた。一八九九年、庄内中学に入学。明治維新の際地元に厚情を尽したことから広く敬愛されていた西郷隆盛の『南洲翁遺訓』を愛読した。

折から、明治末期の青年たちが国家目標の喪失から陥ったといわれるいわゆる「煩悶」の時代を迎えつつあり、キリスト教に関心を示したり、一九〇一年に結成された社会民主党に関心を抱いたりしていた。

一九〇三年、『週刊平民新聞』を購読、「自由、平等、博愛」というフランス革命のスローガンや「平民主義、社会主義、平和主義」の主張に魅かれた。その結果、一九〇四年に庄内中学を卒業した後、東京で堺利彦・幸徳秋水・安部磯雄らの演説を聴いている。

五高入学後の一九〇五年、校内に黒潮会という思想研究団体を組織、横井小楠を尊敬していた。一九〇六年、外務省の高官が任地に赴くに際し、息子を一高に転校させるために文部省に圧力をかけたことが原因と見られている五高栗野事件の中心的リーダーとなり学校当局を敗北させている。このことは当時の雑誌に載り、大川の名はそうした範囲内ではあるが全国的に知られた。

一九〇七年、五高を卒業、東大文科大学宗教学専攻に入学し岡倉天心の「泰東巧芸史」の講義を受けた。大川のアジア主義的著作の骨格が天心によっていることは、両者の著作を読み比べた者には明白である。

一九一〇年、宗教団体日本教会（後、道会）に入会している。大川が東京で最初に入会した団体は宗教団体だったのであり、大学時代の専攻といい宗教的志向が強かったことがわかる。

一九一一年、東大を卒業、卒業論文は「龍樹研究序説」であった。その後、中学英語講師、翻訳、道会の雑誌『道』の編集等をしながらイスラム教を中心に宗教研究を続け、『ハディース』を「マホメット語録」として連載紹介し、ルソーの『エミール』の訳刊もしている。

一九一二年、乃木大将殉死に大きな影響を受け、歴代天皇伝を執筆。この頃に日本回帰が始まったと見られる。

大きな契機となったのは、一九一三年にヘンリー・コットンの『新インド』を読んだことであった。イギリスの植民地としてのインドの現況に大きな衝撃を受け、そちらに関心が向き出したのである。

一九一五年、インド独立運動家グプタと出会い、日印親善会に加わった。グプタ、ラス・ビハリー・ボースらに退去命令が出ると彼らを匿うという危険な行為に加担した。

一九一六年には『印度に於ける国民的運動の現状及び其の由来』を刊行、ガンジーらインド独立運動の初めての本格的紹介を行った。一九一七年には全亜細亜会を結成、こうした運動に一層力を入れていった。なお、一九一八年には満鉄東亜経済調査局嘱託となっている。

このように大川はキリスト教や社会主義の影響を受けつつ宗教研究を進めていたが、インドの現況を知るにつけその独立運動に挺身を始め日本におけるインド独立運動支援の先覚者の一人さらにはアジア主義のリーダーとなりつつあったのである。

このように、満川・大川（そして後述する北一輝）ら後に昭和前期の代表的国家主義者となる人達が幸徳らの社会主義の影響を強く受けているところに、大きく時代の刻印が刻まれているといえよう。そして、それらの人々が中心となって多くの立場の人々が集ったのがこの会の特色であった。

従って会で取り扱われたテーマも、世界の民主的大勢、英米勢力の増大、普選の可否、社会主義、貧民生活、ロシア問題、アメリカ問題、世界革命論、山東問題、婦人問題等多様であった。一九二二年までに四四回開催し、会員総計五〇〇人となっている。

会のメンバーの一人渥美勝は会の意義について次のように言っている。

「明治維新には三大勢力が渦を巻いていた。即ち黒住、佐幕、勤皇の三派であつた。然しながら彼等の間には何等の連絡も諒解も無かったから随分無用のことに人命を殺したのである。今や第二革新の機が眼前に切迫せるに際し、氷炭相容れざる各派、即ち右は保守的軍国主義より左は急進社会主義の極までを網羅する此の会の如きは、御互に顔を見知って置くだけでも、誤解を釈くことも出来、一朝有事の日敵を変じて味方とすることも出来る」（『三国干渉以後』一八一―一八二頁）。

こうした意義を持っていた会ではあったが、しばらくすると主宰者の満川が「エタイの知れないものになってしまつた」（『三国干渉以後』一九一頁）というようにその特質がかえって会の性格を曖昧なものにしてしまっていたことも事実であった。そこで満川と大川が結成することにしたのが猶存社であった。

❖——（2）猶存社と北一輝

一九一九（大正八）年八月一日、牛込南町一番地の家屋に「猶存社」の門標が掲げられた。

『唐詩選』中の魏徴の「述懐」という詩に「中原復逐鹿　投筆事戎軒　縦横計不就　慷慨志猶存」（「中原復《また》鹿を逐《お》う　筆を投じて戎軒《じゅうけん》を事とす　縦横　計《はかりごと》就《な》ら不《ざ》れども　慷慨《こうがい》志猶《なお》存す」）とあるところからとったものである。

「天下をめぐる争い起こり、志のために筆を放り出して戦いに従事することになった（戎軒《じゅうけん》＝戦車）。勝利を得るために様々に戦略を練ったが成功できないでいる。しかし世を憂い志を遂げようという気持ちを決して失うことなくなお戦い続けるつもりである」という意である。

このことに関し、満川は次のようにも言っている

「今や天下非常の時、何時までも文筆を弄しているべき秋ではない。我等は兜に薫香をたきこめた古名将の如き覚悟を以て日本改造の巷に立たねばならぬ。慷慨の志猶存す。」（『三国干渉以後』一九五頁）

さて、こうして猶存社はできたのだが、こうした「国内改造の気運を整調指導して貰う」ためのリーダーが必要だと考えた満川は、『国体論及び純正社会主義』執筆後中国革命に挺身し、その時上海にいた北一輝を日本に迎えることを提唱した。

一九一五年に『支那革命党及び革命之支那』を読んで「快心の著書」と感心した満川は、翌一九一六年に北に会っており、以後、適宜連絡を取っていた（満川、一六八、一七四頁、北著作集二、二〇七～二一三頁、『満川書簡集』、二七七～二七八頁、満川「老壮会の記」「大日本」大正八年四月号）ので、ある程度固まって

いたことでもあった（『満川書簡集』、六七、二七七〜二七八頁）。

この提案に賛成した大川が自ら出向くことになった。一九一九年（大正八年）、八月八日のことであった。

ではその北一輝とは如何なる人物なのか。

北一輝は（一八八三―一九三六）は佐渡両津町生まれである。

一八九七年、佐渡中学入学。翌一八九八年、「彦成王（順徳院皇子）の墓を訪う記」を書いている。「嗚呼、暴なる哉北条氏。嗚呼、逆なる哉北条氏。北条以前に北条なく、北条以後に北条なし。苟（いやしくも）一天万乗の皇帝をして洋々たる碧海ノ孤島に竄（かく）し、恨を呑で九京（泉）の人たらしむ。」（「九泉」とは「あの世」のこと）。

佐渡に流された皇子を悼んだ文章である。中学生の北には、流された皇族を哀れみ悲しむ佐渡人に独特の尊皇心が芽ばえていたと見られる。

一九〇〇年、佐渡中学を落第し結局退学。また眼病で七か月入院した。一九〇二年には右眼を失明している。

一九〇一年、『明星』に短歌が掲載された。詩歌の道に志すところがあり、また優れていたのである。ただ、中学生時代に徹底的に修練に励んだのは漢文であった。詩歌にせよ漢文にせよ、北に卓越した文才があったことは間違いなく、それは後に青年将校達を引き付ける有力な武器となる。

退院上京。折から日本最初の社会主義政党社会民主党による『社会民主党宣言書』が出され、社会主義研究を開始した。

一九〇三年、『佐渡新聞』に連載していた「国民対皇室の歴史的観察」が掲載中止となっている。内容が不敬と見られたのである。『平民新聞』を購読配布していたのだから、相当に社会主義化していたわけである。

しかし、日露間の情勢が険悪となる中、幸徳らの非戦論とは違い開戦を支持した。

続いて一九〇四年から五年にかけて、早稲田大学・帝国図書館に通い研究・執筆。一九〇六年、それを『国体論及び純正社会主義』として公刊した。

では、『国体論及び純正社会主義』はどのような著作か。まとめておこう。

北は、自らの社会主義の基礎は生物学・進化論という科学にあることを力説している。当時の最先端のサイエンスの知見であった進化論を背景にしていることは、北の自信の大きな背景であった。

次に、経済政策としては、自らの社会主義は分配の公平を目指すものではなく、土地及び生産機関の公有とその公共的経営を「脊髄骨」とするものだという。そして「大生産」により「全社会を驚くべく富有ならしむる」ことにより「社会進化の理想」が実現され貧困は消滅する、と説かれている。「公有」により生産性が高まり貧困もなくなるという社会主義なのである。

また、個人の倫理に関しては、「個人主義の組織を革命して」「個人を社会国家の利益の為めに自由に活動すべき道徳的義務を有する責任体たらしめんとする」としている。そして、そうした形での社会の道徳的進化により犯罪は消滅すると結論付けている。たんなる個人主義を克服して、自由な主体でありながら社会的責任感を持った個人の集合体としての社会を構想したのである。

次に歴史観が展開され、そこからありうべき政体論が説かれる。

まず、日本史は「乱臣賊子」ばかりという視点から、公定的国体論への批判が展開される。ただし、「順徳坊様」という言い方には、皇室への敬愛の念も感じられる。

そして、君主国→貴族国→民主国という進化史観が説かれる。これは、ローレンツ・フォン・シュタインの理論を有賀長雄が改変したものをさらに換骨奪胎したものである。近代日本は「民主国」足るべきものなのであり、「社会民主主義は維新革命の歴史的連続を承けて理想の完き実現に努力しつつある者」なのである。こうして北の社会（民主）主義は維新革命の理想の継承であることが力説され、天皇は帝国議会とともに国家の最高機関の要素であるという国家主権説・天皇機関説が展開される。北は天皇機関説論者であり、その意味での民主主義者であるが、近代日本を「民主国」と規定する以上、当然の帰結でもあった。そうすると、「維新革命の理想を実現せんとする経済的維新革命は殆ど普通選挙其のことにて足る」ということになる。北は普通選挙によって維新革命の理想である社会主義が実現されると考えたのである。

ただ、北が当時の通常の社会主義・民主主義者と異なるのは「吾人は万国社会党の決議に反して彼等（ルーテル・孟子）と共に国家を是認し、而して社会民主主義の名に於いてすべし」としたところにあった。だから、「日露戦争は尊王攘夷論を継承せる国民精神の要求なり」、「国家の権威を主張する国家主義の進化を承けずしては万国の自由平等を基礎とする世界連邦の社会主義なし」という結論となる。

北は「民主国」日本では普通選挙を実施することを主張し、平等な各国家の上に世界連邦的社会主義を実現することを考えたのである。北は後に「一貫不惑である」ことを誇ったが、確かに「国民精神」と社会主義の接合という点で生涯ぶれることはなかったといえるかもしれない。

しかし、二三歳の青年の苦心の自費出版は発売禁止となり、北は「要視察人」となった。その後幸徳秋水・堺利彦ら社会主義者と交友したが、他方では中国革命を目指す革命評論社（宮崎滔天ら）の同人となった。続いて中国同盟会（一九〇五年発足）に入党、孫文、宋教仁、黄興、張継ら中国革命の志士と交わっていった。こうして一九〇七―一九〇九年の間は、宋教仁らと中国革命運動のための軍資金集めなどに奔走していたが、社会主義者としての監視も厳重化していた。

一九一〇年、大逆事件で引致されたが釈放される。危ういところであったが、中国革命の運動のために黒龍会などと関係を持っていたことが幸運に連なったと見られている。

一九一一年、武昌起義が起きると上海に黒龍会の視察員として赴き、革命運動に挺身、青龍刀の下をかいくぐるような日々であった。

一九一二（大正元）年、中華民国、国民党成立。しかし、革命は大総督になった袁世凱に「簒奪」されたので、これに抗し戦った。その中で、一九一三年、最も近かった同志宋教仁は暗殺された。北は宋の亡霊を見ている。有吉領事より「三年間清国在留禁止」を通達され帰国。後、第二革命に敗れた亡命者が北の周りに蝟集した。

一九一五年、大隈内閣の出した対華二一か条要求を批判し、革命運動家譚人鳳を大隈重信首相に面会させるなどした。また、袁世凱の帝政復活に抗した第三革命が起きたが失敗し、中国は軍閥割拠時代へ入る。

この頃北は『支那革命党及び革命之支那』を書いている。これは一九二一年に刊行される『支那革命外史』の八章までで、残り二〇章までは翌年執筆となる。反孫文の立場を取っていた宋教仁に最も近かった北から見た中国革命体験記であり、宋暗殺者を孫文とするところに一つの特色がある。

また、大正改元以降日本が「支那に加えた言動は悉く不義の累積」だとし、「革命党の援助を求むるは日本民族の任侠的国風に信頼し黄人種の先覚者なるが故に己の覚醒にも同情すべきを期待する者」としている。フランス革命・明治維新・支那革命の同質性を強調しており、明治維新や青年トルコ党を例に下級青年将校の率いる軍隊によって初めて革命は成功する、としていることは後の青年将校運動につながるものであった。

一九一六年に再び上海に渡航し上海に在住するとともに、この頃から法華経信仰が深化していった。この年五月、山東半島問題をめぐる排日運動の嵐＝五・四運動が吹き荒れるが、この頃（五月九日）、「社会主義者」北一輝が李東輝ら大韓民国臨時政府及び「排日支那人」と「提携し何事か画策しあるやの疑あり」という調査報告が、上海派遣員から陸軍省になされている。たんなる情報収集が目的かもしれないが、激しい排日運動の中で北が一旦はこのような方向との何らかの連携を模索したことも考えられないことはない（『満川書簡集』二八一頁）。

六月には「ヴェルサイユ会議に対する最高判決」を書き、満川亀太郎に送っている。満川の頭に北を呼ぶことが閃いたのは直接的にはこの文章によるものと思われる。

しかし「ヴェルサイユ会議に対する最高判決」を「投函して帰れる岩田富美夫君が雲霞怒涛の如き排日の群衆に包囲されて居る」（『北著作集』二、三五五頁）有様に、七月、断食をしながら北は『国家改造案原理大綱』の執筆を始めた。執筆を思い至ったのはいうまでもなく、五・四運動に始まる排日の嵐にあった。そのときの様子について北は次のように書いている。

「ヴェランダの下は見渡す限り（中略）故国日本を怒り憎みて叫び狂う群集の大怒涛である」「而も此の期間に於て眼前に見る排日運動の陣頭に立ちて指揮し鼓吹して居る者が、悉く十年の涙痕血史を共にせる刎頸の同志其人々である大矛盾をどうする。」「自分は十有余年間の支那革命に与かれる生活を一擲して日本に帰る決意を固めた。十数年間に特に加速度的に腐敗堕落した本国をあのままにして置いては（中略）明かに破滅であると見た。」「そうだ、日本に帰ろう。日本の魂のドン底から覆えして日本自らの革命に当ろう。」

この著作の執筆中の八月二三日、大川が来訪したのである。二五日、上海太陽館で北と語り明かした大川は「巻一―七」を持ち帰国した。

二七日、「巻八」を書き著書は完成。秋に秘密頒布され、翌年出版法違反となる。北その人は、一二月上海を立ち帰国した。それではその著書には何が書いてあったのか。

『日本改造法案大綱』（一九二三年刊。『国家改造案原理大綱』（一九一八）の改題・伏字化）の要点のうち、国内に関することをまず箇条書きにしておこう。

一、天皇大権発動。天皇の名の下にクーデターを起し、三年間憲法を停止し、両院を解散、全国に戒厳令を敷く。

二、貴族院、華族制度等の特権的制度の廃止。

三、治安警察法、新聞紙条例、出版法等言論の自由弾圧法の廃止。

四、私有財産制限・国有化、都市土地公有。

五、自作農創設、労働省設置により労働者の待遇改善、児童の教育権保全。

すなわち、天皇を中心にしたクーデターを行い、特権的な身分制度を廃止し政治を民主化する、言論・集会・結社の自由を奪っていた諸法を廃止する、財産・土地の私有制度に制限を加える、労働者・農民・児童の地位向上・保護を行うというのである。

実はこれらの国内施策のかなりの部分は、日本最初の社会主義政党社会民主党の『社会民主党宣言書』と共通の内容である。天皇を立ててそれを行うという点は違っているが。

それに対して以下の対外政策のほうが北の独創性はより高い。北は、英露は大富豪・大地主と主張するのである。

「国際間に於ける無産者の地位にある日本は正義の名に於て彼等の独占より奪取する開戦の権利なきか」。「印度の独立及び支那保全」を成し遂げ、「新領土は異人種異民族の差別を撤廃」し、「濠州に印度人種支那民族を迎え。極東西比利亜に支那朝鮮民族を迎えて先住の白人種とを統一し、以て東西文明の融合を支配し得る者地球上只一の大日本帝国あるのみ」。「単なる地図上の彩色を拡張することは児戯なり」。「先住の白人富豪を一掃して世界同胞の為に真個楽園の根基を築き置くことが必要なり」。

そして最後に次のように結論付けていく。

「印度文明の西したる小乗的思想が西洋の宗教哲学となり、印度其者に後を絶ち、経過したる支那亦只形骸を存して独り東海の粟島に大乗的宝蔵を密封したる者。茲に日本化し更に近代化し世界化して来るべき第二次大戦の後に復興して全世界を照す時往年の『ルネサンス』何ぞ比するを得べき。東西文明の融合とは日本化し世界化したる亜細亜思想を以て今の低級文明国民を啓蒙することに存す」。

「アングロサクソン族をして地球に濶歩せしむる尚幾年かある」。

「『神の国は凡て謎を以て語らる。』嘗て土耳古の弦月旗ありき。『ヴェルサイユ』宮殿の会議が世界の暗夜なりしことは其れを主裁したる米国の星旗が黙示す。

英国を破りて土耳古を復活せしめ、印度を独立せしめ、支那を自立せしめたる後は日本の旭日旗が全人類に日の光を与うべし。世界各地に予言されつつある基督の再現とは実にマホメットの形を以てする日本民族の経典と剣なり。」

「日本は亜細亜文明の希臘として已に強露波斯を『サラミス』の海戦に破砕したり。支那印度七億民の覚醒実に此の時を以て始まる。」

北は国内で平等主義を実現するとともに、国際的にも平等主義を実現せよというのである。北においては、国内的平等主義と国際的平等主義は完全に結合しているのである。これは従来の日本の国家主義運動には見られないものであった。北によって日本の国家主義運動は質的に転換したといい得るであろう。北は「日本の国体を説明するに高天ヶ原的論法をもってする者」は「笑うべき」だとしている。

日本のナショナリズムは、北（と猶存社）によって明治時代の士族的な古い体質を持ったものから、新しい時代の青年知識人にも受け入れられやすい平等主義と世界性を持ったものへと、大きく転換したのである。それは、以後大きな威力を発揮するものとなるであろう。

❖――――（３）猶存社の活動

北の帰国後に猶存社は綱領を定めている。これには幾種類かの多少異同のあるものが残っているのだが、メンバーであった中谷武世がまず挙げているのは、以下のようなものである（中谷、上、七二頁）。

一、革命日本の建設
一、日本国民の思想的充実
一、日本国家の合理的組織
一、民族解放運動
一、道義的対外政策の遂行
一、改造運動の連結
一、戦闘的同志の精神的鍛錬

さらに中谷は、後に出た猶存社の機関誌『雄叫』第三号に載った綱領も挙げている。「民族解放」が「亜細亜解放」となり「戦闘的同志」が「国柱的同志」となるなどいくつかの変化が見られるが、五、各国改造状態の報道批評　六、エスペラントの普及宣伝は上記のものには見られぬものである（七三頁、なお『満川亀太郎書簡集』三〇二～三〇三頁参照)。

「国柱的同志」中の「国柱」といういい方は北が信仰していた日蓮宗の用語であり、「六、エスペラントの普及宣伝」は『改造案』に熱心に説かれていることであるから、北の思想がさらに色濃く反映された綱領となったといってよいであろう。

「革命日本の建設」を始めとする国内的平等主義と、「亜細亜解放」という国際的平等主義の連結という猶存社の思想的確信が鮮明に謳われた綱領であった。それはまさに「改造運動の連結」を目指していたのである。

続いて、一九二〇年には機関誌『雄叫び』が発刊された。やや長くなるが、当時の北らの発想が明瞭にうかがえるものなので、その「宣言」の要点を引用しておこう。

「日本は今や国内的にも国際的にも奴隷解放戦を戦うべき秋に達した。吾々の頸血は此の新らしき歴史を書くものの硯に注ぐべきである。

吾々日本民族は人類解放戦の旋風的渦心でなければならぬ。従って日本国家は吾々の世界革命的思想を成立せしむる絶対者である。日本国家の思想充実と戦闘的組織とは、此の絶対目的のために神其の者の事業である。国家は倫理的制度なりと言ひしマルチン・ルーテルの理想は今や日本民族の国家に於いて実現されんとする。眼前に迫れる内外の険難危急は国家組織の根本的改造と国民精神の創造的革命を避くることを許さぬ。吾々は日本そのものの為めの改造または革命を以て足れりとするものではない。吾々は実に人類解放戦の大使徒としての日本民族の運命を信ずるが故に、先づ日本自らの解放に着手せんと欲する。

我が神の吾々に指す所は支那に在る、印度に在る、支那と印度と濠州との円心に当る安南(ベトナム)、緬甸(ビルマ)、暹羅(シャム)に在る。チグリス・ユーフラテス河の平野を流るる所、ナイル河の海に注ぐ所、黄白人種の接壌する所に在る。人類最古の歴史の書かれたる所は、吾々日本民族に依りて人類最新の歴史の書かれる所で無いか。吾々は全日本民族を挙げて亜細亜九億の奴隷の為めに一大リンコルンたらしめなければならぬ。」

これも、「国家は倫理的制度なりと言ひしマルチン・ルーテルの理想」など北の言い方そのままである。そして、「人類解放戦」「人類最古の歴史」「人類最新の歴史」など「人類」的視点が明瞭に出ているのが特色である。明治の国家主義者には考えられぬことであった。大正デモクラシー下の若い知的青年を獲得するのには「世界革命」や「リンコルン」が出てこないと魅力的ではないのである。

ちなみに一九一九年に吉野作造を顧問として宮崎龍介・赤松克麿ら東京帝大の学生たちが作った結社新人会の綱領は「吾徒は世界の文化的大勢たる人類解放の新気風に協調し、これが促進に努む」「吾徒は現代日本の正統なる改造運動に従う」であった。「人類解放」「改造運動」が、二つに流れる共通の基調音であることに気付かされよう。

そして、繰り返すが「吾々は日本そのものの為めの改造または革命を以て足れりとするものではない」として「吾々は全日本民族を挙げて亜細亜九億の奴隷の為めに一大リンコルンたらしめなければならぬ」と言っているように、国内改革と対外政策を結合させているところに最大の特色があったことが確認できよう。

こうした世界に開かれた方向性は若い知識層獲得の契機となり、日の会（東京帝大）、潮の会（早稲田大学）、魂の会（拓殖大学）、東光会（五高）という風に、各大学・高校に支部が次々に結成されていった。

ここではその活動の一例として東京帝大の「日の会」の活動の様子を見ておこう。東京帝大の「日の会」は一九二〇年森戸事件が契機となってできたもので、岸信介、中谷武世、笠木良明らが中心メンバーであった。岸や中谷は猶存社を訪れ、北に会っている。北は学生服の岸や中谷に「金ボタンの制服を見ると私は革命を思う、それは辛亥革命の時に、日本から帰ってきて革命に投じた若い中国人が、皆その金ボタンの服を着ておった」「革命は学生と兵士が主力だ」と説いた。

岸は「今でもその時の感動を忘れ得ません」と言い、中谷は「例の独眼龍で、こちらの眼を見据えながら語る。非常に魅力的で、陸軍の青年将校なども、西田税の手引きでこうして彼にひかれて行ったのだと思います」と言っている。

その後、日の会は一九二一年六月二三日、東大で「アタル氏追悼印度問題講演会」を開き、世に知られることになった。東京外国語学校ヒンドスタン語教授のインド人ハリハルナート・ツラル・アタルは、イギリス大使館のムジュムダル参事官からイギリスのスパイとなり、日本の外交・軍事情報を探知することを執拗に迫られ、同月一四日「ムジュムダルよ、印度は必ず我が血のために復讐するであろう」という遺書を残して自決したのだった。これはガンディーの唱えた「真理の把持（サティヤーグラハ）」（不当な権力に対して非暴力・不服従で抵抗すること）を死を以って実践する行為であった。

「アタル氏追悼印度問題講演会」の会場は満員となったが、大川周明が「印度の化身ガンディ」・中野正剛が「亜細亜復興戦の犠牲者」の表題で講演、インド人サバルバールが日印の連帯を説いた。北一輝がフロックコート姿で現われたのは敬意を表するためと見られた。

このことは翌日の朝日新聞に写真入りで大きく報道されているが、勢いを得た日の会は全国で講演会を開き、「日の会宣言」を出した。

曰く「我らは（中略）人類の真理、自由、正義のためにその尊貴のために戦うものである。（中略）そこに世界革命の火花は散らざるを得ぬ」。

一九二二年、神戸に起きた三菱造船所・川崎造船所の争議は賀川豊彦の指導の下、空前の大争議となったが、日の会の中谷らが応援に駆けつけると、賀川は「指導者は誰ですか」と尋ね、大川らの名を挙げると「ああ、猶存社の人達ですね、（中略）北一輝さん元気ですか」と知っていた。「非常に元気ですよ」と答えると、賀川は「我々に理解を持ってくれてるということは非常にありがたい」と言うのだった。「それまでの紋付羽織で桜の棒をついている国家主義団体でなく、革新的で、インドの革命やアジアの解放につながる民族主義運動という『日の会』の性格」はこうして明瞭なものとなって行ったと中谷は回想している（中谷武世『昭和動乱期の回想　上』泰流社、一九八九、三〜三七頁）。

さて、こうして勢いをつけていった猶存社は、宮中某重大事件（一九二〇—二一）において反山県の活動をするなどしたが、その影響（とくに北の影響）が如実に表れたのが朝日平吾事件であった。

一九二一年に起きた朝日平吾事件とは、北の影響を受けた青年朝日平吾による、安田財閥当主安田善次郎刺殺事件である。朝日は貧困な労働者向けのホテル設置を安田財閥当主安田善次郎に要求し、安田が拒絶すると刺殺し自らも自決したのである。そして、その遺書が北宛に残されていた。

北は後年次のように言っている。

「自分は信ずる。後十年秋、故朝日平吾君が一資本閥を刺して自らを屠りし時の遺言状が此の法案の精神を基本としたからとて聊か失当ではないと。死を以てする者と、死に優る生を貪る者との間には其の根底に於て一脈通ずる或者があるのだ。」（『日本改造法案大綱』第三回の公刊頒布に際して告ぐ）。

朝日平吾事件が自らの思想的影響下に起きたことを、北は認め誇りにしていたのである。実際、朝日が書いた「死の叫声」という文書は「世の青年志士に檄す卿等は！　大正維新を実行すべき天命を有せり而して之を為すには先ず」として以下の点を挙げているが、これらは基本的にほとんど北の「改造案」に書かれていることであった。

「第一に奸富を葬る事。第二に既成党を粉砕する事。第三に顕官貴族を葬る事。第四に普通選挙を実現する事。

第五に世襲華族世襲財産制を撤廃する事。第六に土地を国有となし小作農を救済する事。第七に十万円以上の富を有する者は一切没収する事。第八に大会社を国営となす事。第九に一年兵役となす事――等より染手すべし。最も最急の方法は奸富征伐にしてそは決死を以て暗殺する外に途なし。」

さらに朝日は次のように書いている。

「吾人は人間たると共に真正の日本人たるを望む。」

「日本国の隆昌は七千万国民の真の和合と協力に依らざるべからず真の和合と協力とを計るには一視同仁の善政を布き真正の日本人たる恩沢を差別なく浴せしめざるべからず（中略）現下の社会組織は国家生活の根源たる陛下と臣民とを隔離するの甚しきものにして君臣一体の聖慮を冒涜し奉るものなり。而して之れが下手人は現在の元老なり政治家なり華族なり顕官なり。更に如其き下手人に油を注ぎ糧を給するものは実に現在の大富豪なり従って君側の奸を浄め奸富を誅するは日本国隆昌のための手段にして国民大多数の幸福なると共に真正の日本人たる吾等当然の要求なり権利なり。

世の富豪に訓う！　汝等は我利我欲の為め終生戦々競々たるよりも寧ろ大我的見地の安全なるを悟らば。汝等が罪悪の結晶物たる不浄財の大半を擲て防貧事業保険事業、其他の慈善事業、社会事業の完成を期し更に汝等の為めにのみ都合よき法律習慣を打破革新し能く万民平等の実を挙げるの意なきか。」

「人間」「差別なく」「国民大多数の幸福」「吾等当然の要求なり権利なり」「万民平等の実」等がキータームであることは容易に見て取れよう。

また、すでに久野収を受けて橋川文三が明らかにしたように、朝日の思想においては、天皇は伝統的諸権威を雲の上から総括する旧体制の支配のシンボルではなく特権層排除のための直接行動の正統性を保障する変革のシンボルへと転換していることがうかがえる。そして、そうした思想を抱いた「生半可なインテリ層」が時代の正面に出てきたことが、大正という時代の特質なのであった（橋川・筒井、八〜一六、五九〜六〇）。その意味では、北らの運動は大正デモクラシー的国家主義運動であったとも表現できよう。

（なお、昭和超国家主義運動は時代にふさわしい「新しさ」ばかりでなく、日本的な土俗性も持っており、その二つを兼ね備えていたことを付加的に指摘しておきたい。「新しさ」とはすでに猶存社の機関誌などにも見た人類的・人間的視点であり、そこには既述のように大正・昭和初期の知識人的デモクラシー運動との共通性が高く見られる。

一方、土俗性を強く持っていることはナショナリズムの運動なので当然ではあるが、朝日は「神祇道」「腹式呼吸」など日本的土俗性傾向も強く持っており（奥野貫『嗚呼朝日平吾』神田出版社、一九二二、二六四頁）、こうした傾向は後の青年将校運動の方がいっそう強くなる。末松太平が二・二六事件を「軍服を着た百姓一揆」と名付けたような農民性である。末松が『野の記録』を書いた農民運動家淡谷悠蔵と親しかったことは知られているが、こうした志向性は運動の大衆的基盤の獲得に大きく寄与することになる。知識人的デモクラシー運動の西欧主義的限界が見えてくる昭和一桁期後半に、それはより前面に出てきて大きな威力を発揮するのである。

昭和維新運動はこの二面性を持っていたことにより強力化するが、この時点では、「新しさ」の要素の方が強かったわけである。）

さて、こうしていわば土壌が形成されたところに青年将校達が登場し昭和維新運動が形成されて来ることになるわけである。

❖――――（4）西田税と青年将校運動―ワシントン軍縮の時代

この運動の中核をなした人々（ということはかなりの程度二・二六事件の青年将校に大きな影響を与えた人々ということである）が、北や改造法案に接していく様を次に見て行こう。それは、西田税・菅波三郎・末松太平らである。

西田税は一九〇一年、鳥取県米子市生まれ。父は仏師であった。米子中学一年修了後、一九一五年広島陸軍幼年学校に入学した。

長州閥が陸軍を支配している中、広島陸軍幼年学校は半数以上が山口県出身者で、彼らは成績のよい西田をしきりにいじめた。一九一八年首席卒業と決まった時は、罵言を浴びせられ、その大集団に反抗しようとしたが友人に諭され「男泣きに泣いて」あきらめたという（『戦雲を麾く』堀真清『西田税と日本ファシズム運動』岩波書店、二〇〇七、一二〇―一二一）。反軍閥的心情はこの時以来のものといえよう。また、こうしたこともあってか、卒業間近に教官と衝突している（堀一二九）。

同年、東京の中央陸軍幼年学校に入学した。米騒動勃発。翌年郷里に帰った西田は、大本教が説いていた日米戦争切迫論とそのための対策、また友人の軍人の説く大陸問題・満蒙問題解決のための国内改造論に関心を持ち始めた（『二・二六事件秘録1』三六七）。友人の三好達治（後、詩人）らと日蓮宗の立場からの改造論に共鳴するなどしている。

一九二〇年中央陸軍幼年学校を卒業。四月大陸問題への関心から自ら朝鮮羅南の連隊を志願したが、九月に陸軍士官学校入学のため帰国する前には「鮮人の心境亦哀れなるかな」「近来快々として心中に楽なきものは何ぞ」(堀一四八)という状況になっていた。

陸軍士官学校に入校後の一九二一年秋、アジアの解放を謳う青年亜細亜同盟を結成したが、二二年二月陸軍病院に入院した。肺炎・胸膜の支障・内臓衰弱であった。長期休養を求められ落胆するなか、雑誌に載った「猶存社の解剖」という記事で「北一輝氏の名」を初めて知り、「単なる数頁の文章の中に閃めく或ものを見た」のだった(戦雲、堀一六五)。それは「国民の天皇」ということであり、天皇と国民の間にある「疎隔群」を「大権の発動」による「クーデター」で倒すという思想であった(堀一六五―七)。

四月末、退院して復学した西田は、猶存社に北を訪ねた。直ちに両者は認めあった。北を「予言者的哲学家として亦偉大なる革命児」とする西田の側の見方は説明するまでもないが、北も「非常に将来ある人物と思い他人に対するよりも西田に真剣に教えた積りであります」という風に捉えたのであった(堀、一七三、北著作集三、三一〇)。

二二年七月、陸士を卒業した西田は、朝鮮羅南の騎兵第五連隊に着任したが、『改造案』を校内で印刷配布するなどの活動を始めた。また、卒業時に校庭で会い『改造案』を送った秩父宮には三次にわたり、上書を送っているが、二五年一月の第四次では「兄宮を通じ万乗至尊の天皇陛下に某日大権の発動を奏請し純正日本精神の体現者の一団の奏請と相俟て革命日本建設の優詔降下に御尽力賜らむこと」を働きかけている(堀、二六九)。『改造案』に書いてあるとおりだが、大きくいえば二・二六事件も同じスキームとなるわけである。

二五年五月、病気の西田はついに予備役入りとなる。そこで上京した西田だったが、北には当時受け入れるだけの経済的基盤がなかったため、西田は大川の主宰する行地社に入り、大学寮に住むこととなる(以上につき全体にわたり、堀九五~一八〇、二六七~二七三を参照した)。

西田に続く青年将校運動の草分け的存在菅波三郎は、幼年学校在学中、『陸軍の五大閥』という本を読んだ時の体験を次のように書いている。

「皇軍とは一体何者ぞ！　長の陸軍、薩の海軍。そのまた内部に大小様々な派閥が存在するとせば、一死奉公だの、尽忠報国だの、羊頭を掲げて狗肉を売るもの」。

そして、陸士予科では次兄が恋愛問題で悶死したところから、「死とは何ぞや、生とは何ぞやの難問に逢着」、「険悪な世相をながめながら（中略）いかに生くべきかの人生問題と、いかに改革すべきかの社会問題と、これを同時解決する道はないものかと暗中に模索し」ていた。そこで『改造法案』に接し、「積日の疑団一時に氷解」「私の進路と戦いと生死のあらゆる運命が最終的に決定したのである」「二・二六またこういう因縁に胚胎するのだ」った。

人生問題と社会問題の両方が『改造法案』によって解かれ、その後の進路が決まったというのである。その影響力の巨大さに驚かされよう。菅波が『改造法案』に魅かれた重要な論点に、日本は「近代的民主国」たるべしという箇所があった（菅波三郎「昭和風雲私記（二三）（二九）（三四）～（三七）」『南日本新聞』一九六四、九、一七・二五・三〇～一〇、四）。

その菅波が西田の名を聞いた最初は、一九二三年の晩春で共通の友人親泊朝省から「紹介したい」ということがあったからであった。その後、上記のように改造法案を読んで、一九二五年七月二〇日日曜に初めて北を訪問している。そして、その年の暮れには西田・菅波の二人が打ち揃って初めて北邸を訪れている。

北は二人に帰り際に言った。「私を頼るな。私は、いつ斃れるかも分らない。私は君の魂に火を点ずる役割を持ったのかも知れぬ。しかし、一度火が点いたら、ひとりで燃えなくちゃ……」と（須山幸雄『西田税　二・二六への軌跡』芙蓉書房、一九七九、三三五―三三六頁）。この日が陸軍青年将校運動の基点の日といえるかもしれない。

一方、末松太平は次のように回想している。

大正後期の陸軍士官学校では、授業中に教授が「国体がただ古いだけで尊いなら爺さん婆さんみな尊い」と言うなどしており（尤もさすがにこれは注意を受けたのだが）、軍人は「肩身のせまい思いをさせられていた」。「当時の軍人はいまの自衛隊同様、税金泥棒扱いされていた」。「東京は軍人に対する世間の目が特別冷たい。市電のなかで将校が、やれ拍車をとれの、やれマントを脱げのといわれることも珍しくない。」と言われていた時代だった。

青森第五連隊に赴任した末松は、青年将校運動の草分けの一人大岸頼好に出会い、大岸の勧めで上京した折にまず西田に会い、次いで北に会った。

「（面会した北一輝は）隻眼を光らしていった」「いまの日本を救いうるものは、まだ腐敗していないこの軍人だけです。しかも若いあなたがたです。」「それは意外なことばだった。」「無用の長物視されていた軍人が、日本を救う唯一の存在であり、特に若いわれわれがその最適者だといわれたからである。」（末松太平、上四二）。

その後、改造法案や『支那革命外史』を読み、また同期生の渋川善助らが北を訪問するなどのことがあり、末松ら陸士三九期生には同志が増えていった。西田は言った。「北さんは日本の革命はあきらめていたが、君らの出現によって考え直すようになった。」と。

末松は考えた。改造法案では在郷軍人の動員を言っているが、現役軍人のことは触れていない。自分らの動向でそれをつかめる目安がついたと北は考えているのではないかと（末松太平、上四四～四六）。

さて、こうした青年将校達が輩出した状況を理解するには大正後期に軍人達が置かれていた社会的立場をよく理解しておく必要があるだろう。すでに末松の回想にそれは一部見られたが、それは整理して述べておくと次のようなものであった。

第一次世界大戦は初めての世界的規模の総力戦であり多大の死者・犠牲者を出したのだが、その結果戦後世界は世界的反戦平和軍縮ムードの時代となり、その波は日本も襲ったのであった。ワシントン海軍軍縮会議（一九二一―二二）でまず海軍の軍縮が行われ、続いて日本では二次にわたる陸軍の軍縮が行われた。それは、その時の陸軍大臣の名前をとって山梨軍縮・宇垣軍縮といわれている。

山梨軍縮（一九二二）では将校二二〇〇名、准下士官以下六万名、馬匹一万三〇〇〇頭の整理が行われ、宇垣軍縮（一九二五）では四個師団が廃止となり、将校一二〇〇名、准下士官以下三万三〇〇〇名、馬匹六〇〇〇頭の整理が行われた。この結果計九万六四〇〇名、全体の約三分の一の軍人の馘首が行われたのである。

その場合、准下士官以下の兵隊は整理されても元の職業に戻ればよいのだが、問題は陸軍士官学校を出て職業軍人の道しか考えたことがない将校達であった。十分な再就職先も配慮せずにこれが行われた結果、彼らは社会に放り出され、途方に暮れる状態となったのである。セールスマンなどの職業に就くなどしたのだが、慣れぬだけにうまくいかず、そのみじめな状況が新聞記事となる有様であった。

そして、そればかりでなく、そのことを契機として社会全体として軍人の社会的地位が下落する、軍人受難時代となったのである。陸軍省や海軍省などの軍事官庁勤務者は、通勤途中で嫌がらせを受けるので私服で通勤し登庁してから軍服に着替え、帰宅時にまた私服に着替えるという状態であった。そして、給与も低いので若手将校の「嫁不足」が深刻化し、前掲のような前途に希望を失い「自我」・「人間」の問題に悩む青年将校が激増する時代となったのである。

石井淳著『将校の士気及思想問題』（一九二二）という書物に、「明治の軍人」と比較した「大正の軍人」気質というものが掲載されているが、それは次のようなものである

・まず個人から出発し人類社会的に考える
・軍人向き以外のことを考える
・階級観念が緩んでいる
・公私の別の欠如
・旧慣をすぐに打破しようとする
・生活問題に悩み、将来の不安に悩む

西田・菅波・末松らの周辺に生じた問題は、当時の多くの青年将校に生じた問題だったのである。北の説くような国家改造運動に加入しようという青年将校達が増加するに当たっては背後にこうした軍人たちを追い詰める社会的状況が存在していたことが理解されねばならない。

❖―――(5) 行地社の設立―北・大川の決裂

一九二三年、猶存社は解散した。この原因はヨッフェに対する政策の違いと言われている。すなわち、日ソ関係改善のためソ連からの使節ヨッフェが来日したのだが、この時、北はヨッフェを攻撃、大川・満川は擁護したので、この対ソ政策の対立から北と大川・満川は不和となり、猶存社は解散したと言われるのである。その後、大川は牧野伸顕内大臣・関屋貞三郎宮内次官らの支援を受け、安岡正篤・小尾晴敏らと皇居内の社会教育研究所を拠点とした日本主義の啓蒙活動を始めている。

大川と牧野が深い関係になった経緯について、北が次のようにいっている。宮中某重大事件においては山県が敗れ、薩派が勝利し牧野が宮中に入ることになったが、牧野はこれを猶存社のおかげだと「恩に着て、同社を実値以上に買いかぶり（中略）大川などを非常にひいきにしました。」

そして、「大川は、牧野の背景があるため自然に金ができ、私が何もせずじっとして働かぬというようなことを言い出し、結局猶存社同人は私のみを取り残して行地社を結成しました。」（北一輝公判）。北は、大川の牧野との近接関係を猶存社解散の原因と見ているのである。

こうして、社会教育研究所が大学寮と改名され、西田税もこれに加わったのだが、大学寮が、宮内省より建物の取払いを要求され廃止されると、一九二五年、大川・満川らは行地社を設立した。

機関紙『日本』に掲載されたその指導精神は、次のようなものであった。

「行地社の名は古人の所謂則天行地に由来し、まさしく天に則り地に行わんとする同志の団結である。天に則るとは明らかに理想を認識し、堅く之を把持する事である。地に行うとは此の理想を現実の世界に実現する事である。然るに天則ち理想は、此処に在り彼処に在りと探し求むべきものに非ず、実に潜んで我等の魂の裡にある。然して我等は紛るべくもなく日本の臣なるが故に、我が魂に求め得たる天は必然日本的理想でなければならぬ。魂の奥深く探り入れば入る程此の理想はいやが上にも日本的となる。斯くて我等の則る天は純乎として純なる日本的理想である。日本的理想を行うべき地は云う迄もなく日本国である。然るに現実の日本国家は断じて日本的理想の具体的実現ではない。それ故に我等は是の如き国家の改造革新に拮据する。従って行地運動は国家改造運動である。我等は日本の精神的・政治的・経済的生活を純乎として純なる日本的理想に則りて根本的に改革せむことを期する」

「純乎として純なる日本的理想」が眼目となっていることがわかるが、それは具体的には以下のような綱領として示された。

一、維新日本の建設
二、国民的思想の確立
三、精神生活に於ける自由の実現
四、政治生活に於ける平等の実現
五、経済生活に於ける友愛の実現
六、有色民族の解放
七、世界の道義的統一

かなりの程度猶存社の綱領が生かされているが、「自由」「平等」「友愛」が目新しい。この三つはフランス革命のスローガンとされるものであり、このあたりに横井小楠に学び平民社の社会主義に接した大川の体験が出ているともいえよう。これも明治の国家主義には見られぬ発想である。

メンバーは、満川亀太郎、綾川武治、西田税、中谷武世、狩野敏、笠木良明、島野三郎、千倉武夫、金内良輔、安岡正篤、松延繁次、清水行之助らであり、満川・西田らは別に北と疎遠になったわけではないが、多数派に従ってここまでは大川に付いてきていたのである。

しかし、安田共済事件という会社の内紛をめぐる争議を経て、西田・満川らは脱退することになる。一九二五年八月に起きた安田共済事件というのは、安田保善社の結城豊太郎専務が同系会社の共済生命に送り込まれたのに対し、それに反発する共済生命の社員七〇数人が上野の寺に立てこもり反抗、北が結城に付き、大川が立てこもった反結城派に付き対抗した事件である。西田は北の側に理があるとして二五年暮れ行地社を脱退、この事件を契機に北に決定的に近くなったのである。北はこの時、法案の版権を西田に移譲する。

西田自身はこの点につき、「君側の奸と認めて居た処の牧野伸顕等に接近」、また口に修身斉家治国平天下を言いながら自らは実践しないので、先輩らの意見を代表する形で大川に「反省を求」めたので大川の感情を害した。「そして、私が行地社を攪乱したというようなことになったので、その責めを負うて脱退したのであります。」としている（『昭和八年（と）第一四二号　爆発物取締罰則違反殺人及殺人未遂（被告人橘孝三郎外一九名）第二冊』（予審調書・民間証人）二一〜三頁、「二・二六西田公判」）。

なお、一九二六年になると宮内省怪文書事件という事件を契機にして満川も退社する。宮内省怪文書事件については、北系で朝日平吾の甥の辻田宗寛の回顧が最近公になっており、やや長くなるが当時の北・大川の関係や北・西田らの政治浪人振りが活写されているので引用しておこう。

「大正一四年初秋安田生命の社員争議にまつわって北・大川間が決裂した。大学の寮で国防学講師だった西田さんの言で、行地社を始めたばかりの狩野敏さん（大川門下）宅に居候して九月か十月か〜面識の辰川さん（北門下）が、狩野さんの留守に来て『（北）先生と大川さんは決裂した、朝日平吾の甥たる君が茲に居てはマズイ、私の家に来い』との事で、千駄谷八幡下の風雲荘に移った。

大体、北・大川の決裂には、北〜辰川、大川〜清水（行之助・大川門下）、辰川さんと清水行之助さんの性格の差異・思想の深浅・名利関係の競争等が手伝っていたようである。」

「私〔辻田〕は大正十五年、佐世保で新聞を見て、北一輝先生や西田税さんが引っ張られたことを知り、急ぎ上京した。九月何日かのことであったが、千駄谷九〇二、当時の北先生宅に直行したが、女中が出て来たので来意をつげると、赤と宮が出て来た。（赤は赤沢泰助（良一）宮は宇都宮仁）『それでは俺は何をしたらいいか』と、二人に聞いたら、宮が『巣鴨の洗濯屋の二階に川浪正明（福井幸の親友）の弟の季雄が居る、そこに宮中大官どもが収賄した事を書いた文書が沢山残っているんだ』と云うので、北邸に一泊して翌日巣鴨に行き川浪君に会い、三泊して押し入れにあった怪文書全部を持ち出し、上流、中流とおぼしき邸宅に無差別に投入するとともに、牧野内府に『辞職せねば撲殺するぞ』と手紙を出した。これが所謂宮内省怪文書で、内容は松方正義宮相二〇万、牧野伸顕内府二〇万、東久世匠ノ頭一五万、市来乙彦五万、計六〇万円也を峰村教平（材木屋）から収賄を受け北海道の御料林を払下げ農民騒動を引越したと云うのであった。

その翌日（中略）芝白金の内府官邸を訪れ、牧野内府に面会を求めたところ、『大臣はお休み中だから待って呉れ』と云われ、応接室に通され、菓子とお茶が出たので、大意（〔威〕）張りでムシャムシャやっていたところ、しばらくして特高がドカドカと入って来て、警視庁に連行されてしまった。取調べ一ヶ月して市ヶ谷刑務所に送られ（中略）私は四舎二階にいた。赤や宮は八舎にいたと云う。大正一五年一二月二五日（中略）〈大正天皇崩御〉（中略）翌日、浴場で北先生に会った。先生は温って赤イ面だった。そして曰く『君も来たか、マルデ、ワッショイ〳〵と市ヶ谷詣でか』と」（赤沢泰助関係資料、辻田宗寛「茶筒と虫や鮒」〈『赤沢泰助』一九七二年〉福家崇洋　京都大学文書館助教　社会運動関係資料、原文のままとしたが、〈〉は『』に直した）。

宮内省怪文書事件は、北海道の御料牧場・御料地の立木払い下げ・小作争議に関して、宮内省当局者に不正があったとして西田が、一九二六年六月一七日に怪文書を配布した事件である。天皇と国民を疎隔している元凶としての宮中勢力を攻撃することが西田の狙いであったという。

その後、北は七月二九日朴烈怪写真事件を起こし、大問題になっていくが、八月二七日、両事件にからんで検挙。一一月中旬には市ヶ谷刑務所に収監され、西田は一九三〇年七月に懲役八ヶ月と確定し軍籍を失う（『北著作集三』一九五～四〇六頁、堀二八七～二八九頁、朴烈怪写真事件については筒井『昭和戦前期の政党政治』六七～九九頁）。

以後、牧野らとパイプのある東京帝大卒の満鉄エリート社員大川は、佐官級幕僚将校に接近し参謀本部で講演するなどとなったのに対し、こうした「托鉢」的浪人生活をしていた北は、尉官級青年将校により接近することになるのである。

2 昭和維新運動の展開——五・一五事件への道

❖——(1) 政党政治の展開と国際情勢の変化

さて、ここで猶存社から行地社へという運動が展開していた大正末から昭和初期にかけての内外の政治情勢を見ておこう。

一九二一(大正一〇)年、大宰相原敬は暗殺に倒れ、大政友会も高橋是清が総裁となってから弱体化が始まりだし、当てにならぬと見た元老たちは加藤友三郎・山本権兵衛・清浦奎吾と三代にわたり超然内閣を成立させた。

しかし、これに対し政党が奮起、一九二四年、加藤高明首相の護憲三派内閣が成立した。総選挙に勝利して政権を獲得した最初の内閣である。この内閣の下で普通選挙制が実現する(一九二五年)。第一回の実施は一九二八年となるが、成立した瞬間から次の選挙戦は普通選挙制下で行われることが確定したわけであり、各政党は大量に増えた有権者の獲得に向けて動き出していった。

それはマスメディアやイメージを積極的に駆使した政治戦略である。前述の朴烈怪写真事件はその典型であった。北一輝が仕組んだと見られるこの事件は、単純化していえば写真というヴィジュアルな要素で民衆が沸騰し内閣が倒れることを啓示した事件であった。折からラジオ放送も開始され（一九二五年）、「劇場型政治」・大衆政治の時代が開始されたのである。

一九二七年、立憲民政党が成立し、政友会とともに本格的二大政党制の時代となった。しかし、大量の選挙民を奪い合う選挙戦は一層の政治資金を要することになり、疑獄事件が頻発、また選挙に勝利するための官僚の政党化は露骨極まりないものとなった。選挙を取扱う内務省は各県知事・警察署長から巡査に至るまで政友会か民政党に色分けされ、その弊は極まり、政党政治への国民的不信感は巨大なものとなっていったのである。そこへ一九二九年、緊縮政策を行っていた浜口内閣へ世界恐慌の到来があった。不景気・デフレ・失業者の増加・就職難が列島を覆ったのである。

末松太平の回想によると、実の父親が満州の前線にいる息子の兵士に、死後国から下がる金欲しさに「必ず死んで帰れ」という手紙を送ってくる。その後に小規模の戦闘があるとその兵士だけが死んでいた。また、遺骨が帰ると遺族たちが金欲しさにそれを営門の前で奪い合うのに居合わせた青年将校達はいたたまれなくなる、という状況となった。こうして、全国の連隊で昭和維新運動に入る青年将校が次第に増えてくる事態となってきたのである。

一方、国際情勢はどうか。対米関係は、ワシントン軍縮条約（一九二三年）で協調関係が築かれたようにみられたが、対米七割が達成されなかったことで軍人の不満はたまっており、排日移民法の成立（一九二四年）は日本人に深いアメリカへの反発心を植えつけていた。そして、ロンドン軍縮条約の調印（一九三〇年）は再び対米七割が達成されなかったということばかりでなく、統帥権干犯があったといわれたことから軍人の憤激を増大化させたのであった。

対ソ関係はどうか。世界革命の司令部コミンテルンの結成は一九一九年、その日本支部として日本共産党が結成されたのが一九二二年であった。その革命運動は激しい弾圧にさらされたが、それが大きな安全保障上の脅威と感じられたことも事実であろう。

一九二九年、満州の中東鉄道の運営権をめぐる奉ソ戦争が起き、奉天派の張学良の軍隊に対しソ連の軍事力が圧勝し利権を確保したが、これは現状変更が軍事的勝利により実現したということと勢力拡張によりソ連の脅威が直接的なものになったという二重の意味で重要な出来事であった。

対中関係はどうか。安直戦争（一九二〇）、奉直戦争（一九二二—二四）と軍閥同士の戦争が続いた後は日本軍が張作霖を助ける結果となった郭松齢事件（一九二五）が起きている。北伐が開始（一九二六）されると、中国軍が南京事件・漢口事件（一九二七）と日本人居留民に暴行を加えるような事件が起き、山東出兵（一九二七—二八）に至り済南事件（一九二八）が起きる。そして関東軍の暴発・張作霖爆殺事件も起きた（一九二八）。

一方、革命外交が開始され、王正廷国民政府外交部長は日華通商条約廃棄を通告（一九二八）、満鉄平行線の営業も開始された（一九二七—二九）。さらに中村大尉事件（一九三一）、万宝山事件（一九三一）と続き、両国の対立は遂に満州事変（一九三一）に至る。

日本は、アメリカ・ソ連との安全保障上の懸案を抱えつつ、中国とは権益をめぐって直接的対決の状況に入りつつあったのである。

❖———（2）三月事件・郷詩会・一〇月事件

こうした内外の緊迫した情勢の中、桜会が結成された（一九三〇、九）。参謀本部第二部ロシア班長の橋本欣五郎中佐（トルコ駐在武官経験）が結成したものである。それは「国家改造を以て終局の目的とし、これが為要すれば武力を行使するも辞さず」と結成の趣旨に謳っていた。結成の要因としては以上のすべての出来事が関係しているが、直接的にはこの年春以来のロンドン海軍軍縮条約問題・統帥権干犯問題が大きかった。ロンドン海軍軍縮条約問題をめぐる統帥権干犯問題とは、対米七割が確保できないと国防に責任が持てない、兵力量の決定権は統帥部にあると主張する海軍軍令部の反対を押し切って浜口首相が軍縮条約締結を強行したとして、国家主義陣営が浜口内閣を攻撃した問題である。

そして、その最初の具体的活動が三月事件であった。

これは未だにはっきりしない点が多いのだが、大川周明が宇垣陸相に働きかけたクーデター計画といわれている。無産党の大衆デモをきっかけに政民両党本部や首相官邸を爆破し、軍隊が議会を包囲し内閣を総辞職させ宇垣陸相に大命を降下させるという筋書きだったという。

本気でこのようなことが考えられたのか、訝しく思われるところだが、こういう無理をしなくても政権が来そうになった宇垣が変心してクーデターは失敗したというのが、事件後の大川らの弁明である。これに対し、宇垣は事実無根と否定しているが、本当のところはわからないままである。しかし、大川らがこうした計画を練って宇垣に働きかけたこと、宇垣に人の話を「聞きおく」傾向があったことだけは間違いないといえよう。

一九三一年八月二六日、青山の日本青年館で郷詩会（社）という名の会合が開かれた。三月事件の失敗後大川周明や桜会が秋に再度クーデターを計画しているというので、それに向けて陸海民間の昭和維新を目指す国家革新グループが総結集を期した会合であった。いい換えると、後の血盟団、五・一五事件、二・二六事件の首謀者がすべて集っていたのである。

集った人々について簡単に説明しておこう。

血盟団盟主井上日召は一八八六年生まれ、前橋中学卒、東洋協会専門学校中退、「煩悶」して大陸浪人的生活をした後、一九二〇年帰国、日蓮宗の僧侶となり、一九二八年茨城県大洗海岸の立正護国堂の住職となる。人生問題に悩むなどしていた小沼正・菱沼五郎ら付近の農村青年・下町青年・学生らに大きな影響を与えた。「革命とは、大慈悲のある者だけが行ずる資格をもつ菩薩行である」とは日召の言である。

一九三〇年一月、海軍青年将校運動のリーダーで霞ヶ浦の海軍航空隊にいた藤井斉大尉と知り合いになった井上は一〇月上京した。既述のように、このころ世界恐慌は日本を直撃し失業者が溢れ、またロンドン条約問題を機に国家主義陣営の危機意識は昂進していた。九月に陸軍では武力クーデターも辞せずとする国家改造結社桜会が結成され、一一月に浜口首相は撃たれたのである。

東京で東大生四元義隆ら学生グループをも吸収した井上は、藤井を通して西田税ら陸軍青年将校グループともつながりを持つ状態となっていた。

一方、橘孝三郎は一八九三年茨城生まれ。一九一二年一高に入ったが、立身出世主義に嫌気がさし、トルストイに心酔し一高中退。東茨城郡常磐村で農場経営を開始した。家族的独立小農論を唱え、一九二九年に近郊の青年を集め愛郷会を設立。世界恐慌による農村不況のなか、三一年には愛郷塾に発展し農村の自治的建て直しに着手していた。五・一五事件では塾生が帝都の暗黒化を目指す変電所襲撃事件を起こすことになる。

海軍では一九二八年三月に藤井斉が王師会を結成、三上卓、古賀清志ら後の五・一五事件の中心人物達を主要メンバーとしていた。藤井は、後述の西田税の天剣党の海軍軍人唯一のメンバーであり、三〇年四月には「憂国慨言」と題された国家主義主唱の文章を執筆配布し、メンバーの増強と団結の強化に成功していた。

陸軍の青年将校運動は西田を中心軸としていた。西田は、大川と訣別して以来、北一輝の思想の青年将校達への浸透をさらに図り、天剣党事件（一九二七）を起こし、軋轢もあったが、北・西田派とでもいうべき青年将校の結集に成功していた。

天剣党事件というのは、一九二七年に天剣党という名の秘密結社の趣意書配布にすぎないのだが、それは同志名簿を添付してあり、しかも無断発表であったことから、一時、青年将校たちが西田から離反した事件である。

末松は次のように回想している。

「私は激越な文調や内容はともかくとして、『全国の同志左の如し』と名簿をつけて全国の連隊に配った西田税の軽薄さに失望した。たとえその同志というのが、大した意味のないものにしても、隠密であるべき連判状まがいのものをガリ版ずりにしてくばる馬鹿があってよいものではない」（末松太平『私の昭和史　上』中公文庫、二〇一三、四七頁）。

ただし、一九三一年になって二人の関係は修復し、他の将校達との関係も修復する。そして、その途上に現われたのがこの郷詩会の会合なのであった。

一方、菅波と並ぶ陸軍青年将校運動の草分け的存在の一人大岸頼好は三〇年四月、「兵火」という文書の第一号を配布。六、七月頃に出した第二号では、「統帥権問題を捉えて亡国階級の掃蕩」を目指すべきことを主張している。「満蒙問題の激化」も書かれてはいるが、軍人にとってはこの問題がやはり大きな焦点であったことがわかる

三〇年五月には、陸海青年将校の連絡が成ったことが報じられている（『現代史資料四、国家主義運動（一）』（前掲）五三頁および『二三、国家主義運動（三）』みすず書房、一九七四年、二五八頁）。こうして陸軍から郷詩会に参加したのは、大岸・菅波・末松・対馬勝雄・渋川善助（当時は民間人）らであった。

こうした陸海民間の国家革新グループが、桜会の一〇月事件クーデターに向けて結集していったわけである。末松は「今後の組織強化のため、陸軍は大岸、海軍は藤井、民間は西田がそれぞれの中心になることがきまっ

た」（上、六六頁）だけだったとしているが、極めて重要な会合であった。

こうして一〇月事件に向けた取り組みが行われ、一〇月に至るわけだが、一〇月事件のクーデター計画自体は次のようなものであったといわれる。

① 満州における関東軍の軍事行動と同時にクーデターを決行

② 加盟将校一二〇名、使用兵力は一三中隊程度参加、海軍機一三機等

③ 首相官邸の閣議急襲、警視庁・陸軍省・参謀本部を占領・包囲

④ 荒木貞夫中将に大命降下、橋本内相、大川蔵相等予定

どこまで本気だったのか首を傾げるところが多いが、一〇月一七日、憲兵隊は十数名を保護し旅館等に軟禁しあっけなくクーデターは挫折に終った。法学者の松本一郎氏は、陸軍刑法三二条の反乱予備罪に該当するので一年以上の有期懲役または禁固に該当する犯罪だとし、首謀者の橋本が重謹慎二〇日、長・田中弥大尉が重謹慎一〇日に終わったことに首をかしげているが尤もだといえよう（松本、三八七頁）。

この事件は、橋本ら佐官級将校が待合等で謀議を行ったことが不謹慎と見られ、また成功すれば鉄十字章等を与えるなど参加者を利で誘ったことがとりわけ問題となり、青年将校の幕僚への嫌悪感を植えつけることになった。彼等の幕僚への離反と権力観の純粋化を結果することになったのである。それは、クーデターとしての二・二六事件に微妙な影響を与えることになる。

クーデターへ向けての謀議中に、橋本派の将校が「(方針の対立する）西田は予備少尉だから、召集して満州の第一線に追いやり戦死だとみせかけ、殺してしまうテもある。」と言ったので「それにしてもヒドイこと

を考えるものだと、改めて未遂におわったクーデターの性格の一面にふれる思いがした。」と青年将校の代表的メンバー末松太平は書いている（末松太平『私の昭和史』みすず書房、一九七四、六〇〜六一頁）。

いい換えると〝こんな連中とは一線を画したい〟と考えた人々が企図したクーデターが二・二六事件なのである。

なお、この事件の後、計画が発覚したのは誰のせいかということで非難合戦となり、橋本と西田が対決することになったが、西田が出席しなかった為、西田の「負け」ということになった。西田は後年「今から考えると、その際出席しておけばよかったと思う。出席しなかったために、その後あらゆる圧迫を受け、こんなに苦しい生活はなかった」

と言っている（西田公判廷）。

❖――――（3）血盟団と五・一五事件

一〇月事件が未発に終った後、陸軍青年将校グループは一二月に成立した犬養内閣の陸相になった荒木中将の手腕に期待して非合法活動は避ける方向に向かった。これに対し、海軍民間グループは突出を続けた。

一九三二年一月七日、井上らと海軍青年将校が会合、紀元節を期し政財界特権階級の暗殺を決行することが決められた。しかし、上海事変が起き、海軍青年将校が出征することになったので、一月三一日にあらためて会合を開き、井上の民間側でまずテロ活動を行い、続いて海軍青年将校が蹶起するという二段階の計画に変更された。

まず、血盟団が突出する。

一九三二年二月九日、前蔵相井上準之助（民政党選挙委員長）が選挙応援のため訪れた本郷駒本小学校前で、血盟団員小沼正に暗殺された。

三月五日、三井合名理事長団琢磨が血盟団員菱沼五郎に、三井銀行玄関前で暗殺された。

三月一一日、井上日召が警視庁に自首し、大規模な集団連続テロ計画が発覚した。しかし海軍青年将校が蹶起する計画との連続性までは明らかにされず、五・一五事件を阻止することはできなかった。

一九三二年五月一五日、海軍青年将校と愛郷塾塾生らが首相官邸、日銀、政友会本部、変電所等を襲撃し、犬養首相を暗殺した。五・一五事件である。陸軍からは陸軍士官学校生徒のみが参加し陸軍青年将校グループは参加しなかった。前述のように前年一二月に着任していた荒木陸相に期待していたからである。

具体的には、三月二〇日頃に海軍の中村中尉が歩三の安藤輝三大尉を訪ね決起を慫慂しているが、安藤は、決起する時は個人でなく兵力を使用するということと現在は大義名分が立たないという二点を挙げ拒否している（「公判廷」七）。

しかし、西田税は陸軍青年将校の参加を阻止した張本人と見られ、同日血盟団員の川崎長光に撃たれ重傷を負った。

参加者の、そして支持者の思考を示すものとして「五・一五事件檄文」を示しておこう。

「日本国民に激［檄］す！　日本国民よ！　刻下の祖国日本を直視せよ
政治、外交、経済、教育、思想、軍事、何処に皇国日本の姿ありや　政権党利に盲いたる政党と之に結托して民衆の膏血を搾る財閥と　更に之を擁護して圧政日に長ずる官憲と　軟弱外交と堕落せる教育と腐敗せる軍部と　悪化せる思想と塗炭に苦しむ農民労働者階級と　而して群拠する　口舌の徒と……日本は今や斯くの如き錯騒［綜］せる堕落の淵に死なんとしている（中略）　革新の時機!!　今にして立たずんば日本は滅亡せんのみ（中略）　而して……　陛下聖明の下、建国の青神［精神に］帰り国民自治の大精神に徹して人材を登用

し　朗らかな維新日本を建設せよ（中略）吾等は日本の現状を哭して赤手世に魁けて諸君と共に昭和維新の炬火を点ぜんとするもの（中略）起て！　起つて真の日本を建設せよ！　昭和七年五月一五日　陸海軍青年将校
農民同志」

「血盟団事件」「五・一五事件」の大きな社会的意味は、むしろその後の裁判の方にあったといえよう。翌年から開始された裁判の公判の様子は大々的に報道され、〝腐敗堕落した既成の政党政治家・財閥・官僚等の特権階級を打倒せよ〟という主張が連日のように新聞紙面を賑わしたのである。

そして、世界恐慌下金解禁を実施し、大不況を招いた責任者と見られていた井上準之助と、「ドル買い」で巨万の富を得たと見られていた三井財閥の代表者団琢磨が血盟団事件で撃たれたことは、実行者たちを一種の「英雄視」するような風潮を生み出したのである。公判が「昭和維新運動」を促進したことになり、猶存社以来の超国家主義運動家達の主張はここに広汎化していったのである。

こうした昭和維新運動を理解するにはその意識的側面と思想的側面とに分けてみていくことが必要であろう。その意識的側面については、とくに民間側の運動である血盟団事件についての橋川文三氏の優れた考察があるので見ておこう。

橋川氏が、彼らの特徴的意識として指摘しているものを私見を交えてまとめておくと以下のようになる。

一、彼らは、イデオロギーや理性に基づき「外から」加盟したのではなく、「苦悩や法悦」を通して「内から」結集している。「直接の人格的交情関係」によって結ばれていた。

二、井上準之助を殺害した小沼正は、拘禁中に仏教典を読むことができ、仏教の何物かをつかむことができたので「殺人は如来の方便」であり、井上は「逆縁の師匠である」といっている。また、団琢磨を殺害した菱沼五郎は、殺害して初めて「自分という者を認め、団という者を認めた。それまでは団が自分であり、自分が団であった」として「自分の暗殺は神秘的暗殺である」としている。それは日本国家の危機というような時務情勢判断に基く行為のように見えるが、実は永遠の相の下での「相対一如」的意識を持った宗教的神秘的行為と解するしかない。

三、彼らの行為は「内面的完成」を目指す求道者的スタイルで行われている。「彼らの発想は自我対絶対の一元的基軸の上に置かれており、ある意味ではラジカルな個人主義の様相さえ帯びている。これを作り出したのは大正期に下層中産階級がおかれていた社会的緊張状況であり、そこにおける自我が緊張の限界を突破しようとした時に現われたのが昭和超国家主義なのであった。」

四、「人間は人間らしく生きることである」という小沼の上申書の文章こそ彼らの究極の衝動の源であり、昭和超国家主義の原動力なのである。

それは、日本社会の奥深い意識の層から現われ仏教的表現をとったものと「人間らしく生きる」という近代的要素とをともに感じさせるものである。この点はすでに朝日平吾の事件の際述べたところであり、彼らこそ朝日の後継者であり、こうした新旧のアマルガムは二・二六事件の青年将校にも共通するものとなる（橋川文三『昭和ナショナリズムの諸相』名古屋大学出版会、二七〜三一頁）。

また、思想的側面を見ていくために、当時、「昭和維新の歌」とも言われ青年層に広汎に普及して行った五・一五事件の海軍青年将校の一人三上卓中尉の作詞になる「青年日本の歌」の歌詞を掲げておこう。

〈昭和維新の歌（青年日本の歌）〉（三上卓作詞）

一、汨羅（べきら）の渕に波騒ぎ　巫山（ふざん）の雲は乱れ飛ぶ　混濁の世に我れ立てば　義憤に燃えて血潮湧く

二、権門上（かみ）に傲れども　国を憂うる誠なし　財閥富を誇れども　社稷を思う心なし

四、昭和維新の春の空　正義に結ぶ丈夫（ますらお）が　胸裡百万兵足りて　散るや万朶（ばんだ）の桜花

五、古びし死骸（むくろ）乗り越えて　雲漂揺（ひょうよう）の身は一つ　国を憂いて立つからは　丈夫の歌なからめや

六、天の怒りか地の声か　そもただならぬ響あり　民永劫の眠りより　醒めよ日本の朝ぼらけ

八、ああうらぶれし天地（あめつち）の　迷いの道を人はゆく　栄華を誇る塵の世に　誰が高楼の眺めぞや

九、功名何ぞ夢の跡　消えざるものはただ誠　人生意気に感じては　成否を誰かあげつらう

十、やめよ離騒の一悲曲　悲歌慷慨の日は去りぬ　われらが剣（つるぎ）今こそは　廓清（かくせい）の血に躍るかな

与謝野鉄幹調であり、旧制高校硬派風である。出て来る故事が「汨羅（べきら）の渕」や「離騒の一悲曲」など中国の憂国の政治家・詩人屈原であるのは日本文化の伝統に倣っているということでもあるが、親アジア主義的発想から来ることだともいえよう。それは、「権門」や「財閥」を攻撃する平等主義がアジア主義に包摂されていたことを証している。

昭和維新運動においては、一貫した思想は平等主義であり、国内的「無産者」と国際的「無産者」は同一視

され、彼らを抑圧する国内的・国際的「特権階級」は打倒対象であった。等しく前者は後者から解放されるものだと見られていた。具体的には、国内的「弱小隷従階級」と国際的「弱小隷従地域」＝「アジア」が、国内の「親英米派的重臣・財閥等特権階級」と「植民地支配特権大国」と戦い倒すという図式となる。

従って、昭和維新運動の台頭は国内の「親英米派」の衰退に結びつくことになるのだった。二・二六事件後の一九三八年に近衛内閣から「東亜新秩序声明」というものが出されるが、これは帝国主義・植民地主義を否定し、アジアとの連帯を強調したもので、近代日本史上アジア主義がはじめて日本の国策に取り入れられたものであり、アジア主義団体東亜連盟から絶賛されたが、それもこうした思想の広汎化から出てくることになるのである（その後松岡洋右外相による「大東亜共栄圏」となって、〝日本盟主的〟な重要な変化を遂げる）。

参考文献

・『満川亀太郎』拓殖大学、二〇〇一年
・満川亀太郎『三国干渉以後』論創社、二〇〇四年
・長谷川雄一・WCスピルマン・今津敏晃編『満川亀太郎書簡集』論創社、二〇一二年
・長谷川雄一編『満川亀太郎日記』論創社、二〇一一年
・萩原稔『北一輝の「革命」と「アジア」』ミネルヴァ書房、二〇一一年
・大塚健洋『大川周明』講談社学術文庫、二〇〇九年
・筒井清忠『二・二六事件とその時代』ちくま学芸文庫、二〇〇六年
・同上『二・二六事件と青年将校』吉川弘文館、二〇一四年（七月）
・同上『昭和十年代の陸軍と政治』岩波書店、二〇〇七年

・同上『近衛文麿』岩波現代文庫、二〇〇九年
・同上『帝都復興の時代——関東大震災以後』中公選書、二〇一一年
・同上『昭和戦前期の政党政治——二大政党制はなぜ挫折したのか』ちくま新書、二〇一二年
・同上編『解明・昭和史　東京裁判までの道』朝日新聞出版、二〇一〇年
・同上編『新昭和史論——どうして戦争をしたのか』ウエッジ、二〇一一年

付記

本稿は、二〇一四年五月二八日に法政大学国際日本学研究所にて行った講演をまとめたものである。その後筆者は、『二・二六事件と青年将校』(吉川弘文館、二〇一四年)を刊行したが、本稿はこの書物の一部と内容が重複している。この点、読者のご理解をいただきたい。

韓国における日本観の変容

徐　賢燮
（長崎県立大学国際情報学部国際交流学科名誉教授）

始めに

韓国人の日本についての意識には、長い両国関係の歴史における文化的・精神的優越感、それに被害意識、現実的劣等感などが入り交じっている。韓国における日本観は時代の変化と共に変化しつつあるところであるが、一〇〇〇年以上韓国人の心理の底辺に刻まれている言葉を表すとすれば「倭」であると考えられる。

本稿は、韓国における日本観の変容を、主として「倭」という語彙を歴史的にトレースする。そしてなぜ両国の間で歴史認識に大きな心理的ギャップが生じやすいのかという疑問に対し、一つの視角を試論として提供したい。東アジアにおいて両国が対等なパートナーシップを構築して行く前提として相反する相互認識は払拭するべきであると考えるからである。

1 韓国人の日本観の形成

❖――（1）韓国史の中で「倭」

韓国の国語辞典を見ると「倭」に関連した単語は、倭人、倭寇、倭奴、倭館など三〇余個に達するが、「日本」の接頭語がついた語彙は、日本料理、日本脳炎、日本刀など、数個に過ぎない[1]。現在でも韓国では「倭館」と呼ばれる地名があるし、文禄・慶長の役を韓国の小学校の教科書には「壬辰倭乱」と書かれている。一時は日本のはたらきかけで「壬辰倭乱」を「七年戦争」と呼ぼうとしたが定着できなかった経緯もある。

古来からの韓国人は、「倭国」、「倭人」の呼称を使ってきたのだが、そのイメージは〝小さい島国の背の低い、野性的人種〟であるようだ。韓国人は日本を野蛮的な倭とすることによって自ら区分し、優越意識を楽しんだ。韓国人の伝統的な日本観を表すキーワードはまさに「倭」であろう。

歴史的に朝鮮半島の人々は日本人を好戦的な侵略者と見做し、できる限り最低限の関係を維持するにとどめようとした。日本を倭国、日本人を倭人と呼び、日本を蔑む傾向が根強かった。朝鮮の対外的な関心は、ひたすら中国一辺倒で、日本は倭国と見做され初めから関心の対象にさえならなかった。

八世紀初めに編纂された日本の代表的史書の『日本書紀』に出てくる外国の国名の回数は、総数一三四三で、そのうち新羅、百済、高句麗、伽耶などの朝鮮半島の国家に対する言及は、おおよそ一二〇六にもなる[2]。これは日本の朝鮮半島に対する至大なる関心を意味する。日本は有史以来、朝鮮半島に対して格別な関心を注いで来た。一四〇〇年に東萊に設置された倭館を、一六七八年には草梁に移転した。一〇万坪規模の倭館には、成人男性四〇〇人余りが常駐しながら、朝鮮のすべてを知ろうと余念がなかった。

一方、韓国の正史『三国史記』には、日本に対する言及がわずか四〇余に満たない上に、その内容はもっぱら「倭人」たちが辺境を侵略して掠奪行為をほしいままにし、無辜の民を捕まえて連れて行ったというような否定的な記述一色だ。

「倭国」や「倭人」などに見られる「倭」という語彙の初見は、中国の国家である前漢の歴史を綴った『漢書』地理志の「楽浪海中に倭人あり、分かれて百余国を為す」である。また『後漢書』東夷伝にも、後漢の光武帝が倭奴の朝貢使に金印を与えたという記録が見られる。さらに『三国志』の「倭志東夷傳」などでも「倭」という字が散見できる。

一方、韓国側の記録で「倭」の字が始めて出ているのは、四一四年に建てられ、中国の吉林省集安県に現存している広開土王碑の碑文であると思う。碑文には三九一年に相当する「辛卯年」に〝倭が海を渡って〟との記述が見られる。朝鮮半島では七世紀半ばまでは日本人のことを倭人と呼んできたが、このような呼称は中国での呼び方を踏襲したものと見られる。日本でも対外関係では七世紀後半まで「倭国」を自称として使われていた。実は、日本人自らも、対外関係において七世紀中盤までは、日本を倭と称していたが、日本は律令体制を備えながら大和と称した後、七世紀末から正式な国号として「日本」が国名とされた。日本では次第に倭の呼称は消えてしまったが、朝鮮半島では依然として倭寇・倭乱という言葉が使われた。

特に朝鮮王朝時代には、一六世紀末の壬辰倭乱（文禄・慶長の役）の歴史的な記憶が鮮明に残っていたため、日本という正式な国号より倭国の呼称が一般的に常用されてきた。さらに一九一〇年から三六年間の日本の敗戦までの期間、韓国が植民地支配を受け、日本文化が強要され、日本的な名前すら強要されたことによって日本に対する「倭」の意識は内面化された。

一一四五年に金富軾らが編纂した朝鮮古代の新羅・高句麗・百済に関する『三国史記』の「新羅本紀」文武

王一〇年（六七〇年）條によると、〝倭国が国号を日本と改め、自から日の出の所に近いからそのように名づけたといっている〟と書かれてある[3]）。『三国史記』の「新羅本紀」における日本に関する記述は、文武王一〇年以後には、「倭国」という呼び名が完全に消えてしまったわけではなかったが、「日本国」「日本国使」などで切り替えられたと言える。『三国史記』の高句麗と百済に関する内容、特に日本との関係の事柄については記述が少ないため、高句麗と百済の日本に対する呼び方の変化を具体的に把握することは難しいが、新羅と同様に「倭国」と「日本国」の呼称が混用されたと見られる。

統一新羅が九三五年に滅んだ後に韓国歴史上初めての統一国家として出現した高麗（九一八〜一三九二）と日本とのあいだには民間レベルで交易は行ったが、公的な外交関係は成立するところまでは至らなかった。高麗は倭寇の猖獗に悩まされ、両国の交流は冷え込んでいた状態であった。特に、一三五〇年以後、倭寇は朝鮮半島の各地で税米を納めた倉庫や税米運搬する船を襲って米穀を奪い、略奪、暴行の限りを尽くした。高麗はさまざまな対策を取ったが、それらが実を上げぬうちに高麗王朝は倒壊し、その倭寇対策は朝鮮王朝の創建者李成桂に受け継がれた。朝鮮では高麗滅亡以後には暴悪な略奪者の「倭寇」が日本の代名詞となったのだ。

2　朝鮮使臣の日本観

❖ (1) 宋希璟の日本認識

高麗は遂には倭寇討伐などで名を挙げた権臣李成桂によって取って代わられる。この李成桂が朝鮮王朝の祖、太祖である。朝鮮王朝も倭寇には大変悩まされた。一四一九年倭寇の絶滅をはかるため、兵船二二七艘、兵一万七〇〇〇余人で対馬を攻めた己亥東征（応永の外冦）事件の後、一四二〇年回礼使として日本を訪問した宋希璟（一三七六―一四四六）は、京都に入って室町幕府と交渉した。往復九か月間にわたる日本見聞は『老松堂日本行録』にまとめられている。

宋希璟は、日本の農業技術などは高く評価しながらも基本的に華夷思想に基づく立場から日本人を夷狄視していたと考えられる。彼は、朝鮮を「上国」、朝鮮国王の国書を「上国宝書」として朝鮮が日本より上国であることを強調し自ら「華人」と述べている。日本の歌と言葉を「夷狄の声」、日本人を「倭人」、「島夷」、お酒を「倭酒」などと表現している[4]。ただし、幕府の将軍のことは〝日本国王〟と記録しているのは外交使節としての礼譲であろう。

❖――（２）申叔舟の日本認識

日本を比較的に冷静に観察・研究した申叔舟（一四一七～一四七五）は、朝鮮王朝の領議政（総理）を歴任した政治家であり、ハングルの創製にも参加した学者でもあった。彼は一四四三年朝鮮通信使書状官として日本を訪問して二八年が過ぎた一四七一年に、王命により『海東諸国紀』を編集した。海東諸国とは、日本本州、九州、壱岐、対馬、琉球国を総称し、日本を指したものである。『海東諸国紀』は、申叔舟個人の使行録ではなく、王命により編纂された外交資料集であるので個人の日本認識が直接的に表現されているわけではない。しかし、領議政兼礼曹判書（大臣）として外交を管掌した多年の経験と見識が反映されている。

申叔舟の日本観も宋希璟と同様に華夷思想的な立場から日本を夷狄視していたと見ることができる。このような日本観は当時朝鮮王朝の士大夫の一般的な傾向である。彼は、『海東諸国紀』の序で、日本を「夷狄」と表現し、『海東諸国紀』を著したのも「対夷狄之策」の一環であったとしている。ただし、同時に日本との交際で礼を失ってはならぬと強調している。

申叔舟が、『海東諸国紀』で「天皇」、「日本国」、「国王」（将軍）などの言葉を用いて日本の皇室や武家政権の最高権力者、地名、国情、交聘往来の沿革、使臣館待遇接待の節目などを淡々と記録しているからこそ、本書は資料としての信頼度を高めている。申叔舟が、当時の日本を「封建」と表現したのは鋭い眼目と評価されている。朝鮮側は本書を通交上問題が生じたときに多く先例としており、実務的役割を果たした。日本への流布の範囲も広く、新井白石、対馬藩士松浦霞沼らは朝鮮を考える場合の唯一の資料として重んじた。

のちに申叔舟は、臨終のとき、国王・成宗が「何か言い遺すことはないか」と問われたのに対し、申叔舟は、「願わくは、我が国が日本との和の関係を失うことのありませんように」と答えた。成宗はその言葉に感動され、副提学・李享元らに日本との輯睦を命ぜられたのであった。

ちなみに一九九八年一〇月来日した金大中大統領は宮中晩餐会のスピーチで「一五世紀中期、朝鮮通信使の一員として日本を訪れた申叔舟は、隣国に対するには礼が基本であり、その次に誠意を尽くすべきである」と『海東諸国紀』の一節を引用した。昨今の歪んだ韓日の関係を正しい方向へ向かわせるためには礼儀を重んじる申叔舟の精神、さらにその精神を生かした金大中大統領の姿勢を学ぶべきだと思う。

3　通信使の日本認識

❖――――（1）通信使の訪日

朝鮮は壬辰倭乱により日本を不倶戴天の敵と見做していたものの、朝鮮側も明・清の交代など大きく変動する東アジアの国際情勢への対応を余儀なくされ、徳川幕府の要請で戦乱の終息からわずか一〇年後の一六〇七年日本との関係を修復した。一六〇七年～一八一一年に計一二回、朝鮮国王の使節として通信使が、日本を訪問することになった。使節一行は平均すると総勢四〇〇人にも及ぶ大人数であり、江戸までの通信使の旅程は六か月から八か月にも及び、それはまさに朝鮮文化の伝播、文化の交流の旅であったといえる。

通信使は訪日のたびに朝鮮国王の国書と贈り物を徳川将軍に進呈し、同じく将軍より国王への返書と答礼品を受け、朝鮮に帰国して国王に復命することでその任務を終える。国書交換などの外交儀礼のほか、朝鮮にとって、使節派遣の目的の一つは、日本の知識人との文化的接触を通して朝鮮の高度な漢文・儒教文化を誇示し、同時に日本人を教化することであった。

朝鮮王朝は日本に通信使を派遣する一方、清の都・燕京に「燕行使」という使節団を派遣した。朝鮮は、丙子胡乱で清に降服した翌年の一六三七年から一八九四年の甲午改革までの約二五〇年間にわたり、毎年清の都・燕京（北京）に「燕行使」という使節団を派遣した。恒例の冬至使（年貢使）の他に一年に数回派遣される場合もあり、合計の派遣回数は五〇〇回以上に及んだ。朝鮮から清への燕行使に対して、清から朝鮮に派遣された使節は勅使と呼ばれたが、その派遣は一六四四年以降、回数にして一五一回、延べ人員三五〇人余りで、朝鮮からの燕行使の派遣回数の多さが一層目立つ。江戸幕府は明、清と国交を結ぶことはなかったので、朝鮮は日本への通信使、清への燕行使の派遣を通して、期せずして朝鮮・日本・清という東アジア三か国を連結するパイプラインの役割を果たしていたといえる。

一六〇七年江戸城で第一回目の使節を迎えた第二代将軍・徳川秀忠（一五七九～一六三二）は、破格の待遇で一行を歓待した。遠路訪れた使節を迎えて「感悦に堪えない」と述べ、餞宴では自ら箸をとって料理をすすめ、喜びと興奮を隠さなかった[5]。江戸時代の日本の自己認識は、国家体制の違いから自らを武威の国と見做し、朝鮮に対しては文弱の国と見下しながらも、その文化の高さにはそれなりの評価をしていたものといえよう。朝鮮通信使の来日は、徳川幕府の国際的地位を承認する舞台として大きな政治的意義を持っていたのである。しかしながら日本は朝鮮通信使を「朝貢使」と記述する二重性を表している。

4 使行録から見る日本

使行録とは通信使の日本訪問に関する公式報告書の性格を帯びている記録物で、現在四〇余りの『使行録』が伝えられている。『使行録』でも、京都を「倭京」、天皇を「倭皇」などと表記している。当時の日本の儒者には、朝鮮の知識人が倭国、倭人と蔑むことに憤慨する者もいた。一七一九年の朝鮮通信使の製述官として訪日した申維翰は、三〇年以上も朝鮮外交の実務を担当した雨森芳洲（一六六八〜一七五五）から、「倭」字使用について厳しい抗議を浴びせられた。雨森は、「朝鮮人の撰する文集などを見るに、日本に及ぶことは必ず倭人・倭賊・蛮罽と称し、醜蔑狼藉言うに忍びないものである」と憤慨してみせた。また、朝鮮文集を目にした将軍徳川家宣が、群臣に向かって「あにはからんや朝鮮が我を侮るに至らんことを」と怒りを表し、終生憾みに思っていたといい、次第に怒気さえ露わにして今後我が国を呼ぶのに日本・日本人といって頂きたいと強く要請した。

この抗議に対し、申維翰は「貴国に倭の名あるはすでに久しい。何をもって憾むのか。貴国では朝鮮人を呼ぶのに唐人といい、朝鮮の筆帖に題して唐人筆蹟というのは如何なる意図なのか」と応じる一方、日本人を倭人・倭賊と呼ぶのは、おそらく壬辰倭乱以降の文集に出ているのであろうとして、喧々囂々と論ずることなく打ち切りにした[6]。

ここで雨森芳洲についてふれてみたい。雨森芳洲の朝鮮と日本との関係に関する基本哲学は「互いに欺かず、争わず、真実の心をもって交わる」という「誠信の交流」に集約することができる。彼は壬辰倭乱（文禄・慶長の役）を大義名分のない無謀な戦さと規定した勇気ある儒者だった。一九九〇年五月、日本を公式訪問した当時の盧泰愚韓国大統領は、宮中晩餐会でのスピーチで「今後の韓日関係に雨森芳洲の誠信外交の精神を生かしていこう」と呼び掛けて驚きとともに多くの共感を得た。当時東京の韓国大使館に勤務していた筆者はこの大統領スピーチの草稿作りに参加していた。これによってさほど有名とは言い難かった雨森を広く紹介する千載一遇の機会を得たのである。いまや日本と韓国で雨森芳洲の精神を称え、彼を顕彰する行事が多く行われ、雨森の著書が韓国でも紹介されている。

使行録には、例外なしに蛮人らを文と書で教化して国家威信を高めたという自画自賛の記述が主流だが、日本の経済の発展ぶりには一目置かざるを得なかった。だが、通信使らは日本の経済の発展や進んだ文物を見て内心で驚きはしたものの、華夷思想から脱却できないまま文化的優越感に浸り、日本をあるがままに観察して評価しようとはしなかった。

一六二四年第三回通信使の副使・姜弘重は『東槎録』のところどころで「日本は物資が豊かである」と驚きを綴り、「聞見総録」に「市場には物資が山のように積まれており、村里の間には穀物が広げられており、その百姓の富裕なこと、物資の豊富なことは、我が国とは比較にならない」と自国の状況を憂えている。使行の各所において日本の豊かな経済は使臣を驚かせた。華麗な施設ともてなし、それに多くの贈り物は使臣等を喜ばせたが、同時に彼らを当惑させるものであった。日本の財力に使節は目を見張ったが、このような経済的な記録は断片的にすぎず、彼らが日本の経済力に対して格別の関心を示している様子は見当たらない。日本の豊かさの基盤である強い経済力の源とその産物に対しては意図的に無関心を装い、その富の裏面に隠された百姓の悲惨な生活を記録した。

一方、通信使たちが入手して来た文献を読んで朝鮮後期の実学者丁若鏞（一七六二～一八三六）は、「日本は本来、蒙昧な国だったが、中国と直通した後では使うに値する書籍を全て購入して、またその学問が科挙試験のためのものではないから、既に私たちを凌駕しているから恥ずかしい事ではないか」と嘆いた。

一七六四年、第一一回通信使の正使として訪日した趙曮（一七一九～一七七七）は、朝鮮の対日本外交を司る東莱府使を務めた経歴の持ち主であった。彼は日本の風俗、法制、衣服、飲食などを見るに、禽獣になるのを免れることができようかと『海槎日記』で酷評している。だが、彼は日本の文物を貶める一方で、サツマイモを朝鮮に移入し、水車、舟橋、臼、堤防工事などを観察して導入しようとするなど、日本を評価する前向きな姿勢も見せている。

同通信使の一員として訪日した金仁謙が著した『日東壮遊歌』には、江戸時代の日本の進んだ文化と社会体制への率直な驚きと羨望、その一方で儒教倫理の有無や生活習慣の相違から、日本を野蛮と見做す自己優越的な描写が混在している。

朝鮮は一六〇七年から一八一一年にいたるまで二〇〇年にわたって朝鮮の名のある学者が通信使として一二回も日本を訪問し、長期滞在したにもかかわらず、中国の完全無欠なコピーとしての「小中華」を誇り、依然として日本を野蛮視し、日本から積極的に学ぼうとしなかった。朝鮮通信使の日本訪問時に、朝鮮の知識人たちは、本当のところは、日本儒者・知識人を見下げていた。中井竹山の『草茅危言』によると、日本人たちが揮毫をもらおうとして差し出す紙に、朝鮮文臣たちは紙が風に飛ばされないように文鎮でおさえる代わりに、かかとで踏んで筆を揮ったという。朝鮮王朝を通じて、朝鮮側が日本から導入したものは唐辛子、タバコ、サツマイモと花札の四つに過ぎない、という人さえいる。日本を華夷思想の単眼でしか見ることのなかった当然の結果であり、当時の朝鮮の限界であろう。

5 通信使の日本観の負の影響

朝鮮通信使の日本見聞談や記録は、そのまま朝鮮の支配階級や知識人さらに現代の韓国人の日本観形成につながった点を考えると、「中華文明」の尺度でのみ当時の日本を評価していた通信使の態度をもう一度吟味してみる必要がある。昔も、今も、日本の実像をそのまま見ようとすることは、韓国の現在と未来のために通じるのだ。

韓国の若者たちの日本観形成に少なからず影響を及ぼしている高等学校『国史』教科書（韓国国史編纂委員会編）に記述されている通信使に関する内容を取り挙げてみたい。

「日本は朝鮮の先進文化を受け入れ、徳川幕府の将軍が変わるたびに、その権威を国際的に認められるための手段として朝鮮に使節の派遣を要請してきた。これに対し朝鮮では、一六〇七年から一八一一年まで一二回にわたって通信使という名前で派遣した。通信使一行は少ないときは三〇〇余人、多いときには四〇〇―五〇〇人にもなり、日本では国賓として優遇された。日本は彼らを通して朝鮮の先進的な学問や技術を学ぼうとした。したがって、通信使は外交使節としてだけではなく、朝鮮の先進文化を日本に伝える役割も果たした。」と教科書にはこのように記述されている。しかし、日本が先進的な学問や技術を学ぼうとする対象は朝鮮に限られていたのか。

平戸イギリス商館初代館長リチャード・コックス（Richard Cooks）の一六一七年九月付の日記に「朝鮮使節は壮麗なる様子にて、到る処において王者の如く待遇せられた」とある通り、「国賓」として厚く遇されたのも事実である。

しかし、一般的にある国の国力を評価する際は、国富・国防・文化の程度を多様な観点から複眼で見るべきである。上に挙げた教科書の内容は、儒教文化という一つの尺度ではかった両国関係を記述したに過ぎないと言わざるを得ない。

通信使が二〇〇年余の間に一二回も持参した献上品の肝心な品目は始終一貫、高麗人参であった。他方、一六〇九年に始まり、一八五〇年までに一一六回に及ぶ長崎のオランダ商館長の江戸参府時、将軍をはじめ幕府高官に対して贈り物を献上するのが恒例であった。献上品リストの中には望遠鏡、大砲、眼鏡など当時の日本には貴重で珍しかった様々なものが見られる。特に眼鏡が多く求められていたようだ。江戸幕府はオランダから毎年もたらされるオランダ風説書によって国際情勢を知り、対外政策を決定した。また、ヨーロッパから伝来した学問・技術に関する研究は、そのほとんどがオランダおよびオランダ語の書籍を通じて摂取されたため蘭学と呼ばれ、幕末から明治維新以降に始まる急激な知的開国の下地を形成した。

中国自身もちろんのこと、朝鮮も長い間、中国文明の絶対的価値観なし優越感意識に浸かっていたが、日本はオランダとの接触を通じて形づくられた蘭学を通じて中国文明に対しての相対的評価が可能だったといえよう。中国文明についての相対的意識の程度が、東洋三国の近代化速度を決定したことは間違いない。

6 単眼では見られない倭の姿

（1） 大国の「倭国」

　朝鮮の知識人たちが日本を客観的に分析し、得られたた結果が、「倭国」、「倭人」なら別問題なのだが、朝鮮側で使用されている倭国と倭人という言葉は中国の記述を鵜呑みにしたものと見られる。韓国人の視覚で等身大の日本を見たのではなく、中華文明というプリズムを通じて日本を理解し判断したために、実際の日本と韓国人が認識している日本とは相当な隔たりがあるに決まっている。実は朝鮮半島における七世紀の新羅統一以後、日本は、面積、人口、軍事・経済面でも統一新羅に勝る大国であった。一四〇二年朝鮮で初めて中国や日本の地図に基づいて製作された「混一疆理歴代国都之図」には、日本が朝鮮半島の五分の一にもならない面積の小国で台湾付近に描かれている。朝鮮の日本認識の一端を露呈した好例であると言える。

　文禄・慶長の役直前、朝鮮の使節として日本を訪問した正史・黄允吉、副使・金誠一らは、一五九〇年一一月に豊臣秀吉と会見して、日本の国情を探索しようとした。朝鮮側の記録によると秀吉は会見後正使と副使とにそれぞれ銀四〇〇両を与え、書状官と通事以下には身分に応じて差をつけた額の銀を与えたと記録されている。

　銀四〇〇両とは現代ではどれくらいの額であろうか。一五四三年、種子島に漂着したポルトガル商人モッタとゼイモは種子島の島主に二挺の鉄砲を銀二〇〇〇両で売ったとされ、二〇〇〇両は現在の金額で約四〇〇〇万円であるという。物価の違いを考慮しても、秀吉が通信使正使・副使に与えた銀四〇〇両とは現在でも数百万円の巨額にのぼり、日本の国力が尋常ではないことを誇示している。

　実は、金誠一は自身の日本見聞録『海槎録』に残した「舟山に登りて倭の国都を観る」との長詩で日本を華夷観で見ながらも「倭国」の繁盛を羨ましく詠っているほど日本の国力を自分の目で確認した。しかし帰国後、正使・黄允吉が「近いうちに必ず兵禍がもたらされるであろう」と国王に復命したのに対し、副使・金誠一は「日本にそうした兆しはない」という正反対の報告をするありえない事が起きてしまった。朝廷は金誠一を善使とし、遂に防衛体制整備を緩めることになる。黄允吉は西人派、金誠一は東人派と党派が反対だったのでその復命が相反したとされるが、これは党派の対立が国を誤る典型例である。

❖――――（2）学力の高い「倭人」

韓国では未だに、日本は武の国であり、朝鮮は文の国と言われる。韓国の伝統ではどちらかというと文に、より高い価値を置いた傾向が強かった。崇文国家の朝鮮といえば識者層が厚いようだが、実際は文字が読めない人が大半だった。官吏登竜門の科挙[7]という洗礼を受けた政治的エリート階級である両班は、見識が高くて学問的教養があったが、常民たちはそうではなかった。一方、武士の国という日本では、意外に庶民たちの識字率が高かった。人口四〇〇〇万に満たなかった江戸末期の日本には、庶民教育機関である寺子屋が約一万六〇〇〇もあって、男子の四〇パーセント、女子の二五パーセントが読み・書き・算盤ができたという。一〇〇八年に完成した『源氏物語』は世界最初の長編小説として、その文学性は早くから西欧で高く評価されて来た。百済から漢字を伝授された日本は、日本の『日本書紀』を『三国史記』より四〇〇年も先立って刊行している。

日本人たちは、まるで学ぶために生まれた人間のように、対象を選り分けないで貪るように学ぼうとする。日本は学問の対象を太陽のように思ったか、ヒマワリのようにその対象を追って変身に変身を繰り返す。朝鮮通信使が訪日している時期の一六三四年に、長崎沖合に五〇〇〇坪くらいになる出島という島を造成してオランダ商館を設置し、そこを通じて国際情勢の変化を探知し、天文、地理、医学などの西洋学問を輸入した。中華文明一辺倒の朝鮮とは異なって、日本ではオランダの文物と知識を通称する蘭学が、経世の学問として一世を風靡しており、天下の英才たちがこれを学ぶために長崎に集まって来た。

一七七四年にオランダ語解剖学の原書が『解体新書』というタイトルで翻訳出版され、一八一一年には幕府に蕃書和解御用掛という西洋書籍翻訳局が設置されて英和辞典が刊行された。これらを総合すれば、一八一一年は朝鮮通信使が日本を最後に訪問した年として、韓日間の分水嶺になる時点だといえる。一八五四年に締結された日米和親条約を交渉する時、アメリカと日本はオランダ語で交渉した。これは韓米修好通商条約交渉とは、実に対照的だった。

知的好奇心が強く何でも学ぼうとする姿勢は、今日を生きる日本人にも綿々と引き継がれている。開かれた心で習得した知識と技術は、徹底的に記録・保管してこれを発展させ、自分の分野で第一人者を志向するプロフェッショナリズムの知的風土が、科学分野で一四人のノーベル受賞者を輩出した滋養分になったといえる。

7 日本の韓国観

❖(1)『日本書紀』の蕃国史観

『日本書紀』は、日本人の朝鮮半島に対する歴史認識の形成に、少なからぬ影響を及ぼしてきた。韓国史に対する歪曲の源流は、『古事記』と『日本書紀』にさかのぼる。『日本書紀』によれば、神功皇后[8]が新羅・高句麗・百済を屈服させ、これを管掌する内官家屯倉を設置したとの説話が、長々と叙述されている。この説話は任那日本府の根拠となり、豊臣秀吉の朝鮮討伐の誇大妄想へとつながる。さらに江戸時代の国学を経て、明治時代には「征韓論」が浮上する。

かくて日本では、この説話が朝鮮強奪を正当化する理屈として連綿と利用され続けてきた。この説話は、近年に至り、神功皇后の三韓征伐説や任那日本府説が、潤色された架空の説話であることが明らかにされてきている。それでもなお古代以来語り継がれてきた説話は、いまだに一部の日本人の深層心理に潜在しているかのようだ。

『日本書紀』の基調は、朝鮮半島の諸国を蕃国と見做すもので、いわば日本版の小中華思想である。このような書紀の記述に関しては、日本人の学者も疑義を呈していた。たとえば津田左右吉（一八七三〜一九六一）博士は、一九一〇年代に『神代史の新しい研究』や『古事記及び日本書紀の研究』を通じて、『日本書紀』の神代神話は、皇室の支配を正統化するため後世に創作されたものであることを明らかにした。明治維新以来、天皇主権下で国粋主義が勃興していくさなかにも、「国体」や「日本精神」の観念に抗しうる、このような学問的な研究が日本では早くから萌芽していたのは注目に値する。

日本人の潜在意識には、『古事記』や『日本書紀』などに影響された歪んだ歴史認識が、これまで連綿と受け継がれてきた。他方、韓国人の潜在意識には、日本人を軽蔑する倭人観があり、これまた連綿と受け継がれてきた。このことが、両国関係が緊張し、潜在意識のエネルギーが一定の臨界点を超える時、両国人の顕在意識にしばしば強い嫌韓・反日感情として噴出する根源となっている。

❖――――（２）脱亜論

福沢諭吉の「脱亜論」とは、一八八五年三月一六日の「時事新報」に発表した論説である。この論説は、日本がアジアの立場を離れ、欧米諸国とともにアジア諸国に侵略しながら日本の近代化を目指すという趣旨に集約できる。二〇〇〇字程度の短い論説であるが、近隣諸国を見る日本の民族意識と、政府の対アジア政策に決定的な影響を与えたものと言える。

福沢は、梶村秀樹教授が指摘するように、朝鮮問題に関して「最も悪質な偏見の持ち主」であった。福沢は「脱亜論」のなかで、朝鮮と中国を「東方の悪友」と決めつけ、両国との断絶を主張した。

福沢の韓国認識は、韓国に対する蔑視、韓国史の停滞性、韓民族滅亡論に要約できる。福沢は自分が主宰する雑誌に一八七七年二月「朝鮮は退歩にあらずして停滞なる」を掲載している。福沢は、朝鮮を「本朝の文明の師」というべしとしながらも神功皇后の新羅征伐説を引き合いに出した上で朝鮮の停滞論を論じている。韓国史の停滞性とは、韓国の歴史においては欧米や日本の歴史が示しているような内在的な発展がなく、大陸または海洋勢力によって他律的に動かされてきたとの他律史観と表裏の関係にある。このような歴史観は、日本が朝鮮半島の支配を正当化するために、日本人学者が作り出した思想の核心である「朝鮮の歴史の他律性と停滞性」の端緒となった。

韓国史は、植民地主義史観とは異なる内在的な発展の過程を経ており、中国からの外圧や侵略に直面しながらも、数千年にわたって継続してきたダイナミックな社会発展を示している。中国を三〇〇年近く支配した満州族の言語や文化が、中華文明によって跡形も無く消えてしまったのに反し、韓国人が独自の民族としてのアイデンティティを保持してきた点だけを見ても、韓国史を他律と停滞の歴史と決めつけるのは早計であることがわかる。

私の個人的な希望としては、「東方の悪友」たる朝鮮と中国を謝絶するという「脱亜論」の福沢諭吉に替えて、一万円札には雨森芳洲の肖像を使用して頂きたいと思う。東アジア共同体を模索するこの時期、江戸時代に朝鮮語を自由に駆使し中国語も理解した真正たる国際人のモデルと言える雨森芳洲が日本の顔として紙幣に登場すれば、「脱亜入欧」思想が染み付いたかのように見える日本のイメージを改善し、東アジア国家との友好増進にも大きく寄与するのではと思う。

❖――――（3）皇室の韓国観

多くの韓国人は、韓国は古代から中世まで日本にとって先生の役割を果たしたいと考えている。韓国人が日本人と付き合い始めると例外なしに口にする歴史的人物がある。まさに韓国人の対日文化的優越感の象徴である王仁《わに》博士である。『日本書紀』と『古事記』の記述によると、王仁は、百済から日本に渡来し、千字文と論語を伝えたとされる人物である[9]。

驚くべきことは天皇は日本古代国家の黎明期に漢字や儒教・仏教文化・暦法・医学・天文などの知識・技術を伝授した朝鮮半島からの渡来人の役割を高く評価されている。

――一九八四年九月、韓国国家元帥として最初に日本を公式訪問した全斗煥大統領の晩餐会で、昭和天皇は注目すべきお言葉を述べられた。すなわち「我が国は、貴国との交流によって多くのことを学び、とくに紀元六・七世紀の日本の国家形成期に多数の貴国人が渡来し、学問・文化・技術等を教えたという重要な事実がある」と。

これは単なる外交的修辞ではなく、日本の文献に基づき古代韓国文化の先進性を評価されたものである。

――一九九八年一〇月、日本を公式訪問した金大中を招いた晩餐会での天皇の「お言葉」の中、百済関係部分は多少長いが、紹介したいと思う。「一衣帯水の地にある貴国と我が国の人々の間には古くから交流があり、帰国の文化は我が国で書かれた歴史書、『日本書紀』からさまざまな交流の跡がうかがえます。その中には、百済の阿花王《あかおう》、我が国の応神天皇のとき、百済から、経典に詳しい王仁が来日し、応神天皇の太子、菟道稚郎子《うじのわきいらつこ》に教え、太子は諸経典に深く通じるようになったことが記されています。この話には、当時の国際社会の国と国との関係とは別に、個人と個人との絆が固く結ばれている様が感じられます。後には百済から五経博士、医博士、暦博士、などが交替で来日するようになり、また、仏教も伝来しました。貴国の多くの人々が我が国の文化の向上に尽くした貢献は極めて大きなものであったと思います」と。

韓国からの国賓来日の歓迎宴で天皇のスピーチで、これだけ詳しく古代の百済と日本との関係に踏み込んだのは特記すべきである。

――天皇は二〇〇一年一二月、六八歳の誕生日を迎えられた記者会見で、桓武天皇の生母が百済の武寧王（在位五〇一～五二三）の子孫であると『続日本紀』に記されているので、韓国とのゆかりを感ずるとのお言葉を述べられた。百済王を祖先とする桓武天皇の生母・高野新笠のことは、歴史学界では戦前から注目されていたが、戦中はタブー視されていた。

皇室の古代における日韓交流に対する見方が、日本社会でより広く共感を得るならば、両国の関係増進に寄与するに間違いないだろう。

8 内面化された「倭」

❖――（1）反共反日

一九四八年八月大韓民国の建国に伴い、李承晩が初代大統領となった。李承晩政権はナショナリズムを掲げて反共・反日感情を巧みに利用し、国民の支持を得たのである。

筆者の通った小学校の教室の正面の壁には李承晩大統領の写真の額が掲げられ、その左に「勤勉・誠実」、右には「反共・反日」といずれも韓国語で書かれた額が掛けられていた。子どもたちは、幼い時から李承晩大統領を敬う一方、「反共・反日」の国是に忠実な戦士となるべく誠実に努力しなければならなかった。

当時は、韓国人でも街中で日本語を話しただけで「なぜ日本語なんかを喋るのか」と聞き咎めて殴られるような状況であり、李承晩政権下では、植民地時代に持ち込まれた日本の文化は「倭色文化」として一掃すべきものとされていた。韓国人の作曲家・歌手による楽曲ですら日本的・日本風だとして「倭色歌謡」「低俗歌謡」と厳しく指弾されることも珍しくなかった。最近は、韓国で日本料理を一般的に「日食」というようになったが、一九七〇年代初め頃までは「倭食」といういい方が広く使われていた。日本側の目に見えない努力により、「日食」といういい方が一般化されたのだろう。

一九四五年の解放後、新生独立国家として出発した韓国であるが、日本の法体系や教育制度といった植民地遺産をすべて排除するのは事実上不可能であった。筆者の個人的な体験に触れてみたい。一九六〇年代半ば、筆者が三年の兵役の義務を果たすべく入隊して間もない頃のことだ。支給された銃器を「スイプ」せよと命じられたのだが、その意味がわからず困惑した。

「スイプ」は「手入れ」の意味であると教わったが、私がその語源を知ったのはさらに一〇年後、日本語を習い始めた時だった。漢字で「手入」と書いて韓国語読みすると「スイプ」となるのだが、口頭で「スイプ」といわれても、日本語を知らない新兵にはその意味がわからなかったのだ。このように日本語の単語の読み方だけを韓国語に替えた言葉もあれば、読み方も日本語読みのまま使用している言葉もあり、現在でも「無鉄砲」「新参・古参」「仮払」などさまざまな言葉が使われている。韓国では、近代に日本人が中国の古典を参考にして作り出した日本製漢字[10]なしでは韓国はもちろん中国でも社会科学、法律学は成り立たないということは認識されていないようだ。

一九六〇年四月一九日の学生革命後、韓国は一時的に政治的自由を迎えることとなった。この時期、つまり日韓国交正常化が実現する前の一九六一年四月一日付で韓国外国語大学に日本語学科が開設されたのは特筆すべきであろう。だが、この政治的自由は長くは続かず、一九六一年五月一六日、陸軍少将・朴正熙主導の軍事クーデターによって軍事政権が樹立された。

朴正熙政権は当初から「反共」イデオロギーを前面に押し出し、経済の再建と政治の安定を強調することで政治権力の正当性を主張して政治基盤を固めた。その過程において李承晩政権が打ち出した「反共・反日」のうち「反日」の文字が次第に退けられるようになり、ついに一九六五年に日韓国交正常化が成し遂げられたのである。国交正常化の実現の裏にはアメリカの強い働きかけがあり、韓国内には強い反対もあったため、国交正常化は韓国の反日感情が和らいだ結果実現したと言うことは正しくない。だが、国交正常化によって日本と韓国の経済関係が一気に進展したことは間違いない。

❖――――（2）日本の大衆文化開放

韓国では一九九〇年代末まで、映画・音楽・ビデオ・ゲーム・漫画等のいわゆる「日本大衆文化」の流入を、映画振興法や公演法その他の法に基づく行政措置として規制してきた。このような政策は、韓国が日本によって植民地化された歴史に起因する反日的な国民感情に配慮する面があった。表面的には日本の大衆文化の暴力的・煽情的な面を強調し、公序良俗の維持のためであるということだったが、実は韓国の文化産業の保護という側面も持っていた。つまり、日本の大衆文化流入を規制しなければ韓国の文化産業が打撃を受け、損失を被るというものだ。

日韓国交正常化による経済関係の進展、東西冷戦構造の解体、日韓の自由民主や市場経済等の価値観の共有、特にワールドカップ共催で両国の心理的距離の接近、日本大衆文化規制の形骸化等で、日本大衆文化解禁の気運は次第に高まったが、開放が実現したのは一九九八年金大中政権においてである。以来二〇〇四年の第四次開放まで段階的に実施された。日本大衆文化が部分的とはいえ開放されたことで日韓の文化の相互流入が増え、後の日本の「韓流」ブームにつながった。この意味で金大中は「韓流」の生みの親とも言える。

❖——（3）日本語教育

韓国の大学では一九六一年、高校では一九七三年から日本語教育は慎重に再開された。しかし日本語教育への否定的見方はその後も存続した。学生たちは自身が日本語を専攻することに後ろめたさを感じ、また一方では日本を凌駕する手段として日本語が学ばれることも少なくなかった。日本語教育が肯定的に見られ始めたのはここ数年来であるともいえるだろう。二〇〇〇年から使用される中学校の国定教科書「生活日本語」の執筆開始、解放後日本語教育に門を閉ざし続けてきたソウル大学での日本学講座開設、韓国の全国大学修学能力試験への日本語科目参入などが相次いでいる。

日本語教育は中学校まで導入されたが、韓国では日本の天皇をメディアは日王、天皇、日本国王などさまざまな呼称を日韓の緊張の度合いに合わせて表記している。金大中政権では天皇と呼ぶことを公式発表しその後取り消したこともあった。

❖——（4）韓国における「日流」

日本における韓流同様、日本大衆文化の開放が進んだ現在の韓国でも、日本のアニメやドラマ、小説等を愛好する「日流」が韓国人の生活にごく自然に溶け込んでおり、両国の市民レベルの心理的距離は相当に縮まっているといわれる。現在は、日韓の政治・外交が緊張したとしても、文化・人的交流もたちまち連動して冷え込むという構造ではなくなっている。

韓国の側でも、現代の韓国人の生活には日本の製品や日本の文化が浸透定着しており、わざわざ「日流」と呼ぶ必要もないほどだ。日本では「韓流」は「ブーム」として取り挙げられたが、韓国の「日流」は趣を異にする。「日流」という言葉は「韓流」と対をなす意味でメディアが使い始めたものだが、日本のマンガ、アニメ、音楽、映画、小説等が韓国の社会で持続的に幅広く、かつ静かに定着している状況を指している。

韓国での「日流」が日本における韓流のように目立たない理由はいくつか挙げられよう。（1）植民地の歴史的記憶が残る韓国では、日本や日本製品・日本文化好きを公言することに自制が働きやすい。三・一独立運動を讃える三・一節と八・一独立記念日である光復節、日本の植民地化に係わる記念日が年に二回巡って来る韓国では、若い世代にも植民地の歴史は遠い過去のことではない。（2）日本の「韓流」人気を目の当たりにして自国文化への自信を深め、日本の文化に対しても余裕を持って自然に受け止めている。（3）若者たちは開放的で「日本だから」とことさらに区別はしない。韓国では日本風の居酒屋、ラーメン店、回転寿司といった店が賑わっているが、若者たちは「面白い」「味が良い」「雰囲気が良い」といった理由でこれらの店を愛用しているのであって、「日流」ファンだから日本の食文化を愛好するというわけではない。

韓国の大型書店「教保文庫」には日本の書籍専用の常設コーナーがあっていつも賑わっている。「教保文庫」が毎年集計発表している小説部門の年間ベストセラー上位一〇の中には、日本作家の作品が必ずと言ってもよいほど含まれている。村上春樹、江國香織、吉本ばなな、東野圭吾、奥田英朗等多くの日本人作家が韓国の若者たちに親しまれているようだ。また、インターネットが高度に発達している韓国では、インターネットを介した同好者活動を通じて日本のドラマの固定ファンが増加し、それにつれて出演俳優の認知度と人気も上昇する傾向が見られる。韓国の有力ポータルサイトでは会員数が数万から数十万にも及ぶ日本ドラマ関連のファンクラブが運営されており、その他に「日本ドラマネット」のような独立サイトも存在する。このような日本ドラマのファンの大部分は一〇代から三〇代の若者であることを考えると、韓国における日流は今後も続くものと見られている。

結びに

一八七二年二月の江華島条約締結以来、一九〇五年一一月の保護条約に至るまで、日韓の間では二〇以上の条約が結ばれた。これらすべては、日本帝国主義の侵略的国家意思を如実に示しているが、タテマエとしては侵略の意図がなく、美辞麗句で埋め尽くされている。ホンネはいうまでもなく、朝鮮の「併合」にあった。併合という文言も実にもタテマエにあった。ホンネとタテマエの使い分けが上手い。これが韓国人の日本人の言説に対する不信につながっている。

近代科学文明に基づいた西洋的普遍理念の伝播者として先頭に立った日本は、朝鮮半島を占領し、植民統治を行った。それは、一種の植民地主義の範疇に入っている。近代的植民地主義とは、一般的に、文化水準の隔たりの大きいところ、文化の内容の違いの甚だしいところを、帝国の版図の拡大した地域として支配するという。

西洋列強がすでに強力な帝国主義と化し、自国民を世界のあちこちに移住、開拓させ、アフリカ大陸のように文化水準の格差が顕著なところ、または英国とインドの関係のように文化の内容が明確に違うところを支配したのが植民地主義の典型な例である。こうした例では葛藤がそれほど深刻ではなく、その後遺症も癒しうるものであった。日本の古代国家形成期に「師」の役割を果たした国が、のちに文化を伝授された側によって植民地化された韓国人の歴史的記憶は一種のトラウマのようなものであろう。

一九五一年一〇月に第一次日韓予備会談が開始されてから、延々約一四年間のマラソン会談の末に、ようやく一九六五年六月二〇日に東京で「日韓日基本関係条約」と附属議定書が署名され、同年一二月一八日の発効により両国国交は正常化した。韓国内では、日韓基本関係条約の文言に関して、そこに植民地支配への言及や謝罪や反省が見られないとの批判がいまだに聞かれる。国交正常化後五〇年を迎える今でも、日本の謝罪や賠償を要求する世論は継続的に蒸し返されているのである。

一九九八年一〇月、金大中大統領は日本を公式訪問して小渕恵三首相と会談し、両首脳は過去の両国関係を総括し、現在の友好協力関係を再確認するとともに、未来のあるべき両国関係についても意見を交換した。この会談の結果、一九六五年の国交正常化以来築かれてきた両国の緊密な友好協力関係をより高い次元に発展させることを確認し、「二一世紀に向けた新たな日韓パートナーシップ」と銘打った「共同宣言」が発表された。

この宣言で小渕首相は、「我が国が一時、韓国国民に対して、植民地支配により多大な損害と苦痛を与えたという歴史的事実を謙虚に受け止め、これに対し痛切な反省と心からのお詫び」を述べた。金大統領は、かかる小渕首相の歴史認識の表明を真摯に受け止め、これを評価すると同時に、両国が過去の不幸な歴史を乗り越えて、和解と善隣友好協力に基づく未来志向的な関係を発展させるため、お互いに努力することが時代の要請である旨を表明した。小渕首相の謝罪は、従来の一方的な謝罪・反省表明とは異なり、両国首脳間の「共同宣言」という文書に明記された点に特別な意味があるだろう。

幸いなことに、近年民間レベルで歴史認識の共有作業が活発化している。二〇〇四年末には、韓国・日本・中国の歴史学者と市民が共同執筆した『未来をひらく歴史』という副教材が出版された。また日本と韓国の高校教師の共同作業で、歴史の副教材として『朝鮮通信使』が発行された。こうした国際的な共同研究が、古代・中世・近現代史の広い領域でさらに充実・強化されるべきだろう。

日韓両国の草の根レベルの市民間の相互連帯こそ、未来志向の日韓関係を構築してゆく原動力であろう。今や日本人の希望する海外渡航先のトップは、ハワイを抜いて韓国が第一位に浮上している。また扶桑社の歴史教科書の二〇〇六年度における採択率は、わずか〇・四パーセントに止まっている。これは大部分の日本人が、韓国を成熟した視点で見ている証拠であり、両国間の市民レベルの交流が大きく前進しているがゆえである。

日韓両国は価値観を共有する隣国同士である。地理的に両国はここから逃げ出すことはできない。「引越しは不可能だ」というのが、日韓関係に関する筆者の持論である。未来を志向して日韓間で友好協力関係が強化されれば、両国にとっては疑いなく有益である。ではどうすれば日韓関係が未来志向的に発展するだろうか。今後、未来志向的な関係を構築するためには、韓国と日本が互いに相手に対する Disregard, Distrust, Dislike の態度から「Dis」を取り除いて Regard, Trust, Like へ発展させようとする真摯な努力が求められる。

注

[1] 民衆書林編『国語辞典』(第六版)、二〇一四。

[2] 井上秀雄『古代日本人の外国観』教学社、一九九一、八四頁。

[3] 倭国更号日本自言近日所出

[4] 河宇鳳『朝鮮王朝時代の世界観と日本認識』、明石書店、二〇〇八、一六七頁。

[5] 三宅秀利『近世アジアの日本と朝鮮半島』、朝日新聞社、一九九三、六五頁。

[6] 民族文化推進委員会刊行『海遊録』(下)、一九七四、九八〜九九頁。

[7] 朝鮮王朝時代に実施された科挙は文科、武科、雑科という三種類があったが、文科に及第してこそ政治的エリートの役割を果たすことができた。文科は朝鮮王朝が建国された一三九二年から科挙制度が廃止された一八九四年までの五〇二年間に八四八回施行されており、合格者数は一万五一三七名だった。

[8] 神功皇后:『日本書紀』によれば、仲哀天皇の皇后。名は息長足姫尊、神功は諡号、仲哀天皇の急死後、朝鮮に出兵し新羅を討ち、百済、高句麗を帰服させたことをしるす三韓侵略物語の中心人物。記紀編纂に日本を大国として位置付けるためにつくられた架空の説話とするのが通説。(角川第二版日本史辞典)

[9]『日本書紀』(七二〇年)では王仁、『古事記』(七一二年)では和邇吉師《わにきし》と表記されている。但し、韓国の『三国史記』(一一四五年)と『三国遺史』(一二八〇年)には王仁に関する記録が見当たらない。

[10] 日本製漢字の例:人民、共和国、共産主義、民主主義、社会主義、資本主義、軍国主義、法律、憲法、民法、刑法、国際法、経済、債券、債務、輸出、輸入、領土、領空、領海、宗教、文学、文化、文明、演説、権利、義務、裁判、判決、科学、観念、新聞、数学、哲学等。

台湾における日本研究の現状と展望
——政治大学を中心に——

于　乃明
（台湾・国立政治大学日本語文学科教授兼教務長）

1　台湾の日本語学科（学部及び大学院）

台湾における日本研究は、各大学が開設する日本語課程に深く関わるため、ここではまず、台湾で日本語関連課程を開設している大学や学部を紹介し、いくつか代表的な大学の具体的な課程内容を参考までに挙げておこう。

二〇一四年現在、台湾全国の大学数は一六五校である。そのうち、日本語学科を設置しているのは四六校であり、全大学の約四分の一に当たる。（なお本稿は昨年二〇一四年七月二七日、日本の法政大学で行った講演原稿を基に、若干の増補を行ったものである）。

❖——（1）学部（四六校）

表1　台湾の日本語学科

Area	Name(C)	大學	四技	二技	二專	五專	碩士	碩士在職班	博士
台北市	國立台灣大學	●					●		
	國立政治大學	●					●		
	世新大學	●							
	東吳大學	●					●	●	●
	中國文化大學	●					●		
新北市	輔仁大學	●					●		
	淡江大學	●		●			●	●	
	真理大學	●		●					
	景文技術學院		●						
	致理技術學院		●						
桃園縣	元智大學	●							
	銘傳大學	●		●			●		
	開南大學	●							
新竹市	中華大學	●							
苗栗縣	育達科技大學		●						
	親民技術學院				●				
台中市	國立台中科技大學		●	●		●	●		
	東海大學	●					●		
	中山醫學大學	●							
	靜宜大學	●					●		
	修平技術學院		●	●	●				
彰化縣	大葉大學	●					●		
	中州技術學院					●			
	明道大學	●							

嘉義縣	吳鳳技術學院		●		●			
	稻江科技☒管理學院		●					
台南市	立德大學	●	●	●				
	興國管理學院	●						
	南台科技大學		●				●	
	台灣首府大學	●						
	長榮大學	●					●	
	南榮技術學院		●			●		
高雄市	國立高雄餐旅學院		●					
	國立高雄大學	●						
	文藻外語大學		●	●		●		
	高雄市立空中大學	●						
	國立高雄第一科技大學		●	●			●	●
	義守大學	●					●	
	高苑科技大學		●					
	和春技術學院		●					
	東方技術學院		●		●	●		
	樹人醫護管理專校					●		
屏東縣	國立屏東商業技術學院		●					
	大仁科技大學		●	●		●		
	慈惠醫護管理專校					●		
花蓮縣	慈濟大學	●					●	

（表1及び表2は教育部「一〇三學年度大學網路博覽會」による）。表中の碩士は修士のことを、「四技」は四年制の技術学院のことを、「五專」は五年制の専門学校のことを指す。台湾では中学校を卒業してから、普通の高校以外に五年間の専門学校への入学制度もある。

（2）修士課程（18校）

表2　修士課程

地域	校名（卒業単位）
台北市	国立台湾大学（32）
	国立政治大学（32）
	東呉大学（36）
	中国文化大学（32）
新北市	輔仁大学（32）
	淡江大学（34）
	銘伝大学（44）
桃園県	元智大學（37）
	開南大学（36）
台中市	東海大学（32）
	静宜大學（38）
	台中科技大學（34）
彰化県	大葉大学（36）
台南市	南台科技大学（32）
	長栄大学（36）
高雄市	国立高雄第一科技大学（36）
	義守大学（36）
花蓮県	慈濟大学（32）

典拠、表1と同じ

（3）各校の課程

かつて台湾の大学の日本語学科及び修士課程では、主に文学や言語の科目を中心にカリキュラムが構成されていた。しかし、交流協会奨学金の選考に利用される日本留学試験では、二〇〇三年以降、日本文学が受験科目から除外された。それ以後各大学は、従来の言語、文学科目のほかに、歴史、文化、政治、経済など、さまざまな分野を取り入れたカリキュラムを編成するようになった。特に、当時台湾のビジネス界で日本語が使える人材の需要が高まってきたことを踏まえ、従来の日本語文学系とは異なる、実用性に重きを置いた応用日本語学科が次々と設けられるようになった。

台湾で代表的な日本語学科はいくつかあるが、以下は、それらのうちでも著名な大学の日本語学科において今年度（二〇一四年九月から）開設される日本研究関連の科目である（語学、文学を除く）。日本史、文化、社会、思想、経済、宗教、政治、外交、地理、流行文化、経営学、台日関係など、きわめて多様である。大学院では、各領域、各時代の文献講読、比較文化研究、近代日本文化、アジア各時代の特定課題研究、日本社会文化論、ならびに台日社会文化交流史など幅広い領域の科目を開設し、基本知識の導入と専門領域の研究に重点が置かれている。一方、学部

表3　課程内容（◆：学部、○：特別修士コース、●：大学院修士課程、■：博士課程）

政治大學	◆日本文化（一上） ◆日本社會（一下） ◆日本歴史（二） ◆日本政治（二下） ◆日本經濟（二上） ◆中日関係史（三） ◆日本宗教（三下） ◆日本思想（四上） ◆日本名著導讀―歴史 / 社會科學（三） ◆日本專題研究―歴史 / 社會科學（四） ●研究方法與指導：歴史（一） ●日本現代社會研究（一） ●日本思想研究（一） ●日本古文書研究（一） ●日本政治史研究（一 / 二） ●日本政治史研究（一 / 二） ●日本戰後社會與思想（一 / 二） ●日本文化史研究（一 / 二） ●日本社會史研究（一 / 二） ●日本次文化研究（一 / 二）
政治大學 日本研究修士學位 特別コース （2010年8月修士学位特別コースを開設、2014年9月に日本研究博士学位特別コースを開設）	○社會科學研究方法（日本學程） ○日本政黨政治研究（日本學程） ○日本金融制度研究（日本學程） ○戰後中日關係發展（日本學程） ○日本消費研究專題（日本學程） ○日本政治經濟研究（日本學程） ○日本與東亞國際關係研究（國關中心） ○日本數位内容產業專題研究（日本學程） ○日本經濟專題研究（日本學程） ○日本開發援助（日本學程） ○歐洲政府與外交政策（歐洲聯盟學分學程） ○日本政治史研究（日文系） ○日本外交史研究（日文系） ○日本社會史研究（日文系） ○日本文化史研究（日文系） ○日本思想研究（日文系） ○日本現代社會研究（日文系） ○日本名著導讀（日文系）
台灣大學	◆日本歴史 (上 / 下)（三 / 四） ◆日本文化史 (上 / 下)（四） ◆日本文化史導論 (上 / 下)（三 / 四） ◆日本近代文化導讀 (上 / 下)（三 / 四） ◆日本政治與外交 (下)（三 / 四） ◆日本政治探討 (下)（三） ◆日本前近代史 (下)（三） ◆近代中日人物與思想交流群像 (下)（三） ●日本文化史研究 (上 / 下)（一 / 二） ●台日文化比較研究 (上 / 下)（一 / 二） ●日本思想史研究（二）

東呉大學	歷史、文化： ◆日本概論（一） ◆日本歷史（二） ◆日本地理（二） ◆日本文化概論（三） ◆日本文化專題（四） ◆日本現勢（三） ●日本文化研究（一） ●中日比較文化（一） 日語教育： ●日語教育學研究（一／二） ●日語教育資料研究（二） ■日語教育文獻資料專題討論（一） ■台灣日語教育史專題討論（二） ■日語教材研究專題討論（二） ■日語教育学研究（一）
輔仁大學	◆日本概論（一） ◆日本國情（一） ◆日本古代史（二） ◆日本歷史（二） ◆日本文化概論（二） ◆日本式經營（三） ◆日式經營與全球化策略（三） ◆日本電影文化（三） ◆中華文化多語談（日語）（三） ◆日本近現代思想（四） ◆日本政治與外交（四） ◆日語教學理論與實踐（四） ●日語教育史研究（一） ●日本企業經營史研究（一） ●中日文化交流史 ●日本學校教育專題研究（二） ●近代日本文化與東亞（二）
淡江大學	◆日本歷史（二） ◆日本社會文化（三） ◆日語教授法（三） ◆日本文化思想史概論（四） ◆日本政治（四） ◆日本企業概論（四） ●日本近世史料導讀（一） ●日本學研究脳與教育 ●※文化研究方法導論（一） ●※日本近代教育史研究（一） ●※日本文化思想研究（一） ●※多文化教育（一） ●※日本近代化研究（二） ●※幕末維新專題研究（二）

文化大學	◆日本地理（二） ◆日本現勢（三） ◆日本流行文化（四） ◆日本文化專題（四） ●日本教育思想史研究 ●日本文化研究 ●日本社會文化論（二） ●※日本近現代文學研究：次文化文學論篇（二） ●※日語教授法研究（二） ●※多文化教育（二）
東海大學	◆多元文化導論（一） ◆表象文化概論（一） ◆社會文化概論（二） ◆日本文化概論（二） ◆日本史（三） ◆台日區域專題（三） ◆日本資訊傳播導論（三） ◆日語分科教學法（三） ◆越境文化論（三） ◆日本古典表象文化論 ◆日本近現代表象文化論（三） ◆台日媒體製作（三） ◆日本國際關係（四） ●台日關係（四） ●台日表象交流史（一／二） ●台日社會交流研究Ⅰ／Ⅱ（一／二） ●台日社會交流史（一／二） ●台日社會交流研究Ⅰ／Ⅱ（一／二）
靜宜大學	◆日本概論（二） ◆日本歷史（三） ◆日本地理（三） ◆日本觀光地理（三） ◆台灣日文資料導讀（三） ◆台日關係史（三） ◆日本文化史概論（三） ◆日本近現代史（四） ◆日本戰後史（四） ◆※日本政治與經濟（四） ◆※日本戰後社會與文化發展專題研究（四） ●日本史專題研究 - 古代・中世・近世（一） ●台日文化交流史研究（一） ●台日社會專題研究（一） ●日本史專題研究 - 近現代（二） ●台日關係專題研究（二） ●台灣日文資料研究（二） ●台灣日文資料演習（二） ●台日經濟專題研究（二）

では、それらを総合した概説レベルのものが多いようである。

2　台湾の日本語教育と日本研究に関する学会

二〇〇三年日本交流協会の留学試験から日本文学の科目を廃除したにもかかわらず、台湾の日本語教育は今でも日本語学と日本文学を主軸としている。これは各校の学報や学会の論文集の中の、各分野ごとの論文数から明らかである。

以下は台湾の日本語教育と日本研究関連の学会を紹介する。次いで、各分野ごとの論文数を紹介しよう。

❖――（1）台湾日本語文学会

一九八九年に設立、会員数約二〇〇～三〇〇名。毎月例会を開き、論文発表、特別講演などを行う。毎年一二月に学報を出していたが、二〇〇八年からは六月と一二月（年二回）に出版することになった。使用言語は中国語、日本語ともに可、締め切りは二月二八日と八月三一日（一九九五年～一九九八年は年に二回出している）。教師以外に院生もよくここで論文を発表する。『台湾日本語文学報』は二〇一三年まで、すでに三三号が出ている。

❖――（2）交流協会の文化室と日本語センター

台湾が日本と国交を断った後、交流協会が日本の駐中華民国大使館の役割を果たしている。交流協会の中に文化室がある。文化室の重要な柱の一つは二〇〇〇年に成立された日本語センターである。日本語センターは学会組織ではないが、日本語教育の研修会などの場として、その役割を担いはじめた。

Ⅰ．夏季冬季日本語教育研修会

Ⅱ．中等教育機関日本語教育研修会

Ⅲ．特別研修会

Ⅳ．特別講演会

センター情報誌『いろは』。創刊号（二〇〇一年一月二〇日発行）から第二九号（二〇一〇年二月一〇日発行）まで出され、二〇一〇年三月から、メーリングリスト「いろは」に移行した。日本語教育関連の研修会やイベント、日本語関連試験の情報など、月一回無料で配信している。最新号は二〇一四年一一月一四日に発行した第四八号である。

❖――――（３）台湾日語教育学会

①台湾日語教育学会の創立と来歴

一九九三年に創立。創立者は当時東呉大学外国語文学院院長の蔡茂豊氏、会員数三〇〇名、学会誌の創刊は一九九三年一二月である。この学会は会長校の制度をとっている。会長校とは会長（理事長）に推された者の勤める大学（学科）が任期中（原則として二年）全ての行事を責任を持って果たすという仕組みである。

東呉大学は一九九三年～一九九五年、淡江大学は一九九五年～一九九七年、輔仁大学は一九九七年～一九九九、台湾大学は一九九九年～二〇〇三年、政治大学は二〇〇三年～二〇〇七年、銘伝大学は二〇〇七年～二〇〇九年、静宜大学は二〇〇九～二〇一二年に会長校を務めた。今年（二〇一三年）からは東呉大学が会長校になっている。年に一度国際会議を開催する。時には有名な学者を招聘し、国際会議のほか、特別講演も行なう。

②台湾日語教育学会の学会誌

学会誌『台湾日本語教育論文集』を毎年年末に出している。言語、文学、歴史、文化などの領域の論文を審査を経た上で掲載する。現在すべての会から出ている論文集は審査制度を採っているが、この学会誌の通過率は平均七〇％になっている。『台湾日本語教育論文集』は二〇一三年六月で第二〇号が出ている。『台湾日本語文研究会』と『台湾日語教育学会』の会員はほぼ同じメンバーである。

❖――――（4）台湾応用日語学会

二〇〇二年に南台湾で成立。会員数約一〇〇名。研究領域は政治、経済、歴史、文化、社会、教育、翻訳、通訳などである。社会の変動に応じて、一九九〇年銘伝大学に応用日本語学科が設置されて以来、二〇〇三年まで、台湾に三〇箇所もの応用日本語学科が設けられた。学報は『台湾応用日語研究』である。二〇一三年まで一一号が出版されている。

❖――――（5）台湾日本言語文芸研究学会

一九九七年に創立。二〇〇〇年『日本言語文芸研究』第一号創刊。理事長は謝逸朗氏（現任は沈文良氏）。二〇一三年まで一三号が出版されている。

❖――――（6）台湾翻訳学会

一九九七年に設立。会員数約二八〇名。年に一度例会を行なうほか、特別講演を開催している。年に一度『翻訳学研究集刊』を刊行し、現在（二〇一三年）、一五号まで発刊している。初代会長は輔仁大学翻訳研究所の所長楊承淑氏で、日本語専攻である。現在は英語専攻者や外国語の教師さらには実業界の人たちもメンバーとなっている。

❖――（7）台湾日本研究学会（前身は中華民国日本研究学会）

一九七九年に設立。台湾で最初に成立した日本研究会である。創立者は陳水逢氏で、国民党と関係深い人物なので、その時代、氏でなければとても設立できるものではなかった。学会としての具体的な活動はない。一九八〇年に年刊『日本学報』を創刊し一九九二年までに一二号まで刊行した。二〇〇七年から『台湾日本研究』に誌名変更されたが、二〇〇八年以後停刊。

❖――（8）中日関係研究会

一九七一年に設立。会員数三〇〇人。蒋介石総統の時代に設立する動きが始まったが、予算が下りる前に、蒋介石総統が亡くなったので、最初から財政難の状態であった。中華民国駐日本大使、代表が会員の中心になっている。政治家、評論家、学者も入っている。『日本研究』を月刊として出していたが、後になって予算の関係で一時季刊誌になった。研究領域は政治、経済、社会、文化などである。財政難に迫まられて、残念ながら、二〇〇五年にすべての運営が中止となった。しかし、そのときまでの台湾における日本研究の状況を理解するには『日本研究』は大変重要な役割を果たしたと思われる。

3 日本研究に関する統計資料

以下に各分野ごとの発表論文件数を紹介しよう。各大学の研究誌から集計したものである。東呉大学と銘傳大学の日本語文学系では、日本語教育と日本語学とが柱となっている。輔仁大学では日本古典文学が、台湾大学では元来日本語学と日本文学が中心であったが、現在は日本歴史と日本文化にも重点をおくようになった。政治大学、淡江大学、文化大学においては文学、語学のほかに日本文化、日本歴史、日本政治、日本外交、日本思想などの専門分野の教師が多数おり、そのカリキュラムから見ると、総合的な日本研究に発展する可能性が高い。

これまでの台湾の日本語学界では日本語学と日本文学の研究が中心であったが、ここ数年来、日本研究も次第に広い分野から注目されるようになってきた。日本語学界では主な学術論文誌に『台湾日本語文学報』と『台湾日本語教育論文集』があり、さらに政治大学の『政大日本研究』、台湾大学の『台大日本語文研究』、東呉大学の『東呉日語教育学報』、輔仁大学の『日本語日本文学』、淡江大学の『淡江日本論叢』、文化大学の『中日文化論叢』、東海大学の『日本語文学系学刊』、静宜大学の『日本学と台湾学』、銘傳大学の『銘傳日本教育』など各大学の紀要には、日本歴史、日本文化に関する研究論文も掲載されている。

❖――――（1）大学別・紀要別・研究分野別論文数

表４　大学別・紀要別・研究分野別論文数

学校名	語学	文学	日本語教育	歴史文化	社会	外交	その他	合計
政大日本研究 (2004-2013)	25	7	4	21	0	0	5	62
台大日本語文研究 (2000-2013)	50	82	21	32	0	0	10	195
東呉日語教育学報 (1998-2013)	52	21	48	1	0	0	6	128
日本語日本文学（輔仁大学）(1998-2013)	11	86	6	20	0	0	4	127
淡江日本論叢 (2002-2013)	41	83	47	33	4	0	56	264
中日文化論叢（文化大学)(1998-2013)	20	23	19	24	1	0	12	99
日本学と台湾学（静宜大学）(2002-2009)	19	13	6	14	0	1	12	65
銘伝日語教育 (1998-2013)	42	8	76	3	0	0	12	141

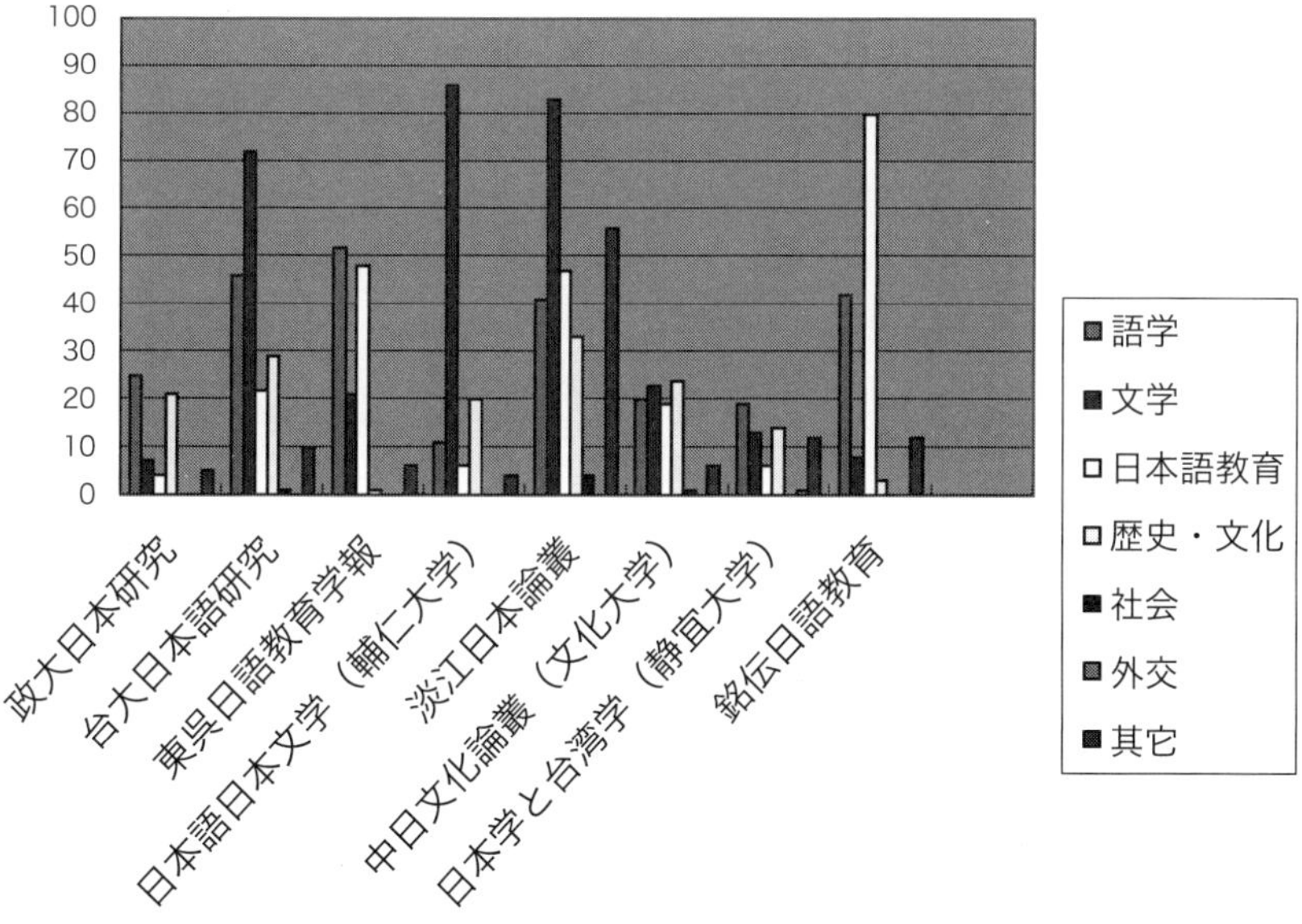

図１　大学別・紀要別・研究分野別論文（表４を棒グラフ化したもの）

❖——（2）関係学会別論文数（研究分野別）

表5　学会別論文数（研究分野）

	語学	文学	日本語教育	歴史、文化	其它
台湾日本語文研究会論文集（台湾日本語文学報）統計（一九八九—二〇一三）	160	108	94	25	6
台湾日本語教育論文集（台湾日本語教育学報）統計（一九九四—二〇一三）	60	27	90	6	7

❖——（3）大学別修（博）士論文統計資料

表6　台湾日本語文学系大学院修士論文集統計（一九九八年—二〇一三年）

項目	件数
語学	206
文学	242
日本語教育	91
歴史、文化、思想	164
政治	35
法律	49
商学	124
其它	112
合計	1023

＊台湾大学、政治大学、輔仁大学、東呉大学、文化大学、淡江大学、東海大学など代表的な大学の修士論文を二〇一四年七月筆者が分野別に集計したものである。

上述のとおり、大学紀要ならびに二つの日本語関係学会の論文件数の実態から見ると、歴史、文化の論文よりも、やはり日本語教育、語学、文学に関する論文数が多いことがうかがえる。

❖————（4）その他関連

①日本語学界以外の、歴史学、台湾史、台湾文学等に関する論文集で日本研究と関係のあるものとして、下記のものが挙げられる。

表7　日本語文学系以外の日本研究論文統計資料（筆者がまとめたもの、以下同じ）

系所	台湾大学	政治大学	師範大学
歴史系修博士論文（一九九八—二〇一三）	21	12	35
台湾文学研究所修士論文（二〇〇七—二〇一三）	6	5	—
台湾歴史研究所修士論文（二〇〇七—二〇一三）	—	23	—
出版品（学報及び研究集刊など）			
台湾文学研究所台湾文学学報（二〇〇〇—二〇一三）	—	14	
台湾文学研究所《文史台湾》	—	8	—
台湾文学研究所《学術叢刊與創作》	—	19	—
台湾文学研究所台湾文学研究集刊（二〇〇六—二〇一三）	6	—	—

表8　各大学歴史学科学報中の日本関連の研究論文件数

台大歴史學報（一九七四—二〇一三）	計51期、39篇／全488篇中
政治大學歴史學報（一九八三—二〇一三）	計38期、16篇／全314篇中
臺灣師大歴史學報（一九七三—二〇一三）	計48期、50篇／全537篇中

表9　雑誌論文「伝記文学」中の日本関連研究論文件数

伝記文学（一九八九—二〇〇九）	計42巻、106篇

＊以上は第五四巻（一九八九）から第九五巻（二〇〇九）までの統計数。但し八五巻から九二巻までは欠如されている。

表10　研究院、研究センター論文中の日本関連研究数

（その1）：国史館

国史館館刊（一九八七—二〇一三）	計37期、57篇
国史館学術集刊（二〇〇一—二〇一三）	計18期、26篇

＊『國史館館刊復刊』（一九八七—二〇〇八・六）共四四期：『國史館學術集刊』（二〇〇一—二〇〇八）一八期（二〇〇七まで半年刊、二〇〇八から季刊になった）、二〇〇九・三第一九期から誌名は『國史館館刊』に変更、（二〇一三年一一月）まで第三六期が出ている。

（その2）：中央研究院：研究院・研究センター

近代史研究所

中国近代史資料彙編清季中日韓関係史料（一八六四―一九一一） 中日関係史料	18冊
史料叢刊（一九六二―二〇一二）	8冊／全70冊中※
専刊（一九六一―二〇一三）	7冊／全101冊中
近代史研究所集刊（一九六九―二〇一三、七一期）	計80冊、54篇／全651篇中
第三届近百年中日関係研討会論文集（一九九六）	全36篇
人文社会科学研究中心－亞太區域研究專題中心	
亞太研究論壇（一九九六―二〇一三、共五九期）	39篇／全354篇中
東南亞研究論文系列（一九九七―二〇〇三）	4篇／全65篇中
東北亞研究論文系列（一九九九―二〇〇三）	4篇／全19篇中
書目彙編系列	◎中央研究院日本研究書目彙編 Ⅰ Ⅱ（～1998）全6343件
	◎東南亞、日本、韓国研究博碩士論文彙編（1963～1998）594件／全1212件
	◎日本與南韓之外籍労工：英文研究書目及摘要彙編（1990～）全174篇
専書系列（一九九九―二〇一二）	7冊／全43冊

＊日本研究相関／全体を合計した件数　例：四冊／全五一冊中、のように表記した。上記の表、及び下記の文章中の表記も同様である。

❖―――（2）東亜文明研究センター

A. 東亞文明研究叢書（二〇〇四―二〇一三）四九冊／共九七冊
B. 東亞文明研究叢刊（二〇〇五―二〇一三）五冊／共八冊
C. 東亞文明研究書目叢刊（二〇〇五―二〇一三）二冊／共三冊
D. 日本學研究叢書（二〇一二―二〇一三）共一〇冊

❖―――（3）台湾大学図書館蔵珍本東亞文献目録：日文臺湾資料篇

図書六五三一種、期刊二一九種、新聞二三種

❖―――（4）台湾大学図書館蔵珍本東亞文献目録：日文漢籍篇

この目録は台湾大学の図書館に所属されている。この中に珍本日本漢籍七百餘部が入っている。「漢籍、準漢籍」、「日本人撰述漢語文獻」に分けられており、また「日治時期臺灣及朝鮮書」の附録も入っている。

❖―――（5）台湾大学：高等人文社会科学研究センター

二〇〇五年一〇月、台湾大学では「世界トップクラスの大学をめざす」という計画案に基づく予算が付き、新たに「高等人文社会科学研究センター」が設立された。また、人文科学の領域では、東アジア儒教経典研究と文化研究の設置計画も立てられている。これは、従前の東アジア文明センターの発展継承ともいえる。

❖―――（6）政治大学：国際関係研究センター

『問題と研究』季刊誌（一九七二年に日本語版発刊、二〇一三年三月に第二五巻第一期）、『問題與研究』（一九九六―二〇一一年に中国語版発刊、第三五巻第一期～第五〇巻第三期）

共一二二冊、七五篇／共六六三篇。二〇〇九年九月から国際関係センターの枠組みの中で、現代日本研究センターを設立し、併せて日本研究学会をも設立する予定である。これからの日本研究の中心的存在になる潜在性があり、学界からも期待が寄せられている。

4　広義の日本研究

二〇〇三年交流協会出版の『日本研究調査報告書』は日本研究の範疇を下記の二四項目に分けている。

●日本交流協会の『日本研究調査報告書』

日本交流協会は、二〇〇三年に台湾の三五校の大学の中の一二三の学部あるいは大学院から出版された日本研究に関する修士論文、博士論文を分析し、その日本研究の分野を下記の二四項目に分類した。

●日本研究に関する雑誌論文分類項目：

1. 言語	2. 文学	3. 歴史	4. 文化	5. 教育	6. 宗教
7. 思想	8. 社会	9. 経済	10. 産業	11. 経営	12. 金融
13. 情報	14. 政治	15. 外交	16. 法律	17. 行政	18. 科学
19. 医学	20. 環境	21. 建築	22. 工業	23. 農業	24. 体育

この日本研究報告書からは、日本研究の領域が歴史と文化とに限られていたとする台湾日本語学界のこれまでの一般的な認識に比べ、研究分野が格段に広くなっていることがうかがえる。

5 台湾を縦断する一〇の新設日本研究センター

二〇〇三年から二〇一二年の九年間、台湾では北から南まで一〇の日本研究センターが成立した。これらの研究センターはそれぞれ違った定位を持っている。あるセンターは課程を開設しているが、大部分の研究センターの役割は日本研究関連会議を主催するものである。日本国際交流基金も経費を提供し、会議を開き、または日本の教授を招聘して講座を行うなど、日本研究の内容をさらに豊かにしている。

1. 中央研究院：アジア地域研究センター：亞太區域專題研究中心（二〇〇三）
2. 中華経済研究院：日本センター：日本中心（二〇〇三）
3. 台湾大学：
(1) 日本及び韓国研究センター：東亞崛起中的日本與韓國研究整合平台（二〇一一）
(2) 日本研究センター：日本研究中心（二〇一三年八月）
4. 台湾師範大学：日本研究センター：日本研究中心（二〇一〇）（二〇一二年廃止）
5. 政治大学：日本研究センター：當代日本研究中心（二〇〇九）

6. 中興大学：日本総合研究センター：日本總合研究中心（二〇一〇）
7. 東海大学：学際的複合日本地域研究センター：跨領域日本區域研究中心（二〇一一）
8. 中山大学：日本研究センター：日本研究中心（二〇一〇）
9. 輔仁大学：日本研究センター：日本研究中心（二〇一二年六月）
10. 台中科技大学：日本研究センター：日本研究中心（二〇一二年一二月）

日本交流協会（二〇〇三）『日本研究調査報告書』と、二〇一〇年に早稲田大学台湾研究所から発行された『台湾における日本研究—制度化の現状、課題と展望』とは、ともに台湾における日本研究について、実地調査に基づいてまとめられた報告書である。いずれも、台湾での日本研究の現状と問題点を明確に指摘している。台湾国内では、一九六三年に文化大学で日本語学科が設置されて以来、約五〇年の歳月を経ているが、社会科学系の日本研究が未だ十分に発達していないと言われている。とりわけ、政治、外交、経済、社会に関する研究は脆弱で、発展途上と言われても致し方ない現状が見られる。

これからの日本研究は、日本語学科のほか、総合大学内の他学部間の学術的資源や人材とも関連づけられるべきである。また、交流協会、国際交流基金からの援助、姉妹校からの客員教授派遣などを活用することも、日本研究の発展に資すると思う。

上記一〇のリストから判明するように、二〇〇九年から台湾国内の大学で、七つの日本研究センターが開設されたが、これは国際交流基金の援助によるものである。二〇一二年六月には、輔仁大学でも、日本研究センターが開設された。政治大学の現代日本研究センターは、社会科学部、商学部、法学部、国際事務学部、外国語学部と連携している。さらに二〇一〇年には、政治大学国際関係研究センターに「現代日本研究学会」が設置された。また、二〇一一年には、定員八名の「日本研究特別コース」が開設され、毎年日本研究に関するシンポジウムが開かれている。他大学では、日本研究センターによる特別日本研究コースはまだ開設されていない。台湾では日本研究センターであろうが、韓国研究センターであろうが、概して大学内の高等人文社会科学研究センターなどに属すため、その研究対象は、広く台湾、中国、日本、韓国という東アジアにわたる相関研究となる傾向が顕著である。

6 政治大学日本語文学科修士課程

以下は、私の大学、政治大学日本語文学科修士課程の日本外交史専攻を例とし、授業の仕方や修士論文の執筆や卒業後さらに日本に赴き高度な研究を続けている情況を紹介しよう。

❖（1）政治大学日本語文学科修士課程

東京外国語大学の要請に応じて、当学科修士課程の教員が、自身の専攻領域をいかに学生に教授するのかについて、ここでは筆者自身の経験を通じて披歴しようと思う。筆者の専攻領域は、日本政治外交史である。台湾国内の大学の日本語学科のカリキュラムの構成を見ると、歴史、政治、外交に触れる機会や授業時数が比較的少ない。そこで、学生たちの日本の政治や外交に対する興味関心や学習意欲を引き出すために、授業方法を工夫する必要がある。筆者の場合は、まず近代中日関係における重大事件を取り上げることとしていて、例えば、1．台湾出兵、2．岩倉使節団、3．日清戦争、4．義和団事件、5．日英同盟、6．日露戦争、7．第一次世界大戦、8．日本の台湾支配、9．連合国軍の日本占領、10．靖国神社参拝問題を列挙した。また、近代中日関係に活躍した人物から、1．大久保利通、2．伊藤博文、3．大隈重信、4．陸奥宗光、5．原敬、6．福沢諭吉、7．渋沢栄一、8．山本条太郎、9．大倉喜八郎、10．内藤湖南、11．岡倉天心などのキーマンを抽出して、プリントやNHKのビデオ教材を通じて学生同士のディスカッションを促した。そして、学生たちにその中から自らが関心を持つ人物、あるいは事件について、六〇〇〇字から一万字までのレポートを書かせたのである。その成果として、二〇〇七年以降、すでに二〇人の歴史文化専攻修士学生が関連の論文を提出した。それぞれの修士論文のテーマは、下表のとおりである。

表11　政治大学日本語文学科修士論文

卒業年	学籍番号／名前	指導教官	論文テーマ
二〇〇七年一月	92556006林宗賢	于乃明	十九世紀末日本与論に見える台湾論述——福沢諭吉と内藤湖南を中心に——
二〇〇七年一月	93556005施佩妤	小林幸夫	日本近代化過程における牛乳・乳製品の受容
二〇〇七年七月	92556004黃雅雯	管康彦（商学院）	現代日本企業人力資源管理的革新
二〇〇七年七月	93556008羅仕昌	于乃明	日清戦争前の日本における対中国観——琉球・朝鮮問題を中心に——（一八七三〜一八九四）
二〇〇七年一一月	93556009徐曉筠	小林幸夫	江戸期新興商人「三井家」の家存続の考え方——明清朝の徽商との比較——
二〇〇八年一月	93556010李仁哲	于乃明	日本帝国海軍の確執——太平洋戦争へと導いたその組織利益確保をめぐって——

二〇〇八年一月	93556006趙心如	小林幸夫	『西鶴諸国はなし』における越境の意味
二〇〇八年三月	94556003林蕙如	小林幸夫	近世における西国巡礼の旅——道中記と地方文書に見る——
二〇〇八年五月	92556010葉晏如	今井雅晴／于乃明	斉藤月岑『江戸名所図会』
二〇〇八年七月	95556010王薏婷	小林幸夫	初期德富蘇峰之「自由」論——以《自由、道德、及儒教主義》為中心
二〇〇八年七月	94556012李俊昌	于乃明	日治初期台灣航渡制度之研究（一八九五—一九〇七）
二〇〇八年七月	94556006林維瑄	蘇文郎	「上」に関する日中対照研究——認知言語学的観点から——
二〇〇九年四月	95556004林芸伊	林保尭（台芸大）	日本太鼓文化的傳統與革新～從「佐渡國・鬼太鼓座」談起
二〇〇九年七月	96556001梁媛淋	小林幸夫	幕末政局中會津藩的角色——文久三年（一八六三）八月十八日政變與京都守護職
二〇一〇年七月	95556009吳昭英	傅琪貽	乙未戰役中桃竹苗客家人抗日運動之研究
二〇一一年七月	96556010江雅涵	于乃明	近代日本における西洋野菜の受容——タマネギを事例として——
二〇一一年七月	97556005邱思嘉	于乃明	琉球の両属関係の結成過程
二〇一一年七月	98556003李明芬	于乃明	ヨーロッパ人の見た日本の疾病と医療
卒業年	学籍番号／名前	指導教官	論文テーマ
二〇一一年七月	98556009林乃瑜	于乃明	北一輝と中国
二〇一一年一月	98556005阮宇璿	傅琪貽	近世日本の百姓一揆研究——佐倉惣五郎を例として——
二〇一一年一月	96556003張志明	傅琪貽	日治時期農業統制下之台灣米穀增產研究（一九三九—一九四五）

二〇一二年一月	98556007洪偉翔	于乃明	台灣出兵的考察―從國際關係的視點
二〇一二年一月	98556001雷秀林	永井隆之	一七世紀到一九世紀歐洲人的日本茶觀
二〇一四年七月	99556005徐欣瑜	劉長輝	明治時期的神佛分離・廢佛毀釋運動――以真宗門徒的反對運動為例
二〇一四年七月	100556005黄虹甄	于乃明	長州藩與薩摩藩之廢藩置縣構想－以木戸孝允和大久保利通為研究對象－

ちなみに、当学科の院生指導教員制度では、指導教官は必ずしも当学科の教授に限らず、自分の研究テーマにふさわしい指導教官がいれば、他学科あるいは他大学の教授を指導教官にしてもよいという、非常に開放的な方針を採っている。また、当学科の指導教官と日本からの客員教授による共同指導というやり方も可能である。当学科を卒業した歴史文化専攻の院生五名が、交流協会の奨学金を利用して、現在日本の博士課程で研究している。

❖――（2）NHKビデオ教材

筆者は、授業用教材として、NHKのドキュメンタリー番組を活用して、その内容を踏まえながら疑問点や関心をもつ箇所を、学生たちに議論させている。いままで使ってきたビデオ教材は、一例として、下記のとおりである。

(1)　NHK　スペシャルシリーズ明治（五回シリーズ）二〇〇五年

(2)　NHK　その時歴史が動いた：日中国交正常化　二〇〇七年九月二六日

(3) NHK　プロジェクトJAPANシリーズ　日本と朝鮮半島シリーズ　日本と朝鮮半島第一回　韓国併合への道　伊藤博文とアン・ジュングン
(4) NHK　プロジェクトJAPANシリーズ　日本と朝鮮半島シリーズ　日本と朝鮮半島第二回　三・一独立運動と〝親日派〟
(5) NHK　その時歴史が動いた：日露戦争一〇〇年―二〇三高地の悲劇はなぜ起きたのか～新史料が明かす激戦の真相～
(6) NHK　その時歴史が動いた：日露開戦男たちの決断～明治日本存亡をかけた戦略～
(7) ETV特集：ロシアから見た日露戦争～兵士たちの手紙・日記が語る真実
(8) ハイビジョン特集孫文を支えた日本人～辛亥革命と梅屋庄吉
(9) シリーズJAPANデビュー第一回アジアの〝一等国〟
(10) シリーズJAPANデビュー第二回　天皇と憲法
(11) ハイビジョン特集八月一五日あの日、世界は何をめざしていたのか（その二）

7　学部を越えて、国を越えて、そして東アジアへ

向こう五年間のうちに、台湾での日本研究には新たな局面が見えてくると考えられる。特に、分野横断的な研究が盛んに行われる傾向がある。台湾国内では、台湾大学、政治大学、淡江大学、輔仁大学などの例に見られるように、中国、日本、韓国の大学と連携し、院生の共同指導を図るという風潮が高まっている。さらに、

各分野の専門家を招聘し、講演会や集中講義などを実施している。当学科も、北京外大日本学研究センター及び韓国高麗大日本研究センターと提携し、三校持ち回りで毎年院生と若手研究者の研究発表会を開催している。また、この二年間は、自然災害が最も注目された課題の一つであった。台湾、中国、日本では、それぞれ大きな自然災害を経験した。二〇一一年三月一一日の東日本大震災、また韓国ソウルの集中豪雨による水害などの自然災害は、いまでも記憶に鮮明である。二〇一一年一二月、国際交流基金では、中国、韓国、台湾の学者を招き、震災地の宮城県東松島で、「東アジアは東日本大震災をどう論じたか」というフォーラム・公開シンポジウムを開催した。さらに、大きな被害を受けた被災地の宮城県では、直接市民に向けてもエールを送った。このように、いまや日本研究は、歴史、文化、政治、経済の枠組みから、自然災害の枠組みの研究にまで広がっている。自然災害は、日本の課題に留まらず、東アジアもしくは全世界共通の課題であるとも考えられているからである。

政治大学を例として挙げれば、この二年で学部の枠組みを越えた研究チームが編成された。その中の一つでは、政治大商学部財政学科との連携により、各国のクリーン・エネルギー、省エネルギーについての研究が行われた。もう一つでは、各国の文化創造産業（クリエイティブ産業）の発展と現状、または戦略及び成功例についての研究が行われた。特に、日本の成功例に関する研究は注目され、これも明らかに一つの新しい方向性の日本研究といえよう。

8　グローバル化、学際・領域横断的研究、国際移動

以上の統計資料などから見れば、日本研究及び日本留学は、もはや日本語学科の学生、卒業生の唯一の選択

肢ではない。グローバル化や学際横断的研究が盛んになった現在の学習・研究環境では、日本語学科の学生はいうまでもなく、非日本語専攻学生でも、誰もが日本研究に従事することが可能である。その意味で、ダブル・メジャーあるいは副専攻の制度は、今後の日本研究の発展にも寄与するものと考えられる。

中国人の「外国認識」の現状図

――八か国イメージ比較を通じて日本の位置づけに焦点を当てて――

江　暉
（東京大学大学院学際情報学府博士課程）

1　序章

❖――（1）問題意識

一八世紀半ばから、イギリスをはじめ欧米諸国で相次いで産業革命が勃発し、市民革命とともに近代の幕開けを告げた。アジアはこの世界の流れに一歩乗り遅れたが、一九世紀後半において、明治維新を興した日本が率先して近代化への道を歩み始めた。一方、中国の近代化は、列強の襲来や国内の社会矛盾、統治者間の権力闘争に伴って、数多くの苦難と挫折を重ねてきた。世界の中心であるという自己認識・世界認識が打ち砕かれた中国人が改めて「外国」を認識しはじめたのは恐らくこの時期だろう。とりわけ日清戦争（一八九四～一八九五）で日本に敗北を喫したことは、中国人にこれまで培われてきた絶対的な優越感を容赦なく捨て去らせた。

アジアに誕生したこの新しい勢力均衡に西欧諸国も敏感に反応した。戦争前夜、「世界の列強としての尊敬に真に値する、唯一のアジアの大国である」[1]と表現されていた中国は、戦後光景一変、「この戦争の始まりから、中国は痛ましい光景を呈してきた。ここまで弱いとは誰も疑わなかった」[2]のように、その脆弱な正体が世界に曝され、後に列強による新たな勢力分割を招いた。それと対照的に、西欧にほぼ認識されていなかった日本は列強の地位に躍進して中国の代わりにアジアの支配勢力となった。一九〇二年の日英同盟はその証明であると指摘されている（Paine, 2002）。ところが、もしこの時期、世界・日本に対する認識において変化が生じていたのは中国の指導者層や知識人に限られているとするならば、八年間にわたった日中戦争（一九三七～一九四五）が中国人に与える打撃は徹底的なものであり、その後遺症は今日まで至っていると見られる。すなわち、近代世界システムが形成される歴史は、中国人にとって屈辱に満ちた記憶であり、特にアジアの近隣である日本に対する心理的変化は、壮絶な葛藤を伴っているものであることはいうまでもない。

一九四五年終戦後、東西陣営の対立によって新しい世界秩序が生まれた。内戦を経て社会主義陣営に加わり、一九四九年に中華人民共和国として再出発した中国は、日本を含めた資本主義陣営諸国との交流が一時期遮断されていた。六〇年代に中ソ対立の表面化によって米中接近が促され、世界の勢力配置も米中・日中の国交正常化とともに少しずつ変わり始めた。しかし、絶えず行われた政治闘争のゆえに中国国内の経済発展が停滞していた。ようやく「文革」の終焉を迎え、久々に海外の発展ぶりを目にした中国人は、世界との差に衝撃を覚えたのだろう。一九七八年に高度経済成長を遂げた日本に初めて訪れた鄧小平（一九〇四―一九九七）は「日本に学ぶべきところはたくさんある」[3]と嘆き、帰国後改革開放を推し進めた。その後九〇年代初頭、ソ連崩壊・ソビエト連邦解体によって世界が再構成され、中国も独自の道を模索しながら高度経済成長の軌道に乗り始めた。二〇〇八年北京オリンピック、二〇一〇年上海万博の開催、さらに同年に中国のＧＤＰが日本を抜いて世界第二位となったことは中国人の自信回復につながっているに違いない。

しかしその一方で、貧富格差の拡大など国内問題の深刻化、また近年の国際社会進出に伴い、外交や経済、エネルギー、領土問題をめぐって諸外国との間に軋轢が多発しているという現実の中で、現時点において中国人は如何に自国・他国を定義しているのか。この問題に答えるため、本稿は現代中国人が描いている国際社会の縮図を明らかにすることを目的とし、特にその縮図における日本の位置づけに注目したい。

❖――(2) 本研究の目的と分析方法

これまで、「中国」をめぐる国際関係論的な観点からの議論が多くなされているが、本稿は中国が見る「世界」という新しい視点から問題提起したい。国際問題の解決は、従来通り、基本的に政府間の協議によって行われている。しかし、近代以降、民衆運動へと結集していく可能性が危惧されている故に、民衆意識の重要性がますます認識されるようになり、今日に至って国際関係を語る際に民衆意識はもはや無視してはならない存在になっているといってよい。とりわけ政府間の外交交渉が難航する場合に、「民間外交」は候補手段として有力視されている。ところが、これを語る前に、まず「民意」は実際にどのようなものなのかを明らかにする必要があるだろうと思われる。この現実的要請に応じて、本稿は中国の一般民衆が抱いている考えに注目し、彼らが直感的に認識している外国像を浮き彫りにする。

研究方法として、本稿は二〇一二年五月から六月にかけて筆者が中国で実施したアンケート調査[4]の結果を用いて分析を行う。調査ではアジアの近隣諸国また近年中国とのかかわりが深かった国から最終的にアメリカと日本、韓国、北朝鮮、インド、ロシア、フィリピン、ベトナム[5]の八か国を選び出し、それぞれの国に対するイメージを尋ねた。本稿ではこの八か国イメージを三つの段階に分けて比較する。まず他者からみるこの八か国はどのような国なのか、という中国人の評価を比べる。次いで、感情の側面から、この八か国に対する好感度を考察する。第三段階で、これらの国は自国中国にとってどのような存在なのか、すなわち、中国人が描

表１　サンプルの構成

	一般サンプル	大学生サンプル
回収数	1144（回収率 59.2%）[6]	877（回収率 62.2%）
回収地	遼寧省大連市、江蘇省鎮江市、江西省南昌市、広東省広州市、重慶市、陝西省西安市、河北省張家口市	遼寧省瀋陽市、江蘇省南京市、江西省南昌市、広東省広州市、重慶市、陝西省西安市、北京市
性別	男性 44.1%、女性 53.5%、無回答 2.4%	男性 42.0%、女性 57.8%、無回答 0.2%
年齢	20 代 43.1%、30 代 31.5%、40 代 13.4%、50 代 9.0%、60 代以上 2.5%、無回答 0.5%	平均年齢 21.0 歳（SD=1.62）
学歴	小学校 1.1%、中学校 5.0%、中専 9.7%、高校 13.1%、大専 28.5%、大学 34.4%、修士 6.6%、博士及び以上 0.7%、無回答 0.8%	大学生 98.2%、大学院生 1.7%、無回答 0.1%
職業	公務員 16.4%、専門職 17.6%、会社員 26.7%、サービス・製造業 19.1%、農林漁業 2.4%、その他 15.9%、無回答 1.7%	大学生の専攻：政治 / 社会 / 法律 5.8%、国語 / 文学 / 哲学 3.9%、理工 / 医学 23.5%、経済 / 金融 33.2%、メディア / 情報 12.3%、外国語 11.1%、芸術 / スポーツ 2.1%、無回答 8.0%。
民族	漢民族 95.8%、その他少数民族 2.9%、無回答 1.3%	漢民族 90.4%、その他少数民族 8.7%、無回答 0.9%

いた国際社会の縮図におけるこれらの国の相対的位置づけを明確にする。

本稿の最後では、ここ数年中国との間に緊張関係が高まっている日本に関する調査結果を取り上げ、各年齢層の中国人が認識している日本像における差異についてさらなる分析を加える。社会心理学の知見に基づき、本稿は統計手法を用いて、量的データ結果の可視化を試み、それによって中国人の外国認識の全体構図を明白に示したい。

紙幅の関係で、調査実施の詳細については、文末脚注また江（二〇一三）を参照されたい。サンプルの構成は上表に要約している。

2 諸国の「他者」像：八か国に対する評価の比較

では、アメリカをはじめこの八か国について、中国人から見ればそれぞれどのような国なのか、という他者像を描くために、本調査はSD法を用いて、図1及び表2に示されている九組のSD項目でサンプルの各国に対する評価を測定した。測定方法を簡単に説明すると、SD項目の左端にはポジティブな評価（1点）、右端にはネガティブな評価（5点）を設け、回答者に1点～5点の間に自分の考えが当てはまる点数を付けてもらう。こういった方法で得られた各国の平均得点は表2の通りである。分散分析を行った結果、各国に対する評価の全項目において有意な差が確認されている。このような評価における差異をより明瞭に示すために、図1のようにグラフ化した。

全体として、先進国（アメリカ、日本、ロシア、韓国）と発展途上国（インド、フィリピン、ベトナム、北朝鮮）が区別視されていることが容易にみてとれる。特に「先進的―後進的」と「安全―危険」、「豊かな―貧しい」、「自由開放的―保守閉鎖的」という四つの項目においてその間の境界線が明確に捉えられる。先進国において、ロシアに対する評価は一貫してポジティブであり、各項目間の差も小さく、堅実な「実力者イメージ」が描き出されている。それに次いで、アメリカは「信頼できる―信頼できない」と「平和的―好戦的」という二つの項目を除ければ、概ねポジティブな評価を得ている。とりわけ「先進的」と「豊かな」、「自由開放」などの五つの項目では、アメリカに対する評価がその他の七か国を遥かに凌駕し、「王者」アメリカのイメージが躍然と浮かび上がる。但し項目間のばらつきが非常に大きいことは一つの特徴として注目に値する。それに対して、日本と韓国に関しては、「信頼できる―信頼できない」と「男女平等―男女平等ではない」、

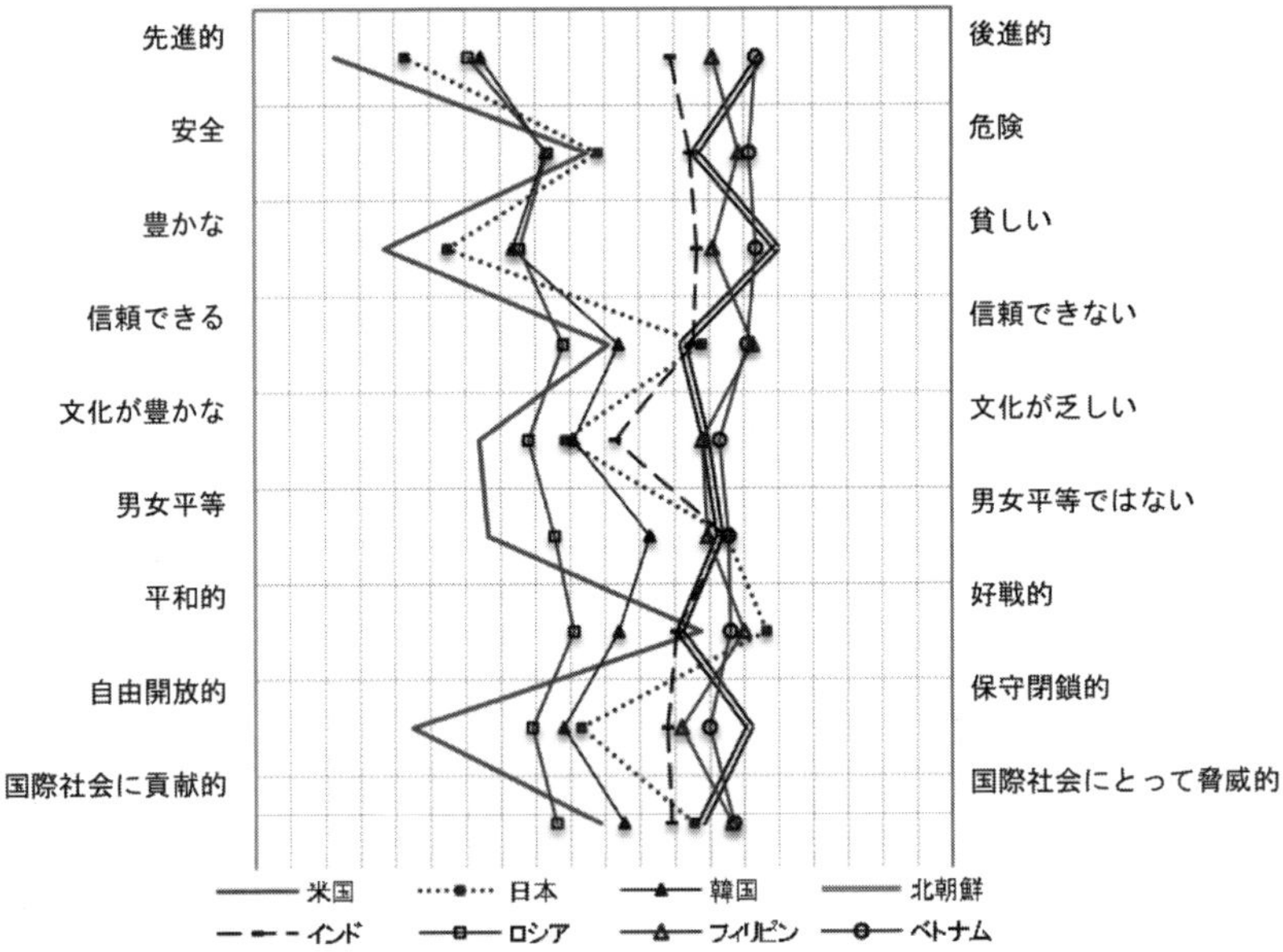

図１　八か国に対する評価

「平和的―好戦的」、「国際社会に貢献的―国際社会にとって脅威的な存在」の四つの項目が3・00以上の得点を得ており、ネガティブに評価されていることが示されている。この二か国において、韓国と比べて日本に対する評価はばらつきが大きく、堅実な部分もある一方で、不安な要素も多く潜んでおり、傾向としてアメリカと極めて似ている。具体的にいえば、日本の経済的優位性がアメリカに次ぐ地位が肯定されているものの、先進国の間では信頼性と国際社会に対する貢献度が最下位である、という厳しい評価も得られている。その中で、ネガィテブな評価が特に際立った「平和的―好戦的」及び「男女平等―男女平等ではない」の二項目からは、中国人が抱いている「日本イメージ」における頑固に存在しているステレオタイプ的な認知が垣間見えるだろう。

表２　八か国に対する評価及び検定の結果

	米国	日本	ロシア	韓国	インド	北朝鮮	フィリピン	ベトナム	F
①先進的―後進的	1.46	1.86	2.22	2.29	3.38	3.91	3.62	3.88	F(4.91,9816.28)=2829.45,p<.001
②安全的―危険的	2.90	2.96	2.67	2.66	3.49	3.52	3.77	3.84	F(5.72,11447.85)=625.40,p<.001
③豊かな―貧しい	1.73	2.10	2.51	2.47	3.52	3.99	3.62	3.87	F(5.07,10128.38)=2256.69,p<.001
④信頼できる―信頼できない	3.01	3.56	2.76	3.08	3.52	3.45	3.85	3.82	F(5.89,11770.54)=457.18,p<.001
⑤文化豊かな－文化乏しい	2.29	2.77	2.56	2.82	3.06	3.58	3.57	3.65	F(5.84,11636.27)=746.80,p<.001
⑥男女平等－男女平等ではない	2.33	3.70	2.71	3.26	3.69	3.66	3.60	3.71	F(5.86,11704.35)=855.17,p<.001
⑦平和的－好戦的	3.55	3.93	2.82	3.08	3.41	3.42	3.80	3.72	F(5.77,11524.69)=386.64,p<.001
⑧自由開放－保守閉鎖	1.90	2.85	2.58	2.76	3.36	3.83	3.44	3.60	F(5.84,11688.38)=1175.91,p<.001
⑨国際社会にとって貢献的－脅威的	2.97	3.51	2.71	3.12	3.38	3.55	3.73	3.74	F(5.56,11126.52)=458.81,p<.001

※Ｆ値は１要因の分散分析（一般線形モデルの反復測定）による結果である。

一方、発展途上国に対する評価はすべての項目においてネガティブなものとなっていることが各国で一致している。中では、インドに対する評価がやや高めではあるが、個別の項目を除けば全体的にほかの三か国との間に大きな差が見られなかった。上述した先進国の間に見られたばらつきと違い、この四か国に関して、比較的単純な評価構図となっていることが示されている。但し、この結果になったのは、実際に先進国に比べ、発展途上国に対する中国の一般民衆の関心の低さ、また知識の少なさも起因しているのではないかと考えられる。

3 諸国に対する好感度の構造図

本章では中国人がこの八か国に対してどのような感情を持っているのかについて考察する。調査は「全く好きではない（1点）」～「非常に好きである（5点）」のように五件法で諸国に対する好感度を尋ねた。各国への好感度の平均得点は表3の通りである。得点が3・00を超えたのはロシアとアメリカ、韓国三か国のみである。但し、好感度が最も高かったロシアの得点は3・38となり、最下位のフィリピン（2・27）との間に1ポイントの差しか見られなかったことが留意に値する。すなわち、各国に対する好感度の間では有意な差が確認されているとはいえ、全体として、好感度におけるばらつきが上述した各国に対する評価ほど大きいものではなかった。それに基づいて、この結果を解釈するときに、「好感度」は評価の各項目に比べてより複合的な認知概念であり、種々の要素に影響される可能性があることを考慮にいれる必要があるだろう。

その中で、特に日本の得点に注目されたい。確かに平均得点から見れば顕著な差異が示されていないが、先進国への好感度が全体的に発展途上国を上回っていることは事実である。しかし、唯一の例外として、日本の好感度得点は中間評定値の3・00に至らず、順位から見ても北朝鮮とインドに次いで第六位となっている。周知のように、現在日中関係の停滞・悪化がさまざまな分野に影響を与えてしまい、その一つとして日中国民の相互好感度の急落が世間の関心を集めている。特定非営利活動法人「言論ＮＰＯ」の世論調査の結果によると、日中国民が相手国に対して良い印象を持っている人の割合は両方とも一割を切っており、これまでで最悪の状況になっているようである[7]。今回の調査は、八か国を対象に比較を行った結果、日本は諸外国の中で最下位ではないことがわかった。とはいうものの、決して楽観視できる結果でもなかった。では、この厳しい現実か

表３　八か国に対する好感度の平均得点

	ロシア	アメリカ	韓国	北朝鮮	インド	日本	ベトナム	フィリピン	F
平均得点	3.38	3.26	3.12	2.74	2.71	2.54	2.38	2.27	F(5.65,11354.21)=497.37,p<.001
N	2013	2012	2013	2013	2013	2013	2013	2013	
標準偏差	0.89	1.01	1.05	0.91	0.92	1.14	0.95	1.00	
順位	1	2	3	4	5	6	7	8	

※Ｆ値は１要因の分散分析（一般線形モデルの反復測定）による結果である。

ら何が読み取れるのだろうか。

そこで、本稿は上述の好感度得点を用いて、もう一つの分析を試みた。すなわち、多次元尺度法（ユークリッド距離モデル）という統計手法で好感度の構造を究明することである。結果は図３に示されている通りである。二次元に集約されたこの構造図は次のように解釈できる。まず、第一次元（縦軸）をみると、ロシアと韓国、アメリカが正の象限に、日本を含むその他の五か国は負の象限に布置している。このような国々の縦方向における相対的位置関係は、表３に示されている好感度の国順位とほぼ一致していることが容易に見てとれる。したがって、この次元は感情的好悪を示していると理解して良い。

そうすると、第二次元（横軸）では好感度の順位から把握できなかった好感度構造の他の側面が現れているはずである。第二次元は第一次元と異なる布置を示している。日本とアメリカ、韓国が正の象限に、フィリピンがほぼ０地点にあるのに対して、ベトナムとロシア、インド、北朝鮮が負の象限に位置している。すなわち、日本とロシアの位置交換がみられた。そのため、この結果は、先行研究で指摘されている国の発展段階（先進国であるか、発展途上国であるか）、また国の地理的位置（ヨーロッパであるか、アジアであるか）（小坂井、一九九六）などで解釈しにくい。そこで、前章で考察した各国に対する評価を合わせて検討していくと、本稿はこの第二次元

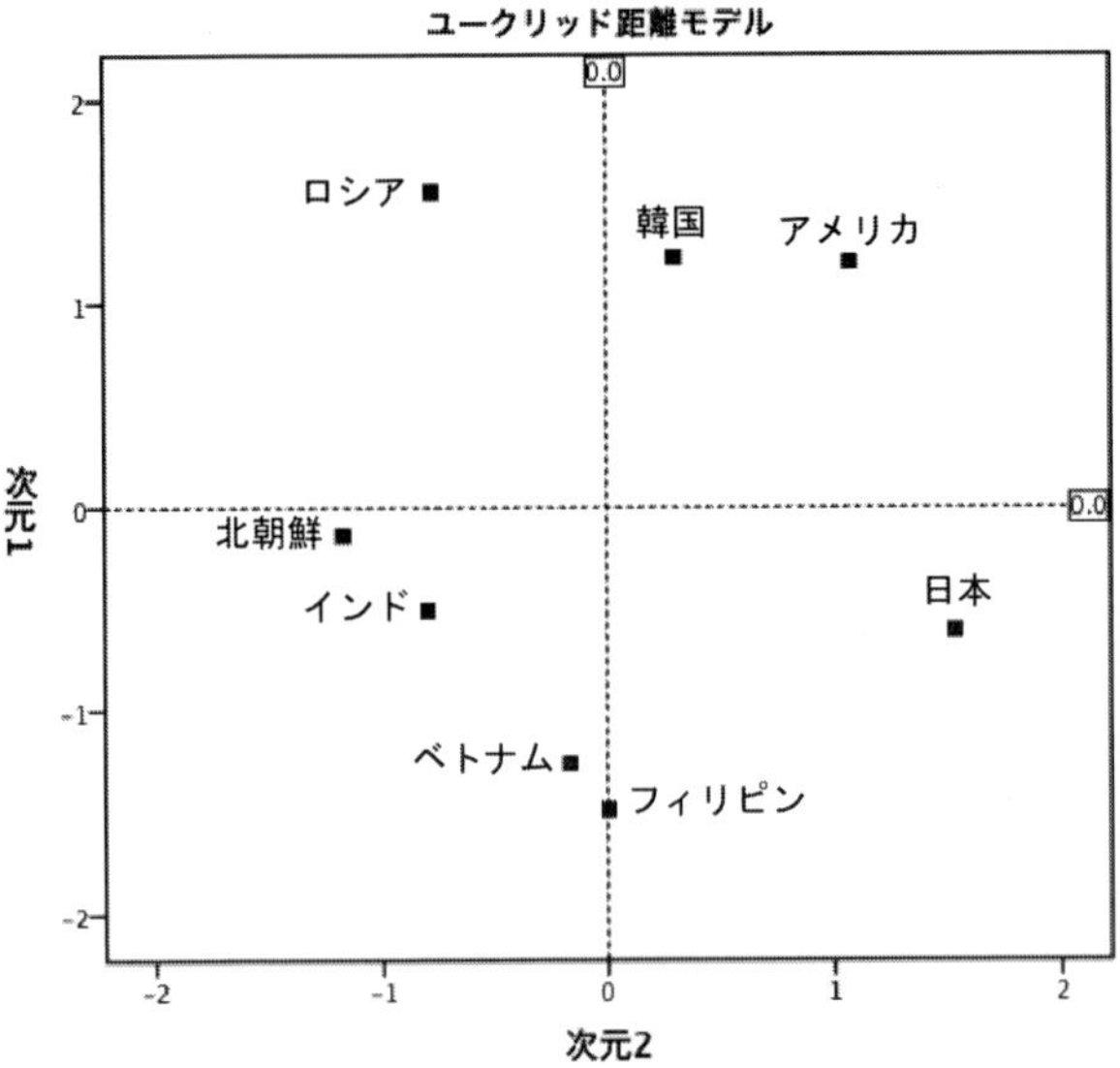

図２　八か国に対する好感度の構造図

を「心理的距離」と解釈したい。理由として、日本に対する評価では、「好戦的」、「国際社会にとって脅威的な存在」、「信頼できない」の項目が特に得点が高かったからである。アメリカに対しても、好感度が高かったが、「平和的―好戦的」という項目でネガティブに評価されている。それと対照的に、北朝鮮やインド諸国への好感度が比較的低かったもの の、「平和的―好戦的」項目での評価は日本と比べてポジティブなものであった。また信頼性に関しても、北朝鮮とインドに対する評価は日本を上回っている。それゆえ、構造図に示されているように、第一次元で負の象限にある国同士だったが、第二次元で日本と北朝鮮、インドとの間に距離が置かれている。同様に、アメリカ、韓国とロシアとの差異も明らかに現れた。無論、国の位置関係が評価得点と完全に合致していないため一概には言えないが、総合的に考えれば、好感度構造において感情的好悪のほかに、心理的距離も一つの決定基準になっていると解釈して妥当であろう。

表４　八か国に対する「模範度」及び「親密志向」、「両国関係」、「警戒度」の平均得点

	アメリカ	日本	ロシア	韓国	インド	北朝鮮	フィリピン	ベトナム	F
模範度	4.20	3.94	3.81	3.72	3.13	2.83	2.67	2.73	F(3.56,7142.32)=1042.54,p<.001
親密志向	3.62	3.07	3.80	3.38	3.25	3.33	2.74	2.92	F(5.18,10395.88)=413.85,p<.001
両国関係	2.94	2.53	3.52	3.05	2.89	3.29	2.34	2.69	F(5.29,10628.30)=623.72,p<.001
警戒度	4.03	4.13	3.33	3.60	3.63	3.38	3.81	3.67	F(5.31,10663.83)=324.58,p<.001

※Ｆ値は１要因の分散分析（一般線形モデルの反復測定）による結果である。

4　「他者」との関係：諸国に対する認識の立体図

第三章では、各国に対する好感度を比較し、好感度の構造に対する考察を通してその決定要素まで推測した。ところが、好感を持つとしても、その相手はあくまでも「他者」として眺めたわけである。この他者は自分にとってどのような存在なのか、という部分の認識を明らかにすれば、他者イメージの全体図を補完できる。そこで、本稿は評価及び好感度のほかに、さらに「模範度」と「親密志向」、「両国関係」、「警戒度」という四つの尺度を用いて、中国人が考えている中国とこの八か国との関係性について考察する。それによって、現在中国人が抱いている外国認識の構図を立体的に再現したい。

調査では「あなたはこの国を見習うべきだと思いますか」（「模範度」）と「あなたは今後この国ともっと協力して、親密な関係を築くべきだと思いますか」（「親密志向」）、「あなたは現在中国とこの国の関係が良好だと思いますか」（「両国関係」）、「あなたはこの国に対して警戒を持つべきだと思いますか」（「警戒度」）、という四つの質問を設置し、「全くそう思わない」（1点）〜「非常にそう思う」（5点）のように五件法で尋ねた。各尺度での各国の平均得点を算出して次の

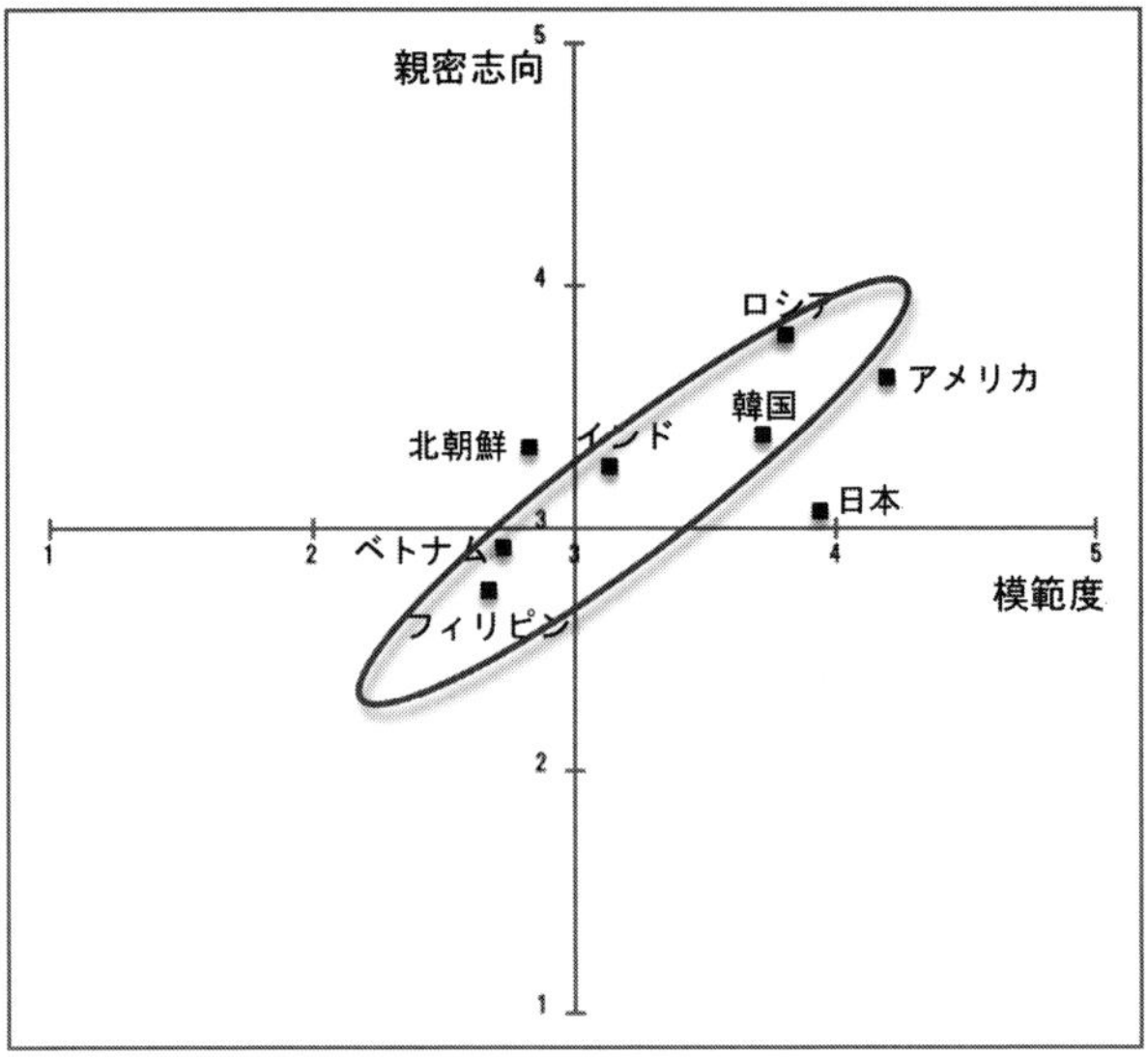

図３　外国認識の立体図Ｉ－「模範度」と「親密志向」の座標系

分析に用いた（表4）。

まず、「模範度」を横軸に、「親密志向」を縦軸にし、中間評定値の（3・3）を原点[8]として直交座標系を作成し、各国の両項目の平均得点に基づいて座標系に布置した（図3）。「模範度」では、アメリカと日本、ロシア、韓国と並び、インドも正の象限に位置している。未だに先進国との間に距離が見られているとはいうものの、新興国の勢いが中国社会に注目されている傾向も示唆されている。負の象限に位置しているのは北朝鮮とベトナム、フィリピンの発展途上の三か国である。すなわち、見習う対象である否かの判断は、相手国の発展段階と緊密に関係していることが容易に見てとれる。一方、「親密志向」に関して、ベトナムとフィリピンの二か国以外の国はすべて正の象限に布置されている。つまり、大多数の国との今後の関係構築について、回答者たちは積極的な姿勢を示していると見られる。

この座標系を全体的にみれば、外国に対する「模

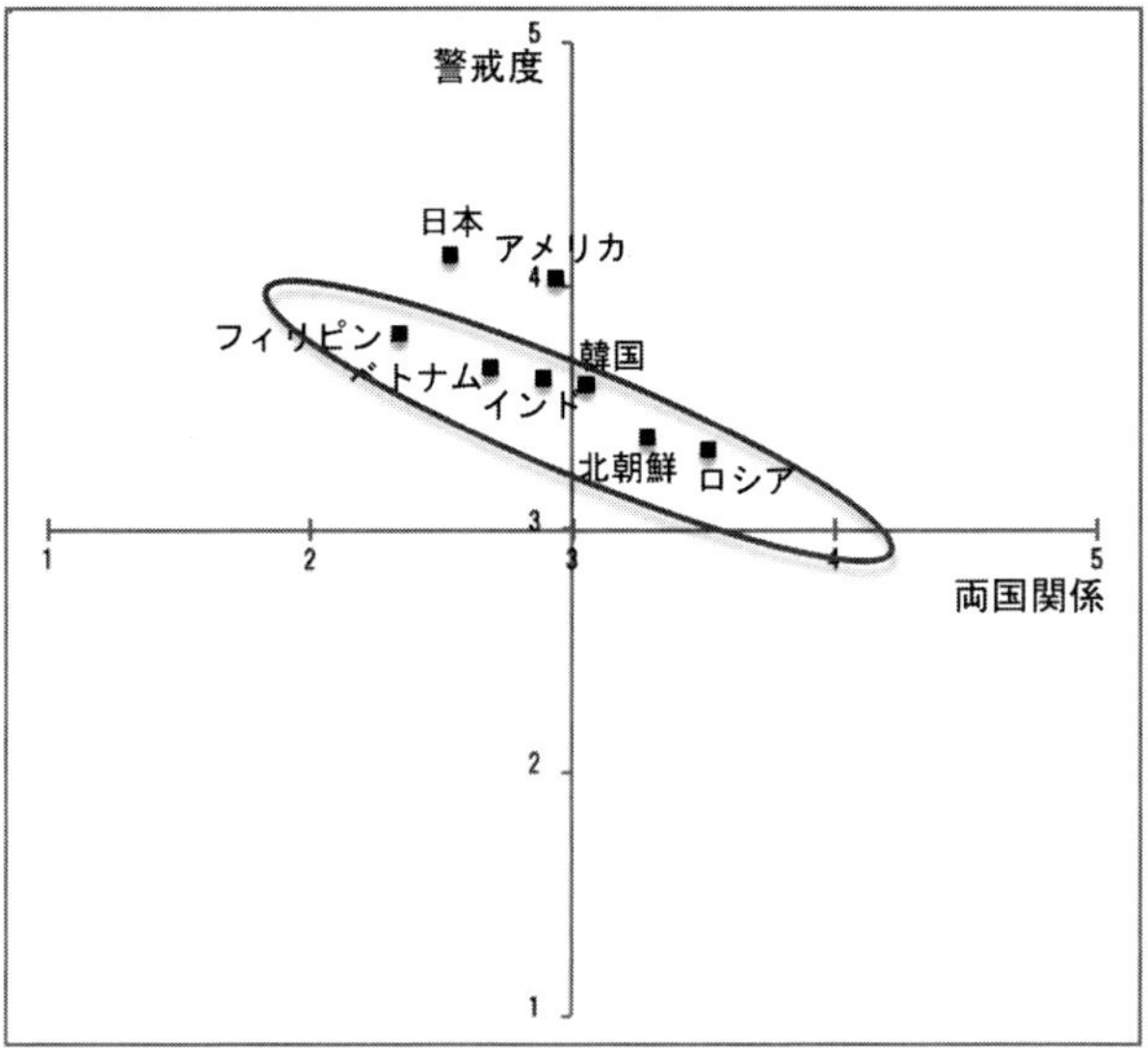

図４　外国認識の立体図Ⅱ－「両国関係」と「警戒度」の座標系

範度」と「親密志向」との間に正の線形関係があることが確認されている。つまり見習うべき対象であると認めれば認めるほど、相手国とさらに親密になる願望も強くなると解釈できる。ところが、アメリカと日本、北朝鮮の三か国がこの直線から外されていることが非常に興味深い。すなわち、アメリカと日本の模範作用が他国に比べて遥かに上回って認められているにもかかわらず、親密志向がそれを比例にして高まっていない。とりわけ日本に対する親密志向は正の象限にあるとはいえ、ほぼ横軸の近くに布置されている。それに対して、模範度が中間評定値３・00よりも低かった北朝鮮への親密志向は八か国の中で第四位となっている。

たとえ「模範度」と「親密志向」の間にある正の相関関係が条理的な認識であると理解すれば、では、アメリカと日本、北朝鮮に対する認識における「不条理」な部分に関して、どのように理解したらよいのか。これを明らかにするために、本稿は「両国関係」と「警戒度」尺度を用いてさらなる分析を試みた。図4のように、「両国関係」を横軸に、「警戒度」を縦軸にしてもう一つの座標系を作成した。
図3と異なり、図4では八か国の座標が第一と第二象限に集中的に布置されている。詳しく言えば、現在中国との関係が良好であると認識されている国はロシアと北朝鮮、韓国の三か国のみである。縦軸をみると、すべての国に対して回答者がある程度の警戒感を抱いているように捉えられる。こういった「両国関係」と「警戒感」との間に、負の線形関係があることが判明されている。すなわち、中国との関係が良好であると認識すればするほど、相手国に対する警戒感は一定の比例で下がっていく傾向が示されている。しかし、ここでも例外が見られた。それは直線から離脱している日本とアメリカの二か国である。関係直線の上部に布置されているのは、この二か国の「両国関係」と「警戒度」の間にある負の相関係数が他の六か国より大きいことを意味する。言い換えれば、両国関係に対するネガティブな認識によってもたらされる相手国に対する警戒感を比較すると、相手国が日本かアメリカである場合、中国人はより敏感に反応してしまう可能性が示唆されている。但し、ここで取り上げた「両国関係」に対する認識は「警戒度」の形成に影響を与える一要因であると主張しているが、唯一の要素ではないことに留意されたい。

では、図4の結果を踏まえて上述の図3を振り返ってみよう。先進国であるアメリカ及び日本の実力を客観的に認め、自国中国にとって見習うべき模範であることも素直に肯定しているにもかかわらず、親密関係の構築に向かって躊躇を示している。といった結果の背後にどのような心理的葛藤を経たのだろうか。それは、図4に示されている両国に対する格別に強かった警戒感に起因しているのではないかと考える。このような情緒の存在は、両国とさらに親密になろうとする願望を損なってしまうと推測できよう。この主張を裏付けるのは、もう一つの国、北朝鮮に関する結果である。発展途上国としての北朝鮮に対して、模範作用を求めていないものの、今後の両国関係の発展についてポジティブな態度が見てとれる。そこでは、ロシアに次いで二番目に低かった北朝鮮に対する警戒感が重要なヒントを示している。すなわち、北朝鮮への親密志向は「実利主義」的な考え方を超え、心理的親近感に基づくものであると理解して良かろう。また、それが実現できたのは、中朝両国は良好な関係にあるという現状認識が重要な働きをしていることも示唆されている。

5　年齢別にみる「日本」認識

以上で、諸国に対する評価、好感度に加えて、「模範度」及び「親密志向」、「両国関係」、「警戒度」の関連性を検討した。それにより、八か国像がただの「他者」から立体になり、中国人が描いた外国認識図における各国の位置づけも明瞭に浮上してきた。しかし、その中で、日本に関する認識に一貫した傾向が見られず、また日本に対して示された極めて高い警戒感が日中間民間交流の実施を阻害するのではないかという新たな懸念を招きかねない。このような日本認識について、さらに詳しく見る必要があると思われ、以下のように各年齢層の中国人がそれぞれ抱いている考えを区別して考察した。

表5に示されているように、「両国関係」以外のすべての項目において、年齢層による日本認識の差異が確認されている。すなわち、現在日中両国の関係について、各年齢層の中国人が共通している認識を持っていると捉えられる。その他の項目における年齢層による差異の特徴をいうと、まず六〇代及びそれ以上（以下「六〇代以上」と略称する）のサンプルが抱いている日本認識における強烈なアンビバレンスさが挙げられる。日

表５　年齢別に見る日本認識

	関心度	好感度	模範度	親密志向	両国関係	警戒度
大学生	3.39 a	2.61	4.01 a	3.14 a	2.52	4.19
20 代	3.28	2.56	3.91	3.06	2.57	4.06 a
30 代	3.17 abc	2.43	3.82 a	2.96 a	2.52	4.09
40 代	3.26	2.35	3.82	2.98	2.40	4.04
50 代	3.55 b	2.51	4.03	3.09	2.64	4.14
60 代以上	3.79 c	2.38	4.07	3.46	2.46	4.55 a
F	4.08,p<.01	2.32,p<.05	2.47,p<.05	2.44,p<.05	1.32,n.s.	3.08,p<.01

※ F 値は一元分散分析による結果である。
※共通のアルファベットが付されている平均値の間では、Tukey の多重比較によって有意差が見られた。

本に対して際立って高い警戒感を示している彼らは日本への好感度も低く、この結果はこの世代の戦争体験と容易に結びつけられるだろう。

しかしながら、彼らはかつての戦争相手であった日本に対する関心度と親密志向、そして日本の模範作用に対する肯定的な態度も他の年齢層に比べて遥かに強い。戦争がもたらした恐怖と被害は甚大なものである。だからこそ、戦争の恐ろしさをその身で体験した彼らは誰よりも平和の貴重さを知っており、平和な環境を求めているのだろう。このような思いを込めて今後の日中関係に期待を寄せているのではないかと推測できる。また、貧しい生活を送っていたこの世代にとって、戦後から改革開放の政策が実施されるまでの中国と当時高度経済成長を遂げている日本との差が衝撃的なものであり、そのため「先進国」日本というイメージが他の世代に比べて強かったと思われる。

このような六〇代以上のサンプルと同様な傾向性を示しているのは大学生サンプルである。日本に対して強い警戒感を示しながらも、親密志向と模範度も高かった。但し、六〇年代以上のサンプルと異なったのは、彼らの日本に対する好感度が高かった。この世代の日本認識は、これまでの先行研究にも指摘されているように、継がれた戦争記憶と積極的に摂取している日本現代文化との衝突によって、重層的になっていることが特徴である（王、二〇〇五：李、二〇〇六）。

それに比べ、三〇代と四〇代の日本認識は全体としてネガティブなものであると捉えられる。好感度と模範度、親密志向の得点が比較的低かった。但し、日本に対する警戒感も低かった彼らは、そもそも日本への関心度が他の世代より低い。このような認識構造になっているのは、現在中国社会の各分野で中堅として活躍している彼らは中国の発展を日々実感することによって強まった自信がその背景にあるのではないかと思われる。二〇代と五〇代は中間世代として、認識において顕著な特徴が見られなかったが、その上下の世代の特徴を兼有する。こういった調査結果から見れば、中国人の日本認識は決して一様なものではなく、各世代が異なる考えを持っていると理解することができよう。

6 考察

では、本研究が上述で示した中国人の「本音」ともいえる調査結果から、私たちには何が示唆されているのだろうか。

まず、現時点で中国人が描いた外国認識の縮図に布置されている各国の位置づけについてまとめたい。八か国に対する評価図に示されているアメリカの激しい曲線とロシアの直線に近似する緩やかな曲線が対照的なものとなり、印象深かった。その後の分析結果でも、両国に対する認識において同様な傾向が貫かれている。すなわち、アメリカの絶対的実力を認めているが、信頼できるパートナーとするのにはまだ数多くの不安が伴っているようであると捉えられる。それに対して、経済力がアメリカと日本に次いで第三位の座に甘んじているものの、全体的にみれば、ロシアに対する評価は一貫して高く、現在も将来も堅実なパートナーとして位置づけられていることが明らかにされている。日本認識に関して、アメリカと極めて類似した傾向を示していることが興味深い。但し、総合評価がアメリカより劣っているのみならず、警戒感がさらにアメリカを上回っていることは、日本の揺るぎやすい位置づけを物語っている。それに比べて、先進国韓国と新興国インド、発展途上国フィリピン、ベトナムに対する認識は全体として各自の発展段階に添うものである。そこにおいて、発展途上国でありながらも、特別な地位が与えられている北朝鮮が注目に値する。このような認識の形成において、中朝関係に対する肯定が果たしている役割は無視できない。この点に関して、ロシアに対する認識も共通している。総じていえば、ロシアと北朝鮮に対する認識の形成は、厚い「情」が土台となっている。それゆえ、パートナー的な位置づけも確固されている。それと対照的に、アメリカと日本に対する認識は客観的評価に基づく部分もある一方で、両国間の脆弱な関係に大きく左右されている傾向が読み取れる。

本来は、相手国を客観的に評価した上で、自国との関係性を考えていくべきである。しかし、今回の考察結果に示されているのは、中国の一般国民は現在の両国関係に対する評価に基づいて相手国を認識している傾向である。上述したロシアと北朝鮮、アメリカ、日本の他に、フィリピンもその一例である。各評価項目の平均得点から見れば、フィリピンに対する総合評価がベトナムを上回っているのにもかかわらず、好感度と親密志向の結果が八か国において最下位となっているのは何故だろうか。実際に調査が始まる直前の二〇一二年四月に、中国とフィリピン両国が南シナ海領有権問題をめぐって一時期緊迫状態に陥った。そのため、フィリピンに対する反感が少なからず調査結果に反映されていると思われる。両国関係が悪化していると認識すると、相手国に対する警戒感が高まり、相手国に対する親密志向も低下してしまう、まさに悪循環のシナリオである。当然、逆も成立する。これは民間外交の脆いところでもあり、強いところでもあるといえよう。この意味で、民間外交が成立する前提として、「健全な」民衆意識が求められていると理解できる。民間外交の将来性を検討する際に、まずこの点を明確に認識する必要があるだろう。

ところで、「健全な」民衆意識とは具体的にどのようなものなのか。現在好感度という指標で民衆意識を計る傾向が世論調査ではよくみられるが、これは果たして妥当だろうか。中国人の日本イメージの構造を考察した江（二〇一三）は、中国人が日本に対して行動を行う際に、感情要素に左右される部分があるものの、日本に対する評価に基づいて「理性」的に判断する可能性も高く、すなわち、感情要素はあくまでイメージ構造全体における一部分に過ぎないことを指摘した。今回の考察結果で検証すると、日本のみならず、その他の国々に関しても、関連が見られるものの、好感度は警戒度や模範度などの他の指標と必ずしも一致した結果を示しているとは限らないことが判明されている。それゆえ、「好感度」指標のみで中国人の外国認識を理解することは不適切であると言える。また、感情というものはパーソナリティな原因も含めて多様な要素に影響されやすい点も看過してはならない。両国間でいえば、とりわけ一時的な摩擦によって国民感情が激しく揺るがされる場合が多い。上述したフィリピンに関する調査結果はその一つの好例である。日本に関しても、二〇一一年から起きた領土問題を巡る一連の騒動に対する中国民衆の反発が多少なりとも今回の調査結果に反映されていると思われる。したがって、如何にして外国認識における感情による変動を抑え、その土台を固められるのかは、「健全な」民衆意識を養成するための課題となってくる。それとともに、民衆意識の読み取り方もわれわれに問われている。要するに、表面に浮上しやすい感情的表現を見抜き、その背後にある本質的部分に着目できるアビリティーが今の時代に求められているのである。

以上はアンケート調査の結果に基づいて本稿が行った考察である。無論、調査は実施時期や質問票項目の設置、またサンプルの構成によって結果が影響される可能性は否めない。このような調査研究の持つ限界を認めつつ、中国人の外国認識の現状を提示することにより、民間外交における問題点及びその将来性について問題提起ができれば幸いである。また、筆者の力不足のために、論説において不十分なところも多々あると思い、今後さらなる努力を重ねて研究を深めていきたい。

（本稿は日中関係学会第二回宮本賞最優秀賞の受賞論文に加筆したものである）

参考文献

・S.C.M. Paine（2002）*The Sino-Japanese War of 1894-1895: Perceptions, Power, and Primacy*, Cambridge University Press.
・王敏（二〇〇五）『本当は日本に憧れる中国人――「反日感情」の深層分析』ＰＨＰ研究所。
・江暉（二〇一三）「中国における日本イメージ及びその構造モデルに関する検討」『情報学研究・調査研究編』二九、二三一～二四九頁。
・小坂井敏晶（一九九六）『異文化受容のパラドックス』朝日新聞社。
・辻村明・古畑和孝・飽戸弘（編）（一九八七）「世界は日本をどう見ているか――対日イメージの研究」日本評論社。
・毛里和子（二〇〇六）『日中関係：戦後から新時代へ』岩波新書。
・李洋陽（二〇〇六）「中国人の日本人イメージにみるメディアの影響――北京での大学生調査の結果から」『マス・コミュニケーション研究』六九、二二一～四〇頁。

注

[1] イギリスが所有する『North China Herald』による報道。一八五〇年に上海で創刊された該誌はイギリス工部局の機関誌と位置付けられている。中国名《北華捷報》。一九四九年に停刊。
[2] ロシア外務省の公式新聞『ジュルナール・ド・サンペテルスブール』による記述。
[3]『北京週報』一九七八年第四三期。
[4] 調査は二〇一二年五月二〇日〜六月二五日に、ランダムロケーションサンプリングにより中国本土で実施した。サンプルは一般人サンプルと大学生サンプルの二つの部分からなる。サンプルの抽出は、まず中国本土の全七地域（東北と華北、華東、華南、華中、西南、西北）において、地域ごとに省一つ（またそれに準ずる行政単位）、省ごとに市一つ（またそれに準ずる行政単位）、市の都市部ごとに区一つ（またそれに準ずる行政単位）をランダムに抽出した。一般人調査は抽出した区ごとにさらに大型集合住宅二つ（うちの一つは予備用）を抽出し、留置回収法と集合調査を併用して実施した。大学生サンプルは上述の方法で抽出した市において大学を二つ抽出し（一つが予備用）、学生寮で実施した。但し、最初に抽出した大学の許可をもらえなかった場合（東北、華北、華東地域）、大学集中地と思われる同省の省都また直轄市で同様な方法で実施した。
[5] 質問票における各国の質問順番はこのようにランダムに設置されている。
[6] 一般サンプルの有効回収数は一一五二票であるが、その内二〇歳未満の八名のサンプルについて、年齢別の分析において一〇代の代表として不適切であると判断したためサンプルから外し、本稿が実際に用いた一般サンプルの数は一一四四となる。
[7] 言論ＮＰＯが主催する「東京―北京フォーラム」のホームページより（http://tokyo-beijingforum.net/index.php/survey/9th-survey）。
[8] 本来は座標系の原点が（0，0）とされるが、本調査は五件法で得られた平均得点をそのまま座標に布置するため、データの変換をせずに中央値の（3，3）を原点にした。そのため3・00以下の得点は負の象限に布置されることになる。

中国でなぜ、漱石が読まれるのか

──「同時代」思考及びその産出を課題に──

王　敏
（法政大学国際日本学研究所専任所員、教授、中国・東アジアにおける日本研究を担当するアプローチ③リーダー、東アジア文化交渉学会会長）

1　日本語学習の現状

日本の国際交流基金の調査結果によると、二〇〇九年の中国における日本語学習者数は約八二万七〇〇〇人、韓国の九六万人に次いで世界第二位である。日本に関する教育や研究を行う機関は一七〇〇か所を数え、学習者は増加し続けている。日本語を専門的に教育する高等教育機関では、ほとんどの場合、日本文学史に関する講座を開設している。聞くところでは、中国で日本語学科が設置されている大学数は三〇〇校ぐらいあり、ほかに独立学院や専門学校などが約八〇校あるという。

2 「漱石人口」の拡大

中国で日本語を学ぶ場合には並行して日本文学も学ぶケースが多く、夏目漱石も森鴎外も日本語学習者にとって非常に馴染み深い名前になっている。四年制大学の日本語学科なら、日本文学や日本文学史の授業を設置するのは普通なのが実情である。すなわち中国では高等教育に関係した三〇〇校以上で日本を代表する近代作家の夏目漱石が読まれている計算になり、「漱石人口」が着実に拡大しているということになる。場合によっては、夏目漱石という名前は、歴代の日本の首相よりもよく知られているといえるかもしれない。

漱石の作品は、そのほとんどが中国語に翻訳されて出版されている。書店の外国文学コーナーには必ずといってよいほど漱石の図書が並んでおり、さまざまな日本文学史のテキストにおいて、「日本文学の巨匠」、「日本の国民作家」として重点的に紹介されている。関連の研究図書も数多く、漱石の作品研究はもちろん、人物研究や中国文学との比較研究なども多い。

「灯台もと暗し」ということわざに象徴されるように、身近なことはかえってわかりにくく、自己認識は他者による認識よりも時間がかかるのかもしれない。だが、漱石の自己認識は、同時代に生きたほかの人たちよりも明確なものだったといえよう。他に類のない作家として漱石が輝く存在なのはひとえに自己認識によるところが大きい。鏡に向かう人は自分の姿と対面するが、それは自分を気にするわけである。明確な自己認識を前提にしている。漱石のように身近の自己を見つめる「灯台もと明るし」という自己認識の姿勢でいるのである。近代化という時代の転換期を考えた場合、その過程における日本人の精神遍歴を描くことは重要といわねばならない。それは自己認識を不可欠の要素とし、漱石の筆をもって初めて可能となった。漱石は日本人の精神遍歴を理解する上で、きわめて重要かつ示唆に富む存在なのである。

3　近代化の精神構造を映し出す先行者

それでは、漱石はなぜ中国をはじめとするアジア諸国で広く受け入れられ、代表的な日本文学の作家として認知されているのだろうか。ほとんどの作品が翻訳出版されているということは、それだけ読書人口も多いということを表しているが、東アジアにおける漱石の受容とは、個別の作家や作品論にとどまるのではなく、近代化という転換期における人々の精神構造という問題点を内包しているからではないだろうか。いいかえれば近代化による精神の悩みを映し出しているからではないだろうか。

その意味で、近代化を経験した日本の存在は中国やほかのアジア諸国にとって、先行者の悩みである。モデルとして参照すべき日本が転換期を迎え、近代化を実現し、さまざまな問題に直面した各種の経験は、それに学べば、後発者はより効率的に近代化を果たし、経験や教訓を生かすことが可能となる。中国をはじめとするアジア諸国は、その意味で日本の背中を見ながら、後を追いかけてきたといえるだろう。発展段階の後に続く国や社会は、先行者の歩みを参考として、よりスムーズな発展を実現することができる。

東アジアにおける漱石への関心の高さは、このような歴史的事情を背景として指摘することができる。もっとも、中国や韓国では周知のように村上春樹の人気が高いが、中国では村上春樹と肩を並べるといってもよいほど漱石の人気も高い。ベトナムで調べてわかったことだが、村上春樹よりもむしろ漱石のほうが広く知られ、翻訳された作品も人気があると聞く。このように、ある作家や作品がその国や社会にどのように受容されるかという問題は、社会の発展段階と密接に関わっているのだ。文学作品の受容には、同時代性に対する共感という要素が強く影響している。

その意味でも中国における漱石作品の受容を考察することは、文学研究の領域にとどまらず、より広い意味での異文化の相互理解に貢献するといえよう。

資料1　中国語に翻訳された夏目漱石の作品一覧

中国語タイトル	日本語タイトル	訳者	出版社	発行年
文学论	文学論	趙我軍	神州国光社	一九三一
夏目漱石选集，第一卷	夏目漱石選集、第1巻	胡雪	人民文学出版社	一九五八
夏目漱石选集，第二卷	夏目漱石選集、第2巻	開西	人民文学出版社	一九五八
哥儿：文学小丛书 第三辑 110	坊っちゃん：文学小叢書 第三集110	開西	人民文学出版社	一九五九
心	心	董学昌	湖南人民出版社	一九八二
从此以后	それから	陳徳文	湖南人民出版社	一九八二
心	心	周大勇	上海訳文出版社	一九八三
三四郎：爱情三部曲	三四郎：愛情三部曲	呉樹文	上海訳文出版社	一九八三
心：外国文学名著	心：外国文学名著	周炎輝	漓江出版社	一九八三
门	門	陳徳文	湖南人民出版社	一九八三
明与暗：日本近、现代名作选訳	明暗：日本近現代名作選訳	林懐秋	海峡文芸出版社	一九八四
夏目漱石小说选（上）：三四郎 从此以后 门	夏目漱石小説選（上）三四郎　それから　門	陳徳文	湖南人民出版社	一九八四
后来的事：爱情三部曲	それから：愛情三部曲	呉樹文	上海訳文出版社	一九八四
夏目漱石小说选（下）	夏目漱石小説選（下）	张正立	湖南人民出版社	一九八五
夏目漱石和他的小说：外国文学知识丛书	夏目漱石と彼の小説：外国文学知識叢書	何乃英	北京出版社	一九八五
门：爱情三部曲	門：愛情三部曲	呉樹文	上海訳文出版社	一九八五

路边草	道草	柯毅文	上海訳文出版社	一九八五
哥儿 草枕	坊っちゃん　草枕	陳徳文	海峡文芸出版社	一九八六
明暗：日本文学叢書	明暗：日本文学叢書	于雷	上海訳文出版社	一九八七
哥儿	坊っちゃん	呉樹文	上海訳文出版社	一九八七
心・路边草：日本文学丛书	心・道草：日本文学叢書	周大勇	上海訳文出版社	一九八八
爱情三部曲：日本文学丛书	愛情三部曲：日本文学叢書	呉樹文	上海訳文出版社	一九八八
哥儿：佳作丛书．第五辑	坊っちゃん：佳作叢書 第5集	胡毓文	人民文学出版社	一九八九
夏目漱石文学主脉研究	夏目漱石文学神髄研究	李国棟	北京大学出版社	一九九〇
我是猫：世界文学名著少年文库	吾輩は猫である：世界文学名著少年文庫	胡雪	中国少年児童出版社	一九九二
我是猫	吾輩は猫である	于雷	訳林出版社	一九九三
我是猫	吾輩は猫である	于雷	訳林出版社	一九九四
我是猫	吾輩は猫である	―	訳林出版社	一九九四
我是猫	吾輩は猫である	刘振瀛	上海訳文出版社	一九九四
哥儿：世界中篇名著精选	坊っちゃん：世界中編名著精選	包寰	北岳文芸出版社	一九九四
我是猫	吾輩は猫である	李永識	書華出版事業有限公司	一九九五
我是猫	吾輩は猫である	尤炳圻	人民文学出版社	一九九七
日本现代文学巨匠夏目漱石	日本現代文学の巨匠　夏目漱石	何少賢	中国文学出版社	一九九八
心	心	于暢泳	海南国際新聞出版中心	一九九九
我是猫：日汉对照・世界名著丛书	吾輩は猫である：日中対照：世界名著叢書	于雷	吉林大学出版社	二〇〇〇
心	心	林少華	花城出版社	二〇〇〇
我是猫	吾輩は猫である	于雷	訳林出版社	二〇〇一
我是猫	吾輩は猫である	劉振瀛	上海訳文出版社	二〇〇三
梦十夜	夢十夜	李振声	广西师范大学出版社	二〇〇三
我是猫	吾輩は猫である	羅明輝	南方出版社	二〇〇三

心	心	林少華	青島出版社	二〇〇五
哥儿	坊っちゃん	胡毓文	人民文学出版社	二〇〇六
夏目漱石小说研究	夏目漱石小説研究	李光貞	外語教学與研究出版社	二〇〇七
我是猫	吾輩は猫である	劉振瀛	上海訳文出版社	二〇〇七
我是猫（青少版）	吾輩は猫である（青少年版）	雪堂	上海人民出版社	二〇〇八
心	心	林少華	青島出版社	二〇〇八
哥儿	坊っちゃん	林少華	中国宇航出版社	二〇〇八
十夜之梦	夢十夜	李正倫	華東師範大学出版社	二〇〇八
心	心	林少華	中国宇航出版社	二〇〇八
我是猫	吾輩は猫である	蒋蜀軍	広州出版社	二〇〇八
我是猫	吾輩は猫である	—	長江文芸出版社	二〇〇八
少爷：日文名著・日汉对照系列	坊っちゃん	傅羽弘	吉林大学出版社	二〇〇九
夏目漱石汉诗文集	夏目漱石漢詩文集	殷旭民	華東師範大学出版社	二〇〇九
夏目漱石与近代日本的文化身份建构	夏目漱石と近代日本の文化身分の構築	張小玲	北京大学出版社	二〇〇九
我是猫：日文名著・日汉对照系列	吾輩は猫である：日本語名著：日中対訳	于雷	吉林大学出版社	二〇〇九
夏目漱石小说选	夏目漱石小説選	陳徳文	人民文学出版社	二〇一〇
门	門	呉樹文	上海訳文出版社	二〇一〇
后来的事	それから	呉樹文	上海訳文出版社	二〇一〇
三四郎	三四郎	呉樹文	上海訳文出版社	二〇一〇
夏目漱石作品选	夏目漱石作品選	鄭礼琼	外教社走進経典日語閲読系列	二〇一〇
夏目漱石（明治文坛的泰斗）（附光盘）	夏目漱石（明治文壇の巨匠）（CDROM付）	王奕紅	南京大学出版社	二〇一〇
虞美人草	虞美人草	茂呂美耶	金城出版社	二〇一一
梦十夜	夢十夜	周若珍	文滙出版社	二〇一一

我是猫	吾輩は猫である	于雷	訳林出版社	二〇一一
我是猫	吾輩は猫である	劉振瀛	上海訳文出版社	二〇一一

これらは、中国国内で翻訳発行されている夏目漱石の作品一覧である。代表作を中心に、多くの作品が翻訳されていることがわかる。中国各地で多く出版されているが、当然ながら代表作の『吾輩は猫である』、『坊っちゃん』が必ずとりあげられている。

4　宮崎滔天の一族が『坊っちゃん』のモデル

『坊っちゃん』について考察を進めたい。この日本文学の国民的作品として日本語教材に活用されるのが普通であるが、その主人公たちがどういう実在の人物たちをモデルにしていたのか、ヒントにしたのか、ほとんど話題にさえならないのはさびしい限りである。モデルは、中国革命に縁のある日本人家系であることを知れば中国人はもっと『坊っちゃん』に親しみを抱くはずである。それは、中国革命の父・孫文を終生支えた宮崎滔天の一族である。

熊本県荒尾（当時は玉名郡荒尾村）出身の宮崎兄弟（八郎、民蔵、弥蔵、末っ子の滔天）は日本の自由民権運動や、中国の革命運動を支援した。宮崎家と漱石の関係を明らかにしたノンフィクション作品として、宮崎明氏の著書『漱石と立花銑三郎』（日本図書刊行会、一九九九年）がある。著者の宮崎明氏は、滔天兄弟の民蔵の孫にあたる人物だ。以下、宮崎明氏から聞いた話と以上のご著書を参考に宮崎家と漱石の関係をたどってみよう。

夏目漱石が宮崎家と深い関わりをもつようになったのは、立花銑三郎という人物がキーパーソンだ。国文学者で、学習院教授を務めた立花銑三郎は、宮崎明氏の祖母・美以の兄にあたる。

夏目漱石と宮崎家はどのような関係があったのだろうか。以下、(一) 夏目漱石が帝国大学に学んだ時期、(二) 松山での教員時代、(三) ロンドン留学時代、以上の三つの時期に分けて見ることができる。

(一) 帝国大学時代

漱石は一八九〇年に帝国大学英文科に入学したが、当時の大学進学率は現在と比べることはできず、漱石がエリートであったことが理解できる。立花銑三郎と漱石は、帝大時代の同級生で親友であった。

(二) 松山・熊本時代

帝国大学卒業後、漱石は高等師範学校の英語教師になったが、二年余りで退職して一八九五年に愛媛県尋常中学校(旧制松山中学)に赴任した。松山は漱石の親友であった正岡子規の故郷だが、当時、松山は地方都市ながら文明開化期において重要な意義を有していた。漱石は、松山中学を経て熊本の第五高等学校で教鞭を執ったが、前後して、立花銑三郎はこの時期にロンドンとベルリンに留学している。漱石は、親友の海外留学に多大な影響を受けた。

(三) ロンドン留学時代

現代の留学とは異なり、漱石がロンドンに留学した当時は、外国留学は選ばれた者の特権であった。日本政府派遣の留学生として、渡航の準備は洋服の仕立て代まで政府が負担したのである。漱石が記した『ロンドン日記』では、立花銑三郎をはじめ留学中の友人たちに関する記述が見られる。また、立花に宛てた手紙についても記してある。立花は留学先で病を得て帰国途中の船上で亡くなったが、ロンドンで再会を果たしたのが漱石だった。

このように、夏目漱石は立花銑三郎と親友の間柄にあり、留学という人生の一大事にも多大な影響を与えたことは明らかである。立花の妹である美以が嫁いだ宮崎家の人々についても、直接・間接に話を聞くことが多かったとうかがえる。宮崎明氏の回憶と著書は、それまであまり知られることのなかった漱石の一面を明らかにしたと同時に、漱石と宮崎家の関わりから、新たな歴史の事実を探る手掛かりにもなっている。

ここでは、宮崎明氏から提供された資料を紹介しよう。以下、メモ書きで提供された内容は、漱石の作品に描かれた登場人物のモデルが宮崎家の人物であることを示す記録である。なお、このメモ内容が二〇一一年一二月二四日、私の研究室に宛てた手紙に同送したものである。

（1）『草枕』の「那美」のモデル、前田ツナは宮崎滔天の妻の姉にあたる。

（2）『坊っちゃん』の「赤シャツ」のモデルは、宮崎美以（民蔵の妻、宮崎明氏祖母）の三男である世龍の妻・光子の岳父・中村宗太郎（漱石の松山中学校時代の同僚）である。

（3）宮崎美以の三兄・立花銑三郎は、漱石の帝国大学時代の親友。かつ、『趣味の遺伝』（漱石の異色作）に登場する河上浩一のモデルとなった。

（4）立花銑三郎の兄・立花小一郎（関東軍初代司令官、陸軍大将）も、銑三郎と同様に『趣味の遺伝』に登場する。河上浩一によく似た軍人のモデルとして描かれている。

ここまで系図まで入り込んだ細密な関係が明らかにされた。いずれも宮崎明氏が丹念に調べ上げて著書にも記した歴史の秘話である。中でも、「赤シャツ」に関する情報は、漱石研究にとっても新たな発見になったという。家族史から出発し、漱石と宮崎家の深い関わりを明らかにした宮崎明氏の研究調査に、心から敬意を表したい。

これまでは、夏目漱石と宮崎家の関係を見てきたが、さらに興味深いのは、その関わりから発展したと考える中国をはじめとする東アジアとの関わりである。日本に亡命した孫文は、荒尾の宮崎民蔵家に匿まわれていた時期もあった。宮崎明氏が祖母の美以から聞いた孫文の様子は、その著書に生き生きと描かれている。

5　孫文と辛亥革命への眼差し

さて、当時、日本を取り巻く国際情勢を見ると、東アジアという同時代的発想が不可欠である。地理的、地政学的な近距離はもちろん、文化的な相似性もあり、東アジアの地図を思い浮かべれば、夏目漱石と宮崎家の関係をより深く理解することができる。その顕著な事例は、一九一一年の辛亥革命である。中国の辛亥革命は、

写真1　2011年12月7日福田康夫議員室で
前列　宮崎明夫妻（左右）と福田康夫元総理（中央）
後列　元駐中国大使・谷野作太郎（左）、王敏（右）

宮崎明のご提供

日本国内でも支持者が多く、また、アジアの周辺諸国も中国の革命に多大な関心をもった。辛亥革命の影響は、周辺諸国にも波及し、アジアが近代化に向けて同時参加したといえよう。

宮崎家は、よく知られているように、辛亥革命を全面的に支持し、孫文を物心両面で支援した。漱石は直接的に辛亥革命に関わったわけではないが、同時代の辛亥革命を宮崎家を通して間接的に注視していたことは推察に難くない。宮崎家が具体的に辛亥革命を支援し、日本自身の進路を探ったと言えば、漱石は同様にペンを持って、時代の転換期における精神構造や社会背景を描き、意識改造の面から日本と隣国、アジアの「同時革命」を願ったということができる。言わば、夏目漱石によるもう一つの革命でもある。

宮崎家の人々と漱石に共通していたの

は、当時の日本では、アジア諸国にも常識とされた「富国強兵」であるといえよう。日本もアジア諸国も西洋に追いつき、追い越すような豊かな国にするために、経済的なキャッチアップが最優先された。アジア人の前に、主要となる道は二つあった。その一つは、辛亥革命のような社会変革であり、もう一つが従来の人間の精神性を変えてしまう意識革命と文学革命である。それぞれの分野と方法論は異なるが、同じ目標を目指していくところが合致したといえよう。つまり、それは、同時代性ということである。同時代性に注目して観察すれば、分野にとらわれずに、総合的に問題意識を検討することができる。

しかし、これまではそのような視座があまり行われてこなかった。さらに、その後の日本による侵略戦争によって、日本とアジアの関わりは複雑化した。第二次世界大戦後は、冷戦構造によって、日本とアジアが正常な関係を構築することも困難であった。

しかし、現在のグローバル化のなか、日本とアジアは新しい時代を迎えている。中国の日本語学習、それに伴い漱石をはじめとした日本文学に触れることもまた、相互理解の一助となるであろう。

写真２　1925年３月、孫文は北京で肝臓癌のため逝去。その意思を引き継いだ政権は、見返りを求めず革命支援に明け暮れた事で多くの財産を失った宮崎家の功績に感謝の意を表すべく、その遺族に対して資金を援助した。その資金により、「孫文記念館」と呼ばれる建物が1935年頃に荒尾市内に完成した。モダンな建築物で市民にも長く親しまれていたが、2001年老朽化のために解体された。

写真のご提供：荒尾市辛亥革命一〇〇周年記念事業実行委員会

写真３　辛亥革命後の 1913 年３月、国賓として来日した孫文は、荒尾の宮崎家を訪問し、下のように語っている。

『17年振りに予は荒尾村に来り、尚記憶に存せる風物に接して歓喜に耐えず、宮崎寅蔵（滔天）君並びに其亡彌蔵君とは、予は深き親交あり、そして、両君は我国のために大いに尽力せられたる人にして、両君と予とのごとき交誼を日華両国民が維持するを得ば、千万年の後までも両国家の提携融和を図るを得べし、又、両国将来の発展と幸福とを表示すべしと信ず。

正義人道を重んじ、隣国の為にまでも尽力せらるる宮崎君のごとき義士を出せる荒尾村に対し、又、同村民に対して予は深く感謝するものなり、ここに謹んで平岡村長その他諸君に対して敬意を表す。』（当時の「熊本日日新聞（現社名）」より）

日本における禹王信仰の覚書

王　敏
（法政大学国際日本学研究所専任所員、教授、中国・東アジアにおける日本研究を担当するアプローチ③リーダー、東アジア文化交渉学会会長）

これは日本における禹王信仰の形態に関する覚書である。古代中国における三人の聖君「堯・舜・禹」の名は中国史に関心のある人の多くの知るところだが、そのうち最後の「禹」は歴代王朝の最初の「夏」を創始したと、中国では教えられる。その「禹」が日本では治水神として信仰対象になっている実態に注目した。

1　天井に書かれた漢詩

法政大学国際日本学研究所に勤める私に、二〇一四年一〇月のこと、同研究所事務主任堀江一乃さんが一〇ページほどの簡単な観光冊子を示して、「禹の研究のお役に立ちませんか」と語った。表紙に「大川温泉風土記」と書かれてある。静岡県東伊豆町の大川温泉地区の主な名所六か所について解説している。その名所の一つの「大川三島神社」の解説に注目した。本殿の天井全面を使った漢詩に「禹」の一文字がはっきり読みとれる。新たな禹に関係した資料と直感した。温泉の多い伊豆半島でも賑わいをみせる一つが大川温泉である。堀江さんは、泊った宿でたまたま手にしたパンフレット類を見つけたという。感謝して観光冊子をいただいた。

私はさっそく東伊豆町教育委員会に電話を入れた。大川三島神社の天井に漢詩が書かれていることを確かめて、それを実際に見たいと希望を伝え、協力をお願いした。相前後して、日本における禹王研究の先行者である神奈川県開成町の郷土史研究家・大脇良夫さん（「足柄の歴史再発見クラブ」前会長）に大川三島神社の天井詩について知らせた。すると日程をすりあわせて、大脇さんとそろって天井詩の見聞できる手はずを整えていただくことになった。

突然のぶしつけなお願いにもかかわらず、大川地区の有力者である飯田桂司さん（町議会副議長）を紹介していただき、同氏の世話で見聞は、一二月三一日昼過ぎと決まった。山田稔さんという神社総代長が私たちに説明してくださるという。大川三島神社は地区の総神社であり、大晦日はまもなくの初詣の準備に多忙な時間であるにもかかわらず、私たちの空き時間に合わせていただいたことに感謝しながら出向いた。大晦日、大脇さんと待ちうける中、飯田さんも山田さんも来ていただいた。

神社は伊豆急行線・伊豆大川駅を降り、海側へ下り東へ五〇〇メートル余り、海岸沿いの国道縁に、こじんまり古びた三島神社（通称：大川三島神社）があった。鳥居は新しいが、参道の高さ一〇メートルほどの石段を上りつめるとすぐに本殿があった。高さ数メートルほどとなる。

三島神社は歴史が古く、残っている棟札によって最初の修復が一四五四年という。創建はさらにさかのぼる。本殿正面などに江戸末期の名彫刻師石田半兵衛の作が随所に残って、拝観がまぶしいくらいである。ペリー来航のころ、現存の本殿が建てられたと伝わり、当時の三五〇万両もかけたというから大川地区の経済力が殷賑を極めていたことを物語る。

神社の歴史も天井の漢詩についても山田総代長の研究成果による。事実上の宮司を担う方で、地区では小学校から中学、高校の校長までも歴任されて、大変人望があることがうかがわれた。地区に残された神社関係の

写真１　大川三島神社天井詩（王童童撮影）

写真２　神社の彫刻が知られている（王童童撮影）

資料は大変限られていたといい、山田さんは最近の二年ほどかけて収集・調査したそうである。

本殿の引き戸を開けると、中に光が差し込み、本殿前に立っていると明るくなった天井部分が仰げる位置になる。天井全面が五〇センチ四方に仕切られ、奥行きが七、間口九、すべての区画に漢字が一字ずつ書かれていることがすぐに分かった。絵ではなく漢詩というのが大変珍しいと思われた。どの字もはっきり読み取れるのは昭和二年に上書きしたためとされ、江戸末期のもとの字は表面からは消えている。大脇さんが「惜しいなあ。かすれてももとの字が見たかった」といったのはもっともであろう（赤外線を投射すれば浮かび出るかもしれない）。

天井の漢詩は何が書かれているのか。独特の書体であるのと現漢字にない字もいくつかあるので写真のほうを見ていただくことにするが、「禹」の字を含む一部を抜き出すと——

……堯舜雨露何須譲

禹蹟山川今尚存……

（意訳：堯の天下は徳があり雨露潤い、（舜に）譲るべきだ、禹の治水の功績によって山川はいまもしっかりしている）

堯・舜・禹の三聖君を顕彰した漢詩であることが明晰である。漢詩末に「木村恒右衛門がこの詩をつくり隷書した」とある。もとの字が印版などでなじみの隷書だったことは間違いない。

木村恒右衛門とは大川地区の代々名主の家柄であり、代々「恒右衛門」を受け継いでいる。維新期に地区長、静岡県議会発足後は議員に選ばれてもっとも広く知られる恒右衛門（本名：恒太郎）は一八三四年生まれで一八八四年に亡くなった。天上の詩は本殿が建てられた時だから幕末ペリー来航時で、そのころだと代々続く恒右衛門家系で県議を務めた恒右衛門はまだ一〇代である。天井詩は先代、つまり県議経験の恒右衛門でなく父親のほう（本名：重正）だったというのが、山田さんの説明であった。県議経験の恒衛右門は江戸に出て、添川寛平に師事していたころである。添川は儒学者で頼山陽の弟子になる。一〇代であったが、後の活躍を思えばすでに漢詩にもすぐれたものがあり、父子の合作が天井詩かもしれない。（どちらにしても、最新の自著の『禹王と日本人』・NHK出版で県議経験の「恒右衛門」としたのはあらためねばならない）

木村恒右衛門は大川地区の生んだ偉人であったため顕彰碑が木村家の屋敷跡脇に立っている。椿が多く茂る山麓の「竹の沢公園」に隣接し、神社を見下ろす位置にある。仙台の漢学者岡千仞らによる長文の漢文で事績が綴られている。残念なことに、木村家には記録はいっさい行方不明もしくは失われたという。一部でも見つかれば、神社の沿革ももう少し詳しくわかったかもしれない。また漢詩の正確な原文も確認できたかもしれない。残念なことであるが、それだけにとくに山田さんの調査が輝くのである。

天井詩では、禹の治水成果を詠っている。まちがいなく、大川地区においても水害や土砂崩れなど自然災害に見舞われることが多かったことを裏づけている。治水神として禹をたたえる背景があったとみなければならない。一例を挙げれば、一九五八年の狩野川台風のあと大川地区を含め伊豆においては大規模な災害がないそうである。

禹王についての知識は中国的素養の範疇に入ろう。幕末のころから明治末にかけては、漢詩についての素養が多くの日本人に共有されて、四書五経に掲載された禹王を知る機会は少なくなかった。日本人と禹王の出会いはこのような経典だけではなかったいうまでもない。いまでは想像できないほど、中国的教養が往時の日本人にあったことを想像できる。日本人と禹王とは案外、つい最近まで近しかったと言っておかしくないはずである。

大晦日の三島神社を見て、地区の神社における元日を見ておきたくなった。

翌日は元日。再度、同じ参道を歩いた。急な石段を上り社殿前に立った。相模湾を一望できる高台である。青い海の上に初日がまぶしい。心まで清浄になる。地区神社として地元の人たちが初詣に訪れる。山田さんが除夜から詰めて宮司役として不眠で初詣を受けて、お参りの人たちにお神酒を差し上げておられた。地区奉仕にいそしむ総代長であることを察した。

大川三島神社は吉田松陰とも縁がある。一八五四年四月、密出国を企図して下田港に寄港中のペリーの黒船に乗船しようとした事件で、徒歩の松陰は金子重之助を引き連れ、下田に向かう直前で神社に泊まったといわれた。松陰の日記（『幽囚録』）に「大河泊」とあり、江戸からの伊豆道中で「大川」はほかにない。神社から臨む相模湾をペリー艦隊が黒い煙を吐きながら通り過ぎたことをリアルに想像すると、伊豆が近代化の通路になったと思われて感慨深い。

元日の朝九時から一時間ほどの間に約三〇人の初詣が数えられた。春には小学生になるらしい子も母に連れられて拝んでいる。杖をついた白髪の年長者もいた。大川地区の世帯、人口はどのくらいだろうか。山田さんによると、昨年の初詣は三〇〇人くらいだとか。大川地区のほとんどの人が参ると考えられる。ここには別荘住まいの人々もけっこう多いようである。

三島神社が地区に親しまれている証しであろう。しかし、天井の漢詩を見上げる人は一人もいなかった。さみしさは否めなかった。

毎年一〇月二九日に、同神社で厳かな秋祭りを古来より、継続しているようである。

天井詩の禹王が隠れて地区を見守っていると思いながら、神社を離れた。

2 フランスで見つかった「禹貢九州木土圖」

❖――――（1）禹王の事績の地図化

日本研究をめぐって私は、フランス人のキブルツ（Josef KYBURZ）教授＝東アジア文明センター（Centre National de la Recherche Scientifique / Centre de recherche sur lescivilisations de l'Asie orientale Collège de France）＝と交流しているが、教授から二〇一四年一〇月、フランスで一九九二年のオークション・カタログの中から、日本人が描いたと思われる「禹貢九州木土圖」が見つかったという情報を教えられた。

また、当該のカタログの写真が添付されていた。教授によると、地図には右上に「味池先主圖」というサインがあり、日本で一九世紀初頭描かれたようだと作画の推定時期も添えられていた。教授はさらに地図に、「Sotheby's Auction, New York: *Japanese Works of Art*/June 4, 1992. No. 44.」という公式名を付けたという。

地図が苦手の私にもはっきり読み取れる「味池先生」のサインについて、まず考える。確定しがたいところもあるが、作画時期が教授の推定どおりだとすれば描いたのは味池修居の可能性が濃いと推察する。味池は本来、播磨美囊郡竹原の人、三宅尚齋姉の孫にあたる。延享二年（一七四五）八月一九日五七歳で亡くなっ

※下記の写真３～５はすべてキブルツ教授の所蔵。

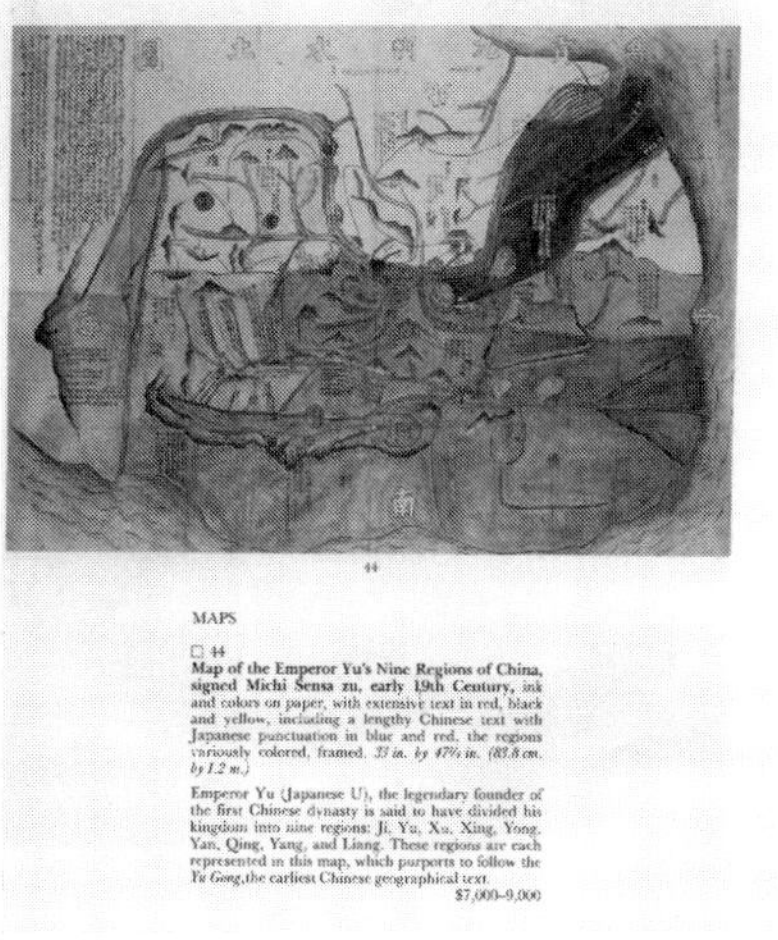

MAPS

□ 44
Map of the Emperor Yu's Nine Regions of China, signed Michi Sensa zu, early 19th Century, ink and colors on paper, with extensive text in red, black and yellow, including a lengthy Chinese text with Japanese punctuation in blue and red, the regions variously colored, framed. *33 in. by 47⅝ in. (83.8 cm. by 1.2 m.)*

Emperor Yu (Japanese U), the legendary founder of the first Chinese dynasty is said to have divided his kingdom into nine regions: Ji, Yu, Xu, Xing, Yong, Yan, Qing, Yang, and Liang. These regions are each represented in this map, which purports to follow the *Yu Gong*, the earliest Chinese geographical text.

$7,000–9,000

写真３　『禹貢九州木土圖』。右上に「味池先主圖」というサインがあり、19 世紀初頭の日本の地図とキブルツ教授は推定されている。

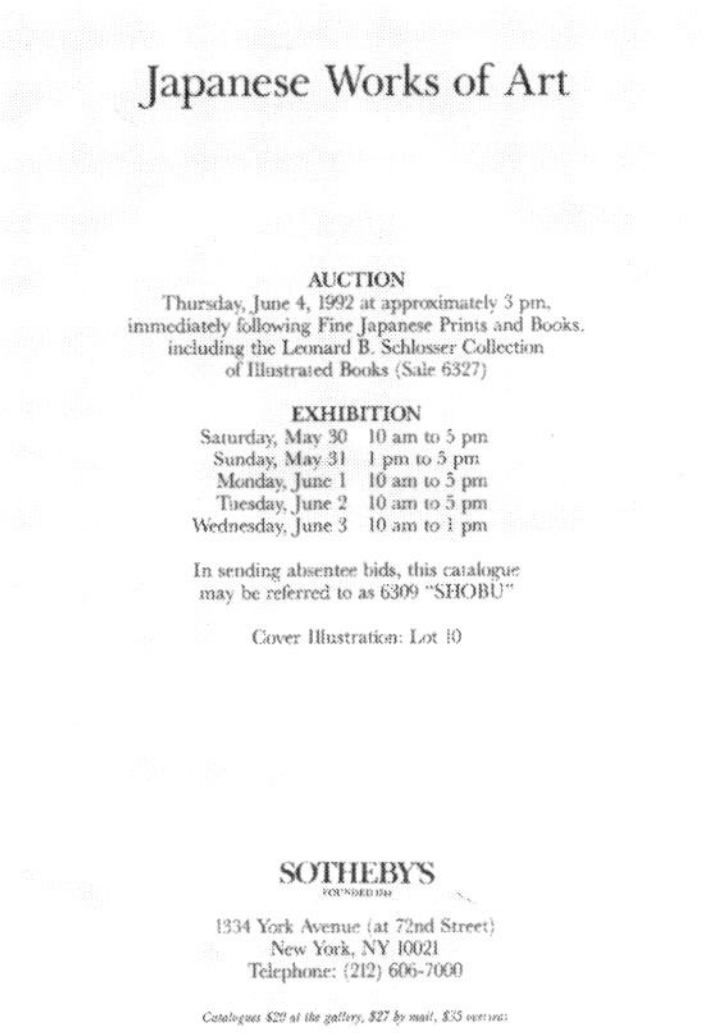

Japanese Works of Art

AUCTION
Thursday, June 4, 1992 at approximately 3 pm,
immediately following Fine Japanese Prints and Books,
including the Leonard B. Schlosser Collection
of Illustrated Books (Sale 6327)

EXHIBITION
Saturday, May 30　10 am to 5 pm
Sunday, May 31　1 pm to 5 pm
Monday, June 1　10 am to 5 pm
Tuesday, June 2　10 am to 5 pm
Wednesday, June 3　10 am to 1 pm

In sending absentee bids, this catalogue
may be referred to as 6309 "SHOBU"

Cover Illustration: Lot 10

SOTHEBY'S

1334 York Avenue (at 72nd Street)
New York, NY 10021
Telephone: (212) 606-7000

Catalogues $20 at the gallery, $27 by mail, $35 overseas

369 写真４　「禹貢九州木土圖」が収録されていたオークション・カタログ

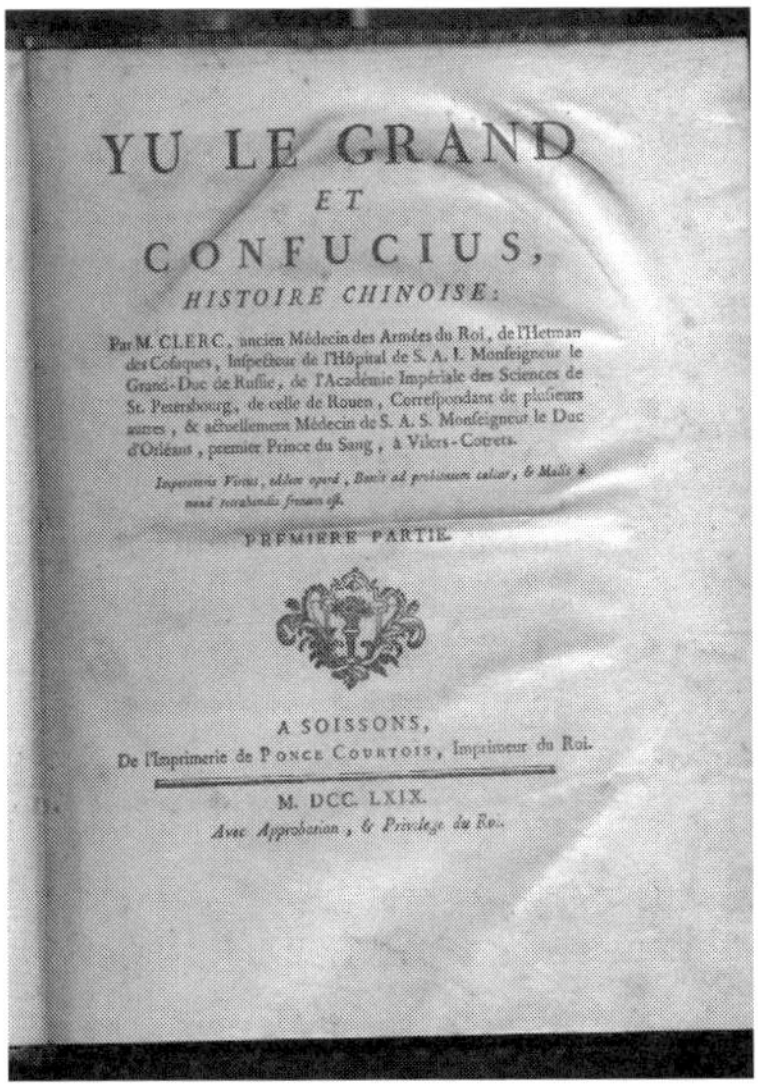

YU LE GRAND
ET
CONFUCIUS,
HISTOIRE CHINOISE:

Par M. CLERC, ancien Médecin des Armées du Roi, de l'Hetman des Cosaques, Inspecteur de l'Hôpital de S. A. I. Monseigneur le Grand-Duc de Russie, de l'Académie Impériale des Sciences de St. Petersbourg, de celle de Rouen, Correspondant de plusieurs autres, & actuellement Médecin de S. A. S. Monseigneur le Duc d'Orléans, premier Prince du Sang, à Vilers-Cotrets.

PREMIERE PARTIE.

A SOISSONS,
De l'Imprimerie de PONCE COURTOIS, Imprimeur du Roi.
M. DCC. LXIX.
Avec Approbation, & Privilege du Roi.

写真５　中国古典（『書経』）を初めてフランス語に翻訳した本（1769 年発行）の主要内容である「Yu le Grand」（大禹）のタイトル・ページ。同書の 720 ページに掲載されている。

た。名は直好。儀平、丹治とも称し、守斎を号にしてあるが、佐藤直方及び浅見絅斎らに師事した儒学者である。

「禹貢九州木土圖」に教えられるところは何か。日本人が禹王に関して地図にも描き残したということではないか。治水神として日本各地に禹王顕彰の碑を残したことはこれまで取り上げてきたところである。禹王の治水事績を地図にしたというのは新たな視点だと思われた。

そこで、どういうものでもいい、禹王の治水に関係した古地図がどこに、どういう数が残っているのか、日本国内の大学と研究機関に問い合わせるなど、ゼミ生の協力によってアタックした。二〇一四年一〇月中ごろの数日だけで七件もの「古地図あり」との返信をいただいた。「禹貢九州木土圖」からみの地図だという。そのうち二点は「長久保赤水」（ながくぼ・せきすい／後述する）が描いたとされ、残り五点の地図は明治以降の書物に掲載されたものである。その一覧は次の通りである。

次に進む前に禹王治水の地図に関する知識を整理したい。

「禹貢九州木土圖」という現代人に馴染みのない「禹貢」とはどういう意味か。それは「書経」中の一編にあたる。禹が国土を巡視し、調査を行い、租税貢賦の法を定めたことを史官が記録したものである。また、『大辞林』では、古代中国の地理書で、黄河・長江（揚子江）流域を九州に分け、その山川・土質・物産・制度を記すものとしてある。

中国では禹王の事績を記録した地図が描かれたと伝わるが、なにしろ紙以前の古代のこと、絹地に描かれたであろうから、残るはずがない。きめ細かさはないが、西安の碑林博物館石板に刻まれた「禹跡図」がある。宋代の製作とされ、現存する石版地図では中国最古級という。なお、中国の歴史地図で「禹貢」や「禹跡」の全図が欠かせない。

中国三国時代（西晋）の裴秀（二二四―二七一年）は文官として仕え礼法や官制の制定に功を挙げながら、現在からみても非常に精巧な『禹貢地域図』一八篇を描いた。序文に地図作成の準則六体（分率、準望、道里、高下、方邪、迂直）を示した方丈図（一寸百里）である。この準則は、明末にヨーロッパの製図法が入るまで、中国の地図づくりの基本とされていた。

3　日本で見つかった七点

明治・大正期の日本人の漢文力は現代人には信じがたいぐらい高かったに違いない。漢文系の教養書に禹貢九州土木図のような図・地図もかなり豊富に掲載されていた。古きよき日本の明治大正期に戻ったつもりで、前述の図版七点について触れたい。

図2に示した『唐土歴代沿革地図』を著した長久保 赤水（本名・玄珠、俗名・源五兵衛／一七一七―一八〇一）は、江戸時代中期の地理学者、漢学者である。常陸国多賀郡赤浜村（現在の茨城県高萩市）出身。号の赤水と本名の玄珠は荘子の天地篇に由来。『黄帝、赤水の北に遊び、崑崙の丘に登って、面して南方して還帰し、其玄珠を遺せり。』から取られている。

学問を好み地理学に傾注する。一七歳ごろから近郷の医師で漢学者の鈴木玄淳の塾に通い、壮年期に至るまで漢字や漢詩などを学んだ。二五歳のころには玄淳らとともに水戸藩の儒学者で彰考館総裁を務めた名越南渓に師事し、朱子学・漢詩文・天文地理などの研鑽を積んだ[1]。また、地図製作に必要な天文学については、名越南渓の斡旋により渋川春海の門下で水戸藩の天文家であった小池友賢に指導を受けた。

安永三年（一七七四年）、『日本輿地路程全図』（にほんよちろていぜんず）を作成。この修正に努め、安永八年（一七七九年）、『改正日本輿地路程全図』を大坂で出版し、その普及に努めた。この間水戸藩主徳川治保の侍講となり、藩政改革のための建白書の上書などを行った。天明五年（一七八五年）には世界地図『地球万国山海輿地全図説』や中国地図『大清広輿図』も出版している。いずれも実測図ではないが関連文献が深く検討され、明治初年まで版を重ね普及している。天明六年（一七八六年）、徳川光圀が編纂を始めた『大日本史』の地理志の執筆も行う。

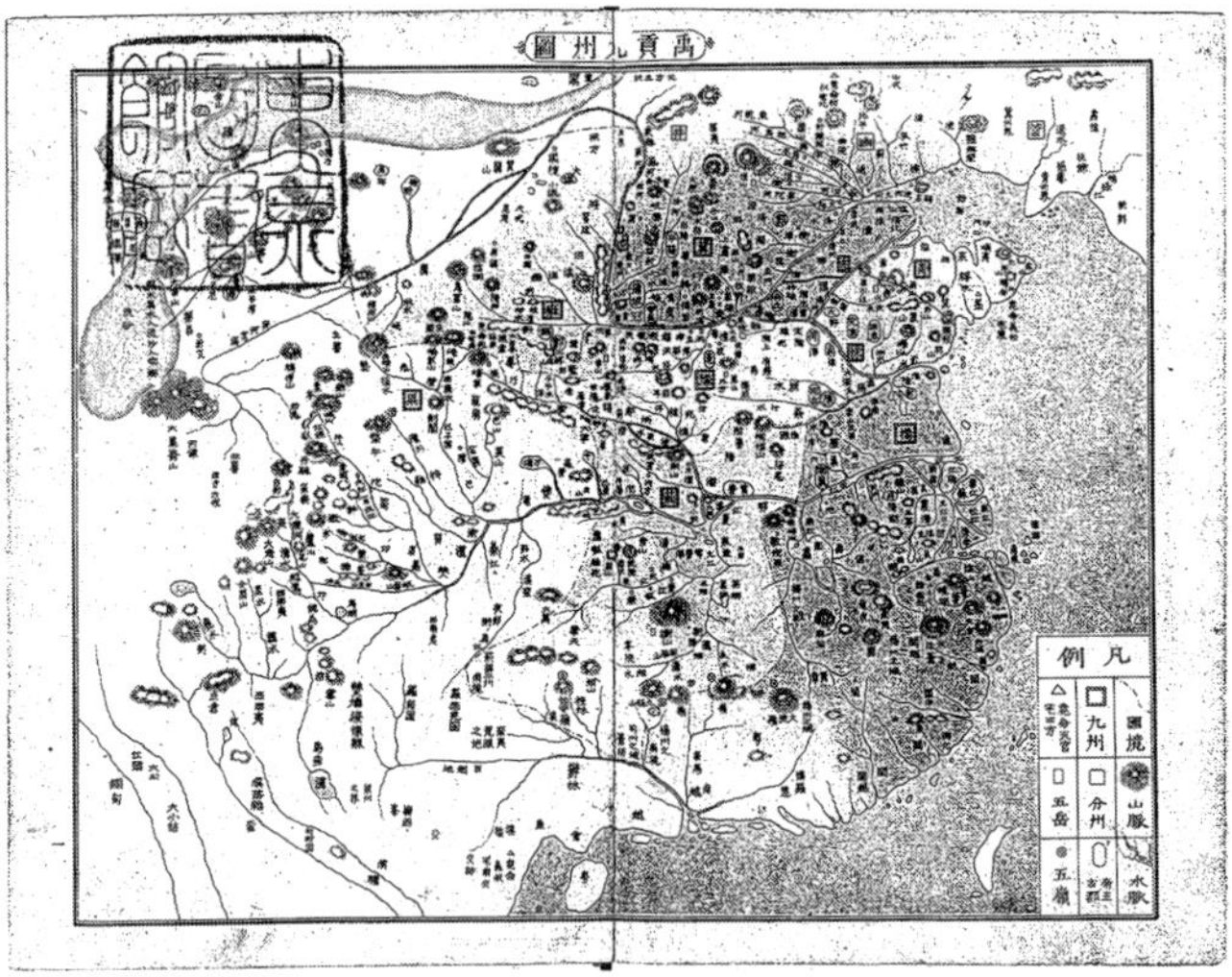

図１　『新撰支那歴代沿革地図』、山本頼輔　著、赤沢政吉　出版、明治 26.2

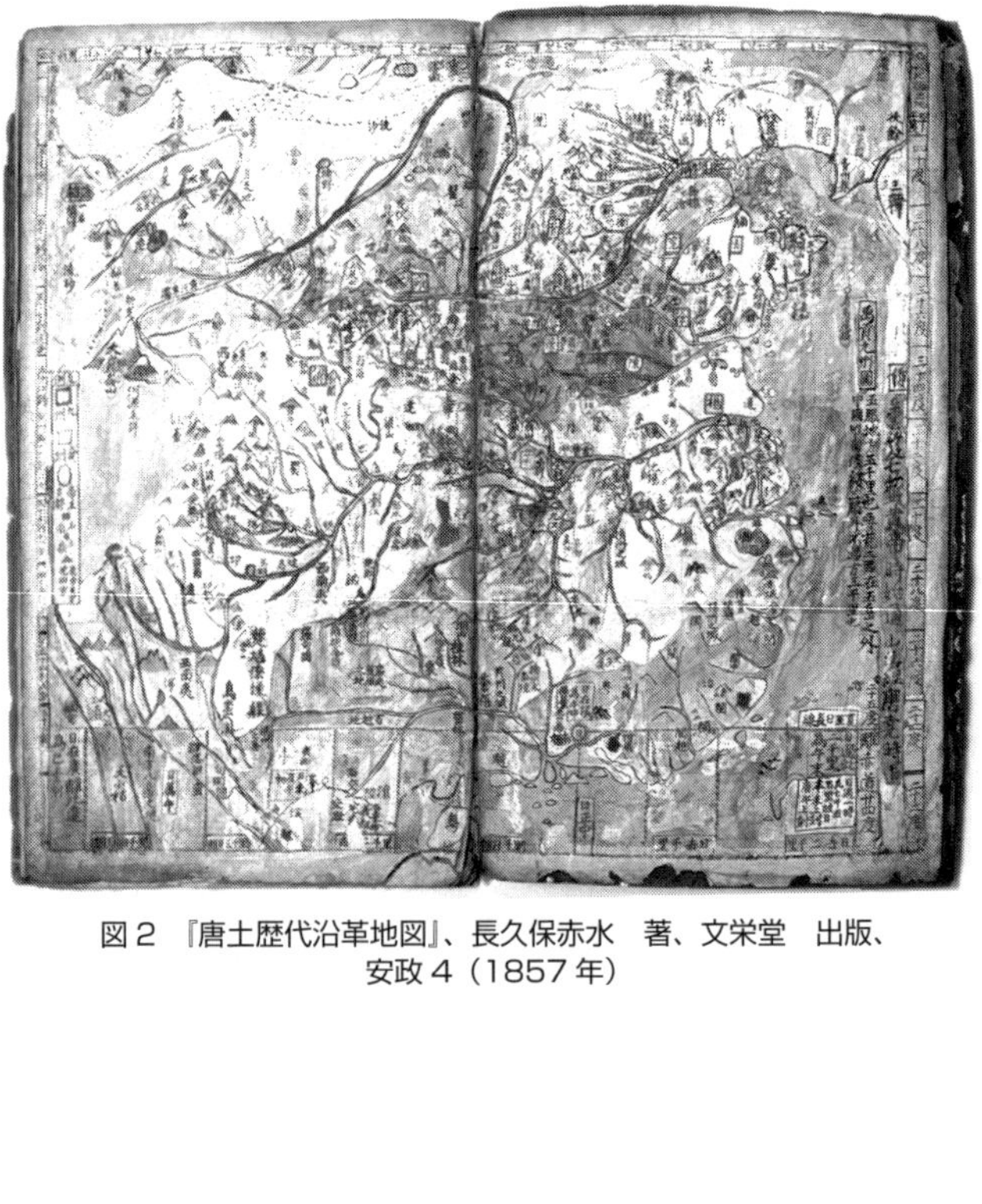

図２　『唐土歴代沿革地図』、長久保赤水　著、文栄堂　出版、
安政４（1857 年）

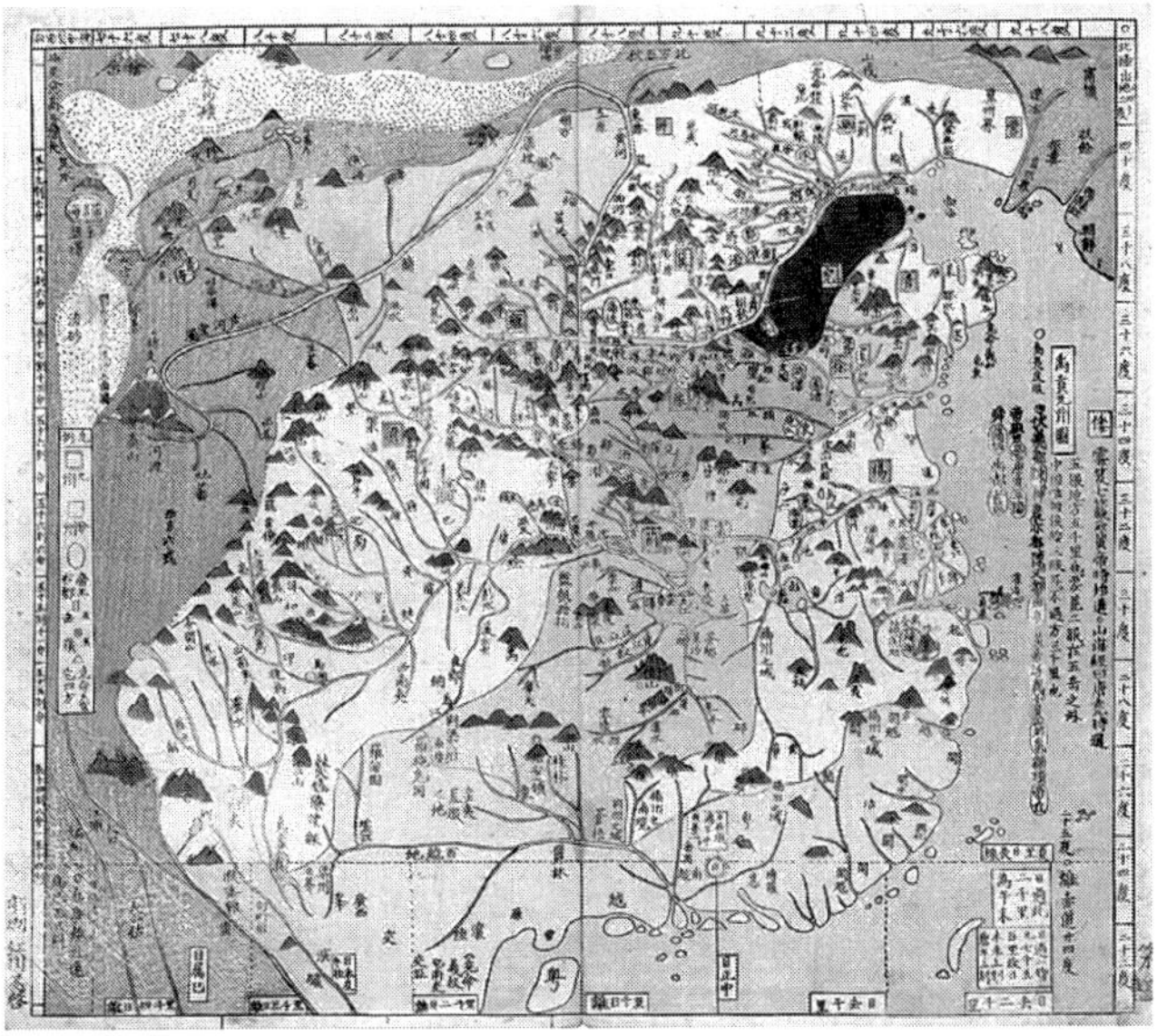

図３ 『唐土歴代州郡沿革図』 長久保赤水 著、寛政１（1789 年）

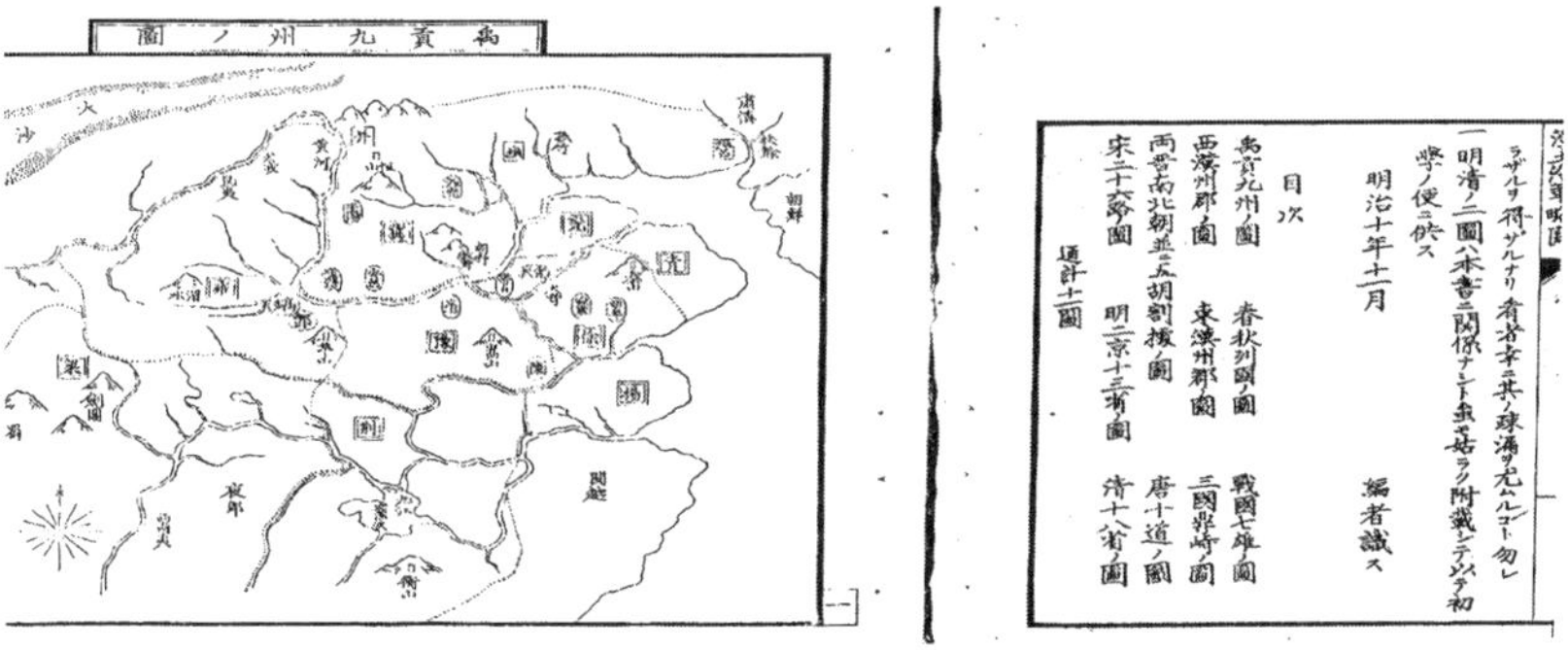

図４ 『十八史略字解．附録』、 間宮喜十郎 編、擁万堂 出版、明治 10

図５　『十八史略副詮：標註．巻之１』、曽先之 著、金港堂　出版、明治 17.3

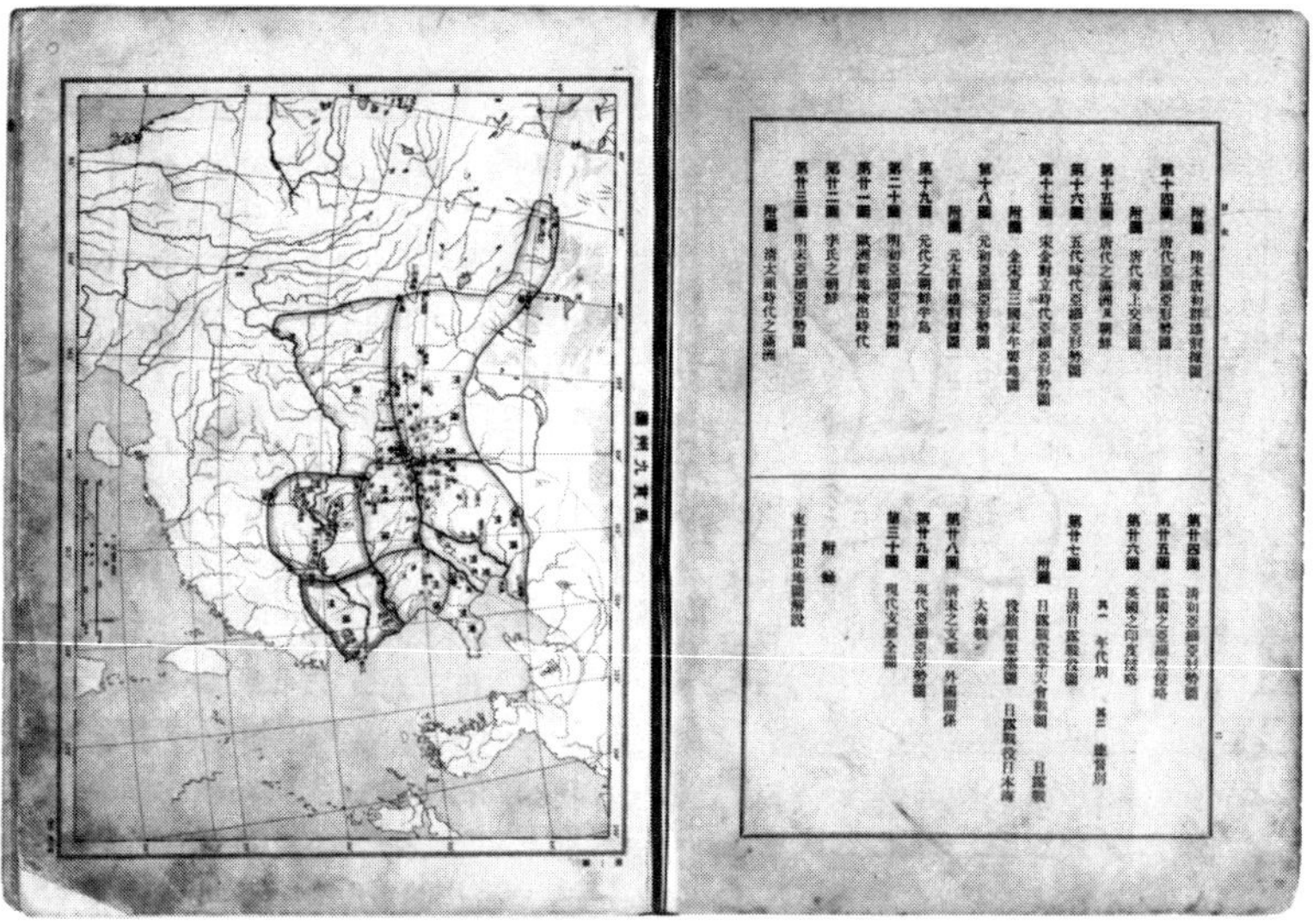

図６　『東洋読史地図』、箭内亙 編、富山房　出版、大正２

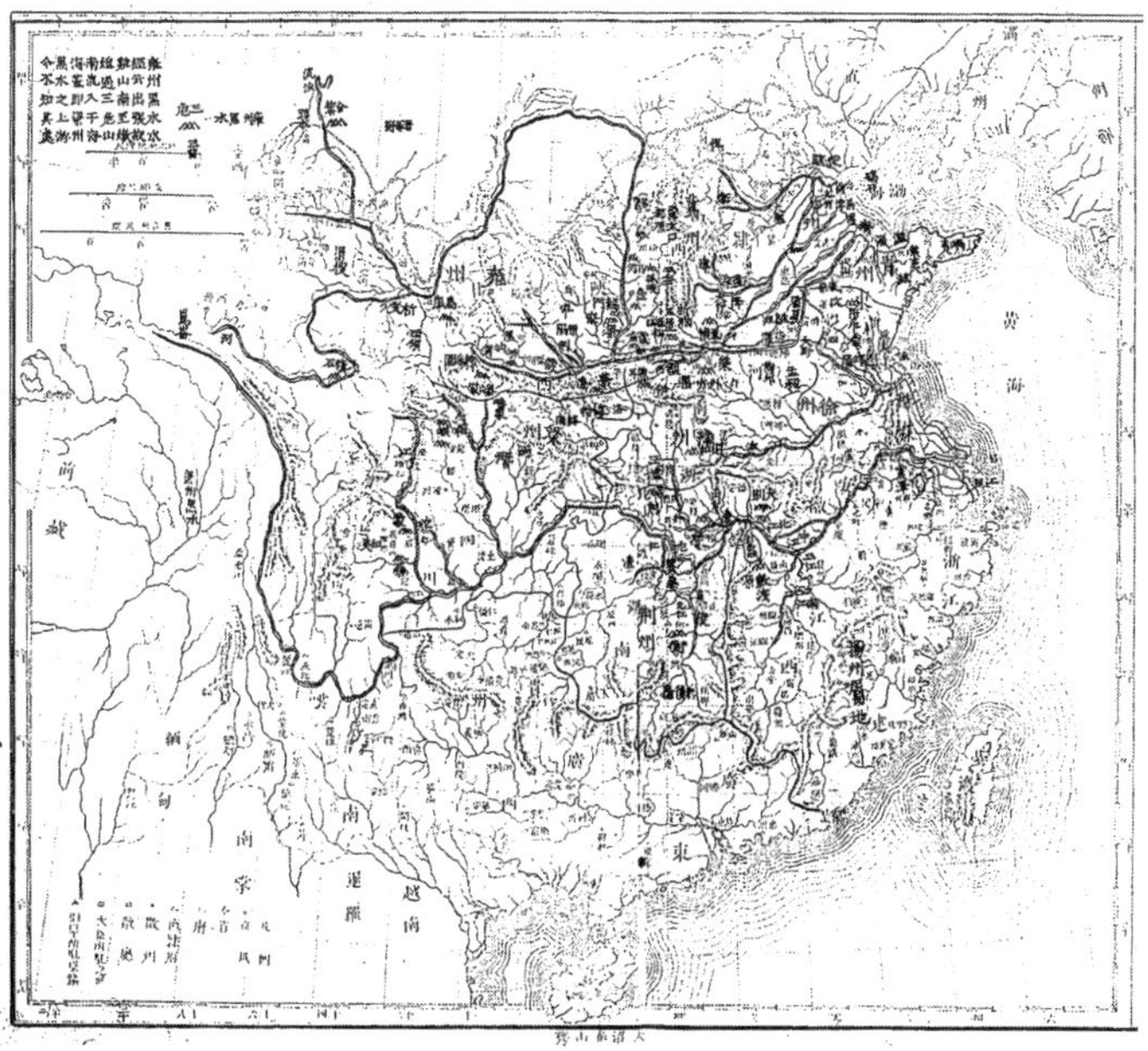

図７　『歴代地理沿革図』、馬徵麟 著、奎文堂　出版、明治 13.7

4　禹王の治水手法を活用した空海

空海は三〇歳のころ遣唐留学僧として中国に渡っている。空海を通して日本人と禹王との関係について見てみたい。空海は八〇四年から約二年入唐、密教を修得して帰朝した。入唐船は難破しながらも福州に漂着した。開元寺と涌泉寺を訪問している。

開元寺は空海が身を寄せたことで知られる。涌泉寺にはときおり立ち寄っていたらしい。境内の「羅漢泉」を見ることが一つの目的だったという。泉の参拝については複数の寺史に記録がある。こんこんと湧き出る泉によって、空海は留学僧として成果への不安が洗われたのであろうか。涌泉寺は空海が訪れて間もない創設の禅寺であり、焼失しても再建されて今日に至っている。明代の南京大報恩寺版の大蔵経、清代の北京勅版の大蔵経、日本の大日本続蔵経などを収蔵しており、経典及びその版木を蔵することで内外に知られている。

空海の「羅漢泉」参拝をどうみるか。水を清く尊く崇め、御仏の加護の産物と考えていたのではないか。入唐したことで湧出する泉をながめるうちに治水神の禹王を身近に感じたと思われる。わずか二年の在唐期間に、唐における高度な土木についても見聞したとみられる。当時の日本にはない技術の習得は帰朝後に生かされる。

空海は土木技術を極めた人物として都の外にも知られた。帰朝から十数年たった八二一年（弘仁一二年）、讃岐（香川県）に広大な人工の灌漑用水池「満濃池」を修築させている。現在は周囲約二〇キロメートル、貯水量一五四〇万トン。日本最大のため池という。四八歳の空海が仏教普及に多忙なさなかである。空海が嵯峨天皇の勅命で築池別当として現地指揮しわずか約三か月で完工した。讃岐国司の上申を受け天皇が空海派遣を決断した結果であった。空海にとっては讃岐がふるさとであったことも引き受けた理由だったかもしれない。

讃岐平野の「真野」（まんの）あたりは雨の少ない夏が多く、大規模なため池築造が待望されていた。唐の治水技法によったとされ、それは「余水吐」という技法である。池の外周に溝を掘って囲み、池に水が溢れれば溝が受けとめるというもので、増水の際は増水の自然な流れにしたがう方法である。これはまさしく禹王の「疎通」手法そのもの、少なくとも応用と解される。禹王の技法とのこのような共通は、空海の著書でたびたび禹王を大切に扱っていた背景として考えられるのである。

例えば、空海が『三教指帰』と『性霊集』で禹王を模範に位置づけした。また、国会図書館デジタルコレクション・弘法大師真蹟全集・第一一帖には、空海が満濃池につづいて、大和益田池の潅漑用水開発の指導を行った天長二年（八二五）九月に書いた碑文、「大和州益田池碑銘」では「前尭後禹」と書かれていた。五二歳になった空海が、益田池の竣工を祝い、その功績を禹王に並べさせて執筆した。

さて、百科事典などによれば、益田池は奈良県橿原市の南西にある池とされ、堤跡が一部残っている。丘陵の地形を活用して堤を築き、高取川をせきとめて池とした。残る堤跡の高さは約八メートル、基底は約一五メートルという大規模なもの。面積は四〇ヘクタール余りあったと推定される。完成時に空海によって撰された《益田池碑銘并序》によると、八二二年藤原三守と紀末成が干ばつに備えて計画し、嵯峨天皇の許可を得、空海の弟子真円とともに工事に着手したという。

5 空海がかかわる福州の涌泉寺と京都の泉涌寺

空海が福州の涌泉寺を訪れた事実から、京都・東山にある「泉涌寺」を連想した。二つの寺名が同じ漢字で表記されているからである。だが、漢字の順番が異なる。「泉涌寺（せんにゅうじ）」は真言宗泉涌寺派の総本山で、皇室ゆかりの寺院として知られる。開創者を空海とする説が有力である。鎌倉初期の建保六年（一二一八年）には荒廃していた。当時は同じ読み方で漢字表示が異なる「仙遊寺」といった。俊芿（しゅんじょう、一一六六―一二二七）が再建した際、霊泉が湧いたので、「仙遊寺」を「泉涌寺」にしたという。

俊芿は肥後（熊本県）出身の学僧である。宋に渡り一三年間、仏教を学んで帰朝した。寺名を改めるにあたっては、俊芿は空海の足跡を追って涌泉寺および寺内にある「羅漢泉」を訪問したことも推測できよう。「羅漢寺」には空海がわざわざ出向いたと、中国の書物などに書いてある。改名にあたっては、福州の「涌泉寺」をただ漢字の真似だけでなく、この涌泉寺をたびたび参拝し、帰朝後に治水に成功した空海をたたえる俊芿の思いが込められているとみるのは穿っているだろうか。

空海と禹王及びその治水方法、地図とのかかわりを記しながら、昔の日本人と漢字文明との近い関係が蘇り、ありありと目の前に髣髴してくる。禹王に関する知識を含めて、日本人の中国文化への感心が極めて高く、一般教養としてよく勉強し、模倣された事実もあらためて教えられている。

6　開成町にある禹王の史跡をもとに国際学術会議の開催

日本には二〇一四年現在、一八の世界遺産がある。二〇一三年六月に富士山が「自然」ではなく、「文化」「自然」「複合」世界遺産の三種類のうちの文化遺産として登録された。「信仰の対象と芸術の源泉」と位置づけられ、その山頂の信仰遺跡群や富士五湖などを含む二五件が「構成資産」となっている。

富士山を源とする酒匂川《さかわ》は、静岡県から神奈川県足柄地域へと流れ下る急流河川である。その治水の要衝に神禹祠（現在：福沢神社）及び関連の文命（禹の別名）碑が建っている。江戸時代中期の一七〇七年の富士山の宝永噴火によって壊滅的な打撃を受けた酒匂川流域一帯は徳川幕府の直轄工事によって命脈を保ち、工事を手掛けた時の将軍徳川吉宗の命によって工事を手掛けた田中丘隅は、治水工事完了後、中国の治水神禹王を祀った。治水神禹王は、今なお地域の守り神として信仰の対象となっており毎年五月には祭が盛大に行われている。地域社会に脈々と受け継がれ地域文化として定着した。田中丘隅は、一二二八年京都鴨川での治水工事の後、中国の治水神禹王を祀ったことを範として酒匂川においても禹王を祀ったとされる。その起源は、さらにさかのぼること三二〇〇年、中国最初の王朝、夏の初代皇帝禹による黄河の治水にまで至る。禹文化は悠久ともいえるほど長い歴史を経て今日に受け継がれていると言える。中国古代に発生した東アジアの禹文化が日本へと渡り、地域と接触し、浸透し、衝突し、変容し、融合し、縦横に広がりながら文化交渉が継続した。試行錯誤を繰り返し、歴史的文化的蓄積を構築してきた原風景をそこに見ることができる。禹に関連する史蹟およびその現代社会とのかかわり方に関する研究は、まだ誕生して間もない東アジア文化交渉学という学問分野にとってすこぶる魅力的な研究素材を提供していると言える。禹文化は、東アジアの共有してきた知的構築の基礎、漢字文化を象徴したシンボルだと捉える視点からの探求も可能で今後の研究の深化が大いに期待される。

なお、禹文化の存続形態については足柄地域の市民研究グループを中心に調査が進められ、二〇〇六年から現在にかけての調査の結果、日本における禹遺跡は、北海道から九州、沖縄まで禹に関連する史跡が一〇〇か所以上の存在事実が明らかになっている。各地域に分布してある禹文化を織りなす背景には、それぞれ歴史的地域的独自性を持ちながら、それでいて共通性を有し後々の世に伝わり拡大伝播していった。この壮大な流れを動態的に読み取り、把握し、人文学、社会学など多分野の多様な方法を総合して複眼的な見地から解明することによって、文化交渉のあり方がよりリアルに、身近に浮かんでくることが期待される。

禹研究の取り組みを一つの先駆的な事例研究として捉え、東アジア文化交渉学を生産的に発展させ、より有用な研究成果を目指したい。そのためには、地域・民間と大学などの研究機関がともに協力しあうあらたな研究の形態を模索する必要がある。学術研究を象牙の塔の内部だけに留めることなく地域・民間との接触を積極的に進めることによって東アジア文化交渉学が学問として深化し、新たな地平を拓くものとして大いに期待される。

以上のような観点から、東アジア文化交渉学第七回学会の開催地として、富士山を望み禹の鎮座する酒匂川流域に位置する神奈川県開成町を選定した。「富士山と禹」という文化のダブルシンボルについて見聞を広めるとともに研究学会での発表を通して、今後の研究活動の発展に結びつけていただきたい。また、会員同士、専門家と民間研究者、海外の参加者と日本の市民との活発な交流がなされ相互に高め合う機会となり、知的探求者たちを刺激する心ときめく文化研究の旅となるよう願っている。

注

[1] 長久保赤水については「Wikipedia」を参照したうえで整理したものである。

終論

日中異文化理解のために
――儒教思想からのアプローチ――

王　敏
（法政大学国際日本学研究所専任所員、教授、中国・東アジアにおける日本研究を担当するアプローチ③リーダー、東アジア文化交渉学会会長）

古来、東アジア地域は中華文明の影響圏にあって、儒教・仏教などの思想が基層文化を形成してきた。しかし、その理解においては、各国の風土に基づく差異が見られる。その違いについて無理解のまま交流・交渉が行われると、不信や誤解につながりやすい。特に儒教思想は中国文化の核でありながら、中国や韓国（朝鮮）の理解と日本の理解との間には大きなずれを生み、歴史認識の対立や日中・日韓の政治をこじれさせ解決を難しくさせる背景となっている。相互の文化を「同文同種」として見るのではなく、異文化理解の視点を持って当たっていくことが重要である。これは自国文化の特徴や個性を知ることにも通じて、他国との交流・交渉に欠かせない基本認識である。

1　東アジアの共通文化としての儒教思想

中国人の私に儒教的思考について再認識させてくれたきっかけが、日本留学の体験であった。そのとき最も強く感じたことは、日本の文化や生活の中に儒教的な要素がたくさんあり、それがいまも厳然と生きているということであった。例えば、君子の交わりなど。このことを通して改めて祖国・中国を振り返ってみたときに、母国にいて見えていなかったことを認識するようになった。

具体的にいえば、日本語である。その中の格言や四字熟語などを見ると、その多くが儒教の考え方に由来することがわかった。言葉（日本語）が生きている限り、日本にも儒教思想が生きている、「言霊」として残っており、それは非常に強いものだと思った。

日本の教科書の中で、国語には現代文と古典があるが、古典の中に「漢文」が一つの位置を占めている。最近はその分量が減ってきているとはいえ、世界中で古典中国語でもある漢文を教科の一つとして扱っている国は日本以外にないと思う。つまり、漢文は日本文化、教養の一部、つまり外国語としてではなく日本語の一部として扱っている。外国のものという意識ではなく、日本文化の一部として、ちょうど「空気」のように認識して取り入れている。元駐日米国大使のライシャワー博士が言ったように、日本は世界でも最大の儒教国の一つである。このことを、日本人はふだん意識しないか、ふだんから気付かないでいるかしている。

中国の歴史を見ると、秦の始皇帝が焚書坑儒を行い、近代では五・四運動の中に反孔子運動があり、さらに文化大革命の中で「批林批孔」運動が展開されたように、儒教を弾圧した歴史があった。しかも為政者のみならず、国民のレベルでも儒教をなくそうとした運動があったのに、現代中国においても儒教思想はしっかりと生きている。中国人の精神構造と思考回路に儒教は根を張り、同時に枝葉も儒教でほとんど埋まっている。中国人の核として体質化し、太い骨組みだからしかたありません。儒教に教えられて原理原則にこだわる主体的な生き方を尊ぶ思考が、いまもなお、変わらずに継続されている。

それではなぜ儒教は根強いのか。それは、日本同様、中国においても儒教思想が言葉として残ってきたことが大きいのではないか。中国でも日本でも、儒教思想が「儒教」として意識されないままに言語の中に残った。例えば、「学而治之」など。しかもそれは人々の生きる知恵として、あるいは心情、行動の指針としての言葉として残っている限り、儒教思想はその社会に続いていくと思う。このことは、私が日本に留学して生活してみなければわからなかったことであり、大きな収穫でした。立場を変えてみれば、日本人も同様だと思う。言葉は空気のようなものだから、日常生活では意識しないが、異文化に触れることで初めて自覚する。中国人である私にとって、日本体験が中国を知るきっかけになった。中国を再認識する鏡となった。

古代から中国文化の影響圏にあった朝鮮半島やベトナム、その他の華僑の住む地域を検証してみても同様であった。例えば、韓国は国の文字として現在、ハングルを使っているけれども、ことわざや警句はほとんど中国文化、とくに儒教思想に由来するものである。かつて漢字文化圏の中で、儒教思想は共通（基層）文化を形成していたのである。

かつてライシャワー博士はじめ西欧の研究者たちは、日本の高度成長とそれに続いて東アジアの国々が発展してきた背景について研究したが、その結論の一つは儒教文化であった。現代中国の発展の基礎にも、儒教文化があったといえる。中国は改革開放政策以降、このことを意識し始め、まずは経済分野に特化してそれを生かしたわけである。

ただそのことについてよく研究しているのは、日本や韓国、シンガポールなど中国以外の国々であった。こうした点を総合してみると、儒教文化は現代社会の発展に有効であるということになる。これらの知恵を整理してこれからの世界の発展に生かすことができると思う。混迷する現代世界の未来に対して、一つの解決のヒントになるのではないか。

グローバル化した世界で相互理解や互恵関係を構築する上においては、政治、経済などを中心に交流が活発化しているだけに、基層文化についての理解がないと相互理解が逆に不信や誤解につながっていってしまう。

2　日中間で違う儒教理解

日本と中国の間には昔から「同文同種」という思いが強くある。ときには相互理解の助けになるが、わかっているという思いが先入観になって往々にして誤解のもとにもなる。

例えば、「椿」という漢字を見れば、当然、日本人は「ツバキ」の木になるが、これが中国では「香椿（チャンチン）」、すなわちセンダン科の落葉高木を指す。初夏に白い花をつけて街路樹としてよく見かける。中国で日本の「ツバキ」をいうなら「山茶」と書く。たいていこんがらがってしまう。

このように日中は互いの現代文化に対して、古代と同格の「同文同種」の先入観を排除しなければならない。日本人は漢文と儒教の教養から中国と中国人をよくわかったと思い込み、中国人は中国文化の亜流と見て日本人も同じように考えると見做す。その上に近代の歴史が影を落としてさらに複雑な見方を形成している。

長い伝統がある日中両国は、独自の文化を育んできた。価値観、宗教、文学、思想などに異質の発展を見た。文化交流は相互の文化理解が基礎になければならない。互いの文化を尊重することが不可欠である。しかし現代日本人は、儒教の考え方がしみこんだ中国文化を理解できないでいるし、中国人は日本文化の独自性に気づかない。儒教思想は日中両国の生活の中に深く染み込んでいるだけに、微妙な違いがいろいろなところに見られる。そこでその実例をいくつか挙げてみよう。

❖――――（1）チャングムの話

韓流ブームで日本でも人気を博したドラマ「チャングムの誓い」は中国でも流行した。その物語の中には儒教思想に基づく要素が随所に見られるが、日本人と中国人が見る見方には若干差があるように思われる。韓国は中国で生まれた儒教を忠実に吸収した国であり、古くから「儒教の模範国」とさえ言われてきた。

女官チャングムが陰謀によって宮廷を終われ済州島に流されてしまい、医女への道に再出発をかけたときに、倭寇の一団に襲われる事件が起きた。倭寇は、病に倒れた首領の治療のために島に上陸してきたという。チャングムが医女見習いであることがわかると、倭寇は、治療しなければ島民をひとりずつ殺していくという脅迫に、チャングムもやむなく治療した。倭寇が去ったあと、役所はこの事件に関してチャングムを利敵行為として処断し逮捕した。

この行為は、日本人からは無慈悲な権力者の横暴と映ったようだ。しかし中国人、韓国人には大義を重視する儒教の教えに従ったことだとして、逮捕も当然と受けとめる。儒教の教えでは、いかなる脅迫にさらされても信条的に協力することは不義であり許されないからである。例外はない。日本人には不条理でも、儒教に基づくと条理になる。

自分の身を捨てても信念は曲げてはならないことは、個人の人生観から国家・世界観まで変わらない中国人の価値基準となっている。

数年前に韓国では、「親日反民族行為真相糾明委員会」が政府によって設置され（二〇〇五年）、日本植民地下で日本軍に協力した人及びその子孫を探し出し、リストを作成して財産まで没収した。これも儒教思想であれば理解できるものである。

❖———(2) 南宋の岳飛と秦檜

中国史をみると、一二世紀の人物である南宋の武将・岳飛と宰相・秦檜の話は、有名である。宋は北方民族の国・金によって一一二六年に滅ぼされたが、その一部が南方に逃げて南宋を建てた。しかし金の攻勢は止まず、武将岳飛は徹底抗戦を叫んで戦い、連戦連勝であった。これを苦々しく思ったのが、宰相秦檜である。秦檜は、金との講和を進める上で厄介者と映った岳飛を戦場から引き上げさせ、謀反を企てた罪を作って逮捕し、挙句の果てには投獄して自害させた。

ところが、民族の英雄と慕った岳飛の謀殺が明らかになると、彼を慕う民衆の高まりに押されて南宋は、一武将に過ぎなかった岳飛に「王」の称号を与え、都臨安（現・杭州）に顕彰の廟を建てた（「岳王廟」）。反対に、秦檜に対しては、九〇〇年以上たった今も侮辱的な「漢奸」と呼んで軽蔑し続けている。

杭州の「岳王廟」に入ると岳飛の墓碑があるが、その前に墓碑に向かって跪いた秦檜夫婦の像があって、後ろ手に縛られた上半身裸の姿で鉄柵に囲まれている。まさに詫びる姿である。ここを訪れた人々は、秦檜の像に対して傘や棒で叩いたり、ツバを吐きかけたりしている。大義に反した「売国奴」として秦檜をいまなお懲罰を加え続けている。しかも、秦檜の子孫も今も苦汁をなめているのである。

また日本ではあまり非難を聞かない周恩来に対して一部の中国人の見方には評価しないところもあると聞く。なぜかといえば、周恩来を批判して「愚忠」という言葉が使われている。毛沢東を諫めずにただついて行っただけではないかという意味だ。日本の「忠」は、ある特定の個人を対象にしているから、その人が暗愚であっても「忠」を尽くすことを想定できる。中国では、特定人物への「忠」ではなく、特定の倫理道徳の代表者となる者への「忠」であるべきだという考え方である。

日本における判官贔屓とは対照的である。源義経が圧倒的な権勢の兄・頼朝に追い詰められて死に至る悲劇に同情が集まる。このとき多くに日本人は、義経について思想的な吟味をほとんどしてない。英雄につきまとう哀感を第一にしているようだ。中国人は勝敗を基準にしないのが普通だ。仁・義・礼・智・信にふさわしい人物かどうかを第一にして、勝者の敗者も判断している。

日本では歴史の再評価もよく行われ、定説の見直しもさかんである。徳川家康について、豊臣秀吉に比べて人気が低かったとき、山岡荘八が超大作を書き上げてベストセラーとなり、評価が高まった。日本で人気のある楊貴妃も、中国では唐朝を揺るがした傾城の美女として、いわゆる悪女のレッテルが張られており、その部分の評価は今でも残されている。

❖――(3) 死生観

一般に中国では、敵を弔い、供養する発想はない。日本では戦場で慰霊することがたびたび行なわれた。日中戦争でも従軍僧もいたという。日中が全面的戦闘状態にあった一九三七年七月から四五年八月まで、「朝日新聞」(東京版)には、日本軍が戦死した勇敢な中国軍兵士を慰霊したという記事が少なくとも一五本掲載された。このことは中国の新聞「新民報」(一九三八年三月二六日付)でも「日本軍が党軍(国民党軍)の飛行士を埋葬する」ことを「義挙」とし、僧侶の読経、お花を供えたことも記されている。

日本史をさかのぼれば、敵への慰霊行為は特別な現象ではなかった。蒙古襲来では蒙古軍の戦死者も含めて慰霊のため北条時宗が襲来の翌一二八二年に円覚寺を建立した。沖縄戦における戦死者を慰霊する「平和の礎(いしじ)」には敵軍である米兵も刻まれている。古くから日本人には「怨親平等」思想があるとされ、敵味方なしに死者の共生を願う日本人の宗教心を表した文化現象といえるであろう。

一方中国では、例えば、大連に残る日本軍による敵(中国軍)への慰霊碑について、「大連市観光ブック」

の説明文には、「殺人の罪を隠すための偽りの行為」とある。死生観や宗教観を文化という角度から分析すれば日中の違いが際立つ現実が伝わるのである。

宗教学者・山折哲雄氏は、「死者を許す文明」と「死者を許さない文明」という分け方をし、A級戦犯を祀る靖国神社への首相の参拝問題で、「日本人は死者を責めないけれども、中国人は死者であっても許さない」という中国人学者の言葉を引用して解説した。日中（韓）の間に横たわる懸案事項の解決には、異文化理解の視角も分析作業の際不可欠であろう。

❖――――（4）思想・理念にこだわらない日本

日本文化には思想を簡単に取り替える仕掛けがあるように思う。これは服の着替えを連想させる。思想に基軸が置かれていないなら、異文化思想との衝突が少なくてすみ、異文化や違った価値観についても受け入れやすい。日本文化の基軸は感性のほうではないか。不動の思想が共有されない文化に育てば思想の着替えはしやすいわけである。

近代史をみると、幕末において薩英戦争、下関戦争によって「攘夷が不可能」との認識に至ったとたん、薩摩・長州の有力藩は開明派に転じてしまう。攘夷論が果たして理念であったかどうか、疑われるであろう。川の流れが掘削によって川筋を変えられるように、攘夷も一つの流れであったのではないか。

明治維新で儒教の国から西洋思想にさっと乗り換えたり、第二次世界大戦後、瞬く間に民主主義国家に変貌する日本を見ていると、不思議に思われる。倫理や理念を原則にして行動する国の在り方から見れば、日本は「変節」を繰り返してきた国として映るのである。一方、キリスト教、イスラム、儒教などの文化圏の人々は、思想を放棄する仕掛けを持っていないように見える。それは思想がなくては行動だけで動かない精神構造になっているからと考えられる。

こうした日本人の思考は「やさしさ」「和」と表現できるかもしれない。周りを気遣う優しい思いやりは、仲間はずれを避けて「転向」ないし「変節」と思われる行為も許容するのである。

日本は関係性思考を生かした取り組みにおいて柔軟性があると思われる。一方、中国など固定性思考との相互交流で多面的な活用をしてきたが、そのありかたを外国に説明するとなると、課題がまだ残されていると思う。

❖――(5)日中の儒教思想理解の違い

中国人は儒教思想を理念、モラル、あるいは生きるための知恵として考えるが、日本人は教養、知識として考える傾向がある。中国では一人前の社会人の条件として身につけるべきものが儒教思想であり、西欧の聖書に相当するものといえる。生きる人間の理想像、モデルとして儒教の説く人間像を目の前に置くのである。

それゆえ中国では古典(儒教思想)は過去の知識ではない。今現在の日常生活をよくするためのバイブル(生きた知恵)として使う。それで過去と現在がつながり、長い目で見る見方が生まれる。

多くの中国人は意識はしていないと思うが、自分の主たるアイデンティティを儒教に求める。ただ私はそれを儒教といわず、儒教的考え方、儒教的生活の知恵と言っている。現代中国人の多くが論語や古典を読んでいるかどうかの問題ではなく、伝統的な儒教的考え方を生活の中で身につけているからである。

中国や韓国などのように儒教思想を基盤とし、一つの思想を絶対化した文化では、その思想を文化の血液とし、遺伝としている。体質化した文化に異文化を注入することは難しい。特に相反する思想に転換すれば裏切りとされ、変節に等しい処遇を覚悟しなければならない。激しい思想闘争を伴うのも必然である。中国史では仏教と自生の儒教との間で何度も闘争があった。

日本人も古典を学んでいるが、どちらかというと教室での教養ということが多い。一般論だが、現在の仕事や生き方の知恵袋として古典を見ていない。中国や韓国は同じグローバル化の世界の中に生きていても、その深層には儒教思想、古典が生きている。しかし日本人は、その深層に原初的自然信仰と伝統神道的なものもあり、中国や韓国とはやや違っている。

中国と同じ漢字を使う「同文同種」の隣国であるのに、日本はなぜ倫理道徳中心の絶対価値を受け入れなかったのか。それはおそらく日本では風土文化に合わせて中国文化を吸収するという選択の機能が働いたからではないか。

例えば、日本では李白・杜甫よりは、白居易の方が好まれるようだ。それは白居易の方が花鳥風月の自然や、哀愁や心情を詠ったものが多く、日本人の感性に合うからだ。一方、中国での位置付けは断然、李白・杜甫の方が高い。古来「詩は志なり」といわれ、詩は倫理道徳と一体となり、儒教教育の教材とされてきた。ところが、日本では和歌でも俳句でも自然を多く詠い、漢詩に対する好みでも選択して、白居易ファンが多くなるのであろう。

3 異文化理解の道

一般に外来文化の受容においては、学習→反発・批判→折衷・創造の過程を歩むものである。それぞれの段階において共通している精神的要因として見逃せないのが比較である。外来文化に触れたときに、最初に起こる比較は自分たちの文化とどう違うかである。次第に比較事項をどれが合理的、有利、現実的、または進んでいるか遅れているか、取捨選択しながら多岐に演出されていく。好き嫌いの感情も比較する中で起こる。ある程度の学習過程を経て自分たちの存在を考え出すことと無関係ではない。そうすると、外来文化との折衷の上に新しい文化創造への激しい動機が膨らむ。創意の時代精神である。日本の対中国文化の関係はこのような経過を踏んだに違いない。

中国の文化は中国という土壌で生まれたものであって、すべてが日本の環境にそのまま即応するものではない。日中間の現代文化に共通点があるといっても、それは古代日本が輸入した中国文化を日本の土壌に合うように取捨選択したのであって、日本独自の文化に改変されている。

近代に入り、日本が西洋文化と向き合うようになったとき、中国文化との経験が繰り返されたと思う。中国文化と西洋文化を比較する作業がまず行なわれたであろう。複数の外来文化を目前に置き、選択を迫られたとき、比較するのが最も普通の行為である。日本にとって比較手法は、つねに自然発生的な壮大な歴史的プロジェクトであった。

一般論として、自国の文化を知ることを通して誇りを抱く。自国の文化を誇れる心情を持つことによって他国の人々の文化観を図れば、「等身大」という言葉の極意がわかってくるはずである。しかし、文化の違いによって、違うものへの排除感覚が無意識に誤作動してしまうことが往々にある。等身大の姿勢が日常化になりにくい面がある。総じて、日中間には、自国文化を知ることが異文化を知る基礎であるという認識が薄いように思われる。

日本はもっと自己認識をすべきだろう。総じて日本には、自国文化を知ることが異文化を知る基礎であるという認識が薄いように思われる。自分の特徴、長所・短所をよく認識すれば、相手とどう付き合うべきかは見えてくる。自己認識抜きの付き合いは、無理を生ずる。別の言葉で言えば、自己認識を通して自分ができることできないことの区別がはっきりしてくるので、それに応じた交渉を考えることが可能となる。

これまで欧米の思考様式について日本人は全身全霊を投入して学んできた。しかし、学ぶことは、西欧先進国だけにかぎらないことも理解して欲しいと思う。焦点は違うが、途上国からも学ぶことはあるはずである。特に近代以降日本は、近隣諸国である中国・韓国から学ぶことを怠ってきたように思う。これから日中韓はグローバル社会でも重要な役割を果たす国々なので、近隣諸国の伝統思想である儒教思想についてもっと自覚的に学ぶ必要がある。そのうえでバランスをとった考え方のできる国になってほしい。

日中韓はものごとの判断基準がそれぞれ違う。中韓はだいたい儒教的思考を基本とするが、戦後生まれの日本人はそのような考え方がなさそうに思える。日本は近代以降基本的に欧米を見本として生きてきた。それはそれなりに必要な過程であったと思う。しかし、いまも日本は中韓よりも欧米志向になっており、これまでの過程を経て欧米的な志向を訓練してきた。これから中韓とうまくやっていかなければならない時代が来たときに、それだけでは片手落ちとなってしまう。それは日本のジレンマだ。

「洋才」はあくまでも「漢才」と並んでいて、「和魂」の両輪であることを再認識していただきたい。バランスのとれた等身大の文化観を持てれば、西洋とアジアとを問わず、異文化圏の人々に理解されるように日本文化を説明できるはずである。この基本的な問題意識を強く持ってもよいのではなかろうか。

とりわけ政治の波風の立つことの多い日中間やアジア諸国の間では、対話を可能にする原風景として共通認識の構築が迫られている。それが「共同知」として共有できれば、両国の交流現場に活用できるであろう。

相互に摩擦の多い日中関係を友好的な状態にしていくためには、政治中心の対立・相違に目を向けるのではなく、共有している部分を土壌に対話を促進することではないかと思われる。両国をつなぐ最も有効な土壌と言えば、文化であろう。

古代の日中間には六六三年、朝鮮半島の統一化の中で白村江の戦いという国家間の武力衝突があったにもかかわらず、遣唐使の派遣・受け入れは中断しなかった。それは純粋な文化使節団であり平和使節団でもあり、経済的な領土的な野望がなかったからであろう。後に、倭寇の侵犯が原因で日中関係が冷え込んだ時期にも、中国に渡った東大寺僧・奝然（九三八〜一〇一六年）が、時の皇帝と対話したことが「宋史・日本伝」に実録されている。悪い日本のイメージばかりではなかったことがわかる。

文化土壌が政経問題、国際関係、外交問題における分析・判断の基礎に当たるが、その差異によって相互の認識と判断基準に無意識の影響をもたらしているという認識が必要である。したがって、文化交流による相互理解を進めれば、政治、国際関係、外交の分野でも反目が減っていき、前向き方向に向かわせる連動的効果が得られるに違いない。

4　儒教観に対する日中韓の違い

❖――（1）儒教の立ち位置が異なる中韓と日本

一言で言えば、中国、韓国の二国と日本は、儒教に関する立ち位置が異なっている。相対的に見れば、中韓文化は共通して儒教を古典的倫理観の核心としているが、日本文化においては、儒教は最も重要な核心にはなっていない。儒教を人生観、生活観、幸福感、世界観に加えて、生活の知恵としても基準にしてきた中国と韓国に対し、日本では儒教というより「思いやり」などといった価値観が顕著に表れている。

儒教への関わりは、儒教が中国で生まれた思想であるゆえに、中国人による、中国人のための、中国人の生活思想という性格をもともと有している。そんな中、儒教は東アジアに広まったが、中でも李氏朝鮮王朝は儒教を国教とし、一六世紀に李退渓と李栗谷の大儒が出て儒教を大成させたともいわれる。このため朝鮮半島は「儒教の模範生」とされ、「小中華」を自負した。

韓国制作の時代劇ドラマなど韓流文化が現在、東アジアを席巻しているが、そうした状況は中国国内でも例外ではない。なぜか。儒教的考え方に貫かれたストーリー展開が中国人には身近に感じられるからだ。『チャングムの誓い』（中国での視聴率は二七％という）にしろ、『イ・サン』にしろ、儒教的価値基準が反映された台詞があふれていることが要因だろう。

❖────（2）中国で二一世紀になって再評価された儒教

中国では社会主義の下、儒教は一時期、批判や排斥の対象となった。しかし、それは中国人のアイデンティティーにかかわる思想であり、その排除は中国が中国でなくなることを意味するという考えが広まったことから、儒教は二一世紀に入ってから再評価された。今や中国国内の義務教育の現場では、儒教や伝統文化を参考にする教育が盛んに進められているし、国として儒教を中国文化の普及の軸として、世界中に発信している。中国文化に対する世界各国の理解の促進などを図る孔子学院はその象徴で、二〇一〇年一〇月までに九六の国と地域において、大学に付属するなどの形で三二二校が設置された。分校に相当する孔子課室は三六九校にのぼっている。ちなみに孔子学院は二〇〇四年に中国で設立され、同年一一月に初めての海外学院が開校されたが、その場所は韓国ソウル市だった。

❖――（3）経済成長にも影響を与える儒教思想

一九八〇年代、元駐日米国大使のライシャワー氏を中心とした西洋の研究者たちは、亜州四小龍[1]における高度経済成長の要因の一つは、儒教思想の活用であるという見解を述べた。また、当時、中国経済は足踏みしていたが、彼らは、その足踏みの原因について、儒教思想と伝統文化への反逆を挙げた。東アジアを俯瞰したこのような指摘は、今日まで基本的な認識となっていると考えられよう。

この視点を長期的に実証してきたといえる事例が、特に二〇〇〇年から見られる伝統文化重視の復活に伴われた中国自身の経済成長であり、「四小龍」の人間開発指数[2]が軒並み〇・九近くをマークしているという事実（二〇一一年）である。

一方、日本はどうか。冒頭に述べたように、儒教が生活体系に組み込まれていた中国、韓国と異なり、日本の儒教は知識の対象にとどまっていた。幕末・明治維新を境に西洋化へ容易に切り替えが進んだのもそのためと理解されよう。

5 おわりに

現在、時代は確実に変化している。もう一度、グローバル化が進められている同時代性という視点で考えれば、いま、日本とアジアは同じ夢を目指していこうとする新しい時代を迎えている。視点を現在という同時代に据えて、ともに、建設的、生産的に考えていけば、平和、繁栄、継続発展という同じ目標を目指すことができよう。過去の限界とジレンマを越えて実現可能な在り方を探り、責任を持つ行動の時代になってきたのである。このような歴史に基づく思考と実践も、日本と中国、東アジアの関係を再考する新たな通路の一つとなるのではないだろうか。

近代化の夢を目指した東アジアの同時代に、日本留学が知的供給の拠点であった。同時代の思考及びその産出を課題に、総合的に考察、分析するときが迎えられてきた。法政大学清国留学生速成課の一側面を事例に、日本留学一〇〇年後の検証作業につなぐ試みを、本論集にまとめてみた。願わくば、新たな同時代にも参考となれることを、心から願う。

注

[1] アジアで経済発展を遂げた四地域の総称。韓国、中国（台湾）、香港、シンガポールを指す。

[2] 人間開発指数（HDI:HumanDevelopment Index）は、各国の人間開発の度合いを測る新たなものさしとして発表された、包括的な経済社会指標。各国の達成度を、長寿、知識、人間らしい生活水準の三つの分野について測ったもので、〇と一の間の数値で表される。一に近いほど、個人の基本的選択肢が広い、つまり人間開発が進んでいることになる。（参照：http://www.undp.or.jp/publications/pdf/whats_hd200702.pdf）

責任編集者略歴

王　敏（わん・みん）

法政大学教授。東アジア文化交渉学会会長。比較研究（社会と文化）と日本研究、宮沢賢治研究が専門。中国・河北省生まれ。大連外国語学院大学日本語学部卒業、四川外国語学院大学院修了。人文科学博士（お茶の水女子大学）。文化大革命後、大学教員から選出された国費留学生となり、宮城教育大学で学ぶ。二〇〇九年、文化長官表彰。著書に『日本と中国―相互誤解の構造』（中央公論新社、二〇〇八年）、『美しい日本の心』（三和書籍、二〇一〇年）『鏡の国としての日本――互いの〈参照枠〉となる日中関係』（勉誠出版、二〇一一年）『中国人の日本観』（三和書籍）『東アジアの日本観』（三和書籍）『宮沢賢治　中国に翔ける思い』（岩波書店）『禹王と日本人』（ＮＨＫ出版）ほか多数。

筆者略歴（掲載順）

陳　健（ちん・けん）

河南大学歴史文化学部講師。専門は中国現代史と中国人留学生の日本史。一九八〇年山東省泗水県生まれ。二〇〇〇年済寧大学を卒業、曲阜市文物管理局に入局。二〇〇九年江蘇師範大学歴史文化観光学部留学史修士取得。二〇一〇年から一年間、愛知大学中国研究科に短期留学の経験を持つ。二〇一三年南開大学歴史学部歴史学博士取得。代表論文に「清末軍事留学生派遣考察」や「法政大学「法政速成科講義録」学術価値評論」などがある。

臧　佩紅（ぞう・はいこう）

南開大学日本研究院准教授、法政大学国際日本学研究所客員所員。一九七三年生まれ。二〇〇六年南開大学歴史学博士学位を取得。一九九九年より、南開大学助手、専任講師、準教授を歴任。研究分野は日本近現代教育史、中日教育交流。著書に『日本近現代教育史』（世界知識出版社二〇一〇年、二〇一二年「孫平化日本学学術奨励基金」二等賞を受賞）ほか。

周　曙光（しゅう・しょこう）
法政大学国際日本学研究所学術研究員。法政大学大学院国際日本学インスティテュート博士課程。山東大学政治学部卒業。法政大学大学院国際日本学インスティテュート修士号取得。専門は中国人の日本留学史、章士釗研究。

馮　天瑜（ひょう・てんう）
武漢大学中国伝統文化研究拠点教授、博士課程指導教授。専門分野は思想文化史。主要著書は『中国文化史断想』、『明清文化史散論』、『中華元典精神』、『〝千歳丸〟上海行——日本人1862年的中国観察』、『新語探源』他多数。

蘭　一博（らん・いちはく）
法政大学大学院人文科学研究科日本文学専攻国際日本学インスティテュート修士課程修了。専門は日中関係論、特に清朝末期の中国人日本留学史。

徐　賢燮（そ・ひょんそぷ）
長崎県立大学国際情報学部国際交流学科名誉教授。一九四四年韓国全羅道生まれ。建国大学卒。明治大学大学院で法学博士号取得。外交官として福岡・横浜総領事、パプアニューギニア・ローマ法王庁大使等を歴任。退任後は韓国の釜慶大学、日本の九州大学・県立長崎大学シーボルト校で教鞭を執る。外交官時代に書いた『日本はある』は韓国でベストセラー（邦題『日本の底力』）、その他『日韓あわせ鏡』『近代朝鮮の外交と国際法受容』『日韓曇りのち晴れ』『日本人とエロス』『モスクワ一二〇〇日』等の著書がある。

于　乃明（う・ないめい）
台湾国立政治大学日本語文学科教授兼教務長、日本筑波大学地域研究科日本研究修士、同大学社会科学系法学博士。専門は日本近代外交史、中日関係史。主要著作は、『小田切万寿之助研究　明治大正期中日関係史の一側面』、『日英同盟前史の一齣　小田切万寿之助・劉坤一会談（1901）』、『新四国借款団と中国　小田切万寿之助を中心に（1918～1921）』など。

江　暉（こう・き）
東京大学大学院学際情報学府博士課程。桜美林大学北東アジア総合研究所客員研究員。著書は『中国人の「日本イメージ」の形成過程――その構造化の背景と変遷』（桜美林大学北東アジア総合研究所、二〇一四年）。翻訳『伝媒学』（東南大学出版社、二〇一三年）。主要論文「現代中国人が抱く対日イメージの形成における情報源の役割」『情報学研究』87、二〇一四年。「「美」と「哀」――中国の戦争映画に描かれる日本女性像について」『中国研究論叢14』（二〇一四年）ほか。

筒井　清忠（つつい・きよただ）
帝京大学文学部日本文化学科教授・学科長。東京財団上席研究員。主要著書に、『二・二六事件とその時代』（ちくま学芸文庫　二〇〇六年）、『昭和十年代の陸軍と政治――軍部大臣現役武官制の虚像と実像』（岩波書店、二〇〇七年）、『西條八十』（中公文庫　二〇〇八年）、『近衛文麿――教養主義的ポピュリストの悲劇』（岩波現代文庫、二〇〇九年）、『日本型「教養」の運命――歴史社会学的考察』（岩波現代文庫二〇〇九年）、『帝都復興の時代――関東大震災以後』（中公選書、二〇一一年）、『昭和戦前期の政党政治――二大政党制はなぜ挫折したのか』（ちくま新書、二〇一二年）、『二・二六事件と青年将校』（吉川弘文館、二〇一四年）。

翻訳者略歴（掲載順）

相澤　瑠璃子（あいざわ・るりこ）
一九八六年東京生まれ。北京語言大学漢語学院卒業。二松学舎大学文学研究科中国学専攻博士前期課程修了。

【編著者】

王　敏（ワン・ミン、おう・びん）

1954年中国・河北省承徳市生まれ。大連外国語大学日本語学部卒業、四川外国語学院大学院修了。宮沢賢治研究から日本研究へ、日中の比較文化研究から東アジアにおける文化関係の研究に進む。人文科学博士（お茶の水女子大学）。法政大学教授、上海同済大学客員教授。早稲田大学や関西大学などの客員教授を歴任。「文化外交を推進する総理懇談会」や「国際文化交流推進会議有識者会合」など委員も経験。現在、日本ペンクラブ国際委員、かめのり財団理事、朝日新聞アジアフェロー世話人など。

90年に中国優秀翻訳賞、92年に山崎賞、97年に岩手日報文学賞賢治賞を受賞。2009年に文化庁長官表彰。

主著：『日本と中国　相互誤解の構造』（中公新書）、『日中2000年の不理解──異なる文化「基層」を探る』（朝日新書）、『謝々！宮沢賢治』（朝日文庫）、『宮沢賢治、中国に翔る想い』（岩波書店）、『宮沢賢治と中国』（国際言語文化振興財団）、『日中比較・生活文化考』（原人舎）、『中国人の愛国心──日本人とは違う5つの思考回路』（PHP新書）、『ほんとうは日本に憧れる中国人──「反日感情」の深層分析』（PHP新書）、『花が語る中国の心』（中公新書）など。
共著：『＜意＞の文化と＜情＞の文化』（中公叢書）、『君子の交わり　小人の交わり』（中公新書）、『中国シンボル・イメージ図典』（東京堂出版）、『中国人の日本観』（三和書籍）、『日中文化の交差点』（三和書籍）など。
要訳：『西遊記』、『三国志』、『紅楼夢』など
中国語作品：『生活中的日本─解読中日文化之差異』、『宮沢賢治傑作選』、『宮沢賢治童話選』、『異文化理解』など多数。

百年後の考察
周恩来たちの日本留学

2015年9月25日　第1版 第1刷 発行

編著者　王　敏

発行者　高橋　考
発　行　三和書籍

〒112-0013　東京都文京区音羽2-2-2
電話 03-5395-4630　FAX 03-5395-4632
info@sanwa-co.com
http://www.sanwa-co.com/
ISBN978-4-86251-187-4　C3036
印刷／製本　日本ハイコム株式会社